地方上級／国家総合職・一般職・専門職

公務員試験

新スーパー過去問ゼミ**7**

行政法

資格試験研究会編
実務教育出版

新スーパー過去問ゼミ7
刊行に当たって

　公務員試験の過去問を使った定番問題集として，公務員受験生から圧倒的な信頼を寄せられている「スー過去」シリーズ。その「スー過去」が大改訂されて「**新スーパー過去問ゼミ7**」に生まれ変わりました。

　「**7**」では，最新の出題傾向に沿うよう内容を見直すとともに，より使いやすくより効率的に学習を進められるよう，細部までブラッシュアップしています。

「新スーパー過去問ゼミ7」改訂のポイント

　① 令和3年度～令和5年度の問題を増補

　② 過去15年分の出題傾向を詳細に分析

　③ 1行解説・STEP解説，学習方法・掲載問題リストなど，
　　 学習効率向上のための手法を改良

　もちろん，「スー過去」シリーズの特長は，そのまま受け継いでいます。

　　　・テーマ別編集で，主要試験ごとの出題頻度を明示

　　　・「必修問題」「実戦問題」のすべてにわかりやすい解説

　　　・「POINT」で頻出事項の知識・論点を整理

　　　・本を開いたまま置いておける，柔軟で丈夫な製本方式

　本シリーズは，「地方上級」「国家一般職［大卒］」試験の攻略にスポットを当てた過去問ベスト・セレクションですが，「国家総合職」「国家専門職［大卒］」「市役所上級」試験など，大学卒業程度の公務員採用試験に幅広く対応できる内容になっています。

　公務員試験は難関といわれていますが，良問の演習を繰り返すことで，合格への道筋はおのずと開けてくるはずです。本書を開いた今この時から，目標突破へ向けての着実な準備を始めてください。

　あなたがこれからの公務を担う一員となれるよう，私たちも応援し続けます。

資格試験研究会

本書の構成と過去問について

本書の構成

❶学習方法・問題リスト：巻頭には，本書を使った効率的な科目の攻略のしかたをアドバイスする「行政法の学習方法」と，本書に収録した全過去問を一覧できる「掲載問題リスト」を掲載している。過去問を選別して自分なりの学習計画を練ったり，学習の進捗状況を確認する際などに活用してほしい。

❷試験別出題傾向と対策：各章冒頭にある出題箇所表では，平成21年度以降の国家総合職，国家一般職，国家専門職（国税専門官），地方上級（全国型・東京都・特別区），市役所（C日程）の出題状況が一目でわかるようになっている。具体的な出題傾向は，試験別に解説を付してある。

※市役所C日程については令和5年度の情報は反映されていません。

テーマ別出題頻度表示の見方

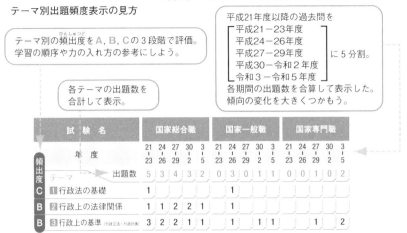

テーマ別の頻出度を**A，B，C**の3段階で評価。
学習の順序や力の入れ方の参考にしよう。

各テーマの出題数を
合計して表示。

平成21年度以降の過去問を
```
平成21－23年度
平成24－26年度
平成27－29年度
平成30－令和2年度
令和3－令和5年度
```
に5分割。

各期間の出題数を合算して表示した。
傾向の変化を大きくつかもう。

試　験　名	国家総合職					国家一般職					国家専門職				
年度	21 23	24 26	27 29	30 2	3 5	21 23	24 26	27 29	30 2	3 5	21 23	24 26	27 29	30 2	3 5
出題数	5	3	4	3	2	0	3	0	1	1	0	0	1	0	2
C ❶行政法の基礎	1					1									
B ❷行政上の法律関係	1	1	2	1				1	1						
B ❸行政上の基準（行政立法・行政計画）	3	2	2	1	1		1		1	1	1			1	2

頻出度

テーマ

❸必修問題：各テーマのトップを飾るにふさわしい，合格のためには必ずマスターしたい良問をピックアップ。解説は，各選択肢の正誤ポイントをズバリと示す「1行解説」，解答のプロセスを示す「STEP解説」など，効率的に学習が進むように配慮した。また，正答を導くための指針となるよう，問題文中に以下のポイントを示している。

（アンダーライン部分）：正誤判断の決め手となる記述

（色が敷いてある部分）：覚えておきたいキーワード

「FOCUS」には，そのテーマで問われるポイントや注意点，補足説明などを掲載している。

必修問題のページ上部に掲載した「**頻出度**」は，各テーマをA，B，Cの3段階で評価し，さらに試験別の出題頻度を「★」の数で示している（★★★：最頻出，★★：頻出，★：過去15年間に出題実績あり，―：過去15年間に出題なし）。

❹POINT：これだけは覚えておきたい最重要知識を，図表などを駆使してコンパクトにまとめた。問題を解く前の知識整理に，試験直前の確認に活用してほしい。

❺実戦問題：各テーマの内容をスムーズに理解できるよう，バランスよく問題を選び，詳しく解説している。問題ナンバー上部の「＊」は，その問題の「**難易度**」を表しており（＊＊＊が最難），また，学習効果の高い重要な問題には✓マークを付けている。

✓ **No.2** ＊＊　必修問題と✓マークのついた問題を解いていけば，スピーディーに本書をひととおりこなせるようになっている。

　　なお，収録問題数が多いテーマについては，「**実戦問題❶**」「**実戦問題❷**」のように問題をレベル別またはジャンル別に分割し，解説を参照しやすくしている。

❻索引：巻末には，POINT等に掲載している重要語句を集めた用語索引がついている。用語の意味や定義の確認，理解度のチェックなどに使ってほしい。

本書で取り扱う試験の名称表記について

　本書に掲載した問題の末尾には，試験名の略称および出題年度を記載している。

①**国家総合職**：国家公務員採用総合職試験，
　　　　　　　　国家公務員採用Ⅰ種試験（平成23年度まで）

②**国家一般職**：国家公務員採用 一般職試験［大卒程度試験］，
　　　　　　　　国家公務員採用Ⅱ種試験（平成23年度まで）

③**国家専門職，財務専門官，**
　労働基準監督官：国家公務員採用専門職試験［大卒程度試験］，
　　　　　　　　　　国税専門官採用試験

④**地方上級**：地方公務員採用上級試験（都道府県・政令指定都市）

　（全国型）：広く全国的に分布し，地方上級試験のベースとなっている出題型

　（東京都）：東京都職員Ⅰ類B採用試験

　（特別区）：特別区（東京23区）職員Ⅰ類採用試験

　　※地方上級試験については，実務教育出版が独自に分析し，「全国型」「関東型」「中部・北陸型」「法律・経済専門タイプ」「その他の出題タイプ」「独自の出題タイプ（東京都，特別区など）」の6つに大別している。

⑤**市役所**：市役所職員採用上級試験（政令指定都市以外の市役所）

　　※市役所上級試験については，試験日程によって「A日程」「B日程」「C日程」の3つに大別している。また，「Standard」「Logical「Light」という出題タイプがあるが，本書では大卒程度の試験で最も標準的な「Standard-Ⅰ」を原則として使用している。

本書に収録されている「過去問」について

①平成9年度以降の国家公務員試験の問題は，人事院により公表された問題を掲載している。地方上級の一部（東京都，特別区）も自治体により公表された問題を掲載している。それ以外の問題は，受験生から得た情報をもとに実務教育出版が独自に編集し，復元したものである。

②問題の論点を保ちつつ問い方を変えた，年度の経過により変化した実状に適合させた，などの理由で，問題を一部改題している場合がある。また，人事院などにより公表された問題も，用字用語の統一を行っている。

CONTENTS

公務員試験　新スーパー過去問ゼミ7
行政法

「新スーパー過去問ゼミ7」刊行に当たって ……………………………… 1
本書の構成と過去問について ……………………………………………… 2
行政法の学習方法 …………………………………………………………… 6
合格者に学ぶ「スー過去」活用術 ………………………………………… 8
学習する過去問の選び方 …………………………………………………… 9
掲載問題リスト ……………………………………………………………… 10

第1章	行政と法	13

テーマ **1**　行政法の基礎 …………………………………………… 16
テーマ **2**　行政上の法律関係 ……………………………………… 30
テーマ **3**　行政上の基準（行政立法・行政計画）………………… 44

第2章	行政作用法（1）	59

テーマ **4**　行政行為の概念と種類 ………………………………… 62
テーマ **5**　行政行為の効力 ………………………………………… 74
テーマ **6**　行政行為の瑕疵 ………………………………………… 88
テーマ **7**　行政行為の効力の発生と消滅 ……………………… 100
テーマ **8**　行政行為の附款 ……………………………………… 108
テーマ **9**　行政裁量 ……………………………………………… 116

第3章	行政作用法（2）	133

テーマ **10**　実効性確保の手段 …………………………………… 136
テーマ **11**　行政手続法 …………………………………………… 160
テーマ **12**　行政指導・行政契約 ………………………………… 182
テーマ **13**　行政情報の収集と管理 ……………………………… 204

第4章	行政争訟法	221

テーマ **14**　行政事件訴訟の類型 ………………………………… 224
テーマ **15**　取消訴訟の訴訟要件 ………………………………… 250
テーマ **16**　取消訴訟の審理過程と判決 ………………………… 278
テーマ **17**　行政不服申立て ……………………………………… 294

第5章	国家補償法	313
テーマ18	国家賠償法1条	316
テーマ19	国家賠償法2条	344
テーマ20	損失補償	364

第6章	行政組織法	381
テーマ21	国の行政組織と法	384
テーマ22	地方公共団体の組織と事務	396
テーマ23	地方公共団体の自治立法と住民	410
テーマ24	公務員法・公物法	422

索引	442

●判例の表記について

（最判昭46・10・28）とあるものは，「最高裁判所判決昭和46年10月28日」の意。

（東京高判昭43・10・21）とあるものは，「東京高等裁判所判決昭和43年10月21日」の意。

なお，判旨の表記は，読みやすさを考慮して，口語化・簡略化を行っている部分があるので，原文とは異なる場合がある。

●法律名称の表記について

憲法………日本国憲法

行情法……行政機関の保有する情報の公開に関する法律（行政情報公開法）

独情法……独立行政法人等の保有する情報の公開に関する法律（独法情報公開法）

個情法……個人情報の保護に関する法律

行組法……国家行政組織法 　　　　　行審法……行政不服審査法

独通法……独立行政法人通則法 　　　行訴法……行政事件訴訟法

国公法……国家公務員法 　　　　　　民訴法……民事訴訟法

地公法……地方公務員法 　　　　　　刑訴法……刑事訴訟法

地自法……地方自治法 　　　　　　　代執法……行政代執行法

行手法……行政手続法 　　　　　　　警職法……警察官職務執行法

国賠法……国家賠償法 　　　　　　　収用法……土地収用法

カバー・本文デザイン／小谷野まさを　　書名ロゴ／早瀬芳文

行政法の学習方法

1. 公務員試験における行政法

　行政法とは，行政に関する法である。行政に関して規律する法であれば，行政法の分野で取り上げられる法であるから，数多くの法令が行政法の対象になる法といえる。

　もっとも，それら数多くの法令を一つ一つ確認していくのが行政法の学習ではない。従来は行政に関する無数の法を**行政組織法**，**行政作用法**，**行政救済法**の3分野に大きく分けて考察してきた。

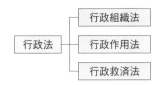

　このうち**行政組織法**の分野は行政組織について規律した法を集めた分野であり，たとえば「国家行政組織法」という名前の法律や，「地方自治法」という名前の法律が行政組織法の分野に属する。

　行政作用法の分野は，行政機関が国民・住民に対して行う作用について規律した法を集めた分野であり，たとえば「行政代執行法」という名前の法律や，「行政機関の保有する情報の公開に関する法律」という名前の法律が行政作用法の分野に属する。

　行政救済法の分野は，行政活動に不満を有する国民・住民を救済するための法を集めた分野であり，たとえば「行政事件訴訟法」という名前の法律や，「行政不服審査法」という名前の法律が行政救済法の分野に属する。

　これら3つの分野のうち，**公務員試験で重要となるのは行政作用法の分野と行政救済法の分野である**。したがって，行政法の試験対策ということであれば，この2つの分野を重点的に学習してもらいたい。

　行政作用法の分野にせよ，行政救済法の分野にせよ，統一法典は存在しないが，行政作用法および行政救済法の学習上，**必ず押さえておくべき法律は存在する**。そのような法律として，**行政作用法の分野では「行政手続法」「行政代執行法」「行政機関の保有する情報の公開に関する法律」**があり，**行政救済法の分野では「行政事件訴訟法」「行政不服審査法」「国家賠償法」**がある。これらの法律については，条文知識が必要になるし，特に行政事件訴訟法と国家賠償法については判例知識も必要になる。

　なお，行政法では，従来，行政行為論を中心とする一般理論が問われることが多かったが，**近年は一般理論を問う問題から条文知識や判例知識を問う問題へと緩やかにシフト転換をしているように見受けられる**。その背景には，重要法律の改正が相次いだことや，裁判所による新たな判断が相次いでいることがあろう。

2．効果的な学習方法・対策

　公務員試験では過去に出題された内容が形を変えながらも，繰り返し出題されているので，公務員試験対策として過去問に取り組むのは必須である。もっとも，公務員試験では膨大な量の専門知識が要求されるため，基本書を通読した後に過去問を解くという学習方法では，時間が足りなくなるおそれがある。しかも，多くの基本書では，公務員試験で問われるところとそうでないところのメリハリがついておらず，時間を浪費してしまう可能性がないわけではない。そこで，基本書を読まないで，本書のような問題集を利用して，いきなり過去問を解くという方法が考えられる。

　効果的なのは，過去問を解きながら，その都度，基本書の内容を確認していくことであろう。そうすることで，基本書の中でも重要な部分とそうでない部分がはっきりと見えてくる。また，基本書でチェックした部分の周辺部分も合わせて把握しておけば，応用力も身につけることができるであろう。

　本書を利用して過去問を学習する場合，まずは必修問題をやってみるとよい。**必修問題として掲載してある問題は，各テーマに関する問題の中でも良質の問題であるから，まずは必修問題を通じて当該テーマに触れてみるようにしよう。**

　そのうえで，さらに各テーマの重要ポイントを押さえたら，あとは実戦問題を1問でも多くこなすようにしよう。もっとも**時間の都合で，すべての実戦問題に取り組むことができないという場合には，実戦問題の** ◆ **アイコンに着目し，当該アイコンの付いているものだけを優先的にやってみるとよい。**そして，ひととおり当該アイコンの付いている問題を終えた時点で，さらに時間的余裕があるようであれば，当該アイコンの付いていない問題もやってみよう。

　なお，必修問題にせよ，実戦問題にせよ，一度やったら終わりにするのではなく，特に間違えた問題に付いては，繰り返し解くようにしよう。

　最後に，行政法の中では行政作用法の分野と行政救済法の分野が重要であるから，行政組織法を扱った本書第6章は後回しにしてよい。また，行政組織法については，行政作用法および行政救済法ほど重点的に取り組む必要はない。

　なお，以上の記述は択一式試験対策を念頭に置いたものであるが，**記述式試験対策には『公務員試験　専門記述式　民法・行政法　答案完成ゼミ（改訂版）』**（実務教育出版）が大いに役に立つものと思われる。

合格者に学ぶ「スー過去」活用術

公務員受験生の定番問題集となっている「スー過去」シリーズであるが，先輩たちは本シリーズをどのように使って，合格を勝ち得てきたのだろうか。弊社刊行の『公務員試験受験ジャーナル』に寄せられた「合格体験記」などから，傾向を探ってみた。

自分なりの「戦略」を持って学習に取り組もう！

テーマ1から順番に一つ一つじっくりと問題を解いて，わからないところを入念に調べ，納得してから次に進む……という一見まっとうな学習法は，すでに時代遅れになっている。

合格者は，初期段階でおおまかな学習計画を立てて，戦略を練っている。まずは各章冒頭にある「試験別出題傾向と対策」を見て，自分が受験する試験で各テーマがどの程度出題されているのかを把握し，「掲載問題リスト」を利用するなどして，**いつまでにどの程度まで学習を進めればよいか，学習全体の流れをイメージ**しておきたい。

完璧をめざさない！ザックリ進めながら復習を繰り返せ！

本番の試験では，6～7割の問題に正答できればボーダーラインを突破できる。裏を返せば**3～4割の問題は解けなくてもよい**わけで，完璧をめざす必要はまったくない。

受験生の間では，「問題集を何周したか」がしばしば話題に上る。問題集は，1回で理解しようとジックリ取り組むよりも，初めはザックリ理解できた程度で先に進んでいき，何回も繰り返し取り組むことで徐々に理解を深めていくやり方のほうが，学習効率は高いとされている。**合格者は「スー過去」を繰り返しやって，得点力を高めている。**

すぐに解説を読んでも OK ！考え込むのは時間のムダ！

合格者の声を聞くと「**スー過去を参考書代わりに読み込んだ**」というものが多く見受けられる。科目の攻略スピードを上げようと思ったら「ウンウンと考え込む時間」は一番のムダだ。過去問演習は，解けた解けなかったと一喜一憂するのではなく，**問題文と解説を読みながら正誤のポイントとなる知識を把握して記憶することの繰り返し**なのである。

分量が多すぎる！という人は，自分なりに過去問をチョイス！

広い出題範囲の中から頻出のテーマ・過去問を選んで掲載している「スー過去」ではあるが，この分量をこなすのは無理だ！と敬遠している受験生もいる。しかし，**合格者もすべての問題に取り組んでいるわけではない。**必要な部分を自ら取捨選択することが，最短合格のカギといえる（次ページに問題の選択例を示したので参考にしてほしい）。

書き込んでバラして……「スー過去」を使い倒せ！

補足知識や注意点などは本書に直接書き込んでいこう。**書き込みを続けて情報を集約していくと本書が自分オリジナルの参考書になっていくので，**インプットの効率が格段に上がる。それを繰り返し「何周も回して」いくうちに，反射的に解答できるようになるはずだ。

また，分厚い「スー過去」をカッターで切って，章ごとにバラして使っている合格者も多い。**自分が使いやすいようにカスタマイズして，「スー過去」をしゃぶり尽くそう！**

学習する過去問の選び方

●具体的な「カスタマイズ」のやり方例

本書は全183問の過去問を収録している。分量が多すぎる！と思うかもしれないが，合格者の多くは，過去問を上手に取捨選択して，自分に合った分量と範囲を決めて学習を進めている。

以下，お勧めの例をご紹介しよう。

❶必修問題と ⬇ のついた問題に優先的に取り組む！

当面取り組む過去問を，各テーマの「**必修問題**」と ⬇ マークのついている「**実戦問題**」に絞ると，およそ全体の4割の分量となる。これにプラスして各テーマの「**POINT**」をチェックしていけば，この科目の典型問題と正誤判断の決め手となる知識の主だったところは押さえられる。

本試験まで時間がある人もそうでない人も，ここから取り組むのが定石である。まずはこれで1周（問題集をひととおり最後までやり切ること）してみてほしい。

❶を何周かしたら次のステップへ移ろう。

❷取り組む過去問の量を増やしていく

❶で基本は押さえられても，❶だけでは演習量が心もとないので，取り組む過去問の数を増やしていく必要がある。増やし方としてはいくつかあるが，このあたりが一般的であろう。

　　◎基本レベルの過去問を追加（難易度「＊」の問題を追加）

　　◎受験する試験種の過去問を追加

　　◎頻出度Aのテーマの過去問を追加

これをひととおり終えたら，前回やったところを復習しつつ，まだ手をつけていない過去問をさらに追加していくことでレベルアップを図っていく。

もちろん，あまり手を広げずに，ある程度のところで折り合いをつけて，その分復習に時間を割く戦略もある。

●掲載問題リストを活用しよう！

「**掲載問題リスト**」では，本書に掲載された過去問を一覧表示している。

受験する試験や難易度・出題年度等を基準に，学習する過去問を選別する際の目安としたり，チェックボックスを使って学習の進捗状況を確認したりできるようになっている。

効率よくスピーディーに学習を進めるためにも，積極的に利用してほしい。

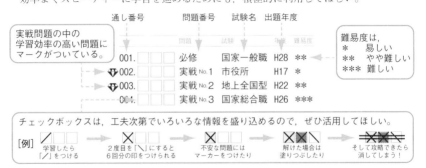

掲載問題リスト

本書に掲載した全183問を一覧表にした。 □ に正答できたかどうかをチェックするなどして，本書を上手に活用してほしい。

第1章 行政と法

テーマ1 行政法の基礎

	問題	試験	年度	難易度
001. □□	必修	地上特別区	H26	*
⬇002. □□	実戦No.1	地上特別区	H21	*
003. □□	実戦No.2	地上特別区	R3	*
004. □□	実戦No.3	地上特別区	H23	*
⬇005. □□	実戦No.4	地上特別区	H21	*
006. □□	実戦No.5	国家総合職	H22	**
⬇007. □□	実戦No.6	国家一般職	H24	**

テーマ2 行政上の法律関係

	問題	試験	年度	難易度
008. □□	必修	国家一般職	H26	**
⬇009. □□	実戦No.1	地上特別区	H16	*
⬇010. □□	実戦No.2	地上特別区	H15	**
⬇011. □□	実戦No.3	地上特別区	H18	**
012. □□	実戦No.4	国家総合職	H27	***
013. □□	実戦No.5	国家総合職	H22	***

テーマ3 行政上の基準(行政立法・行政計画)

	問題	試験	年度	難易度
014. □□	必修	地上特別区	H25	*
⬇015. □□	実戦No.1	地上特別区	H27	*
⬇016. □□	実戦No.2	地上特別区	H28	**
017. □□	実戦No.3	国家一般職	H24	*
⬇018. □□	実戦No.4	地上特別区	H19	*
⬇019. □□	実戦No.5	地上特別区	H21	**
020. □□	実戦No.6	国家総合職	H23	**
021. □□	実戦No.7	国家一般職	H30	**

第2章 行政作用法(1)

テーマ4 行政行為の概念と種類

	問題	試験	年度	難易度
022. □□	必修	地上特別区	R2	*
⬇023. □□	実戦No.1	地上特別区	H30	*
⬇024. □□	実戦No.2	地上特別区	H24	*
025. □□	実戦No.3	国家総合職	H25	*
026. □□	実戦No.4	国家総合職	H17	***

テーマ5 行政行為の効力

	問題	試験	年度	難易度
027. □□	必修	地上特別区	R5	**
⬇028. □□	実戦No.1	地上特別区	H22	**

	問題	試験	年度	難易度
⬇029. □□	実戦No.2	地上特別区	H30	**
030. □□	実戦No.3	地上全国型	H26	**
031. □□	実戦No.4	国税専門官	H23	***
032. □□	実戦No.5	国家総合職	H18	***

テーマ6 行政行為の瑕疵

	問題	試験	年度	難易度
033. □□	必修	地上特別区	H25	*
⬇034. □□	実戦No.1	地上特別区	H29	**
⬇035. □□	実戦No.2	地上特別区	H20	*
036. □□	実戦No.3	地上特別区	H22	**
037. □□	実戦No.4	税／財／労	H25	**
⬇038. □□	実戦No.5	国税専門官	H20	**

テーマ7 行政行為の効力の発生と消滅

	問題	試験	年度	難易度
039. □□	必修	財務専門官	H28	**
⬇040. □□	実戦No.1	地上特別区	H21	**
⬇041. □□	実戦No.2	国家専門職	H29	**
042. □□	実戦No.3	財務専門官	H26	**

テーマ8 行政行為の附款

	問題	試験	年度	難易度
043. □□	必修	地上特別区	R4	**
⬇044. □□	実戦No.1	地上特別区	R元	*
⬇045. □□	実戦No.2	国家専門職	H30	*
046. □□	実戦No.3	国家一般職	H28	**

テーマ9 行政裁量

	問題	試験	年度	難易度
047. □□	必修	地上全国型	H27	**
⬇048. □□	実戦No.1	地上特別区	H20	*
049. □□	実戦No.2	地上特別区	H29	**
⬇050. □□	実戦No.3	地上特別区	H24	**
051. □□	実戦No.4	国家専門職	R3	**
052. □□	実戦No.5	国家総合職	H24	***
053. □□	実戦No.6	国家総合職	H25	***

第3章 行政作用法(2)

テーマ10 実効性確保の手段

	問題	試験	年度	難易度
054. □□	必修	国家総合職	H26	**
⬇055. □□	実戦No.1	地上特別区	H24	*
⬇056. □□	実戦No.2	地上特別区	H25	**
057. □□	実戦No.3	地上特別区	H30	**

♦ 058.	□□	実戦No.4	財務専門官	R4	**
♦ 059.	□□	実戦No.5	地上特別区	H23	**
060.	□□	実戦No.6	国家一般職	H27	**
061.	□□	実戦No.7	国家総合職	H25	**
062.	□□	実戦No.8	国家一般職	H21	**
063.	□□	実戦No.9	国家一般職	H22	**
064.	□□	実戦No.10	国家総合職	H28	**
065.	□□	実戦No.11	国家総合職	H28	***
066.	□□	実戦No.12	国家総合職	H21	***

テーマ⑪行政手続法

		問題	試験	年度	難易度
067.	□□	必修	税／財／労	H27	**
068.	□□	実戦No.1	国家一般職	R3	*
069.	□□	実戦No.2	市役所	H29	**
♦ 070.	□□	実戦No.3	地上全国型	H24	*
♦ 071.	□□	実戦No.4	国税専門官	H21	*
072.	□□	実戦No.5	地上特別区	H28	**
073.	□□	実戦No.6	地上全国型改	H21	**
074.	□□	実戦No.7	国家総合職	R5	***
♦ 075.	□□	実戦No.8	国家総合職	H21	***
076.	□□	実戦No.9	国家総合職	H26	**
077.	□□	実戦No.10	国家総合職	H28	***

テーマ⑫行政指導・行政契約

		問題	試験	年度	難易度
078.	□□	必修	地上特別区	H29	*
♦ 079.	□□	実戦No.1	国家一般職	H23	**
♦ 080.	□□	実戦No.2	地上特別区	H23	**
♦ 081.	□□	実戦No.3	市役所	H26	*
♦ 082.	□□	実戦No.4	国税専門官	H22	**
083.	□□	実戦No.5	国家一般職	H25	**
084.	□□	実戦No.6	国家総合職	R3	***
085.	□□	実戦No.7	国家総合職	H24	***
086.	□□	実戦No.8	国家総合職	R2	**

テーマ⑬行政情報の収集と管理

		問題	試験	年度	難易度
087.	□□	必修	地上全国型	H28	**
♦ 088.	□□	実戦No.1	地上東京都	H16	**
089.	□□	実戦No.2	国家一般職	H29	**
090.	□□	実戦No.3	国家一般職	R2	**
♦ 091.	□□	実戦No.4	財務専門官	H25	**
♦ 092.	□□	実戦No.5	国家一般職	H26	**

| 093. | □□ | 実戦No.6 | 国家総合職 | H22 | *** |
| 094. | □□ | 実戦No.7 | 国家総合職 | H27 | *** |

第4章 行政争訟法

テーマ⑭行政事件訴訟の類型

		問題	試験	年度	難易度
095.	□□	必修	国家専門職	H30	***
♦ 096.	□□	実戦No.1	地上特別区	H28	*
097.	□□	実戦No.2	地上全国型	H27	*
♦ 098.	□□	実戦No.3	地上全国型	H21	**
♦ 099.	□□	実戦No.4	地上全国型	H22	**
♦ 100.	□□	実戦No.5	国家総合職	H23	*
♦ 101.	□□	実戦No.6	国家総合職	H21	**
102.	□□	実戦No.7	国家一般職	H28	**
♦ 103.	□□	実戦No.8	国家総合職	H27	**
104.	□□	実戦No.9	国家総合職	R3	**
105.	□□	実戦No.10	国家総合職	H25	***

テーマ⑮取消訴訟の訴訟要件

		問題	試験	年度	難易度
106.	□□	必修	国家専門職	H29	***
♦ 107.	□□	実戦No.1	財務専門官	H27	**
108.	□□	実戦No.2	国家一般職	H22	*
♦ 109.	□□	実戦No.3	国家一般職	H24	**
♦ 110.	□□	実戦No.4	国税専門官	H21	**
♦ 111.	□□	実戦No.5	国家総合職	H28	**
♦ 112.	□□	実戦No.6	税／財／労	H25	**
113.	□□	実戦No.7	国家一般職	R3	**
114.	□□	実戦No.8	国家総合職	H25	***
115.	□□	実戦No.9	国家総合職	H27	***

テーマ⑯取消訴訟の審理過程と判決

		問題	試験	年度	難易度
116.	□□	必修	地上特別区	H27	**
♦ 117.	□□	実戦No.1	市役所	H26	*
♦ 118.	□□	実戦No.2	財務専門官	H25	*
♦ 119.	□□	実戦No.3	国家総合職	H21	**
120.	□□	実戦No.4	地上特別区	H24	**
121.	□□	実戦No.5	国家一般職	H23	**
122.	□□	実戦No.6	国家総合職	H25	**
123.	□□	実戦No.7	国家総合職	H28	***

テーマ⑰行政不服申立て

	問題	試験	年度	難易度
124.	必修	地上(中部・北部)	H28	*
125.	実戦No.1	地上特別区	H29	*
126.	実戦No.2	国家一般職	H30	**
⬇127.	実戦No.3	国家専門職	H30	**
128.	実戦No.4	国家総合職	R2	***
129.	実戦No.5	国家総合職	H30	***
⬇130.	実戦No.6	国家総合職	H29	***

第5章 国家補償法
テーマ⑱国家賠償法1条

	問題	試験	年度	難易度
131.	必修	地上全国型	H30	*
⬇132.	実戦No.1	地上特別区	H24	**
⬇133.	実戦No.2	市役所	H27	*
⬇134.	実戦No.3	国税専門官	H22	**
135.	実戦No.4	国家一般職	H23	*
136.	実戦No.5	地上特別区	R2	***
137.	実戦No.6	国家専門職	R3	**
⬇138.	実戦No.7	税／財／労	H25	**
139.	実戦No.8	国家総合職	R3	**
140.	実戦No.9	国家総合職	H24	***
141.	実戦No.10	国家総合職	H25	**
142.	実戦No.11	国家総合職	H27	***

テーマ⑲国家賠償法2条

	問題	試験	年度	難易度
143.	必修	地上特別区	H25	**
⬇144.	実戦No.1	地上特別区	H22	*
⬇145.	実戦No.2	地上全国型	H27	**
146.	実戦No.3	地上特別区	R4	**
147.	実戦No.4	市役所	H27	**
148.	実戦No.5	国家総合職	H26	**
⬇149.	実戦No.6	国家総合職	H27	**
150.	実戦No.7	国家総合職	R4	***
151.	実戦No.8	国家総合職	H24	***

テーマ⑳損失補償

	問題	試験	年度	難易度
152.	必修	地上特別区	H29	**
⬇153.	実戦No.1	地上特別区	H27	**
⬇154.	実戦No.2	地上特別区	R3	**

	問題	試験	年度	難易度
155.	実戦No.3	財務専門官	H24	**
156.	実戦No.4	国家一般職	H27	**
157.	実戦No.5	国家総合職	R元	***
158.	実戦No.6	国家総合職	H28	***
159.	実戦No.7	地上全国型	R元	***

第6章 行政組織法
テーマ㉑国の行政組織と法

	問題	試験	年度	難易度
160.	必修	国家総合職	H22	***
⬇161.	実戦No.1	国家一般職	H19	*
⬇162.	実戦No.2	国家総合職	H23	**
⬇163.	実戦No.3	国家総合職	H19	**
164.	実戦No.4	国家総合職	H27	***
165.	実戦No.5	国家総合職	H25	**

テーマ㉒地方公共団体の組織と事務

	問題	試験	年度	難易度
166.	必修	市役所	H27	**
⬇167.	実戦No.1	地方上級(関東)	H28	*
168.	実戦No.2	地上全国型	H26	**
169.	実戦No.3	地方上級	H25	**
⬇170.	実戦No.4	国家総合職	H21	***

テーマ㉓地方公共団体の自治立法と住民

	問題	試験	年度	難易度
171.	必修	市役所	H30	*
⬇172.	実戦No.1	地上全国型	H30	**
173.	実戦No.2	市役所	H21	*
174.	実戦No.3	市役所	H29	**
⬇175.	実戦No.4	地上全国型	H24	**
⬇176.	実戦No.5	国家総合職	H25	**

テーマ㉔公務員法・公物法

	問題	試験	年度	難易度
177.	必修	財務専門官	H27	**
⬇178.	実戦No.1	国家総合職	H30	***
⬇179.	実戦No.2	国家総合職	H22	***
⬇180.	実戦No.3	国家総合職	H28	***
181.	実戦No.4	国家総合職	R4	***
182.	実戦No.5	財務専門官	H28	***
183.	実戦No.6	国家総合職	R4	***

行政と法

第1章

テーマ **1** 行政法の基礎
テーマ **2** 行政上の法律関係
テーマ **3** 行政上の基準
　　　　　（行政立法・行政計画）

試験別出題傾向と対策

試験名	国家総合職					国家一般職					国家専門職				
年度	21〜23	24〜26	27〜29	30〜2	3〜5	21〜23	24〜26	27〜29	30〜2	3〜5	21〜23	24〜26	27〜29	30〜2	3〜5
頻出度 テーマ 出題数	5	3	4	3	2	0	3	0	1	1	0	0	1	0	2
C **1** 行政法の基礎	1						1								
B **2** 行政上の法律関係	1	1	2	2	1		1								
B **3** 行政上の基準 (行政立法・行政計画)	3	2	2	1	1		1		1	1			1		2

　本章で取り上げるテーマからの出題は，全体的見地からすると，それほど多くはない。

　テーマ1に関しては，法律による行政の原理（とりわけ法律の留保の原則）に関する問題と法源論に関する問題が比較的多く出題されている。いずれも理論的見地から基本的理解を問う問題である。

　また，テーマ2に関しては，判例知識を問う問題が多い。いずれも重要判例の要旨が繰り返し問われているといってよい。テーマ2で扱う内容は行政法の応用ともいうべき内容であるから，学習の順序としては，他のテーマをひととおりやった後に取り組むとよい。

　さらに，テーマ3に関しては，基本的な知識が繰り返し問われており，問題の内容が定型化しているといえる。行政立法に関しては，行政手続法の内容（主に意見公募手続に関する内容）が条文知識として問われることがあるが，この点を除けば，多くは判例知識や理論上の基本事項を問うものである。

● 国家総合職（法律）

　本章のテーマから継続して出題されている。過去には，それまで見られなかった会話形式（教授と複数の学生による）の問題が出題されたこともあるが，内容それ自体は基本的な知識を問うものであったといってよい。そのほか，重要判例の正確な理解を問う問題が多い。

　なお，他の重要テーマとの関連で，本章のテーマが扱われることもあり，行政法全般にわたる総合的な力が要求されることがある。

● 国家一般職

　本章のテーマから出題されることは比較的少ないものの，出題の可能性は否定できないので，各テーマについて一定の準備をしておく必要がある。

地方上級(全国型)					地方上級(特別区)					市役所(C日程)					
21-23	24-26	27-29	30-2	3-5	21-23	24-26	27-29	30-2	3-5	21-23	24-26	27-29	30-2	3-4	
1	1	2	1	1	5	2	2	1	3	2	1	0	0	0	
					3	1			2	1					テーマ1
1	1				1										テーマ2
		2	1	1	1	1	2	1	1	1	1				テーマ3

● 国家専門職（国税専門官）

　本章のテーマから出題されることは，比較的少ない。もっとも，国税専門官試験では行政法の出題数が少ないためか，1つの問題の中で行政法上の複数の論点が各選択肢で取り上げられることが少なくない。そのため，一見すると，本章のテーマと関係する問題が出題されていないように見えても，実際には本章のテーマに関係する事項が問われているということがある。これは，国税専門官試験の一つの特徴であるといえる。

● 地方上級（全国型）

　本章のテーマから出題されることは比較的少ない。出題される場合でも，重要判例の要旨や行政法理論の基本的事項を素直に問う単純な正誤問題が出題されているにすぎない。また，法源論や法律による行政の原理に関する問題は，過去10年以上にわたって出題されていない。

● 地方上級（特別区）

　本章のテーマから継続して出題されている。特に法源論については，他の公務員試験と比較すると，出題の比率が高いといえるが，問われているのは法源論に関する基本的理解であって，出題内容に変化があるわけではない。また，行政上の法律関係および行政上の基準についても，それぞれのテーマに関する基本的理解が問われている。

● 市役所（C日程）

　本章のテーマから出題されることはほとんどない。出題される場合でも，基礎的知識を素直に問う問題が多い。

行政法の基礎

必修問題

行政法の法源に関する記述として，通説に照らして，妥当なのはどれか。

【地方上級（特別区）・平成26年度】

1 **命令**には，法律の個別具体の委任に基づく**委任命令**と，法律に基づくことなく独自の立場で発する**独立命令**があるが，いずれも行政機関が制定するものであるので，行政法の法源となることはない。

2 **条約**は，その内容が国内行政に関し，自力執行性のある具体的定めを含んでいる場合には，それが公布・施行されることによって国内法としての効力をもち，行政法の法源となる。

3 **憲法**は，国家の基本的な統治構造を定める基本法であり，行政の組織や作用の基本原則を定めるにとどまるので，行政法の法源となることはない。

4 下級裁判所の判決は法源となりえないが，最高裁判所の判決は先例を変更するのに慎重な手続を経ることを求められるので，行政法の法源となる。

5 **条例**は，必ず議会の議決を必要とするので行政法の法源となるが，地方公共団体の長が定める**規則**は，議会の議決を必要としないので行政法の法源となることはない。

難易度 ＊

必修問題の解説

法源とは，法の存在形式のことをさす。通常，行政法の法源に該当すれば，裁判所はそれを用いて法的判断をすることができ，逆に，行政法の法源に該当しなければ，裁判所はそれを用いて法的判断をすることはできない。

1 ✕ 行政機関が定める命令は，行政法の法源である。

立法機関が制定する法律のみが行政法の法源であるわけではない。行政機関が制定するものであっても，行政法の法源になりうる。なお，行政機関が制定する法を命令という。この命令には，①法律の個別具体の委任に基づく**委任命令**と②法律を執行するために必要な付随的細目規定を定める**執行命令**がある。現行法下において，法律に基づくことなく国民の権利義務に影響を及ぼす**独立命令**は許されないと解されている。

2 ◎ 条約は，行政法の法源になりうる。

正しい。**条約**は，それが国家間で締結されても，直ちに国内法として効力を持つわけではないが，一定の手続を経て公布・施行されると，その内容が国内行政に関し，自力執行性のある具体的定めを含んでいる限り，行政法の法源になる。

3 ✕ 憲法は，行政法の法源である。

憲法であっても，行政の組織や作用の基本原則について定めている部分は，行政法の法源である。

4 ✕ 下級裁判所の判決は，法源になりうる。

下級裁判所の判決であっても，同一内容の判決が一定程度繰り返されると，それが行政法の法源になることがある。最高裁判所の判決のみが行政法の法源になりうるわけではない。

5 ✕ 地方公共団体の長が定める規則は，行政法の法源である。

地方公共団体の議会が定める**条例**とともに，地方公共団体の長が定める**規則**も，行政法の法源である。この規則は，講学上の**行政規則**とは異なる。

正答 2

FOCUS

行政法の導入部分に関する事項のうち，法律による行政の原理と行政法の法源論は，公務員試験で出題される可能性がある。とりわけ後者については問題にされる法の存在形式が定型化しているので，過去問を通じて，何が行政法の法源になるのか，把握しておくとよい。

重要ポイント 1 　法律による行政の原理

　行政法の基本原理として，法律による行政の原理がある。この原理は，行政権の行使を国民議会が制定したルール（法律）の下に置き，行政権の横暴から国民を守ることを目的としている。この原理は，以下の3つの内容からなっている。

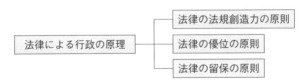

（1）法律の法規創造力の原則

　この原則は，国民の権利義務に変動を及ぼす一般的ルール（法規）を創造するのは法律である，ということを内容とする。

（2）法律の優位の原則

　この原則は，いかなる行政活動も，法律の定めに違反してはならない，ということを内容とする。

（3）法律の留保の原則

　この原則は，一定の行政活動については，法律によって一定の要件の下に一定の行為をするよう授権されていなければ，行えない，ということを内容とする。問題となるのは，そこでいう一定の行政活動の範囲である。この点に関する代表的な考え方として以下の①～⑤がある。

①侵害留保説	国民の権利や自由を侵害する行政活動について，法律の授権を必要とする。
②全部留保説	行政活動の全部について，法律の授権を必要とする。
③社会留保説	侵害行政だけでなく，社会権の確保を目的として行われる生活配慮行政にも法律の授権を必要とする。
④権力留保説	行政活動のうち，権力的行政活動について，法律の授権を必要とする。
⑤本質（重要事項）留保説	国民の基本的人権にかかわりのある重要な行政活動については，その基本的内容について，法律の授権を必要とする。

　このうち，①侵害留保説は明治時代の通説であり，現在でも実務ではこの考え方がとられている，と一般にいわれている。

重要ポイント 2 　行政法の一般原則

　法律による行政の原理以外にも，行政法全体を通じて一般的に妥当すると考えられる原則は複数存在する。たとえば，以下の代表的な原則がある。

①信頼誠実の原則	権利の行使および義務の履行は信義に従い誠実に行わなければならないという原則。「信頼保護の原則」「信義則」「信義衡平の原則」といった形で議論されることもある。
②比例原則	ある行政目的を達成するためには，当該目的を達成するためにふさわしい手段をとらなければならないという原則。
③平等原則	合理的な理由なく差別してはならないという原則。
④適正手続きの原則	行政活動は適正な手続きを通じて行わなければならないという原則。

重要ポイント 3 ▶ 行政法の法源

　行政に関する法はさまざまな形式で存在する。この法の存在形式のことを法源と呼ぶ。

　行政法の法源は，まず，文書になっている法である**成文法**と，文書になっていない法である**不文法**に大別される。

　このうち成文法に属する法源は，①**憲法**（国家の基本法），②**法律**（立法府に属する国会が制定するルール），③**命令**（行政府に属する機関が制定するルール），④**条約**（国家間で定められるルール），⑤地方公共団体の自主法としての**条例**（地方公共団体の議会が制定するルール）および**規則**（地方公共団体の長などが制定するルール）である。

　他方，不文法に属する法源は，①**慣習法**（法的確信を得られた慣習），②**判例法**（繰り返されることで事実上の法的拘束力を持つに至った判決の内容），③**条理**（ものごとの道理）である。

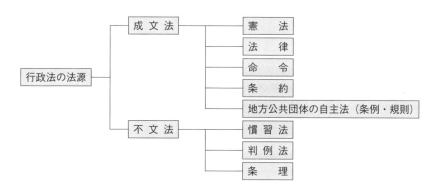

　なお，行政法においては，成文法が中心的な地位を占め，不文法は補充的な地位にある。

◆ **No.1** 行政法の法源に関する記述として，妥当なのはどれか。

【地方上級（特別区）・平成21年度】

1 行政法の法源は，成文法源と不文法源の2つに分けることができ，成文法源には法律および判例法が含まれ，不文法源には条理法が含まれる。

2 憲法は，行政の組織，作用については，基本的，抽象的なことを定めるのにとどまり，直接に行政作用の法源として機能することはない。

3 行政権は，法令上の根拠がなければ行使しえないため，行政上の法律関係については，行政法の法源として慣習法が成立する余地はない。

4 条例には，法律の範囲内という限定があり，また，その効力において地域的な限界があるため，行政法の法源にはなりえない。

5 命令は，行政権によって定立される法であって，行政法の法源となり，日本国憲法の下では，委任命令か執行命令に限られる。

No.2 行政法の法源に関する記述として，通説に照らして，妥当なのはどれか。

【地方上級（特別区）・令和3年度】

1 行政法の法源には，成文法源と不文法源とがあり，成文法源には法律や条理法が，不文法源には行政先例がある。

2 条約は，国内行政に関係するもので，かつ，国内の立法措置によって国内法としての効力を持ったものに限り，行政法の法源となる。

3 命令は，内閣が制定する政令等，行政機関が制定する法のことであり，日本国憲法の下では，委任命令と独立命令がある。

4 判例法とは，裁判所で長期にわたって繰り返された判例が，一般的な法と認識され，成文法源とみなされるようになったものをいう。

5 慣習法とは，長年行われている慣習が法的ルールとして国民の法的確信を得ているものをいい，公式令廃止後の官報による法令の公布はその例である。

No.3 行政法の法源に関する記述として，妥当なのはどれか。

【地方上級（特別区）・平成23年度】

1 条例は，憲法で地方公共団体に条例制定権を承認しているため，行政法の法源となるが，地方公共団体の長が定める規則は，行政法の法源にはならない。

2 法源には，成文の形式をもって制定する成文法源と慣習法のように文章では表されない不文法源があり，最高裁判所の判決は，先例として大きな影響力を持つことが多いので，行政法の成文法源となる。

3 命令は，法律の委任に基づく委任命令と法律を執行するための細目について規定する執行命令に限られ，行政機関によって制定される内閣府令や省令も行政法の法源となる。

4 条約は，国家間または国家と国際機関との間の文書による合意であり，国際法上の法形式であるが，国内法としての効力を持つものではないので，行政法の法源にはならない。

5 法律は，国権の最高機関である国会の議決により制定される法形式であるから，最上位の成文法源である。

No.4 行政法学上の法律による行政の原理に関する記述として，妥当なのはどれか。

【地方上級（特別区）・平成21年度】

1 「法律の優位」とは，いかなる行政活動も，行政活動を制約する法律の定めに違反してはならないという原則である。

2 「法律の法規創造力」とは，行政活動には必ず法律の授権が必要であるとする原則である。

3 「法律の留保」とは，新たな法規の定立は，議会の制定する法律またはその授権に基づく命令の形式においてのみなされうるという原則である。

4 「権力留保説」とは，すべての公行政には具体的な作用法上の根拠が必要であるとするものである。

5 「重要事項留保説」とは，侵害行政のみならず，社会権の確保を目的として行われる生活配慮行政にも，法律の根拠が必要であるとするものである。

実戦問題 **1** の 解説

No.1 の解説 行政法の法源

→問題はP.20 **正答5**

1 ✕ 成文法源に判例法は含まれない。

前半は正しい。後半が誤り。**成文法源**に法律は含まれるが，**判例法**は含まれない。判例法は，**不文法源**に含まれる。なお，条理法は，本肢のとおり，不文法源に含まれる。

2 ✕ 憲法は行政作用の法源として機能することがある。

前半は正しい。後半が誤り。憲法における行政の組織および作用に関する基本的・抽象的な定めは，その限りで直接に行政作用の法源として機能する。

3 ✕ 慣習法は行政法の法源である。

行政法の法源として**慣習法**が成立する余地は認められている。たとえば河川の流水の使用を内容とする公水使用権は，慣習法上の権利として認められている（最判昭37・4・10）。

4 ✕ 条例は行政法の法源である。

前半は正しい（憲法94条，地自法14条1項，同2条2項）。後半が誤り。**条例**には一定の制約があるものの，その制約の範囲内では行政法の法源として機能する。

5 ◎ 命令は行政法の法源である。

正しい。行政権によって定立される法を**命令**または**行政命令**と呼ぶ。ただし，行政権は法律の授権なくして命令を制定することはできず，戦前の**独立命令**のような法律の授権のない命令は認められていない。

■行政法の基礎
No.2 の解説　行政法の法源

→問題はP.20　**正答5**

第1章

行政と法

1× 条理法は不文法源である。

法源とは法の存在形式のことをさす。法源には文章になっている法である**成文法**と文章になっていない法である**不文法**がある。このうち，不文法には，ものごとの道理を内容とする**条理法**がある。そのため，条理法を成文法として位置づけている本肢は誤りである。また，行政先例は一般に法源として捉えられていない。

2× 条約は行政法の法源である。

国内行政に関係する**条約**は行政法の法源である。たとえ国内の立法措置がなくても，内容が具体的で，自動執行的効力が認められる条約は，国内法として効力を有する。

3× 日本国憲法の下で独立命令は認められていない。

命令は行政機関が定立する法規であり，これには**委任命令**（法律の内容を補充し，具体的な定めをする規範）と**執行命令**（法律を執行するための付随的細目的規範）がある。いずれも法律上の根拠がなければ，行政機関は制定することができない。これに対し，**独立命令**は行政機関が立法機関から独立して，法律上の根拠なくして定める法規のことをさす。このような独立命令は，日本国憲法が国会を唯一の立法機関として，国会に立法作用を独占させたことから，日本国憲法下では認められていない。

4× 判例法は成文法ではなく，不文法である。

判例法は，**慣習法**や，条理とともに不文法であって，成文法ではない。

5◎ 官報による法令の公布は慣習法の例である。

国の法令は，当初，明治期に定められた公式令に依拠し，官報で公布された。この公式令が廃止された後も国の法令は官報で公布されてきたため，現在では，これが慣習法として理解されている（最判昭32・12・28）。

23

1 × 地方公共団体の長が定める規則は行政法の法源である。

前半は正しい（憲法94条）。後半が誤り。地方公共団体の長が定める**規則**も，行政法の法源である。

2 × 最高裁判所の判決は行政法の不文法源である。

前半は正しい。後半が誤り。**成文法源**か**不文法源**かは大きな影響力を有するか否かによって判断されるのではない。最高裁判所の判決は，不文法源としてとらえられている。

3 ◎ 内閣府令や省令は行政法の法源である。

正しい。行政機関が制定する**命令**は誰が当該命令を制定したかという観点から区別されることもある。本肢の内閣府令は内閣府の長としての内閣総理大臣が定めた命令であるし，省令は省の長としての各省大臣が定めた命令である。これらはいずれも行政法の法源となる。

4 × 条約は行政法の法源である。

前半は正しい。後半が誤り。**条約**も，行政法の法源となる。

5 × 法律は最上位の成文法源ではない。

わが国では，最上位の成文法源は法律ではなく，日本国憲法である（憲法98条1項）。

No.4 の解説　法律による行政の原理

→問題はP.21　**正答 1**

1 ◎ 法律の優位は，法律が行政活動に優位するという原則である。

正しい。「**法律の優位**」の原則は，すべての行政活動に妥当するので，侵害的行政活動であれ，授益的行政活動であれ，法律の定めに違反してはならない。

2 ✕ 法律の法規創造力は，法律のみが法規を創造できるという原則である。

「**法律の法規創造力**」の原則とは，国民の権利義務関係に影響を与える法規を創造することができるのは法律だけである，ということを内容とする。行政活動には必ず法律の授権が必要であるとする原則は，「**法律の留保**」の原則に関する説明である。

3 ✕ 法律の留保は，行政活動には法律の根拠が必要であるという原則である。

「**法律の留保**」とは，一定の行政活動には必ず法律の授権が必要であるとする原則である。新たな法規の定立が，議会の制定する法律またはその授権に基づく命令の形式においてのみなされうるという原則は「**法律の法規創造力**」の原則に関する説明である。

4 ✕ 権力留保説は権力的行政作用には法律の根拠が必要であるとする。

「**権力留保説**」は，「**法律の留保**」の原則に関する学説の一つで，行政活動のうち，権力的行政活動を行うためには法律の根拠が必要であるとする考え方である。すべての公行政には具体的な作用法上の根拠が必要であるとする考え方は，「**全部留保説**」である。

5 ✕ 重要事項留保説は重要な行政作用には法律の根拠が必要であるとする。

「**重要事項留保説**」は，「**法律の留保**」の原則に関する学説の一つで，国民の基本的人権にかかわりのある重要な行政活動の基本的内容については法律の根拠が必要であるとする考え方である。侵害行政のみならず，社会権の確保を目的として行われる生活配慮行政にも，法律の根拠が必要であるとする考え方は，「**社会留保説**」と呼ばれる。

実戦問題❷　応用レベル

No.5 法律による行政の原理に関するア～オの記述のうち，妥当なもののみを
すべて挙げているのはどれか。　　　　　　　　　　　　【国家総合職・平成22年度】

ア：法規命令も条例も法律に違反すると認められるときは違法となるところ，
　　これらが法律に違反するか否かを判断するための基準として，判例は同一
　　のものを用いている。

イ：憲法第84条について，判例は，租税法律主義と侵害留保原理それぞれの歴
　　史的由来が異なることから，同条は，侵害留保原理の考え方とは関連を持
　　たないとの理解に立っている。

ウ：判例は，授益的行政行為（行政処分）の撤回につき，与えられた利益の剥
　　奪であるとして，侵害留保原理に基づき，撤回を認める個別的な法律上の
　　根拠を要求している。

エ：わが国の現行法制度の下では，行政行為（行政処分）により課された義務
　　を私人が履行しないため行政が行政上の強制執行を行うには，行政行為
　　（行政処分）により私人に義務を課すことを認める法律上の根拠に加えて，
　　当該義務の行政上の強制執行を認める別の法律上の根拠が必要であると一
　　般に解されている。

オ：行政機関による行政指導について，判例は，一般に，行政機関は，その任
　　務ないし所掌事務の範囲内において，一定の行政目的を実現するため，特
　　定の者に一定の作為または不作為を求める指導，勧告，助言等をすること
　　ができるとしている。

1　ア，イ

2　ア，オ

3　イ，ウ

4　ウ，エ

5　エ，オ

（参考）　日本国憲法

第84条　あらたに租税を課し，又は現行の租税を変更するには，法律又は法律の定
　　める条件によることを必要とする。

No.6 次の文章は，法律の留保の原則について述べたものである。空欄A～C
に入るものをア～カから選んだ組合せとして妥当なのはどれか。

【国家一般職・平成24年度】

　法律の留保の原則は，行政機関が特定の行政活動を行う場合に，事前に法律でそ
の根拠が規定されていなければならないとするものであるが，いかなる行政活動を
行う場合に法律の根拠が必要かについてはさまざまな考え方がある。

　侵害留保説は，　　A　　には法律の根拠を必要とするという考え方であり，現在
の立法実務はこの説によっていると解されている。侵害留保説によれば，　　B　　
は，法律の根拠を必要とすることになるが，　　C　　は，法律の根拠を必要としな
いことになる。

ア：国民の権利義務を一方的決定により変動させる行政活動

イ：国民の自由と財産を侵害する行政活動

ウ：宅地開発業者に対して当該業者の任意性を損なうことがない範囲で寄付金の
　　納付を求める行為

エ：違法建築物の除却，移転，改築等を命ずる行為

オ：住宅に太陽光発電装置を設置した者に対する補助金の交付決定

カ：感染症の患者を強制的に入院させる行為

1　A—ア　　　B—ウ　　　　C—エ，オ，カ

2　A—ア　　　B—ウ，オ　　C—エ，カ

3　A—ア　　　B—エ，カ　　C—ウ，オ

4　A—イ　　　B—エ，カ　　C—ウ，オ

5　A—イ　　　B—オ，カ　　C—ウ，エ

No.5 の解説 法律による行政の原理　　　　　　　　　　→問題はP.26　**正答5**

ア✕ 法規命令と条例の違法判断の基準は同一ではない。

前半は妥当である。後半が妥当でない。**法規命令**が違法か否かの判断基準と，**条例**が違法か否かの判断基準は異なる。条例の場合は，いわゆる徳島公安条例事件において最高裁によって示された判断基準によるが（最判昭50・9・10），法規命令の場合は，判例上，当該判断基準は用いられていない。

イ✕ 租税法律主義を定めた憲法84条は侵害留保原理の考え方と関連を持つ。

妥当でない。判例によれば，「憲法84条は，課税要件及び租税の賦課徴収の手続が法律で明確に定められるべきことを規定するものであり，直接的には，租税について法律による規律の在り方を定めるものであるが，同条は，国民に対して義務を課し又は権利を制限するには法律の根拠を要するという法原則を租税について厳格化した形で明文化したものというべきである」とされている（最判平18・3・1）。この判示からは，**租税法律主義**と**侵害留保原理**の一定の関連性を読み取ることができる。

ウ✕ 授益的行政行為を撤回するための個別的な法律上の根拠は不要である。

妥当でない。判例によれば，**授益的行政行為**を**撤回**するための個別の法律上の根拠がなくても，一定の要件の下で，行政庁は当該行政行為の撤回を行うことができる（最判昭63・6・17）。

エ◯ 行政行為の根拠法律とは別に強制執行のための根拠法律が必要である。

妥当である。行政行為によって課された義務につき，行政機関が**行政上の強制執行**を行うためには，個別の法律上の根拠が必要である。そのような法律上の根拠として，たとえば**行政代執行法**がある。仮にそのような法律上の根拠がない場合や，あるいは法律上の根拠が存在していても，行政上の強制執行を行うための法律要件が充足されていない場合には，行政上の強制執行を行うことができない。この場合，私人に義務を課した行政行為は**自力執行力**のない行政行為ということになる。

オ◯ 行政機関は指導，勧告，助言等をすることができる。

妥当である。判例によれば，「一般に，行政機関は，その任務ないし所掌事務の範囲内において，一定の行政目的を実現するため，特定の者に一定の作為又は不作為を求める指導，勧告，助言等をすることができ」る（最判平7・2・22）。行政手続法2条6号においても，**行政指導**の定義につき，同趣旨の定めがある。

　以上から妥当なものは**エ**および**オ**であり，**5**が正答となる。

No.6 の解説　法律の留保の原則

→問題はP.27　**正答4**

　問題文および**ア**～**カ**の記述からすると，空欄**A**には**侵害留保説**に関する一般的な説明をしているものが入り，空欄**B**および**C**には具体的な例を示しているものが入る。

　このような観点からすると，まず**ア**および**イ**が一般的な説明をしているので，空欄**A**には**ア**または**イ**のどちらかが入る。侵害留保説は，国民の自由と財産を侵害する行政活動については法律の根拠が必要と考える立場なので，**イ**が空欄**A**に入る。**ア**は**権力留保説**の考え方を説明するものである。

　次に**ウ**～**カ**が具体例を示しているが，侵害留保説は，すでに確認したとおり，国民の自由と財産を侵害する行政活動か否かを基準にして，法律の根拠の要否を決める考え方なので，そのような基準で**ウ**～**カ**を振り分けると，**エ**および**カ**は国民の自由と財産を侵害する行政活動といえるが，**ウ**および**オ**は国民の自由と財産を侵害する行政活動とはいえない。したがって，侵害留保説によれば，**エ**および**カ**の場合は法律の根拠が必要であるが，**ウ**および**オ**の場合は法律の根拠が不要である。

　以上から，空欄**A**には**イ**が入り，空欄**B**には**エ**および**カ**が入り，空欄**C**には**ウ**および**オ**が入る。よって，正答は**4**である。

行政上の法律関係

必修問題

行政機関相互の関係に関する次の記述のうち，妥当なのはどれか。

【国家一般職・平成26年度】

1　行政機関がその権限の一部を他の行政機関に委譲（移譲）し，これをその行政機関の権限として行わせる**権限の委任**について，権限の委譲（移譲）を受けた受任機関は，委任機関の行為として，当該権限を行使するとするのが判例である。

2　行政法上の**委任**は，民法上における委任と異なり，委任によって権限が委任機関から受任機関へ委譲（移譲）されるものの，なお委任機関は当該権限を喪失せず，引き続き当該権限を行使することができると一般に解されている。

3　**法定代理**は，法律によってあらかじめ他の行政機関が本来の**行政庁**の権限を代行することが定められていることから，法定代理によって権限を行使することになった代理機関は，被代理機関の代理として権限を行使することを明らかにする必要はないと一般に解されている。

4　**補助機関**が，法律により権限を与えられた行政機関の名において権限を行使することをいう**専決**は，法律が定めた処分権限を変更することになるため，法律による明文の根拠が必要であると一般に解されている。

5　上級行政機関が法律が定めた**下級行政機関**の権限を代執行（代替執行）する場合，実質的に法律が定めた処分権限を変更することになるため，法律による明文の根拠が必要であると一般に解されている。

難易度　＊＊

必修問題の解説

　本問は，権限の委任，代理，専決というよく似た制度が，それぞれ，どのような法的特色を有しているのかを問う問題である。いずれについても，各制度の基本的な理解が問われているといってよい。

頻出度
B
国家総合職 ★★★　　地上特別区 ★
国家一般職 ★　　　市役所Ｃ ─
国税専門官 ─
地上全国型 ★

2 行政上の法律関係

1 ✕ 権限の委任の場合，受任機関は受任機関の行為として権限行使をする。

権限の委任が行われると，受任機関は委任機関の行為としてではなく，受任機関の行為として当該権限の行使を行う。判例では「行政庁相互の間においていわゆる権限の委任がされ，委任を受けた行政庁が委任された権限に基づいて行政処分を行う場合には，委任を受けた行政庁はその処分を自己の行為としてする」と判示されている（最判昭54・7・20）。

2 ✕ 委任機関は，自らが委任した権限を行使することはできない。

権限が委任されると，委任機関に権限は残っていないから，委任機関は委任した権限の行使をすることができないと一般に解されている。なお，民法では代理権を伴う委任が存在するが，行政法では代理権を伴う委任は存在せず，この点に両者の違いがある。

3 ✕ 代理機関は被代理機関の代理である旨，明らかにしなければならない。

代理の場合，民法と同様に，原則として代理であることを表示しなければならない（**顕名主義**）。したがって，代理機関は外部に対して被代理機関の代理として権限を行使することを表示する必要があると一般に解されている。

4 ✕ 専決は法律が定めた処分権限を変更することにならない。

専決が行われたとしても，法律により権限を与えられた行政機関の名において権限行使がされるので，法律によって定められた処分権限が変更されるわけではないと一般に解されている。

5 ◎ 代執行（代替執行）には法律による明文の根拠が必要である。

法律の明文の根拠なくして，法律が定めた処分権限を変更することは**法治主義**に反する（とりわけ法律によって権限を割り振られた行政機関によって当該権限が行使されなければならないという**権限分配の原則**に反する）。したがって，法律が定めた処分権限を変更する際には法律の明文の根拠が必要である。

正答 **5**

FOCUS

　公務員試験において行政上の法律関係が問われる場合，判例を題材にしたものが圧倒的に多い。したがって，個別の事例において最高裁が下した判断の内容を正確に理解しておく必要がある。なお，権限の委任と代理についても出題される可能性があるので，両者の異同について理解を深めておきたい。

——POINT——

重要ポイント 1 ▶ **行政上の法関係における主体**

　行政上の法関係における主体に関連して，「行政主体」「行政機関」「行政庁」という特別な概念がある。

(1) 行政主体：これは，行政活動を行う権能を与えられた**法人**である。具体的には，国や都道府県・市町村などがこれに該当する。

(2) 行政機関：行政主体は法の世界では人であり，人である以上，頭のパーツ，手足のパーツなどから構成されているといえる。これら一つ一つのパーツのことを機関と呼び，とりわけ行政主体を構成する機関のことを行政機関と呼ぶ。

(3) 行政庁：人間がいろいろなパーツから構成されており，それら一つ一つのパーツに名称が付されているのと同様，行政主体もいろいろなパーツ（行政機関）から構成され，それらに名称が付されている。行政機関の中でも，**行政主体の意思を決定し，外部に表示する権限を持つ行政機関は行政庁と呼ばれる**。具体的には，大臣や都道府県知事・市町村長などがこれに該当する。なお，行政庁には，このような独人制の行政庁だけでなく，合議制の行政庁（たとえば公正取引委員会）もある。

重要ポイント 2 ▶ **権限の委任・代理・専決**

　本来の行政庁が法令に定められた権限を自ら行使しない場合の法的技法として，権限の「委任」と「代理」がある。

種　類		法律の根拠	法効果の帰属先	指揮監督権
委　任		必　要	本来の行政庁ではない	及ばない
代　理	法定代理	必　要	本来の行政庁	及　ぶ
	授権代理	必要なし	本来の行政庁	及　ぶ

(1) 権限の委任：権限の委任が行われると，委任した行政庁（委任機関）は法令に定められた権限を失い，委任を受けた行政機関（受任機関）がその権限を行使する。その法効果は受任機関に帰属する。法定された権限が移動するため，権限の委任には法律の根拠が必要とされている。また，原則として，委任機関の指揮監督権は受任機関には及ばない。

(2) 権限の代理：権限の委任の場合と異なり，権限の代理の場合は，その法効果は，本来の行政庁に帰属する。また，被代理機関の指揮監督権は代理機関に及ぶ。この権限の代理は，代理が法定されているか否かという観点から，法定代理と授権代理に区別される。前者には法律の根拠が必要と考えられている。これに対し，後者の場合には，一般的には法律の根拠は不要と考えられている。

　また，権限の「委任」と「代理」によく似た制度として「**専決**」（または**代決**と呼ばれることもある）がある。この専決とは，行政庁が補助機関に事務処理につい

ての決定をゆだねるものの，外部との関係では本来の行政庁の名で表示させること
をいう。法令上の根拠は必要ないとされている。

重要ポイント 3 「公法と私法」と行政上の法律関係

　従来，行政上の法律関係には，**公法**関係と**私法**関係がある，と指摘されてきた。
この両者を区別する基準については，さまざまな見解が示されてきたが，第二次世
界大戦後，支配的となったのは，次のような考え方である。

　行政上の法律関係は，まず，行政主体と国民の間の関係が一方性を特色とする公
権力の行使によって形成されているかどうかという観点から，権力関係と非権力関
係に区別される。このうち，後者はさらに公益の実現を目的にして形成された関係
か否かという観点から，管理関係と私経済関係に分けられる。以上のうち，公法関
係は権力関係および管理関係であり，私法関係は私経済関係である。

　もっとも，近年では，このような見方に対して多くの批判がある。むしろ，行政
上の法律関係は個別の事例に応じて考察していく必要があるとする見解が学説の主
流となっている。

📖判例　**公営住宅の使用関係**（最判昭59・12・13）

　公営住宅の使用関係については，公営住宅法およびこれに基づく条例が特別法
として民法および借家法に優先して適用されるが，法および条例に特別の定め
がない限り，原則として一般法である民法および借家法の適用があり，その契
約関係を規律するについては，信頼関係の法理の適用がある。

国に対する損害賠償請求と消滅時効（最判昭50・2・25）

　国の安全配慮義務違背を理由とする国家公務員の国に対する損害賠償請求権の
消滅時効期間は，会計法30条により5年と解すべきではなく，（改正前の）民
法167条1項により10年と解すべきである。

議員の懲罰と裁判権（最判昭35・10・19）

　地方議会の議員に対する出席停止の懲罰処分は，議会の自治的措置に任された
ものであるから，司法審査の対象にならず，当該処分の無効確認または取消し
を求める訴えは，不適法である。

自己契約および双方代理の類推適用（最判平16・7・13）

　普通地方公共団体の長が当該普通地方公共団体を代表して行う契約の締結に
は，民法108条が類推適用される。

租税法関係と信義則 （最判昭62・10・30）

租税法関係においては，租税法規の適用における納税者間の平等，公平という
要請を犠牲にしてもなお課税処分に係る課税を免れしめて納税者の信頼を保護
しなければ正義に反するといえるような特別の事情が存する場合に，信義則の
法理の適用の是非が考えられる。

建築基準法65条と民法234条１項の関係 （最判平元・9・19）

建築基準法65条は民法234条１項の特則であるから，建築基準法65条所定の建
築物の建築については，建築基準法65条の要件を満たす限り，民法234条１項
の適用が排除され，接境建築が許される。

道路の占有権 （最判平18・2・21）

地方公共団体が，道路を一般交通の用に供するために管理しており，その管理
の内容，態様によれば，社会通念上，当該道路が当該地方公共団体の事実的支
配に属するものというべき客観的関係にあると認められる場合には，当該地方
公共団体は，道路法上の道路管理権を有するか否かにかかわらず，当該道路を
構成する敷地について占有権を有する。

重要ポイント 4 行政過程における私人の行為

行政過程において私人が行う行為について，民法の適用があるかどうかが問題と
なる。なぜなら，行政過程において形成される法律関係は必ずしも純粋な意味での
私法関係と同視しえないからである。この点，一般的には，民法の適用（あるいは
類推適用）があるとされている。ただし，個別の事例に応じて弾力的に解釈する必
要がある。

納税申告 （最判昭39・10・22）

原則として，確定申告書記載事項の過誤の是正は，法定の方法によるべきで，
記載内容の錯誤による無効を主張することは許されない。

国籍離脱の届出 （最判昭32・7・20）

本人の意思に基づかない国籍離脱の届出は無効である。さらに，その国籍離脱
の届出を前提として行われた許可もまた無効である。

公務員の退職願の撤回 （最判昭34・6・26）

原則として，公務員の退職願の撤回は，退職願それ自体に独立の法的意義がな
いため，自由である。ただし，例外として，退職願の撤回が信義に反すること
になる場合を除く。

実戦問題 **1** 基本レベル

No.1 行政庁の権限の委任，権限の代理または専決に関する記述として，通説に照らして，妥当なのはどれか。　　　【地方上級（特別区）・平成16年度】

1 権限の代理のうち，授権代理は，本来の行政庁が授権行為を行うことによって代理関係が生じるもので，権限全部の授権代理は認められない。

2 行政機関は，自己の権限のうち，主要な権限部分を下級行政機関またはその他の行政機関に委任することができる。

3 権限の代理では，代理機関が本来の行政庁の権限を自己の権限として行使し，その行為は当該代理機関の行為として効果を生じる。

4 権限の委任は，法律上の権限の分配を変更するものではないので，法律の根拠がなくても可能である。

5 専決は，本来の行政庁が補助機関に決裁の権限をゆだねるもので，対外的には当該補助機関の名で権限が行使される。

No.2 行政法学上の個人的公権に関する記述として，最高裁判所の判例に照らして，妥当なのはどれか。　　　【地方上級（特別区）・平成15年度】

1 公衆浴場法が許可制を採用したのは，主として国民保健および環境衛生という公共の福祉の見地から出たものであるから，法定の距離制限によって受ける業者の営業上の利益は，反射的利益にすぎないとした。

2 公水使用権は，それが慣習によるものであると行政庁の許可によるものであるとを問わず，河川の全水量を独占排他的に利用しうる絶対不可侵の権利であるとした。

3 村道の通行の自由権は，日常生活上諸般の権利を行使するのに欠くことのできないものであるが，公法関係に由来する権利であるので，この権利が妨害され，その妨害が継続されても，妨害の排除を求めることはできないとした。

4 生活保護法の規定に基づく保護受給権は，単なる国の恩恵ないし社会政策の実施に伴う反射的利益ではなく，法的権利であり，被保護者の死亡による相続の対象になるとした。

5 普通地方公共団体の議会の議員の報酬請求権は，公法上の権利であるが，当該普通地方公共団体の条例に譲渡禁止の規定がない限り，譲渡することができるとした。

◆ No.3 私人の公法行為についての最高裁判所の判例に関するA〜Dの記述のうち，妥当なものを選んだ組合せはどれか。　【地方上級（特別区）・平成18年度】

A：公務員の退職願は，それ自体で独立に法的意義を有する行為ではないから，免職辞令の交付があるまでは，これを撤回することは原則として自由であるが，撤回することが信義に反すると認められる特段の事情がある場合には許されない。

B：公衆浴場営業許可の申請が競願関係にある場合には，行政庁は，先願者の申請が許可の要件を満たすものである限り，これに許可を与えなければならないが，申請に関する先願後願の関係は，権限を有する行政庁が申請の受付ないし受理した時を基準として定めるべきである。

C：所得税確定申告書の記載内容の過誤の是正については，記載内容の錯誤が客観的に明白かつ重大であり，所得税法による方法以外にその是正を許さないならば，納税義務者の利益を著しく害すると認められる特段の事情がある場合でなければ，所得税法の方法によらないで記載内容の錯誤を主張することは許されない。

D：国籍離脱の届出が本人の意思に基づかず，かつ，父親の名義をもってなされた場合においては，その届出は無効であるから，その後，国籍離脱を前提として行われた国籍回復に関する許可は取り消されなければならない。

1　A．B

2　A．C

3　A．D

4　B．C

5　B．D

実戦問題 **1** の解説

No.1 の解説 権限の委任・代理・専決 →問題はP.35 **正答1**

1 ◎ **権限全部の授権代理は認められない。**

正しい。行政権限は,原則として,法律が定めた行政機関によって行使されなければならない。**授権代理**はこの原則を一定程度修正するものであるから,必要やむをえない場合に,その限りにおいてのみ認められる。したがって,授権代理は権限の一部についてのみ可能であり,権限全部の授権代理は認められない。

2 ✕ **行政機関は自己の主要な権限部分を他の行政機関に委任できない。**

権限の委任によって主要な権限部分を下級行政機関またはその他の行政機関に移動させることは,権限を分配した法律の規定に反し,許されない。

3 ✕ **権限の代理が行われると,被代理機関の行為として効果が生じる。**

権限の代理では,代理機関が本来の行政庁の権限を自己の権限として行使しないし,また,その行為は当該代理機関の行為として効果を生じない。他の行政機関の権限を自己の権限として行使し,その行為の効果を自己に帰属させるのは,権限の代理ではなく,権限の委任である。

4 ✕ **権限の委任には法律の根拠が必要である。**

権限の委任は,法律上の権限分配を変更するものなので,法律の根拠が必要である。

5 ✕ **専決の場合,本来の行政庁の名で権限が行使される。**

前半は正しい。後半が誤り。**専決**の場合,対外的には本来の行政庁の名で権限が行使される。

No.2 の解説 行政法学上の個人的公権 →問題はP.35 **正答5**

1 ✕ **公衆浴場法における業者の利益は反射的利益ではなく,法的利益である。**

最高裁によれば,公衆浴場法が許可制を採用したのは,主として国民保健および環境衛生という公共の福祉の見地から出たものであるが,「同時に,無用の競争により経営が不合理化することのないように濫立を防止することが公共の福祉のため必要であるとの見地から,被許可者を濫立による経営の不合理化から守ろうとする意図をも有するものであることは否定しえない」から,業者の営業上の利益は単なる事実上の**反射的利益**ではなく,公衆浴場法によって保護せられる法的利益である(最判昭37・1・19)。

2 ✕ **公水使用権は絶対不可侵の権利ではない。**

最高裁によれば,「公水使用権は,それが慣習によるものであると行政庁の許可によるものであるとを問わず,**公共用物**たる公水の上に存する権利であることにかんがみ,河川の全水量を独占排他的に利用しうる絶対的不可侵の権利ではなく,使用目的を充たすに必要な限度の流水を使用しうるに過ぎない」(最判昭37・4・10)。

3 ✕ 村道の通行の自由権が妨害されれば，妨害排除請求をすることができる。

最高裁によれば，「通行の自由権は公法関係から由来するものであるけれども，各自が日常生活上諸般の権利を行使するについて欠くことのできない要具であるから，これに対しては民法上の保護を与うべきは当然の筋合いである」。したがって，「妨害が継続するときは，これが排除を求める権利を有することは，また言を俟たないところである」（最判昭39・1・16）。

4 ✕ 生活保護法に基づく保護受給権は相続の対象にならない。

前半は正しい。後半が誤り。すなわち，保護受給権は，「被保護者自身の最低限度の生活を維持するために当該個人に与えられた一身専属の権利」であるので，相続の対象にはならない（最判昭42・5・24）。

5 ◎ 地方議会の議員の報酬請求権は譲渡することができる。

正しい（最判昭53・2・23）。同判例によれば，普通地方公共団体の議会の議員の報酬請求権は「公法上の権利であるが，公法上の権利であっても，それが法律上特定の者に専属する性質のものとされているのではなく，単なる経済的価値として移転性が予定されている場合には，その譲渡性を否定する理由はない」。

No.3 の解説　私人の公法行為

→問題はP.36　**正答2**

A ◎ 特段の事情のない限り，免職辞令交付前の退職願の撤回は自由である。

妥当である。公務員の退職願は，免職辞令の交付があるまでは，原則として自由に撤回することができるが，「免職辞令の交付前においても，退職願を撤回することが信義に反すると認められるような特段の事情がある場合には，その撤回は許されない」（最判昭34・6・26）。

B ✕ 申請の先願後願の関係は申請書の提出時を基準にする。

妥当でない。最高裁によれば，「先願後願の関係は，所定の申請書がこれを受け付ける権限を有する行政庁に提出された時を基準として定めるべき」であって（最判昭47・5・19），**申請の受付ないし受理の時が基準となるのではない**。

C ◎ 法定の方法によらないで申告書の記載内容の錯誤を主張できない。

妥当である。最高裁によれば，原則として，法定の方法によらないで申告書の記載内容の錯誤を主張することは許されない（最判昭39・10・22）。

D ✕ 無効の国籍離脱を前提として行われた国籍回復に関する許可は無効である。

妥当でない。国籍離脱の届出が無効の場合，国籍離脱を前提として行われた国籍回復に関する許可も無効であって（最判昭32・7・20），本肢のように当該許可が取り消されるわけではない。このように，本肢では無効と取消しの違いに注意しなければならない。

　　以上から妥当なものはAおよびCであり，**2**が正答となる。

実戦問題❷ 応用レベル

No.4 ******* 行政上の法律関係に関するア～オの記述のうち，判例に照らし，妥当なもののみをすべて挙げているのはどれか。 【国家総合職・平成27年度】

ア：公営住宅の使用関係については，公営住宅法及びこれに基づく条例が特別法として民法及び借地借家法に優先して適用されるが，公営住宅法及び条例に特別の定めがない限り，原則として民法及び借地借家法の適用がある。もっとも，公営住宅の事業主体は，公営住宅の入居者を決定する際には入居者を選択する自由を有しないと解されることから，その契約関係を規律するについて信頼関係の法理の適用を一律に認めるのは相当ではなく，公営住宅の使用者が公営住宅法の定める明渡請求事由に該当する行為をした場合には，事業主体の長は，当該使用者に対し，直ちにその住宅の使用関係を取り消し，その明渡しを請求することができる。

イ：金銭の給付を目的とする国の権利及び国に対する権利につき5年の消滅時効を定める会計法の規定は，国の権利義務を早期に決済する必要があるなど主として行政上の便宜を考慮したことに基づくものである。国が公務員に対する安全配慮義務を懈怠し違法に公務員の生命等を侵害したことに対する損害賠償請求権についても，その権利義務を早期に決済する必要があり，その消滅時効期間は，民法所定の10年ではなく，会計法所定の5年と解すべきである。

ウ：普通地方公共団体の議会の議員の報酬請求権は，公法上の権利であるが，公法上の権利であっても，それが法律上特定の者に専属する性質のものとされているのではなく，単なる経済的価値として移転性が予定されている場合には，その譲渡性を否定する理由はなく，また，地方自治法，地方公務員法には普通地方公共団体の議会の議員の報酬請求権について譲渡・差押えを禁止する規定はないことなどから，当該普通地方公共団体の条例に譲渡禁止の規定がない限り，これを譲渡することができる。

エ：国税滞納処分においては，国は，その有する租税債権につき，自ら執行機関として，強制執行の方法により，その満足を得ようとするものであり，自力救済手段のない私人と同等の保護を租税債権の自力執行が許される国に認める必要はないから，国税滞納処分による差押えについては，民法第177条の適用はない。

オ：憲法第9条は，その憲法規範として有する性格上，私法上の行為の効力を直接規律することを目的とした規定ではなく，人権規定と同様，私法上の行為に対しては直接適用されるものではないと解するのが相当であり，国が私人と対等の立場で行った私法上の契約は，特段の事情のない限り，同条の直接適用を受けず，私人間の利害関係の公平な調整を目的とする私法の適用を受

けるにすぎない。

1　オ
2　ア，イ
3　ウ，エ
4　ウ，オ
5　ア，ウ，オ

No.5 行政の活動に関連する民法の適用に関するア～エの記述のうち，判例に照らし，妥当なもののみをすべて挙げているのはどれか。

【国家総合職・平成22年度】

ア：普通地方公共団体の長が当該普通地方公共団体を代表して行う契約締結行為においては，当該長が相手方を代表または代理することがあり，この場合，私人間における双方代理行為等による契約と同様に，当該普通地方公共団体の利益が害されるおそれがあり，地方自治法等は議会の関与などさまざまな規定を置いていることから，このような弊害の除去についてはもっぱら地方自治法等の規定が適用され，自己契約および双方代理に関する民法第108条を適用・類推適用する余地はない。

イ：国が公務員に対して負う安全配慮義務に違反したことに基づいて公務員が有する損害賠償請求権の消滅時効期間は，会計法第30条所定の5年ではなく，民法第167条第1項所定の10年である。なぜなら，国が，公務員に対する安全配慮義務を懈怠し違法に公務員の生命，健康等を侵害して損害を受けた公務員に対し損害賠償の義務を負う事態は，その発生が偶発的であって多発するものとはいえないから，この義務につき，国の権利義務を早期に決済する必要などの行政上の便宜を考慮する必要はなく，また，国が義務者であっても，被害者に損害を賠償すべき関係は，公平の理念に基づき被害者に生じた損害の公正なてん補を目的とする点において，私人相互間における損害賠償の関係とその目的性質を異にするものではないからである。

ウ：普通地方公共団体が，道路を一般交通の用に供するために管理しており，社会通念上，当該道路が当該普通地方公共団体の事実的支配に属すると認められる場合，自己のためにする意思をもって当該道路を所持するものということができるから，当該道路を構成する敷地について占有権を有する。しかし，道路に対する妨害行為を何度も行う者がいる場合に，その妨害を予防するため，この者を被告として占有保全の訴えを提起することはできない。なぜなら，この占有訴訟は，道路の適正な管理を目的として提起さ

れており，実質的に見れば，行政権の主体として，法規の適用の適正ない
し一般公益の保護を目的とするものであって法律上の争訟とは認められな
いからである。

エ：公営住宅の使用関係については，公営住宅法およびこれに基づく条例が特
別法として民法および借地借家法に優先して適用され，同法および条例の
規定によれば，公営住宅の使用関係には公の営造物の利用関係としての性
格が認められており，事業主体は公営住宅の入居者を選択する自由を有さ
ない。したがって，事業主体には入居者を同法および条例の規定に基づか
ない形で退去させることはできず，いわゆる信頼関係の法理の適用もない。

1　イ

2　エ

3　ア，ウ

4　ア，エ

5　イ，ウ

（参考）　会計法

第30条　金銭の給付を目的とする国の権利で，時効に関し他の法律に規定がないも
のは，5年間これを行わないときは，時効に因り消滅する。国に対する権利で，
金銭の給付を目的とするものについても，また同様とする。

実戦問題❷の解説

No.4 の解説　行政上の法律関係

→問題はP.39　**正答4**

ア✕　**信頼関係の破壊がない場合，公営住宅の使用者に明渡請求できない。**

妥当でない。**信頼関係**が破壊されていない場合，事業主体の長は住宅の使用関係を取り消し，明渡しを請求できない。この点，判例によれば，「事業主体と入居者との間に公営住宅の使用関係が設定されたのちにおいては，両者の間には信頼関係を基礎とする法律関係が存するものというべきであるから，公営住宅の使用者が法の定める公営住宅の明渡請求事由に該当する行為をした場合であっても，賃貸人である事業主体との間の信頼関係を破壊するとは認め難い特段の事情があるときには，事業主体の長は，当該使用者に対し，その住宅の使用関係を取り消し，その明渡を請求することはできない」（最判昭59・12・13）。

イ✕　**公務員の損害賠償請求権の消滅時効期間は民法所定の10年である。**

妥当でない。本肢のような損害賠償請求権の消滅時効期間は民法所定の10年である。この点，判例によれば，国が安全配慮義務を懈怠し違法に公務員の生命等を侵害したことに対する損害賠償請求権については，その権利義務を早期に決済する必要はなく，また，国が義務者であっても，被害者に損害を賠償すべき関係は，公平の理念に基づき被害者に生じた損害の公正な填補を目的とする点において，私人相互間における損害賠償の関係とその目的性質を異にするものではないから，国に対する損害賠償請求権の消滅時効期間は，会計法30条所定の5年ではなく，改正前の民法167条1項により10年である（最判昭50・2・25）。

ウ〇　**議員の報酬請求権は条例上，譲渡禁止規定がない限り，譲渡可能である。**

妥当である（最判昭53・2・23）。普通地方公共団体の議会の議員の報酬請求権は，条例で譲渡禁止規定がない限り，譲渡可能である。

エ✕　**国税滞納処分による差押えについては，民法177条の適用がある。**

妥当でない。滞納処分による差押えについては，民法177条の適用がある。この点，判例によれば，「国税滞納処分においては，国は，その有する租税債権につき，自ら執行機関として，強制執行の方法により，その満足を得ようとするものであって，滞納者の財産を差し押えた国の地位は，あたかも，民事訴訟法上の強制執行における差押債権者の地位に類するものであり，租税債権がたまたま公法上のものであることは，この関係において，国が一般私法上の債権者より不利益の取扱を受ける理由となるものではない。それ故，滞納処分による差押の関係においても，民法177条の適用がある」（最判昭31・4・24）。

オ〇　**国が私人と対等の立場で行った私法上の契約は私法の適用を受ける。**

妥当である（最判平元・6・20）。国が私人と対等の立場で行った私法上の契約は，憲法9条の直接適用を受けず，私法の適用を受ける。

　以上から妥当なものはウとオであり，正答は**4**となる。

No.5 の解説　行政活動への民法の適用

→問題はP.40　**正答 1**

ア✕ 首長が行う契約締結行為には民法108条が適用される余地がある。

妥当でない。本肢の「民法第108条を適用・類推適用する余地はない」とする部分が誤り。判例によれば，「普通地方公共団体の長が当該普通地方公共団体を代表して行う契約締結行為であっても，長が相手方を代表又は代理することにより，私人間における双方代理行為等による契約と同様に，当該普通地方公共団体の利益が害されるおそれがある場合がある。そうすると，普通地方公共団体の長が当該普通地方公共団体を代表して行う契約の締結には，民法108条が類推適用されると解するのが相当である」（最判平16・7・13）。

イ○ 公務員の損害賠償請求権の消滅時効期間は民法所定の10年である。

妥当である。最高裁は，国が公務員に対して安全配慮義務を負うことを前提にして，当該義務違反に基づく公務員の損害賠償請求権が改正前の民法167条1項所定の10年の消滅時効にかかる旨，判示している（最判昭50・2・25）。

ウ✕ 道路に対する妨害行為を行う者に対し占有保全の訴えを提起できる。

妥当でない。前半は正しい。後半が誤り。最高裁は，「地方公共団体が，道路を一般交通の用に供するために管理しており，その管理の内容，態様によれば，社会通念上，当該道路が当該地方公共団体の事実的支配に属するものというべき客観的関係にあると認められる場合には，当該地方公共団体は，道路法上の道路管理権を有するか否かにかかわらず，自己のためにする意思をもって当該道路を所持するものということができるから，当該道路を構成する敷地について占有権を有する」と判示しているが，占有保全の訴えを提起することができない，とまでは判示していない（最判平18・2・21）。

エ✕ 公営住宅の使用関係に信頼関係の法理の適用がある。

妥当でない。判例では，「公営住宅の使用関係については，公営住宅法及びこれに基づく条例が特別法として民法及び借家法に優先して適用されるが，法及び条例に特別の定めがない限り，原則として一般法である民法及び借家法の適用があり，その契約関係を規律するについては，**信頼関係の法理**の適用がある」と解されているから，本肢の「いわゆる信頼関係の法理の適用もない」という部分は明らかに誤り（最判昭59・12・13）。

　以上から妥当なものは**イ**のみであり，**1**が正答となる。

行政上の基準（行政立法・行政計画）

必修問題

　行政法学上の法規命令に関する記述として，通説に照らして，妥当なのはどれか。　　　　　　　　　　　　　【地方上級（特別区）・平成25年度】

1　**法規命令**は，公布されることおよび施行期日が到来することによってその効力を生じ，**規則**の形式をとることもある。

2　法規命令は，いったん，有効に成立した以上，根拠法とは独立して存在するので，根拠法が廃止されても，失効することは一切ない。

3　法規命令のうち**執行命令**は，法律の特別の委任に基づき，新たに国民の権利や義務を創設する命令である。

4　**執行命令**を制定するためには，法律の一般的な授権だけでは足りず，法律の個別的・具体的な授権が必要である。

5　法規命令のうち**委任命令**は，法律の執行を目的とし，法律において定められている国民の権利義務の具体的細目や手続きを規定する命令である。

難易度　＊

必修問題の解説

　立法機関（国会）が制定する一般的抽象的規範は法律であるが，行政機関が制定する一般的抽象的規範は伝統的に行政立法と呼ばれてきた。この行政立法は，法規（国民の権利義務に関する規範）を内容に含むか否かによって，法規命令と行政規則に区別される。さらに，前者の法規命令は委任命令と執行命令に区別される。本問では，このうち法規命令の基本的な性格とともに，委任命令と執行命令の区別に関する基本的な理解が問われている。

1 ◎ **法規命令は規則の形式をとることもある。**

正しい。本肢でいう**規則**は講学上の**行政規則**のことをさしているのではない。あくまで法形式としての規則が念頭に置かれている。法形式としての規則は国の機関が定めることもあれば，地方公共団体の機関が定めることもある。**法規命令**は**法規**を内容に含む命令であって，形式に着目した概念ではないから，法規を内容に含む命令が規則という形式で発せられることもありうる。

2 ✕ **法規命令は根拠法が廃止されれば，一緒に廃止される。**

法規命令は法律の委任があって初めて許されるものであり，根拠法がなくなれば，法律の委任もなくなるため，法規命令として存続しえなくなる。したがって，法律に特段の定めがない限り，根拠法の廃止とともに，法規命令も失効すると解される。

3 ✕ **執行命令は新たに国民の権利や義務を創設しない。**

執行命令とは，法律の執行を目的とし，法律において定められている国民の権利義務の具体的細目や手続きを規定する命令のことをさす。本肢の説明は，執行命令の説明ではなく，**委任命令**の説明である。

4 ✕ **執行命令を制定するためには，法律の一般的な授権で足りる。**

執行命令の場合は，法律の一般的な授権で足りると解されている。これに対し，委任命令の場合は法律の一般的な授権では不十分で，法律の個別具体的な授権が必要であると解されている。

5 ✕ **委任命令は新たに国民の権利や義務を創設する。**

委任命令とは，新たに国民の権利義務を創設する命令のことである。本肢の説明は，委任命令の説明ではなく，執行命令の説明である。

正答 **1**

FOCUS

「法律による行政の原理」によれば，行政活動は法律に従って行われる。しかし，法律以外にも，行政活動の基準となるものがある。それが行政機関によって定立される行政立法や行政計画である。公務員試験ではこれらの法的特質が問われるので，理解を深めておこう。

重要ポイント❶ 行政立法の種類①〜制定主体による区別

行政立法とは，行政機関が定立するルール（あるいはその行為）のことをさす。この行政立法は，ルールの制定主体に着目すると，次のように分類できる。

種　類	制　定　機　関
①**政令**	内閣
②**内閣府令**	内閣府の長としての内閣総理大臣
③**省令**	省の長としての各省大臣
④**（外局）規則**	外局の長および委員会

なお，外局とは，本来の行政組織の外にある部局という意味であり，たとえば文化庁（文部科学省の外局）や，国税庁（財務省の外局）がこれに該当する。

重要ポイント❷ 行政立法の種類②〜内容による区別

行政立法は，法規（国民の権利義務に関係するルール）を内容に含む法規命令と，法規を内容に含まない行政規則に区別することができる。

（1）法規命令

法規命令は国民を拘束する。

法規命令は，**委任命令**と**執行命令**に区別される。委任命令は，新たに国民の権利・義務を創設する命令のことをいう。執行命令は，法律の執行を目的とし，法律において定められている国民の権利・義務を詳細に説明する命令のことをいう。

すでに言及したように，法規命令は国民を拘束するので，法律による委任が必要である。ただし，委任命令と執行命令では，法律の授権の程度が異なる。すなわち，委任命令の場合は個別の委任が必要であるが，執行命令の場合は一般的な委任で事足りると解されている（内閣府設置法7条，国家行政組織法12条参照）。

なお，法規命令は，上述した政令・省令などの形式で定められる。

（2）行政規則

行政規則は国民を拘束しない。

行政規則のこのような法的性質から，法律の委任は必要ないと考えられている。また，多くの場合，行政規則は訓令・通達といった形式で定められる。

種　類	内　容	国民への拘束力	法律の授権	形　式
①法規命令	法規を含む	あり	必要	政令・省令など
②行政規則	法規を含まない	なし	必要なし	通達・訓令など

判例

酒税法施行規則（最判昭33・7・9）

帳簿記載事項の詳細について規定し，さらに再委任についても規定する酒税法施行規則は，法の委任の趣旨に反せず，違憲ではない。

農地法施行令旧16条（最判昭46・1・20）

農地法施行令旧16条は，法が売払いの対象として予定しているものを除外しており，法の委任の範囲を超え，無効である。

銃砲刀剣類登録規則4条（最判平2・2・1）

銃砲刀剣類登録規則が刀剣類の登録の対象を日本刀に限定し，外国刀剣を除外していても，法の委任の趣旨は逸脱しておらず，無効ではない。

監獄法施行規則旧120条・124条（最判平3・7・9）

14歳未満の者が被勾留者と接見することを原則として禁止する監獄法施行規則は，法が容認する接見の自由を制限し，委任の範囲を超え，無効である。

児童扶養手当法施行令（最判平14・1・31）

児童扶養手当法施行令が父から認知された婚姻外懐胎児童を児童扶養手当の支給対象となる児童の範囲から除外したことは，法の委任の趣旨に反し，無効である。

重要ポイント3　訓令・通達

通達とは，監督行政庁が組織上の監督権に基づいて所管の下級行政機関を指揮するために発する命令である。この通達は，行政上の取扱いを統一するために発せられるもので，その内容は法律の解釈や裁量判断の具体的指針に関するものが多い。なお，通達と並べて論じられるものに訓令があるが，法的な意味で両者を特に区別する必要はない，と一般に解されている。

通達については，従来，以下の基本的な法的属性が指摘されてきた。

①通達は，一般国民を直接拘束しない。
②通達は，裁判所を拘束しない。
③通達は，取消訴訟の対象にならない。
④行政庁が通達の趣旨に違反する行政処分を国民に対して行っても，そのことを直接の理由として当該処分が違法となることはない。

パチンコ球遊器に関する通達 (最判昭33・3・28)

従来，課税対象とされていなかった物品が通達によって課税対象とされた場合であっても，通達の内容が法の正しい解釈に合致する場合には，違憲の問題は生じない。

墓地・埋葬等に関する通達 (最判昭43・12・24)

通達は一般国民を直接拘束しない。また，行政機関が通達の趣旨に反する処分を行っても，そのことを理由として処分の効力が左右されるものではない。さらに，裁判所は，法令の解釈の適用に当たっては，通達に示された法令の解釈とは異なる独自の解釈をすることができる。

重要ポイント 4 行政計画

(1) 定義：行政計画とは，行政権が一定の公目的のために目標を設定し（①目標設定），その目標を達成するための手段を総合的に提示するものである（②手段の総合性）。

(2) 種類：法的な拘束力を有する**拘束的計画**と法的な拘束力を有しない**非拘束的計画**がある。

(3) 法律の根拠との関係：非拘束的計画については，法律の根拠は必要ないが，拘束的計画については法律の根拠が必要である。

(4) 手続的統制：行政計画の策定手続きは個別法で規律されているにとどまり，一般法である行政手続法では行政計画の策定手続きは規律されていない。この点は今後の立法上の課題として残されている。

 工場誘致施策の変更 (最判昭56・1・27)

私人が行政計画を信頼し投資を行ったが，その後の政策変更により社会観念上看過することのできない積極的損害が生じる場合には，損害補償等の代償的措置を講じることなく政策変更することは，原則として違法性を帯び，地方公共団体の損害賠償責任が生じうる。

第二種市街地再開発事業計画 (最判平4・11・26)

都市再開発法に基づく第二種市街地再開発事業計画の決定は，「施行地区内の土地の所有者等の法的地位に直接的な影響を及ぼす」ので，抗告訴訟の対象になる。

土地区画整理事業計画 (最判平20・9・10)

「土地区画整理事業の事業計画の決定は，施行地区内の宅地所有者等の法的地位に変動をもたらすもの」であり，「実効的な権利救済を図るという観点から見ても，これを対象とした抗告訴訟の提起を認めるのが合理的である」。

実戦問題 1 基本レベル

No.1 行政法学上の法規命令に関する記述として，通説に照らして，妥当なのはどれか。 【地方上級（特別区）・平成27年度】

1 法規命令は，国民の権利義務に関係する一般的な法規範であり，内閣の制定する政令や各省大臣の発する省令はこれに当たるが，各省の外局に置かれる各行政委員会の制定する規則は当たらない。

2 法規命令のうち委任命令の制定についての法律の委任は，法律の法規創造力を失わせるような白紙委任が禁じられるが，一般的で包括的な委任は認められる。

3 法規命令のうち委任命令は，法律の委任に基づいて法律事項を定めた命令であり，法律による個別的で具体的な委任がある場合には，委任命令に罰則を設けることができる。

4 法規命令のうち委任命令は，法律等の上位の法令の実施に必要な具体的で細目的な事項を定める命令であり，国民の権利や義務を創設する命令ではない。

5 法規命令のうち執行命令は，新たに国民の権利や義務を創設する命令であり，法律の個別的で具体的な事項ごとに授権がなければならない。

No.2 行政法学上の行政計画に関する記述として，判例，通説に照らして，妥当なのはどれか。 【地方上級（特別区）・平成28年度】

1 行政計画とは，行政権が一定の目的のために目標を設定し，その目標を達成するための手段を総合的に提示するものであり，私人に対して法的拘束力を持つか否かにかかわらず，法律の根拠を必要としない。

2 行政計画の策定において，計画策定権者に対して広範囲な裁量が認められるため，手続的統制が重要になることから，公聴会の開催や意見書の提出などの計画策定手続は，個別の法律のみならず行政手続法にも規定されている。

3 最高裁判所の判例では，地方公共団体の工場誘致施策について，施策の変更があることは当然であるから，損害を補償するなどの代償的措置を講ずることなく施策を変更しても，当事者間に形成された信頼関係を不当に破壊するものとはいえず，地方公共団体に不法行為責任は一切生じないとした。

4 最高裁判所の判例では，西遠広域都市計画事業上島駅周辺土地区画整理事業の事業計画の決定は，施行地区内の宅地所有者等の法的地位に変動をもたらすものであって，抗告訴訟の対象とするに足りる法的効果を有し，行政庁の処分その他公権力の行使に当たる行為と解するのが相当であるとした。

5 最高裁判所の判例では，都市計画区域内で工業地域を指定する決定は，その決定が告示されて効力を生ずると，当該地域内の土地所有者等に新たな制約を課し，その限度で一定の法状態の変動を生ぜしめるものであるから，一般的な抽象的なものとはいえず，抗告訴訟の対象となる処分にあたるとした。

No.3 行政立法に関するア〜オの記述のうち，妥当なもののみをすべて挙げているのはどれか。
【国家一般職・平成24年度】

ア：法規命令は国民の権利義務にかかわる行政立法であり，その制定には法律の授権が必要とされるが，必要とされる授権の程度は委任命令と執行命令とで異なり，委任命令の制定は法律の一般的授権で足りる一方，執行命令の制定には具体的な法律の根拠が必要とされる。

イ：法規命令は，政令，府省令，規則の形式をとるのが通例であるが，このうち政令は，内閣総理大臣が独自の判断で制定できるものであり，閣議における合意を要しない。

ウ：行政の統一性を確保するための，法令解釈の基準である解釈基準の定立権は，上級行政機関の有する指揮監督権に当然含まれると解されており，このような解釈基準としての通達は，下級行政機関を拘束する。

エ：行政の統一性を確保するための，法令解釈の基準である解釈基準が設定され，かつ，行政機関がこれにのっとって行政処分をしたときは，当該処分が適法か否かについての司法の審査は，まず，その解釈基準に不合理な点があるかどうかについてなされることになる。

オ：行政機関は，法規命令を制定しようとする場合は行政手続法上の意見公募手続を行わなければならないが，許認可に当たっての審査基準や不利益処分についての処分基準を定めようとする場合に当該意見公募手続を実施するか否かの判断は，各機関の長にゆだねられている。

1 ア
2 ウ
3 イ，ウ
4 イ，オ
5 エ，オ

🔷 **No.4** 行政法学上の法規命令に関する記述として，通説に照らして，妥当なのはどれか。 【地方上級（特別区）・平成19年度】

1 法規命令は，私人の法的利益を個別的または具体的に規律する行政行為であり，公定力を有する。

2 法規命令には，委任命令と執行命令があり，委任命令は法律の一般的授権に基づいて制定できるが，執行命令の制定には個別的な授権がなければならない。

3 法規命令のうち委任命令は，法律の委任に基づき，上級法令によってすでに創設された国民の権利および義務を詳細に説明する命令である。

4 法規命令のうち執行命令は，上級法令の執行を目的とし，新たに国民の権利および義務を創設する命令である。

5 法規命令は，当該命令と矛盾する上級法令が制定されたときや，当該命令に付された終期の到来または解除条件の成就があった場合は，その効力を失う。

🔷 **No.5** 行政法学上の行政計画に関する記述として，判例，通説に照らして妥当なのはどれか。 【地方上級（特別区）・平成21年度】

1 行政計画とは，行政機関が定立する計画であって，一定の行政目標を設定しその実現のための手段・方策の総合的調整を図るものであり，法的拘束力の有無により拘束的計画と非拘束的計画とに分類でき，非拘束的計画の例としては，都市計画や土地区画整理事業計画がある。

2 行政計画の策定には，意見書の提出，公聴会や審議会の開催などの手続きが要請されるが，これらの計画策定の一般的な手続きは，行政手続法に定められている。

3 行政計画は，行政機関，他の行政主体，国民に対し，誘導・説得という作用力を持ち，行政の計画的遂行を保障するものであるため，その策定にはすべて法律の根拠が必要である。

4 最高裁判所の判例では，地方公共団体による工場誘致政策の変更は適法であるが，それが誘致企業の信頼を不当に破壊する場合には，当該措置は企業との関係では相対的に違法となるとし，地方公共団体は不法行為責任を免れないものとした。

5 最高裁判所の判例では，都市再開発法に基づく第二種市街地再開発事業の事業計画の決定は，施行地区内の土地の所有者の法的地位に直接的な影響を及ぼすものであっても，抗告訴訟の対象となる行政処分には当たらないとした。

実戦問題 **1** の 解説

→問題はP.49

No.1 の解説 法規命令
→問題はP.49 **正答3**

1✕ 行政委員会が制定する規則も法規命令に該当する。

法規命令の制定主体は行政機関である。したがって，**行政機関**としての属性を有する行政委員会が制定する規則も，法規命令に当たる。

2✕ 委任命令には具体的で個別的な法律の委任が必要である。

前半は正しい。後半が誤り。**委任命令**の場合，一般的で包括的な委任は認められない。一般的で包括的な法律の委任で足りると解されているのは，委任命令ではなく，**執行命令**である。

3◎ 委任命令で罰則を設けることは可能である。

妥当である。憲法の中には，委任命令で罰則を設けることができるという理解を前提にした規定がある（憲法73条6号但書）。

4✕ 委任命令は国民の権利や義務を創設する命令である。

法律等の上位の法令の実施に必要な具体的で細目的な事項を定める命令は執行命令であり，委任命令ではない。

5✕ 執行命令は上級法令により定められた国民の権利義務を詳述する命令である。

新たに国民の権利や義務を創設する命令は委任命令である。また，執行命令の場合，法律の個別的で具体的な事項ごとの授権は不要である。

No.2 の解説 行政計画
→問題はP.49 **正答4**

1✕ 法的拘束力を有する行政計画には，法律の根拠が必要である。

そもそも法律の根拠がなければ，行政計画には法的拘束性が認められない。仮に法律の根拠がないにもかかわらず，**行政計画**に法的拘束性が認められるとすると，それは**法律の法規創造力の原則**に違反する。

2✕ 計画策定手続は行政手続法に規定されていない。

行政手続法が規律対象にしているのは，**処分，行政指導，届出，意見公募手続等**であり，同法は行政計画について規律していない。

3✕ 代償的措置を講じないで，施策を変更すると，不法行為責任が生じうる。

判例によれば，施策の変更それ自体は適法であるが，代償的措置を講じないで，施策を変更すると，地方公共団体の**不法行為責任**が生じうる（最判昭56・1・27）。

4◎ 土地区画整理事業計画は抗告訴訟の対象になる。

最高裁は判例変更を行い，土地区画整理法に基づく土地区画整理事業計画に**処分性**を認め，**抗告訴訟**の対象とした（最判平20・9・10）。

5✕ 工業地域の指定決定は抗告訴訟の対象にならない。

都市計画区域内で工業地域を指定する決定は，その決定が告示されて効力を有することになっても，その効果は一般的抽象的なものにすぎないので，抗告訴訟の対象にならないとするのが判例である（最判昭57・4・22）。

No.3 の解説　行政立法
→問題はP.50　**正答2**

ア× 妥当でない。**委任命令**を制定するには，法律の個別的な授権が必要であると解されている（憲法73条6号但書，内閣法11条，内閣府設置法7条4項，行組法12条3項）。これに対し，**執行命令**を制定するには，法律の一般的な授権で足りると解されている（内閣府設置法7条3項，行組法12条1項）。

イ× 妥当でない。**政令**を制定する権限は内閣にあるのであって，内閣総理大臣にあるのではない（憲法73条6号）。したがって，内閣総理大臣が独自の判断で政令を制定できるのではなく，閣議における合意を必要とする。

ウ○ 妥当である。行政の統一性を確保するため，解釈基準の定立権は上級行政機関の指揮監督権に含まれると解されている。また，**通達**は一般の国民・住民を拘束しないが，下級行政機関は拘束する。これも行政の統一性を確保するためである。

エ× 妥当でない。行政機関による解釈基準は**法規**ではないため，司法審査の際の裁判規範にはならない。したがって，処分が適法か否かの司法審査は基本的に法規に適合しているか否かという観点から行われ，解釈基準にのっとって行われているか否かという観点や，解釈基準に不合理な点があるか否かという観点から行われるわけではない。

オ× 妥当でない。**審査基準**および**処分基準**は**意見公募手続**の対象となる命令等に含まれており（行手法2条8号），意見公募手続を実施するか否かは各機関の長にゆだねられているわけではない（同39条1項参照）。

　　以上から妥当なものは**ウ**のみであり，**2**が正答となる。

No.4 の解説　法規命令
→問題はP.51　**正答5**

1× 法規命令は公定力を有しない。
法規命令は抽象的な内容を有するのに対し，**行政行為**は具体的な内容を有する。このように法規命令と行政行為は異なるから，行政行為に認められる**公定力**を法規命令が有することはない。なお，公定力とは，たとえ違法であったとしても，無効の場合を除き，正式な機関がこれを取り消さない限り，一応有効なものとして通用する効力のことである。

2× 委任命令は個別的な授権が必要であるが，執行命令は一般的授権で足りる。
委任命令は新たに国民の権利義務関係の内容それ自体を定めるので，法律の個別的な授権が必要とされる。これに対し，**執行命令**は国民の権利義務の内容を実現する手続や書式を定めるに止まるので，法律の個別的な授権が必要とされることはなく，一般的な授権で足りると解されている。

3× 上級法令によって設定された国民の権利義務を詳述するのは執行命令である。
委任命令は，すでに創設された国民の権利および義務を詳細に説明する命令ではなく，新たに国民の権利および義務の内容それ自体を定める行政命令で

ある。上級法令によってすでに創設された国民の権利および義務を詳細に説明する命令は**執行命令**である。

4 ✕ 上級法令の執行のため，国民の権利義務を創設するのは委任命令である。

法規命令には，**委任命令**と**執行命令**がある。新たに国民の権利および義務を創設する命令は執行命令ではなく，委任命令である。

5 ◎ 法規命令は一定の場合に自動的に効力を失う。

正しい。**法規命令**は法律の委任がなければ制定することができず，法律の委任なくして，法規命令を制定することはできない。このように法規命令には法律上の根拠が必要であるから，法規命令の基礎となる法律自体が失効した場合も，法律に特段の定めがない限り，法規命令の効力もまた失われる。また，法規命令に付された終期の到来や解除条件の成就があった場合も，法規命令の効力が失われる。

No.5 の解説　行政計画　　　　　　　　　→問題はP.51　**正答4**

1 ✕ 土地区画整理事業計画は拘束的計画の例である。

前半は正しい。後半が誤り。判例によれば，土地区画整理事業計画には**処分性**が認められる（最判平20・9・10）。処分性が認められるということは法的拘束力があるということを意味するから，土地区画整理事業計画は拘束的計画といえる。

2 ✕ 行政計画の策定手続は行政手続法に定められていない。

前半は正しい。後半が誤り。行政手続法が規律対象にしているのは，**処分**，**行政指導**，**届出**，**意見公募手続等**であり，同法は行政計画について規律していない。

3 ✕ 行政計画の策定に際して，常に法律の根拠が必要であるわけではない。

行政計画の策定に法律の根拠が必要か否かという問題は，**法律の留保の原則**をどのようにとらえるかということと連動している。仮に法律の留保の原則に関し，**全部留保説**の立場をとれば，行政計画の策定にも法律の根拠が必要ということになるが，全部留保説は通説ではない。したがって，行政計画の策定にはすべて法律の根拠が必要であるとする本肢は誤りである。

4 ◎ 政策変更により，地方公共団体が不法行為責任を負うことはありうる。

妥当である。政策変更それ自体は適法であるが，一定の場合には行政主体は私人に対して**不法行為責任**を負う（最判昭56・1・27）。

5 ✕ 第二種市街地再開発事業の事業計画の決定は行政処分である。

判例によれば，都市再開発法に基づく第二種市街地再開発事業の事業計画の決定は，国民の権利を制限する効果を有するため，**抗告訴訟**の対象となる**行政処分**に当たる（最判平4・11・26）。

実戦問題❷　応用レベル

No.6 行政規則に関するア～オの記述のうち，妥当なもののみをすべて挙げているのはどれか。　　　　　　　　　　　　　　　　【国家総合職・平成23年度】

ア：上級行政機関が，下級行政機関に対し，その所掌する法令の解釈の基準として通達を発し，下級行政機関が当該通達に従って行政処分を行った場合，当該処分に対する裁判所の審査は，その解釈基準に不合理な点があるかどうかについてされることになる。

イ：国の行政機関は，不利益処分についての裁量基準である処分基準を定めようとする場合は，当該処分基準の案およびこれに関連する資料をあらかじめ公示し，広く一般の意見を求める意見公募手続を実施しなければならないが，申請に対する処分についての裁量基準である審査基準を定めようとする場合は，そのような意見公募手続を実施する必要はない。

ウ：行政規則の定立には原則として法律の根拠を要しないが，行政庁の裁量に任された事項についての裁量権行使の準則である裁量基準については，国民の権利義務に少なからぬ影響を与えることから，その定立には法律の根拠を要する。

エ：旧物品税法の運用上，従来非課税とされていたパチンコ球遊器について，課税処分が通達を機縁としてされた場合であっても，当該通達の内容が法の正しい解釈に合致するときは，当該課税処分は法の根拠に基づくものと解することができるとするのが判例である。

オ：市の担当職員が，同市の宅地開発指導要綱に基づき，同市内でマンションを建設中の建設業者に行政指導を行っていた場合において，当該業者が行政指導に従わない意思を明確に表明し，マンション購入者が給水を現実に必要とするに至っていたときは，水道事業者たる同市が，当該要綱を順守させることを理由に，当該業者らとの給水契約の締結を留保することは許されないとするのが判例である。

1　ア，ウ
2　ア，オ
3　イ，エ
4　エ，オ
5　ウ，エ，オ

No.7 行政立法に関するア～オの記述のうち，妥当なもののみをすべて挙げて
いるのはどれか。 【国家一般職・平成30年度】

ア：行政庁がその裁量に任された事項について裁量権行使の準則を定める場合，
国民の権利義務に影響を与えることから，その設定には法律の根拠が必要
である。

イ：法律上，被勾留者との接見が原則として許されているにもかかわらず，当
該法律の委任を受けた規則において14歳未満の者に原則として接見を許さ
ないと規定していることは，法律の委任の範囲を超えており，当該規定は
無効であるとするのが判例である。

ウ：従来非課税措置が採られていた物品に，通達を契機として課税処分がされ
た場合には，当該通達の内容が法律の正しい解釈に合致するとしても，当
該課税処分は，法律に基づく処分と解することはできないため，無効であ
るとするのが判例である。

エ：行政手続法上，命令等を定める機関が命令等を定めようとする場合には広
く一般の意見を求めなければならないとされており，意見提出をすること
ができる者も当該命令等の利害関係者に限定されていない。

オ：行政手続法上，命令等を定める機関は，命令等を定めた後においても，当
該命令等の規定の実施状況，社会経済情勢の変化等を勘案し，必要に応じ，
当該命令等の内容について検討を加え，その適正を確保するよう努めなけ
ればならないとされている。

1 ア，オ
2 イ，ウ
3 ア，イ，オ
4 ア，ウ，エ
5 イ，エ，オ

実 戦 問 題 **2** の 解説

No.6 の解説 行政規則　　　　　　　　　　　　　　→問題はP.55　**正答4**

　　本問は行政規則に関する基本的知識を問うと同時に，行政規則に関連する
条文知識および判例知識を問うものである。

ア ✕ **通達に従った処分の司法審査は，基本的に解釈基準に着目して行われない。**
　　妥当でない。**通達**は行政組織の内部に対して拘束力を有するものであって，
行政組織の外部（国民）に対して拘束力を有するものではない。このことは
同時に通達が**法規**（＝国民の権利義務関係を規律する一般的抽象的規範）で
はないことを意味する。そのため，通達は，裁判所が処分の適法性を判断す
る際のよりどころとなる基準になりえない。そうである以上，裁判所は，通
達に着目するのではなく，法令に着目して，処分の適法性を審査しなければ
ならない。したがって，裁判所は，基本的に**解釈基準**として発せられた通達
に不合理な点があるかどうかについて審査しない。

イ ✕ **審査基準の制定に際しても意見公募手続を実施する必要がある。**
　　妥当でない。行政手続法上，**処分基準**も，**審査基準**も，「命令等」に含まれ
る（行手法2条8号ロ，ハ）。この命令等については，同法の**意見公募手続**
（同38条以下）をとることになる。したがって，審査基準を定めようとする
場合も，処分基準の場合と同様に，意見公募手続を実施する必要がある。

ウ ✕ **裁量基準の定立には法律の根拠を要しない。**
　　妥当でない。**裁量基準**であっても，法規ではない以上，その定立には法律の
根拠を要しない。

エ ◯ **通達が法の正しい解釈に合致する場合，処分は法に基づいて行われている。**
　　妥当である。判例によれば，「課税がたまたま所論通達を機縁として行われ
たものであっても，通達の内容が法の正しい解釈に合致するものである以
上，本件課税処分は法の根拠に基く処分と解する」（最判昭33・3・28）。

オ ◯ **指導要綱を順守させる目的で給水契約の締結を留保するのは許されない。**
　　妥当である。判例によれば，水道事業の管理者の権限を行使する地位にあっ
た市長らが「給水契約の申込書を受領することを拒絶した時期には，既に，
〇〇建設は，△△市の宅地開発に関する**指導要綱**に基づく**行政指導**には従わ
ない意思を明確に表明し，マンションの購入者も，入居に当たり給水を現実
に必要としていたというのである。そうすると，……水道法上給水契約の締
結を義務づけられている水道事業者としては，たとえ右の指導要綱を事業主
に順守させるため行政指導を継続する必要があったとしても，これを理由と
して事業主らとの給水契約の締結を留保することは許されない」（最決平
元・11・8）。

　　以上から妥当なものは**エ**および**オ**であり，**4**が正答となる。

No.7 の解説 行政立法

→問題はP.56　**正答5**

ア✕ 裁量権行使の準則を定める場合，法律の根拠は必要ない。

妥当でない。**裁量権**行使の準則は，法律の根拠なくしても，定めることができる。仮に法律の根拠なくして裁量権行使の準則が定められた場合，**法律の法規創造力の原則**により，当該準則は**法規**とはいえず，国民の権利義務に影響を及ぼさない。

イ◯ 14歳未満の者との接見を禁止する監獄法施行規則は無効である。

妥当である。判例によれば，「被勾留者も当該拘禁関係に伴う一定の制約の範囲外においては，原則として一般市民としての自由を保障されるのであり，幼年者の心情の保護は元来その監護に当たる親権者等が配慮すべき事柄である」から，法律が一律に幼年者と被勾留者との接見を禁止することを容認しているとはいえない。そのため，14歳未満の者に原則として接見を許さない旨，定めた監獄法施行規則の規定は無効である（最判平3・7・9）。

ウ✕ 通達が法の正しい解釈に合致する場合，処分は法に基づいて行われている。

妥当でない。判例によれば，課税がたまたま**通達**を機縁として行われたものであっても，通達の内容が法の正しい解釈に合致するものである以上，課税処分は法の根拠に基づく処分と解することができる（最判昭33・3・28）。

エ◯ 命令等制定機関は広く一般の意見を求めなければならない。

妥当である。**意見公募手続**は，民主主義の要請から，**命令等**の制定過程においても民主的な手続を実現するために設けられた。そのため，行政機関は意見を募集する際には，利害関係者に限定することなく，広く一般の人たちから意見を求めることになっている（行手法39条1項）。

オ◯ 命令等制定機関は命令等の適正を継続して確保する努力義務を負っている。

妥当である。命令等を定める場合の一般原則として，命令等制定機関は，①命令等を制定する際には命令等が法令の趣旨に適合するようにしなければならず（同38条1項），さらに，②命令等制定後は命令等の適正を確保するよう努めなければならない（同38条2項）。

　以上から妥当なものはイ，エ，オであり，正答は**5**となる。

行政作用法(1)

第2章

テーマ4 行政行為の概念と種類
テーマ5 行政行為の効力
テーマ6 行政行為の瑕疵
テーマ7 行政行為の効力の発生と消滅
テーマ8 行政行為の附款
テーマ9 行政裁量

第2章 行政作用法(1)

試験別出題傾向と対策

試験名	国家総合職					国家一般職					国家専門職				
年度	21–23	24–26	27–29	30–2	3–5	21–23	24–26	27–29	30–2	3–5	21–23	24–26	27–29	30–2	3–5
テーマ　　出題数	3	4	1	4	3	1	0	2	1	1	3	1	3	2	2
C 4 行政行為の概念と種類		1											1		
B 5 行政行為の効力	1		1					1	1		1				
B 6 行政行為の瑕疵		1		1						1	1	1			1
C 7 行政行為の効力の発生と消滅				1	1										
C 8 行政行為の附款									1				1	1	
B 9 行政裁量	2	2		2	1	1					1				2

　本章では，行政行為に関するテーマを取り扱う。この行政行為の分野は，もともと理論的性格が強い分野であるために，これまでは理論的見地から行政行為論の基本事項が問われることが多かった。

　ただし，近年，行政行為に関する理論そのものが動揺してきているため，理論的な知識が正面から問われることは一時に比べ少なくなってきた。それでも，通説としてとらえることのできる事項については，近年においても理論的知識が正面から問われているといえよう。

　また，特に行政裁量を中心として重要判例の要旨が繰り返し問われている。さらに，行政行為の各効力の根拠に関連させて，実定法制度の知識が問われることもある。したがって，理論上の基本事項のみならず，重要判例の要旨や，法律条文もチェックしておく必要がある。

● 国家総合職（法律）

　通説・判例の立場を素直に問う問題が中心である。ただし，単純な択一形式の問題ではなく，「妥当なもののみをすべて挙げているのはどれか」といった問われ方が多いので，通説・判例の内容を正確に理解していないと正答にたどり着くことができない。その意味で，やはり難易度は高い。

● 国家一般職

　近年，行政行為の分野からの出題は一時に比べて少なくなってきている。単純正誤型の問題が中心であり，判例・通説の見解を素直に問うものが多い。

　もっとも，問われている内容それ自体は基本的であるが，出題形式が工夫されることがある。過去には，たとえば事例形式での出題や，空欄補充型の出題があった。

地方上級(全国型)					地方上級(特別区)					市役所(C日程)					
21〜23	24〜26	27〜29	30〜2	3〜5	21〜23	24〜26	27〜29	30〜2	3〜5	21〜23	24〜26	27〜29	30〜2	3〜4	
0	2	1	1	1	4	4	4	5	3	1	0	1	0	0	
	1				1		2								テーマ4
	1				1		1	1	1						テーマ5
		1			1	1	1	1		1		1			テーマ6
					1	1		1							テーマ7
			1		1	1	1	1							テーマ8
	1					1	1								テーマ9

●国家専門職(国税専門官)

出題形式は通説・判例の立場を素直に問う単純正誤型であり,他の試験と比べて際立った特徴があるわけではない。いずれも基本的な事項が繰り返し問われている。特に行政行為の瑕疵は頻出のテーマである。

●地方上級(全国型)

出題の多くは行政行為に関する理論的知識を問うものであり,通説の立場が繰り返し問われている。また,重要判例の要旨が問われることも少なくない。いずれも基本的な事項が単純な正誤形式で問われているといえよう。

●地方上級(特別区)

本章のテーマから継続して出題されている。単純な択一形式での出題が多いものの,「妥当なもののみをすべて挙げているのはどれか」といった問われ方がされることもある。そのため,通説・判例に関する正確な知識が必要となる。また,本章のテーマに限っていえば,出題分野に偏りがないのが地方上級(特別区)の特徴である。

●市役所(C日程)

本章のテーマからの出題は相当少ない。出題される場合でも,基礎的知識を素直に問う問題が多い。

行政行為の概念と種類

必修問題

　行政法学上の行政行為の分類に関する記述として，通説に照らして，妥当なのはどれか。　　【地方上級（特別区）・令和2年度】

1　**特許**とは，国民が本来有していない特別な権利を設定する行為であり，鉱業権設定の許可や医師の免許がこれにあたる。

2　**公証**とは，特定の事実又は法律関係の存否について公の権威をもって判断する行為であり，当選人の決定や恩給の裁定がこれにあたる。

3　**確認**とは，特定の事実又は法律関係の存在を公に証明する行為であり，選挙人名簿への登録や戸籍への記載がこれにあたる。

4　**認可**とは，第三者の行為を補充して，その法律上の効果を完成させる行為であり，農地の権利移転の許可や河川占用権の譲渡の承認がこれにあたる。

5　**許可**とは，法令による一般的禁止を，特定の場合に解除する行為であり，自動車運転の免許や公有水面埋立の免許がこれにあたる。

難易度　＊

必修問題の解説

　本問では，行政行為の各類型の意義および法的特質が問われている。それぞれの行為の定義と具体例が理解できていれば，比較的容易に正答を導き出すことができる。

1 ✕ 医師の免許は特許ではなく，許可に該当する。

特許の定義は正しい。また，鉱業権設定の許可が特許の例であることも正しい。しかし，医師の免許は**許可**の例であるから，この点が誤り。

2 ✕ 当選人の決定や恩給の裁定は公証ではなく，確認に該当する。

公証とは，ある事実関係や法律関係について疑いや争いがない場合に，その存在を公に証明する行為である。当選人の決定や恩給の裁定は公証ではなく，**確認**に該当する。

3 ✕ 選挙人名簿への登録や戸籍への記載は確認ではなく，公証に該当する。

確認は，ある事実関係や法律関係について疑いや争いがある場合に，その存否・成否について公の権威をもって確定し，認定する行為をいう。選挙人名簿への登録や戸籍への記載は確認ではなく，公証に該当する。

4 ◎ 認可は第三者の法律行為を補充して法律上の効果を完成させる行為である。

正しい。なお，第三者の行った法律行為に瑕疵がある場合，**認可**が行われたからといって，当該瑕疵が補正されるわけではない。

5 ✕ 公有水面埋立の免許は許可ではなく，特許に該当する。

許可の定義は正しい。また，自動車の運転免許が許可の例であることも正しい。しかし，公有水面埋立の免許は特許の例であるから，この点が誤り。

正答 **4**

第2章

行政作用法(1)

FOCUS

行政行為の概念は行政法の中で最も重要な概念であるといっても過言ではない。したがって，その定義は正確に理解しておく必要がある。また，行政行為の分類のしかたについては論者により違いがあるが，少なくとも伝統的な学説（田中二郎説）は押さえておきたい。そのうえで，行政行為の各類型の具体例を指摘できるようにしておこう。

重要ポイント 1 **行政行為の概念**

　行政行為という言葉は，講学上の用語であり，法律上の用語ではない。もっとも，法律の中で用いられている「行政処分」あるいは「処分」という概念は，行政行為の意味内容とほぼ一致する。この行政行為の具体例として，運転免許の取消し，租税賦課処分，営業許可の付与などを挙げることができる。つまり，俗に「許認可」と呼ばれているものは，行政行為と考えてよい。

　この行政行為とは，次の5つの要件を満たす行為である。

> (1) 行政庁の行為であること
> (2) 一方的行為であること
> (3) 対外的行為であること
> (4) 法的行為であること
> (5) 具体的行為であること

(1) 行政庁の行為であること

　行政行為を行うのは，行政庁である。

　したがって，行政庁以外の行政機関（たとえば補助機関）が行う行為は行政行為ではない。

(2) 一方的行為であること

　行政行為は，一方的行為でなければならない。ここでいう一方的行為とは，法効果の最終的な決定が相手方の同意に依存していない行為をさす。

　したがって，相手方の同意を必要とし，双方的行為である**行政契約**は行政行為ではない。

(3) 対外的行為であること

　行政行為は，国民の地位に向けて，つまり行政組織の外に向けて行われる対外的行為でなければならない。

　したがって，行政機関に向けて，つまり行政組織の内に向けて行われる対内的行為である**訓令**や**通達**は行政行為ではない。

(4) 法的行為であること

　行政行為は，権利義務関係に変動を及ぼす法的行為（法行為）でなければならない。

　したがって，権利義務関係に変動を及ぼさない事実上の行為（事実行為）は行政行為ではない。たとえば，**行政指導**は事実行為なので，行政行為ではない（行手法2条6号，32条1項）。

(5) 具体的行為であること

　行政行為は，その内容が具体的でなければならない。

　したがって，抽象的な内容を持つ**行政立法**や**行政計画**は行政行為ではない。

重要ポイント 2 行政行為の種類の概観

行政行為はさまざまな観点から分類することができる。たとえば，人に着目して行われる**対人処分**（対人的行政行為）と物に着目して行われる**対物処分**（対物的行政行為）の区別がある。また，国民に利益をもたらす**授益処分**（授益的行政行為）と国民の利益を侵害する**侵害処分**（侵害的行政行為）の区別もある。もっとも，伝統的な学説では，以下のような分類が示されてきた。

重要ポイント 3 法律行為的行政行為と準法律行為的行政行為

行政行為は，法律行為的行政行為と準法律行為的行政行為に区別される。伝統的学説によれば，このようにして両者を区別する実益は，前者の場合には**行政裁量**が認められ，**附款**を付すことができるが，後者の場合には行政裁量が認められず，附款を付すことができない，という点にある。

(1) 法律行為的行政行為：行政庁の意思表示によって成立する行政行為のことである。この場合，行政行為の効果は行政庁の意思に左右される。

(2) 準法律行為的行政行為：行政庁の意思表示ではなく，それ以外の判断・認識・観念の表示に対し，法律が一定の法的効果を結合させることによって成立する行政行為のことである。この場合，その効果は行政庁の意思に左右されない。効果は，法律によってすでに規定されているためである。

法律行為的行政行為	準法律行為的行政行為
意思表示	意思表示以外の判断・認識・観念の表示
⬇	⬇
効果 （内容：行政庁の意思による）	効果 （内容：法律の規定による）

重要ポイント 4 　命令的行為と形成的行為

法律行為的行政行為は，さらに命令的行為と形成的行為に区別される。

(1) 命令的行為：国民が生まれながらに有している活動の自由に関係する行為である。この行為は，「義務」に関係する。

(2) 形成的行為：国民が生まれながらに有していない特殊な法的地位に影響を与える行為である。この行為は，「権利」に関係する。

重要ポイント 5 　下命・禁止・許可・免除

命令的行為は，さらに下命・禁止・許可・免除に区別される。

(1) 下命（〜せよ）：国民に一定の作為義務を負わせる行為である。たとえば，租税賦課処分がこれに該当する。

(2) 禁止（〜するな）：国民に一定の不作為義務を負わせる行為のことである。たとえば，営業停止処分がこれに該当する。

(3) 許可（〜してよい）：法令などによって一般に禁止されている行為（**不作為義務**）を解除する行為のことである。たとえば，飲食店営業の許可がこれに該当する。許可を要する法律行為が無許可のまま行われたとしても，当該行為が当然に無効になるわけではない。

(4) 免除（〜しなくてもよい）：法令などによって一般に行うこととされている行為（**作為義務**）を解除する行為のことである。たとえば，予防接種の免除がこれに該当する。

	要求する（＝課する）	要求しない（＝解除する）
作為義務	下命	免除
不作為義務	禁止	許可

66

重要ポイント 6 **特許・認可・代理**

　形成的行為は、さらに特許・認可・代理に区別される。

(1) 特許：国民に新たに、人が生まれながらに有していない法的地位を付与する
　　行為である。たとえば、道路の占用許可がこれに該当する。

(2) 認可：国民の法律的行為を補充し、その法律上の効力を完成させる行為であ
　　る。たとえば、電車・バス運賃の値上げ認可がこれに該当する。認可を要件と
　　しているにもかかわらず、認可を得ないで行われた契約等は効力を生じない。

(3) 代理：第三者のなすべき行為を行政機関が代わって行い、そのことによって
　　第三者が行ったのと同一の法効果を生じさせる行為である。たとえば、内閣
　　による日本銀行総裁の任命がこれに該当する。

重要ポイント 7 **確認・公証・通知・受理**

　準法律行為的行政行為は、さらに確認・公証・通知・受理に区別される。

(1) 確認：ある事実や法律関係について疑いや争いがある場合に、その存否・成
　　否について公の権威をもって確定し、認定する行為のことをいう。たとえば、
　　当選人の決定がこれに該当する。

(2) 公証：ある事実や法律関係について疑いや争いがない場合に、その存在を公
　　に証明する行為で、法律により法律効果の発生が予定されているものをいう。
　　たとえば、選挙人名簿への登録がこれに該当する。

(3) 通知：特定の事項を特定または不特定多数の人に知らせる行為で、法律によ
　　り法律効果の発生が予定されているものをいう。たとえば、代執行の戒告が
　　これに該当する。

(4) 受理：他人の行為を有効な行為として受け付ける行為で、法律により法律効
　　果の発生が予定されているものをいう。たとえば、不服申立ての受理がこれ
　　に該当する。

重要ポイント 8 **用語法の注意点**

　上記の用語は講学上の用語である。そのため、法律上の用語と意味内容が必ずし
も一致しない。

　たとえば、発明の「特許」は、上記の講学上の用語では「確認」に該当する。ま
た、農地転用の「許可」は、上記の講学上の用語では「認可」に該当する。

 住民票への記載行為（最判平11・1・21）

　市町村長が住民基本台帳法7条に基づき住民票に記載する行為は、公の権威を
　もって各事項を証明し、それに公の証拠力を与えるいわゆる公証行為である
　が、それ自体によって新たに国民の権利義務を形成し、またはその範囲を確定
　する法的効果を有するものではない。

実 戦 問 題

◆ No.1 [*] 行政法学上の行政行為の分類に関する記述として，通説に照らして，妥当なのはどれか。 【地方上級（特別区）・平成30年度】

1 公証とは，特定の事実又は法律関係の存在を公に証明する行為をいい，納税の督促や代執行の戒告がこれにあたる。

2 特許とは，第三者の行為を補充して，その法律上の効果を完成させる行為をいい，農地の権利移転の許可や河川占用権の譲渡の承認がこれにあたる。

3 認可とは，すでに法令によって課されている一般的禁止を特定の場合に解除する行為で，本来各人の有している自由を回復させるものをいい，自動車運転の免許や医師の免許がこれにあたる。

4 確認とは，特定の事実又は法律関係の存否について公の権威をもって判断する行為で，法律上，法律関係を確定する効果の認められるものをいい，当選人の決定や市町村の境界の裁定がこれにあたる。

5 許可とは，人が生まれながらには有していない新たな権利その他法律上の力ないし地位を特定人に付与する行為をいい，鉱業権設定の許可や公有水面埋立の免許がこれにあたる。

◆ No.2 [*] 行政法学上の行政行為の分類に関する記述として，通説に照らして，妥当なのはどれか。 【地方上級（特別区）・平成24年度】

1 許可とは，第三者の行為を補充してその法律上の効果を完成させる行為をいい，農地の権利移転の許可や建築協定の認可がこれに当たり，許可を受けないで行われた行為は，効力を生じない。

2 公証とは，特定の事実または法律関係の存否について公の権威をもって判断する行為で，法律上，法律関係を確定する効果の認められるものをいい，当選人の決定や租税の更正・決定がこれに当たる。

3 認可とは，すでに法令によって課されている一般的禁止を特定の場合に解除する行為をいい，自動車運転の免許や医師の免許がこれに当たるが，無認可の行為は，当然に無効になるわけではない。

4 確認とは，特定の事実または法律関係の存在を公に証明する行為のことをいい，選挙人名簿への登録，不動産登記簿への登記，戸籍への記載がこれに当たる。

5 特許とは，人が本来有しない権利や権利能力等を特定人に付与する行為をいい，河川の占用許可，公益法人の設立の認可，公有水面埋立の免許がこれに当たる。

No.3 行政行為に関するア～エの記述のうち，理論上の「許可」に分類される
もののみをすべて挙げているのはどれか。　　　　【国家総合職・平成25年度】

　ア：道路，河川等の公共用物は，一般公衆の利用に供されるものであり，道路
　　　にガス管や電線等を埋設する際には，道路法に基づく道路の占用許可が必
　　　要とされ，また，水力発電に河川の流水を用いる場合には，河川法に基づ
　　　く河川の流水の占用許可が必要とされている。

　イ：外国人には日本国籍を取得する自由があるとは考えられておらず，外国人
　　　が帰化するには，国籍法に基づき，法務大臣の許可が必要とされている。

　ウ：農地は，個人所有に係るものであっても，食料生産の基盤であることから，
　　　当事者間の契約のみで農地の所有権を移転することはできず，農地法に基
　　　づく許可が必要とされている。

　エ：飲食店を営業するには，飲食に起因する衛生上の危害の発生を防止する観
　　　点から，施設の衛生状態等に問題がないこと等につき，食品衛生法に基づ
　　　く許可が必要とされている。

1　ウ

2　エ

3　ア，ウ

4　ア，エ

5　イ，エ

No.4 登録およびいわゆる公証行為に関する次の記述のうち，判例に照らし，
妥当なのはどれか。　　　　　　　　　　　　　【国家総合職・平成17年度】

1　公の権威をもって一定の事項を証明し，それに公の証拠力を与えるいわゆる公
　　証行為は，行政行為の一類型としての性質を有するのであるから，その公証行為
　　が抗告訴訟の対象となるのは当然である。

2　毒物及び劇物取締法に基づく毒物および劇物の輸入業の登録について，同法の
　　登録は実質的に許可に近い性質を持つものであるから，毒物および劇物がどのよ
　　うな目的でどのような製品に使われるかについて広く考慮したうえで登録の拒否
　　事由とすることが許される。

3　毒物及び劇物取締法に基づく毒物および劇物の輸入業の登録について，行政庁
　　の裁量の余地は認められないものの，同法の趣旨に照らして，毒物および劇物の
　　使用により人体に対する危害が生じるおそれがあることをもって登録の拒否事由
　　とすることが許される。

4　市町村長が住民基本台帳法第7条に基づき住民票に同条各号に掲げる事項を記
　　載する行為は，公の権威をもって住民の居住関係に関するこれらの事項を証明

し，それに公の証拠力を与えるいわゆる公証行為ではなく，それ自体によって新たに国民の権利義務を形成し，またはその範囲を確定する法的効果を有する。

5 住民基本台帳は，これに住民の居住関係の事実と合致した正確な記録をすることによって，住民の居住関係の公証，選挙人名簿の登録その他の住民に関する事務の処理の基礎とするものであるから，市町村長が法定の届出事項に係る事由以外の事由を理由として転入届を受理しないことは許されない。

(参考) 住民基本台帳法
(住民票の記載事項)
第7条 住民票には，次に掲げる事項について記載（前条第3項の規定により磁気ディスクをもって調製する住民票にあっては，記録。以下同じ。）をする。

  一 氏名

  二 出生の年月日

  三 男女の別

  四 世帯主についてはその旨，世帯主でない者については世帯主の氏名及び世帯主との続柄

  五 戸籍の表示。ただし，本籍のない者及び本籍の明らかでない者については，その旨

  六 住民となった年月日

  七 住所及び一の市町村の区域内において新たに住所を変更した者については，その住所を定めた年月日

  (第8号以下略)

実戦問題の解説

No.1 の解説　行政行為の分類

→問題はP.68　**正答4**

1 ✕　**納税の督促や代執行の戒告は公証ではなく，通知である。**
　　妥当でない。**公証**の定義は正しい。公証の例として選挙人名簿への登録がある。納税の督促や代執行の戒告は公証ではなく，講学上の**通知**の例である。

2 ✕　**特許とは元来各人が有していない権利や法的地位を設定する行為である。**
　　妥当でない。本肢は**認可**の説明であり，農地の権利移転の許可および河川占用権の譲渡の承認は認可に該当する。

3 ✕　**認可は第三者の法律行為を補充して法律上の効果を完成させる行為である。**
　　妥当でない。本肢は**許可**の説明であり，自動車の運転免許や医師の免許は許可の例である。

4 ◎　**確認は，事実等に疑義がある場合に，その存否等を認定する行為である。**
　　妥当である。**確認**とは，ある事実や法律関係について疑いや争いがある場合に，その存否・成否について公の権威をもって確定し，認定する行為のことである。

5 ✕　**許可は法令による一般的禁止を特定の場合に解除する行為である。**
　　妥当でない。本肢は**特許**の説明であり，鉱業権設定の許可や公有水面埋立の免許は特許の例である。

No.2 の解説　行政行為の分類

→問題はP.68　**正答5**

1 ✕　**許可は法令による一般的禁止を特定の場合に解除する行為である。**
　　本肢の説明は**許可**ではなく，**認可**の説明である。許可とは，すでに法令によって課されている一般的禁止を特定の場合に解除する行為をいい，例として，公衆浴場法に基づく公衆浴場の許可などがある。

2 ✕　**公証は事実等に疑義がない場合に，その存在を公に証明する行為である。**
　　公証とは，ある事実や法律関係について疑いや争いがない場合に，その存在を公に証明する行為で，法律により法律効果の発生が予定されているものをいう。たとえば，選挙人名簿への登録がこれに該当する。当選人の決定は公証ではなく，**確認**の例である。

3 ✕　**認可は第三者の法律行為を補充して法律上の効果を完成させる行為である。**
　　本肢の説明は**認可**ではなく，**許可**の説明である。認可とは，第三者の法律行為を補充してその法律上の効果を完成させる行為をさし，例として農地移転の許可などがある。また，無認可の行為は効力を生じない。

4 ✕　**確認は，事実等に疑義がある場合に，その存否等を認定する行為である。**
　　確認とは，ある事実や法律関係について疑いや争いがある場合に，その存否・成否について公の権威をもって確定し，認定する行為のことをいう。たとえば，当選人の決定がこれに該当する。選挙人名簿への登録は確認ではなく，**公証**の例である。

第2章

行政作用法(1)

5 ◎ 特許は人の権利に関わる行政行為である。

正しい。その他の**特許**の例として，道路の占用許可がある。

No.3 の解説 許可 →問題はP.69 **正答2**

理論上の**許可**は**命令的行為**に分類されるため，本問で挙げられている個々の例について，人が生まれながらに有している自由を前提にしているか否かという観点から，各肢を分析することが考えられる。ただし，ある行為について，人が生まれながらに有している自由といえるか否かは，必ずしも理論的に証明できるものではなく，伝統的な見方に依拠して判断するほかない。そのため，伝統的な見方を踏まえた解答が求められる。

また，以上の見地とは別に，本問で挙げられている例の多くは行政行為の各類型の典型例として挙げられているものなので，いかなる類型の具体例として通常挙げられているのかという観点から，各肢を分析することも考えられる。

ア × 道路の占用許可と河川の流水の占用許可は理論上の「特許」である。

妥当でない。伝統的な理解によると，人は生まれながらにして自由に**公共用物**を利用することができるわけではない。したがって，公共用物の占用許可は，理論上の許可とはいえない。むしろ，道路の占用許可や河川の占用許可は理論上の**特許**の典型例である。

イ × 法務大臣による外国人帰化の許可は理論上の「特許」である。

妥当でない。伝統的な理解によると，外国人は生まれながらにして自由に日本国籍を取得できるわけではない。したがって，法務大臣の許可は理論上の許可とはいえない。むしろ，法務大臣の許可は理論上の特許に該当する。

ウ × 農地移転の許可は理論上の「認可」である。

妥当でない。農地移転の許可は**認可**の典型例である。そのため，理論上の許可とはいえない。

エ ◎ 食品衛生法上の許可は理論上の「許可」である。

妥当である。伝統的な理解によると，飲食店の営業は人が生まれながらにして自由に行うことができ，食品衛生法の許可は理論上の許可に該当する。

以上から妥当なものは**エ**のみであり，**2**が正答となる。

No.4 の解説　登録および公証行為
→問題はP.69　**正答5**

1 × 公証行為は当然に抗告訴訟の対象となるのではない。

前半は正しい。後半が誤り。最高裁によれば，家賃台帳の作成・登載行為は，それによって国民の権利義務を形成する，あるいはその範囲を確認する性質を有しないので，**抗告訴訟**の対象にならない（最判昭39・1・24）。

2 × 毒物及び劇物の使用目的や用途は輸入業登録の拒否事由にならない。

最高裁によれば，毒物及び劇物取締法それ自体は，毒物および劇物がどのような目的でどのような用途の製品に使われるかについては，特定毒物の場合のほかは，直接規制の対象とせず，他の個々の法律がそれぞれの目的に応じて個別的に取り上げて規制するのにゆだねている（最判昭56・2・26）。したがって，毒物および劇物の使用目的いかんによって，同法に基づく登録が拒否されたり，されなかったりすることはない。

3 × 毒物及び劇物の人体への危害の恐れは輸入業登録の拒否事由にならない。

最高裁によれば，毒物及び劇物取締法に基づく輸入業の登録について，毒物および劇物の「用途に従って使用されることにより人体に対する危害が生ずるおそれがあることをもってその輸入業の登録の拒否事由とすることは，毒物及び劇物の輸入業等の登録の許否を専ら設備に関する基準に適合するか否かにかからしめている同法の趣旨に反し，許されない」（最判昭56・2・26）。

4 × 住民基本台帳法に基づく住民票への記載行為は公証行為である。

最高裁によれば，「市町村長が住民基本台帳法7条に基づき住民票に同条各号に掲げる事項を記載する行為は，元来，公の権威をもって住民の居住関係に関するこれらの事項を証明し，それに公の証拠力を与えるいわゆる**公証**行為であり，それ自体によって新たに国民の権利義務を形成し，又はその範囲を確定する法的効果を有するものではない」（最判平11・1・21）。

5 ◎ 法定の事由以外の事由を理由とする転入届の不受理は許されない。

正しい（最判平15・6・26）。なお，最高裁判例からは，転入届の不受理が**処分**であることを読み取ることができる。

行政行為の効力

必修問題

　行政法学上の行政行為の効力に関する記述として，通説に照らして，妥当なのはどれか。　　　　　　　　　　　　【地方上級（特別区）・令和5年度】

1 　行政行為の**拘束力**とは，一度行った行政行為について，処分庁は自ら変更できないという効力をいい，**審査請求**に対する裁決等の争訟裁断的性質をもつ行政行為に認められる。

2 　行政行為の**自力執行力**とは，行政行為の内容を行政が自力で実現することができるという効力をいい，私人が行政の命令に従わない場合において，行政は**強制執行**を根拠付ける法律を必要とせず，命令を根拠付ける法律により行政行為の内容を実現することができる。

3 　行政行為の**不可争力**とは，一定期間を経過すると，私人から行政行為の効力を争うことができなくなるという効力をいい，**不服申立期間**又は**出訴期間**の限定による結果として認められるものであるが，これらの期間経過後に行政庁が職権により行政行為を取り消すことは可能である。

4 　行政行為の**実質的確定力**とは，行政行為がたとえ違法であっても，無効と認められる場合でない限り，一定の手続を経るまでは有効なものとして扱われるという効力をいい，違法な行政行為が取消権限のある機関によって取り消されるまでは，何人もその効力を否定できない。

5 　行政行為の**形式的確定力**とは，行政行為の内容が，以後，当該法律関係の基準となり，処分庁だけでなく上級庁も矛盾した判断をなし得ないという効力をいい，裁判所に対しても生じる。

難易度 　＊＊

必修問題の 解説

　行政行為の効力として，一般に，①拘束力，②公定力，③不可争力，④自力執行力，⑤不可変更力が挙げられる。本問では，これらの効力の内容が問われるとともに，いかなる場合に，それらの効力が認められるのかが問われている。

1 ✕ 拘束力は行政行為の内容に応じて相手方および行政庁を拘束する効力である。
　　行政行為の**拘束力**とは，行政行為がその内容に応じて相手方および行政庁を拘束する効力である。本肢は拘束力の説明ではなく，**不可変更力**の説明である。

2 ✕ 命令の根拠法律とは別に強制執行を根拠づける法律が必要である。
　　行政行為の内容を実現するために**強制執行**を行う場合には，行政行為を根拠づける法律のほかに，強制執行を行うための根拠法律が必要である。

3 ◎ 不服申立期間又は出訴期間の後でも，行政庁は職権により取消しができる。
　　行政行為を対象とした**不服申立て**や**取消訴訟**は一定の期間内に提起しなければならない（行審法18条1項，行訴法14条1項）。この期間を経過すると，適法に不服申立てや取消訴訟を提起することはできない。そのため，不服申立期間又は出訴期間経過後は，**争訟による取消し**は起こり得ない。しかし，不服申立期間又は出訴期間を経過しても，**職権による取消し**は行うことができる。

4 ✕ 実質的確定力は行政庁が一度行った行政行為を自ら変更できない効力である。
　　行政行為の**実質的確定力**とは**審査請求**に対する裁決等の争訟裁断的性質をもつ行政行為に認められる効力であり，行政庁は一度行った行政行為について自ら変更できないという効力のことである。このような実質的確定力は**不可変更力**ともいう。なお，本肢は実質的確定力の説明ではなく，**公定力**の説明である。

5 ✕ 形式的確定力は不可争力のことであり，一定の期間を経過すると争えない。
　　行政行為の**形式的確定力**は**不可争力**のことである。行政行為は一定の期間を経過すると，不服申立てや取消訴訟によって争うことができなくなるが（行審法18条1項，行訴法14条1項），これを形式的確定力と呼んだり，不可争力と呼んだりする。

正答 3

FOCUS

　行政行為にしか認められない特殊な諸効力とは何かということを，その内容とともに理解すると同時に，なぜそれらの特殊な効力が行政行為に認められるのか，その根拠についても理解しておこう。

第2章　行政作用法(1)

重要ポイント 1 ▶ 行政行為の諸効力

行政行為には，行政行為にしか認められない特殊な効力がある。その効力は，一般的な見解によれば，次の5つである。

①拘束力
②公定力
③不可争力
④自力執行力
⑤不可変更力

重要ポイント 2 ▶ 拘束力

拘束力とは，行政行為がその内容に応じて相手方および行政庁を拘束する効力である。

このように拘束力の名あて人には，相手方のみならず，行政庁も含まれるので，これを**双面的効力**と呼ぶことがある。

重要ポイント 3 ▶ 公定力

公定力とは，たとえ行政行為が違法であったとしても，無効の場合を除き，正式な機関がこれを取り消さない限り，一応有効なものとして通用する効力のことである。ここで正式な機関とは，行政府に属する機関と司法府に属する機関（裁判所）のことである。

（1）公定力の内容

上記の定義において，その核心部分を形成している要素だけを抜き出すと，公定力とは，「たとえ行政行為が違法であっても」，「一応有効なものとして通用する効力」のことである，となる。この意味を理解するためには，行為の適法・違法の問題と行為の有効・無効の問題は，理論的に別次元の問題であるということを押さえる必要がある。

この点に関し，法律学における基本的なパターンは，次の2つである。

（a）「行為の適法→行為の有効」
（b）「行為の違法→行為の無効」

ただし，すでに指摘したように，行為の適法・違法の問題と行為の有効・無効の問題は別次元の問題なので，理論的には，さらに次の2つのパターンも考えられる。

（c）「行為の適法→行為の無効」
（d）「行為の違法→行為の有効」

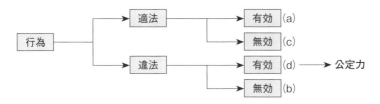

公定力は，たとえ行政行為が違法であっても，一応有効なものとして通用させる効力のことなので，上記 **(d)** の場合に該当する。

 行政処分の効力（最判昭30・12・26）

「行政処分は，たとえ違法であっても，その違法が重大かつ明白で当該処分を当然無効ならしめるものと認むべき場合を除いては，適法に取り消されない限り完全にその効力を有するものと解すべき」である。

（2）公定力の根拠

公定力が認められる実定法上の根拠として，行政事件訴訟法における取消訴訟の制度の存在が挙げられる。

取消訴訟制度が存在する

国民の側はこの制度を用いてしか，行政行為の効力の否定を求めることができないと解釈する（**取消訴訟の排他的管轄**）。
＊このような解釈の背景には，他の方法でも行政行為の効力を否定できるのであれば，あえて特別な訴訟制度である取消訴訟の制度を設ける必要はない，という見方がある。

取消しによって想定されている効果として，取り消されるまでは一応有効なものとして扱うということがある。

公定力の承認

（3）公定力と国家賠償の関係

 損害賠償請求の前提としての行政処分の効力（最判昭36・4・21）

行政処分が違法であることを理由にして国家賠償の請求をすることについては，あらかじめ行政処分につき取消しまたは無効確認の判決を得ておかなければならないものではない。

重要ポイント 4 ▶ 不可争力

不可争力とは，行政行為の相手方から，行政行為の効力を争えなくさせる効力のことをいう。これは**形式的確定力**とも呼ばれる。

この不可争力の実定法上の根拠として行政不服審査法および行政事件訴訟法の規定が挙げられる。行審法18条によれば，原則として処分（行政行為）があったことを**知った日の翌日から起算して**3か月を経過したときは審査請求をすることができない。また，行訴法14条によれば，原則として取消訴訟は処分（行政行為）があったことを**知った日から**6か月を経過したときは提起することができない。

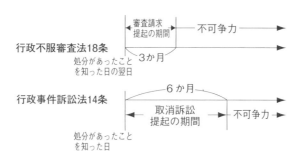

重要ポイント 5 ▶ 自力執行力

自力執行力とは，行政行為によって命ぜられた義務を国民が履行しない場合に，行政庁が，裁判判決を得ることなく強制執行を行い，義務の内容を実現することができる効力のことである。これは単に「執行力」と呼ばれることもある。

民事法の世界では，このような行為は**自力救済の禁止の原則**によって禁止されている。しかし，行政法の世界では，それが認められている，といえる。

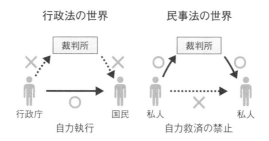

このような特別な効力は，**行政行為の根拠となる法律規定とは別の法律規定が存する場合に，初めて認められる**。そのような規定を設けている法律の例として，行政代執行法がある。

重要ポイント 6　不可変更力

　行政庁は，行政不服審査法等に基づいて行政行為の取消しを国民から請求されることがある。その場合，行政庁は争われている行政行為につき，審査を経て回答をするが，その回答もまた行政行為であると解されている。不可変更力とは，この紛争解決のための裁断作用として行われた行政行為を，行政庁自身が取消しまたは変更できない，という効力のことである。これは**実質的確定力**とも呼ばれる。

　この不可変更力を正面から認める法律上の根拠はない。しかし，不可変更力は，紛争の蒸し返しを回避するために必要であると考えられ，今日では一般に承認されている。

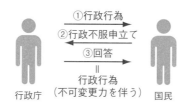

判例　**裁決庁による裁決の取消し**（最判昭29・1・21）

不服申立てにより農地買収計画を取り消した裁決は，実質的には法律上の争訟を裁判するものであるため，特別の規定がない限り，裁決庁自ら取り消すことはできない。

重要ポイント 7　行政行為の効力に関する注意点

　行政行為には以上に見てきた諸効力が常に必ず認められる，というわけではない。
(1) 自力執行力を伴わない行政行為

　自力執行が認められるためには，行政行為の根拠となる法律規定とは別の法律規定が必要である。仮にそのような法律規定が存在しなければ，自力執行は認められない。そうすると，自力執行力を伴わない行政行為というのが存在することになる。

　また，仮に法律規定が存在したとしても，その規定が適用されるための法律要件が充足されていない場合には，自力執行できない。このような場合もまた，自力執行力を伴わない行政行為が存在することになる。
(2) 不可変更力を伴わない行政行為

　不可変更力は裁断行為として行われた行政行為に認められる。逆にいえば，裁断行為として行われていない行政行為には，不可変更力は認められない。この場合，不可変更力を伴わない行政行為が存在することになる。

実戦問題 1　基本レベル

No.1 行政法学上の行政行為の効力に関する記述として，妥当なのはどれか。

【地方上級（特別区）・平成22年度】

1 行政行為の自力執行力は，行政行為によって命ぜられた義務を国民が履行しない場合に，行政庁が裁判判決を得て義務者に対し強制執行を行うことができるが，強制執行を行うためには，法律の根拠が必要である。

2 行政庁は，不服申立てや取消訴訟を提起できる争訟提起期間を経過すると，当該行政行為に不可変更力が生じ，職権による行政行為の取消しや撤回をすることができない。

3 行政行為の公定力または行政行為に対する取消訴訟の排他的管轄制度の下では，違法性がいかに甚だしい場合でも，相手方が適法に取消訴訟を提起し取消判決を得ない限り，行政行為の事実上の通用に対して救済を求めることができない。

4 行政行為の公定力は，違法な行政行為によって損害を被ったことを理由とする損害賠償請求訴訟には及ばないので，裁判所が判決で行政行為を違法として損害賠償を認めても，行政行為の効力は存続する。

5 裁決庁がいったん下した裁決を自ら取り消して，新たに裁決をやり直した場合，新たな裁決は，紛争を解決するための裁断作用に認められる不可争力に反して違法である。

No.2 行政法学上の行政行為の効力に関する記述として，妥当なのはどれか。

【地方上級（特別区）・平成30年度】

1 行政行為の不可争力とは，一度行った行政行為について，行政庁が職権で取消し，撤回，変更をすることができなくなる効力であり，実質的確定力とも呼ばれている。

2 行政行為の拘束力とは，行政行為がたとえ違法であっても，無効と認められる場合でない限り，権限ある行政庁が取り消すまでは，一応効力のあるものとして通用する効力であり，規律力とも呼ばれている。

3 行政行為の不可変更力とは，一定期間が経過すると私人の側から行政行為の効力を裁判上争うことができなくなる効力であり，形式的確定力とも呼ばれている。

4 行政行為には公定力が認められるが，公定力の実定法上の根拠は，国家権力に対する権威主義的な考えに求められ，取消訴訟の排他的管轄には求めることはできない。

5 行政行為には公定力が認められるが，行政行為が違法であることを理由として国家賠償請求をするにあたり，あらかじめ取消判決や無効確認判決を得る必要はない。

No.3 **行政行為の公定力に関する次の記述のうち, 妥当なものはどれか。**

【地方上級 (全国型)・平成26年度】

1 公定力とは, 行政行為に取り消しうべき違法な瑕疵または重大かつ明白な瑕疵があった場合であっても, 正当な権限を有する国家機関によって取り消されるまでは一応有効なものとして取り扱われる効力である。

2 取消訴訟の排他的管轄とは, 行政事件訴訟法に処分の取消訴訟が規定されている以上, 行政行為の効力を排除するためには処分の取消訴訟によるべきであるということを意味し, 公定力の制度的な根拠とされている。

3 免職処分とされた公務員が, 当該免職処分の違法を理由として国家賠償請求訴訟を提起する際には, あらかじめ取消訴訟を提起して免職処分の効力を否定しておく必要がある。

4 重大かつ明白な瑕疵ある土地収用裁決の効力を争う者は, 土地収用委員会に対して無効等確認の訴えを提起するべきであるので, 起業者の側に対して土地の所有権を確認する訴訟を提起することはできない。

5 原子炉設置許可処分に関して不服のある周辺住民は, 取消訴訟によらず, 民事訴訟によって差止めを請求することはできない。

実戦問題 **1** の 解説

→問題はP.80

No.1 の解説　行政行為の効力
→問題はP.80 **正答4**

1 ✕ 行政庁は裁判判決を得ることなく，法律に基づき自力執行できる。

　　行政行為の**自力執行力**は，行政庁が裁判判決を得ることなく，義務者に対し強制執行できることを内容としている。したがって，本肢が「裁判判決を得て義務者に対し強制執行を行うことができる」としている部分は誤り。

2 ✕ 争訟提起期間後であっても，職権による取消しや撤回は可能である。

　　争訟提起期間を経過することによって生じるのは，**不可変更力**ではなく，**不可争力**である（参照，行審法18条・行訴法14条）。また，争訟提起期間を経過することによってできなくなるのは，国民の側からの争訟提起を前提とする**争訟による取消し**である。したがって，行政庁が争訟提起期間後に職権に基づいて行政行為の取消しや撤回を行うことは，可能である。

3 ✕ 違法性が甚だしい場合には，相手方は救済を求めることができる。

　　行政行為の**公定力**とは，たとえ行政行為が違法であっても，**重大かつ明白な瑕疵**がない限りは，正式な機関が取り消すまで有効なものとして扱う効力のことをさす。したがって，重大かつ明白な瑕疵が認められるほど違法性が甚だしい場合には，公定力は認められない。この場合，行政行為の名宛人は，取消訴訟を提起して取消判決を得なくても，救済を求めることができる。

4 ◎ 公定力は違法な行政行為を理由とする損害賠償請求訴訟には及ばない。

　　正しい。行政行為の違法性の問題と効力の問題は別物であって，損害賠償請求訴訟においては，問題となる行政行為が違法であればよく，裁判所は行政行為の効力については基本的に審査する必要がない。したがって，裁判所が損害賠償請求訴訟における判決で行政行為を違法として損害賠償を認めても，行政行為の効力は存続する（最判昭36・4・21）。

5 ✕ 裁決庁自身が裁決をやり直すことは不可変更力に反し，違法である。

　　紛争を解決するための裁断作用に認められる効力は**不可争力**ではなく，**不可変更力**である。

No.2 の解説　行政行為の効力
→問題はP.80 **正答5**

1 ✕ 不可争力は一定の期間を徒過すると，争えなくなる効力である。

　　一度行った**行政行為**について，**行政庁**が職権で**取消し**，撤回，変更をすることができなくなる効力は，**不可変更力**である。不可変更力は**実質的確定力**とも呼ばれている。**不可争力**は，一定の期間を徒過すると，正式の争訟手段（審査請求や，取消訴訟など）で争えなくなる効力であり（行審法18条1項，行訴法14条1項），**形式的確定力**ともいわれている。

2 ✕ 行政行為の拘束力は相手方及び行政庁を拘束する力のことである。

　　行政行為がたとえ違法であっても，無効と認められる場合でない限り，権限ある行政庁が取り消すまでは，一応効力のあるものとして通用する効力は，

公定力である。**規律力**は，一部の学説で指摘されている行政行為の効力であり，相手方私人の合意なくして具体的な法律関係を変動させることができる効力のことをさす。

3✗ 不可変更力は行政庁による行政行為の変更を許さない効力である。

一定期間が経過すると私人の側から行政行為の効力を裁判上争うことができなくなる効力は不可争力であり（行審法18条1項，行訴法14条1項），この不可争力は形式的確定力とも呼ばれている。

4✗ 公定力の実定法上の根拠は取消訴訟の排他的管轄に求められる。

行政行為が**取消訴訟の排他的管轄**に服する結果，違法な行政行為であっても，原則として取り消されるまでは一応，有効なものとして扱われることになる。現在の学説は，この一応の有効性を公定力として理解している。

5◎ 国家賠償請求をする前に取消判決や無効確認判決を得る必要はない。

国家賠償請求訴訟では違法性が問題となるのに対し（国賠法1条1項），公定力では有効性が問題になる。そのため，両者は次元が異なるといえるから，取消判決や，無効確認判決といった形で，行政行為の効力をあらかじめ否認しておかなくても，国家賠償請求は認められうる（最判昭36・4・21）。

No.3 の解説 行政行為の公定力 →問題はP.81 **正答2**

1✗ 行政行為に**重大かつ明白な瑕疵**がある場合，当該行政行為は無効であるから，**公定力**という効力も無いことになる。したがって，重大かつ明白な瑕疵がある行政行為には公定力は認められず，この点で「重大かつ明白な瑕疵があった場合であっても」公定力が認められるとする本肢は誤りである。

2◎ 正しい。行政行為が**取消訴訟の排他的管轄**に服するということになると，行政行為は取り消されるまでは一応，有効であるということがいえるようになる。この一応の効力がこれまで公定力として捉えられてきた。

3✗ 免職処分の違法の問題と免職処分の効力の問題は別次元の問題である。**国家賠償請求訴訟**では，免職処分の違法が問題となるのであって，免職処分の効力が問題となるのではない（国賠法1条1項参照）。したがって，免職処分をされた公務員が当該免職処分の違法を理由として国家賠償請求訴訟を提起する際に，あらかじめ取消訴訟を提起して免職処分の効力を否定しておく必要はない（最判昭36・4・21）。

4✗ 土地収用裁決は行政行為であって，それが重大かつ明白な瑕疵を帯びていれば無効である。この場合，土地収用裁決が無効であることを前提にして，起業者に対して土地所有権確認訴訟を提起することができる。土地収用委員会に対して，土地収用裁決の無効等確認の訴えを提起する必要はない。

5✗ 原子炉設置許可処分に関して不服のある周辺住民は，**取消訴訟**によらず，民事訴訟によって差止めを請求することができる（最判平4・9・22）。

***
No.4　行政行為に関するア～オの記述のうち，妥当なもののみをすべて挙げているのはどれか。　【国税専門官・平成23年度】

ア：国家賠償請求訴訟において，公務員の行った行政行為の違法性を主張するに当たっては，公定力を排除するため，国家賠償請求訴訟に先立ち，当該行政行為についての取消訴訟または無効確認訴訟を提起し，当該行政行為の違法性を確定しておく必要があるとするのが判例である。

イ：関連する行政行為が段階的に連続してなされる場合，先行する行政行為の違法性は後続の行政行為に承継されるため，課税処分に引き続き滞納処分がなされた場合，当該滞納処分の取消訴訟において，当該課税処分の違法性を主張することができるとするのが判例である。

ウ：取消訴訟の排他的管轄に服することのない無効事由たる瑕疵を有する行政行為であっても，出訴期間等の訴訟要件を満たす場合は，これについての取消訴訟を提起することができる。

エ：一定の期間を経過すると，私人の側から行政行為の効力を裁判上争うことができなくなる効力を不可争力という。不可争力を認めるかどうかは，争えなくなる期間をどの程度にするかという点も含め，立法政策上の問題である。

オ：行政行為の附款は，行政の弾力的な対応を必要とする場面で用いられることがある。たとえば，風俗営業等の規制及び業務の適正化等に関する法律に基づく風俗営業の許可をするに当たっては，良好な住環境の維持・都市景観の観点から，附款により，キャバレーやゲームセンターなどのネオンの色彩を指定することができる。

1　ア，イ　　　　**2**　ア，オ　　　　**3**　イ，ウ
4　ウ，エ　　　　**5**　エ，オ

（参考）風俗営業等の規制及び業務の適正化等に関する法律
（目的）
第1条　この法律は，善良の風俗と清浄な風俗環境を保持し，及び少年の健全な育成に障害を及ぼす行為を防止するため，風俗営業及び性風俗関連特殊営業等について，営業時間，営業区域等を制限し，及び年少者をこれらの営業所に立ち入らせること等を規制するとともに，風俗営業の健全化に資するため，その業務の適正化を促進する等の措置を講ずることを目的とする。
（営業の許可）
第3条　風俗営業を営もうとする者は，風俗営業の種別（略）に応じて，営業所ごとに，当該営業所の所在地を管轄する都道府県公安委員会（以下「公安委員会」

という。）の許可を受けなければならない。

2　公安委員会は，善良の風俗若しくは清浄な風俗環境を害する行為又は少年の健全な育成に障害を及ぼす行為を防止するため必要があると認めるときは，その必要の限度において，前項の許可に条件を付し，及びこれを変更することができる。

***
No.5　**行政行為の効力に関するア〜オの記述のうち，妥当なもののみをすべて挙げているのはどれか。**　　　　　　　　　　　　【国家総合職・平成18年度】

ア：行政行為の特色は，行政庁が法律に基づいて一方的に法律行為を行うことにより，法律関係を変動させることにある。私法上の行為であれば，当事者間の合意に基づかない一方的行為によって法律関係が変動することはありえないので，このことは行政行為の権力性を端的に示すものである。

イ：行政行為によって課せられた義務をその相手方が履行しない場合に，当該行政行為をした行政庁が自らその義務の内容を強制的に実現することができる効力を，一般に執行力と呼ぶ。執行力は，当該行政行為についての法律の根拠とは別に，執行力を基礎づける法律の根拠が必要とされているが，その執行力を基礎づける法律に行政代執行法は含まれない。

ウ：行政行為に執行力が認められる場合であっても，当該行政行為について適法に抗告訴訟が提起されたときは，裁判所による紛争処理を優先するという観点から執行力は停止し，当該行政行為に基づく強制執行は許容されない。

エ：行政行為は，たとえそれが違法であっても，権限ある国家機関が取り消さない限り一応有効なものとして通用するとされる。これを一般に行政行為の公定力と呼ぶが，違法な行政行為によって損害を被ったことを理由とする国家賠償請求訴訟には公定力が及ばないとされ，当該行政行為を取り消すことなく国家賠償請求訴訟を提起することが許される。

オ：行政行為に不服がある者は，行政上の不服申立てをしたり，取消訴訟を提起することができるが，これらの争訟の提起には時間的な制約があり，争訟提起期間を経過すると，当該行政行為を争うことが許されなくなる。これを，一般に不可争力と呼ぶ。不可争力が生じた場合，行政上の法律関係を安定させる必要から，行政庁が職権により当該行政行為を取り消すことも禁じられる。

1　エ　　　　　**2**　ア，イ　　　　　**3**　ア，エ
4　イ，ウ，オ　　　**5**　イ，エ，オ

実戦問題❷の解説

No.4 の解説　行政行為

→問題はP.84 **正答4**

ア✕ **国家賠償請求に先立ち，行政行為の違法性を確定しておく必要はない。**

妥当でない。国家賠償請求訴訟に先立ち，行政行為の**公定力**を排除しておく必要はなく，行政行為の取消しや無効確認の判決を得ておく必要はない。この点，判例は「行政処分が違法であることを理由として国家賠償の請求をするについては，あらかじめ……行政処分につき取消又は無効確認の判決を得なければならないものではない」と述べている（最判昭36・4・21）。

イ✕ **課税処分と滞納処分の間で違法性の承継は認められない。**

妥当でない。課税処分と滞納処分は目的が異なり，相互に独立性が高いので，両者の間で**違法性の承継**は認められない。したがって，課税処分の違法を理由に滞納処分の取消しを求めることはできない。

ウ◯ **無効事由を有する行政行為であっても，取消訴訟で争うことができる。**

妥当である。**取消訴訟**（行訴法3条2項）と**無効確認訴訟**（同3条4項）の使い分けは**出訴期間**（同14条）を徒過しているか否かという観点（＝手続法の観点）から行われるのであって，取消事由があるか，また無効事由があるかという観点（＝実体法の観点）から行われるのではない。したがって，出訴期間内であれば，処分の無効確認訴訟ではなく，処分の取消訴訟を提起することになる。仮に出訴期間内に無効確認訴訟を提起した場合には，取消訴訟を提起したものとして扱われると指摘する学説もある。

エ◯ **不可争力を認めるか否かは立法政策の問題である。**

妥当である。争えなくなる期間をどの程度にするかは立法政策上の問題であり，現に平成16年の行訴法の改正によって従来の3か月から6か月へと延長されている（同14条1項）。ただし，立法政策の問題とはいえ，**裁判を受ける権利**（憲法32条）を侵害するような期間の設定は許されない（最判昭24・5・18）。

オ✕ **許可に際し，法律の目的とは異なる目的で附款を付すことはできない。**

妥当でない。一般に，法律の目的とは異なる目的で行政行為に**附款**を付すことはできないと解されている。このことを踏まえると，「風俗営業等の規制及び業務の適正化に関する法律」の目的に良好な住環境の維持・都市景観という観点は含まれていないので，そのような観点から附款でネオンの色彩を指定することはできないといえる。

以上から妥当なものは**ウ**および**エ**であり，**4**が正答となる。

No.5 の解説 行政行為の効力　　　　　　　　→問題はP.85　**正答 1**

ア× 私法上の行為であっても，一方的に法律関係が変動することはある。
前半は妥当であるが，後半が妥当でない。私法上の行為であっても，契約の解除のように，当事者間の合意に基づかない一方的行為によって法律関係が変動することはありうる。

イ× 行政代執行法は執行力を基礎づける法律のうちの一つである。
前半は妥当であるが，後半が妥当でない。**行政代執行法**も**執行力**を基礎づける法律である。

ウ× 抗告訴訟が提起されても，執行力は停止しない。
妥当でない。**抗告訴訟**のうち**取消訴訟**および**無効等確認訴訟**については，訴訟が提起されても，原則として，処分の効力，処分の執行または手続きの続行は妨げられない（行訴法25条 1 項，38条 3 項）。これを**執行不停止の原則**という。その他の抗告訴訟（**不作為の違法確認訴訟，義務付け訴訟，差止め訴訟**）については，そもそも処分が存在しないということが前提とされているので，処分の執行の停止・不停止は問題とならない。ただし，申請に対する拒否処分がされた場合に提起される**申請満足型義務付け訴訟**（同 3 条 6 項 2 号）の場合は，処分が存在することになるが，この場合は，当該拒否処分によって相手方である国民に行政上の義務が課されるわけではないので，そもそも**行政行為**に基づく強制執行を観念することができない。

エ○ 行政行為を取り消さなくても，国家賠償請求訴訟を提起できる。
妥当である（最判昭36・4・21）。国家賠償請求訴訟では行政行為の違法性が審査されることはあっても，行政行為の効力が審査されることはない。したがって，行政行為が取り消されることなく，国家賠償請求訴訟が提起され，その中で行政行為が違法であると判断されても，**公定力**の制度に反しない。

オ× 争訟提起期間を徒過しても職権による取消しは可能である。
前半は妥当であるが，後半が妥当でない。**不可争力**によって拘束されるのは国民であって，行政庁ではない。むしろ，行政庁は公益を担う責任者として，原則として，いつでも職権により行政行為を取り消すことができる。したがって，不可争力が生じた場合であっても，行政庁が職権により行政行為を取り消すことは可能である。

以上から妥当なものは**エ**のみであり，**1** が正答となる。

6 行政行為の瑕疵

必修問題

行政行為の瑕疵に関する記述として，妥当なのはどれか。

【地方上級（特別区）・平成25年度】

1 **行政行為**が無効とされるのは，行政行為に内在する瑕疵が重要な法規違反であることと，瑕疵の存在が明白であることとの2つの要件を備えている場合である。

2 行政行為には**公定力**が認められ，瑕疵があっても正式に取り消されるまでは有効なものとして取り扱われるので，無効な行政行為であっても，**無効確認訴訟**においてその無効が確認されるまでは，有効なものとして取り扱われる。

3 **授益的処分**の取消しは相手方の信頼を害し不利益を及ぼすことになるので，授益的処分の取消しの効果は，過去に遡及することはなく，常に将来に向かってのみ生じる。

4 行政行為の**撤回**とは，行政行為が成立したときから瑕疵があった行政行為について，その効力を成立のときにさかのぼって失わせることをいい，処分庁ではなく，当該処分庁を指揮監督する上級行政庁が行うものである。

5 行政行為の**瑕疵の治癒**とは，ある行政行為に瑕疵があって本来は違法ないし無効であるが，これを別個の行政行為として見ると瑕疵がなく適法要件を満たしている場合に，別個の行政行為として有効なものと扱うことをいう。

難易度 ＊

必修問題の解説

　行政行為の瑕疵とは，行政行為が有する不当性および違法性をさす。本問では，この瑕疵ある行政行為に関する法問題がさまざまな観点から問われている。

B
頻出度
国家総合職 ★
国家一般職 ★
国税専門官 ★★
地上全国型 ★

地上特別区 ★★
市 役 所 C ★

6 行政行為の瑕疵

1 ◎ **行政行為が無効になるのは，重大かつ明白な瑕疵がある場合である。**
正しい。通説・判例によれば，行政行為が無効となるのは，**重大かつ明白な瑕疵**がある場合である。このうち重大性の要件は，行政行為に内在する瑕疵が重要な法規違反に当たる場合，あるいは，行政行為の基幹的な要件ないし内容にかかわる違法がある場合に認められると指摘されることがある（大阪地判平15・8・6）。これによれば，本肢で「重要な法規違反であること」とされている部分は瑕疵が重大であることを表現したものとしてとらえることができる。

2 ✕ **無効な行政行為は最初から無効であり，有効に取り扱われることはない。**
前半は正しい。後半が誤り。無効な行政行為の場合，すべての効力が最初から認められないので，**公定力**も認められない。その結果，無効が確認されるまで有効なものとして取り扱われることはない。

3 ✕ **授益的処分の取消しの効果は常に将来に向かって生じるわけではない。**
処分の取消しの効果は原則として過去にさかのぼる（**遡及効**）。ただし，授益的処分の取消しの場合は，**信頼保護**の要請から取消しの効果が過去にさかのぼることなく，将来に向かってのみ生じるということがありうる（**将来効**）。もっとも，常に将来に向かってのみ取消しの効果が生じるというわけではない。

4 ✕ **行政行為の撤回は成立時の瑕疵がある場合に行われるのではない。**
行政行為の**撤回**は公益の障害となる後発的事情が認められる場合に行われる。また，撤回の効果は過去にさかのぼることなく，将来に向かってのみ生じる。さらに撤回を行うことができるのは処分庁だけであると一般に解されている。本肢の説明は撤回の説明ではなく，取消しの説明である。

5 ✕ **瑕疵ある行政行為でも，瑕疵が治癒されると，有効なものとして扱われる。**
行政行為の**瑕疵の治癒**とは，当初は行政行為に瑕疵が存在したものの，後の事情の変化によって瑕疵が非難に値しなくなり，当該行政行為の効力が認められるようになることをいう。本肢の説明は瑕疵の治癒ではなく，**違法行為の転換**である。

正答 1

FOCUS

　瑕疵ある行政行為は，原則として取り消しうべき行政行為として扱われ，例外的に無効の行政行為として扱われる。この両者を区分する一般的基準（通説・判例は重大明白説）を押さえておこう。また，瑕疵ある行政行為は通常その効力を否認されるのであるが，「瑕疵の治癒」や「違法行為の転換」といった技法によって，瑕疵があっても，行政行為の効力が否認されないことがある。これらの内容についても把握しておきたい。

─ POINT ─

重要ポイント1 瑕疵ある行政行為とは

瑕疵ある行政行為とは，違法な行政行為および不当な行政行為をさす。
(1) 違法な行政行為：法という基準に照らしてみて，それに合わない行政行為のことをさす。
(2) 不当な行政行為：公の利益という基準に照らしてみて，それに合わない行政行為のことをさす。

重要ポイント2 瑕疵ある行政行為の取扱い

行政行為に瑕疵がある場合，その行為は原則として取消しの扱いを受ける。ただし，例外的な事情が存する場合には，瑕疵ある行政行為は無効の扱いを受ける。

通説・判例によれば，**取り消しうべき行政行為**と**無効の行政行為**は，瑕疵の重大性および明白性によって区別される。すなわち，行政行為の瑕疵が「重大」で，かつ「明白」である場合には当該行政行為は無効となり，他方，行政行為の瑕疵が「重大」でなかったり，「明白」でなかったりする場合には，当該行政行為は取り消しうべき行政行為として扱われる。このような見解を「**重大明白説**」という。

```
                  ┌→ 重大かつ明白な瑕疵がない → 取り消しうべき行政行為
瑕疵ある行政行為 ─┤
                  └→ 重大かつ明白な瑕疵がある → 　　無効の行政行為
```

> **判例** 重大かつ明白な瑕疵（最判昭34・9・22）
> -
> 無効原因となる重大明白な違法とは，処分要件の存在を肯定する処分庁の認定に重大明白な誤認がある場合をさし，無効原因の主張に際しては，処分庁の誤認が重大明白であることを具体的事実に基づいて主張すべきである。

> 瑕疵の明白性の意義～一見明白説（最判昭36・3・7）
> -
> 瑕疵が明白であるというのは，処分成立の当初から，誤認であることが外形上，客観的に明白である場合をさす。また，瑕疵が明白であるかどうかは，処分の外形上，客観的に，誤認が一見看取しうるものであるかどうかにより決すべきものであって，行政庁が怠慢により調査すべき資料を見落としたかどうかは，明白な瑕疵があるかどうかの判定に直接関係しない。

もっとも，明白性の要件については，一定の条件の下で緩和されることがある。

> **判例** 課税処分と無効（最判昭48・4・26）
> -
> 課税処分が課税庁と被課税者との間にのみ存するもので，処分の存在を信頼する第三者の保護を考慮する必要のないこと等を勘案すれば，明白性の要件が緩和されることもありうる。

なお，いかなる瑕疵が重大かつ明白な瑕疵といえるかは必ずしも明確ではない。ただ，従来の一般的な見解によれば，無権限で行われた行政行為，相手方の同意を

前提要件とするにもかかわらず同意を得ずして行われた行政行為，内容が不明確な行政行為などは，重大かつ明白な瑕疵のある行政行為である。

重要ポイント 3 ▶ 瑕疵の治癒と違法行為の転換

瑕疵が存在していながら，法的安定性および行政経済の観点から，例外的にその効力が維持される場合がある。

(1) 瑕疵の治癒：1番目の場合は，当初は瑕疵が存在したものの，後の事情の変化によって，その瑕疵が非難に値しなくなった場合である。たとえば，会議の招集につき，違法な点があったものの，結局全員が出席し，このことを前提にして行政行為が行われた場合がこれに当たる。

 更正処分の理由付記の不備（最判昭47・12・5）

更正における附記理由不備の瑕疵は，後日これに対する審査裁決において処分の具体的根拠が明らかにされたとしても，それにより治癒されるものではない。

(2) 違法行為の転換：2番目の場合は，行政行為に違法性が認められるものの，その行政行為を別個の適法な行政行為として見ることのできる場合である。たとえば，死者を名あて人とした行政行為を，その相続人を名あて人とした行政行為として見ることのできる場合がこれに当たる。

 農地買収計画の根拠条文（最判昭29・7・19）

農地買収計画につき，当初根拠とされた条文によると違法になるが，他の条文を根拠にすれば違法にはならない。

重要ポイント 4 ▶ 違法性の承継

本来，行政行為の違法性は当該行政行為に着目して判定されるべきである。しかし，複数の行政行為が連続して行われ，それが一定の法効果の発生を目的として一連の手続きを構成している場合には，例外的に，先行した行政行為の違法性を後行の行政行為の違法性として認めることができる。これを**違法性の承継**という。

 安全認定と建築確認（最判平21・12・17）

安全認定と建築確認は同一の目的を有し，両者が結合して効果を発揮することおよび安全認定を争うとする者に十分な手続保障が与えられていないことから，建築確認の取消訴訟において安全認定の違法を主張することは許される。

実戦問題 ① 基本レベル

No.1 行政行為の瑕疵に関する次の記述のうち，妥当なものはどれか。

【地方上級（全国型）・平成29年度】

1 行政行為に手続上の瑕疵があった場合は，すべて当然に無効となる。

2 行政行為の瑕疵には，違法の瑕疵と不当の瑕疵があるが，違法の瑕疵は公定力が生じないのに対し，不当の瑕疵には公定力が生じる。

3 先行する行政行為の瑕疵は，後続する行政行為に引き継がれないのが原則であるが，両者が一連の手続きを構成し，かつ同一の法効果の発生をめざすものであれば，例外的に先行の行政行為の違法性が後続する行政行為に承継することがある。

4 行政裁量については，当不当の問題が生じうるとしても，違法となることはないため，裁判所はこれを取り消すことができない。

5 取消訴訟においては，自己の法律上の利益に関係のない違法を理由として取消しを求めることができる。

No.2 行政法学上の瑕疵ある行政行為に関する記述として，通説に照らして，妥当なのはどれか。

【地方上級（特別区）・平成20年度】

1 瑕疵の治癒とは，行政庁が意図した行政行為としては違法であるにもかかわらず，別の行政行為として見れば適法であると考えることができる場合に，これを別の行政行為であるとしてその効力を維持することをいう。

2 先行処分に瑕疵があり，先行処分と後行処分が相互に関連する場合は，それぞれが別個の目的を指向し，相互の間に手段目的の関係がないときであっても，先行処分の違法性は必ず後行処分に承継される。

3 行政行為は，それに明白な瑕疵があれば当然に無効となり，国民は正式の取消手続きを経るまでもなく，通常の民事訴訟により直接自己の権利を主張することができる。

4 違法行為の転換とは，行政行為がなされたときには，手続的な要件が欠けていたが，その後の事情の変更または追完によって要件が充足され，瑕疵がなくなった場合に，その行政行為の効力を維持することをいう。

5 取り消すべき瑕疵を有する行政行為は，正当な権限のある行政庁または裁判所が取り消して初めて効力を失うもので，取り消されるまでは，その行政行為の相手方や行政庁その他の国家機関はこれに拘束される。

No.3　**行政法学上の瑕疵ある行政行為に関する記述として，妥当なのはどれか。**

【地方上級（特別区）・平成22年度】

1　瑕疵ある行政行為は，取り消しうべき行政行為，無効の行政行為および行政行為の不存在の3つに分類され，瑕疵が重大明白である場合には，行政行為としての外観を欠くため，その行政行為は行政行為の不存在に分類される。

2　行政行為の瑕疵の治癒とは，行政行為に瑕疵があって本来は違法または無効であるが，これを別個の行政行為と見たとき，瑕疵がなく，適法要件を満たしている場合に，別個の行政行為として有効なものと扱うことをいう。

3　行政行為の取消しとは，瑕疵なく成立した行政行為の有する持続的効力を以後の事情の変化により，これ以上維持することが妥当でないと判断される場合に，処分庁がその効力を失効させることである。

4　最高裁判所の判例では，権限ある者により適法に発せられた外国人退去強制令書において，法令の要請する執行者の署名捺印がない場合には，同令書に基づく執行は違法であるとした。

5　最高裁判所の判例では，村長解職賛否投票の効力の無効が宣言されても，賛否投票の有効なことを前提として，それまでの間になされた後任村長の行政処分は，無効となるものではないとした。

実戦問題 **1** の解説

No.1 の解説　行政行為の瑕疵　　　　　　　　　　→問題はP.92　**正答3**

1 ✗　行政行為の手続上の瑕疵はすべて無効原因になるわけではない。
通説判例によれば，**行政行為**に手続上の瑕疵があっても，それが**重大かつ明白な瑕疵**でない限り，行政行為は当然に無効にならない。

2 ✗　行政行為が違法の瑕疵を帯びていても，無効でない限り，公定力は生じる。
行政行為の瑕疵には**違法の瑕疵**と**不当の瑕疵**があるとする点は正しい。しかし，違法の瑕疵であっても，それが重大かつ明白な違法でなければ，**公定力**は認められる。そのため，後半部分は誤りである。

3 ◎　一定の場合には，二つの行政行為の間で違法性の承継が認められる。
従来，先行する行政行為と後続する行政行為の目的および効果が同一であれば，**違法性の承継**が認められると考えられてきた。ただし，最判平21・12・17によれば，以上のような実体法的観点のほかに，手続法的観点も加味されて，違法性の承継の可否が判断される。

4 ✗　行政裁量も違法となることがあり，裁判所によって取り消されうる。
行政裁量は，**裁量権の逸脱濫用**と評価されれば，違法となり，裁判所によって，取り消される（行訴法30条）。

5 ✗　取消訴訟において自己の法律上の利益と関係のない違法主張は認められない。
取消訴訟では，自己の法律上の利益と関係のない違法を理由として取消しを求めることはできない（同10条2項）。これは原告側の主張制限に関するルールである。

No.2 の解説　瑕疵ある行政行為　　　　　　　　　→問題はP.92　**正答5**

1 ✗　瑕疵の治癒は，その後の事情の変化等により瑕疵がなくなることをいう。
本肢の説明は「**違法行為の転換**」についての説明であり，「**瑕疵の治癒**」の説明ではない。

2 ✗　処分が相互に関連しているだけで違法性の承継が認められるわけではない。
伝統的学説によれば，**違法性の承継**は，先行処分と後行処分が同じ目的を指向し，相互の間に手段目的の関係があるときでなければ，認められない。したがって，先行処分と後行処分が別個の目的を指向し，相互の間に手段目的の関係がないときには，先行処分の違法性は後行処分に承継されない。

3 ✗　行政行為は，明白な瑕疵があるだけでは，無効にならない。
通説は，行政行為が無効であるための要件として，瑕疵の明白性のほかに瑕疵の重大性も挙げる。したがって，明白な瑕疵があるだけで，行政行為が当然に無効になるわけではない。

4 ✗　違法行為の転換は違法な行政行為を別の行政行為としてみる技法である。
本肢の説明は「**瑕疵の治癒**」についての説明であり，「**違法行為の転換**」についての説明ではない。

5 ◎ 違法な行政行為であっても，正式に取り消されるまでは，一応，有効である。
正しい。取り消しうべき瑕疵を有する行政行為には，**公定力**が働くのに対
し，重大かつ明白な瑕疵を有する無効の行政行為の場合には，公定力が働か
ない。本肢は行政行為の公定力についての説明である。

No.3 の解説　瑕疵ある行政行為

→問題はP.93　**正答5**

1 ✕ 瑕疵が重大明白な行政行為は無効の行政行為である。
瑕疵ある行政行為は，一般に，**取り消しうべき行政行為と無効の行政行為**の
2つに分類される。また，行政行為の瑕疵が重大明白である場合には，当該
行政行為は無効の行政行為として扱われる。

2 ✕ 瑕疵ある行政行為は事情の変化により瑕疵が治癒され，効力が維持される。
瑕疵の治癒とは，当初は行政行為に瑕疵が認められたものの，その後の事情
の変化によって瑕疵が非難に値しなくなった場合に，当該行政行為の効力を
維持する法的テクニックである。本肢の説明は，瑕疵の治癒ではなく，**違法
行為の転換**の説明である。

3 ✕ 成立時の瑕疵を理由に効力を消滅させるのが行政行為の取消しである。
行政行為の取消しは，行政行為の成立時に瑕疵があることを前提にする。本
肢の説明は，**行政行為の取消し**ではなく，**行政行為の撤回**に関する説明である。

4 ✕ 外国人退去強制令書に署名捺印がなくても，違法な執行にならない。
判例によれば，「いやしくも権限ある者により適法に発せられた退去強制令
書が権限あるものによって適法に執行せられた以上，その執行は有効であっ
て右令書に執行者の署名捺印のない事実は，右令書に基く執行を違法ならし
めるものではないというべきである」（最判昭25・12・28）。

5 ◎ 村長解職賛否投票の効力が無効とされても，後任村長の処分は有効である。
妥当である（最判昭35・12・7）。なお，本判決は主要な判例集には掲載さ
れていないので，事案を簡単に説明しておく。本件では，村長であった上告
人に対する解職請求について，同村選挙管理委員会の名で行われた村長解職
賛否投票の結果，過半数の同意があったものとして村長解職の告示がなされ
た。これに対し，上告人から，手続きを管理執行した委員会の構成が適法で
ないことを理由とし，賛否投票の効力が争われた。上告人は，賛否投票の無
効が宣言されるときは，判決の効力は既往に遡及し，後任村長の関与した合
併の効力にも影響を及ぼす旨主張したが，最高裁は，「たとえ賛否投票の効
力の無効が宣言されても，賛否投票の有効なことを前提として，それまでの
間になされた後任村長の行政処分は無効となるものではない」と判示してい
る。

行政行為の瑕疵に関する次の記述のうち，妥当なのはどれか。

【国税専門官／財務専門官／労働基準監督官・平成25年度】

1 瑕疵の治癒とは，ある行政行為が法令の定める要件を満たしていないにもかか
わらず，別の行政行為として見るとこれを満たすような場合に，その別の行政行
為であるとしてその効力を維持することをいう。

2 法律上，明文で違法な行政行為を行政庁が取り消すことができる旨が規定され
ていなければ，行政庁は自ら行った違法な行政行為を職権で取り消すことはでき
ないと一般に解されている。

3 附款は行政行為の効果を制限するために付加される意思表示であるから，附款
が違法である場合は，本体の行政行為と可分な場合であっても，附款を含めた行
政行為全体の取消しを求める必要があり，附款のみの取消しを求めることは許さ
れないと一般に解されている。

4 行政処分が当然無効であるというためには，処分に重大かつ明白な瑕疵がなけ
ればならず，瑕疵の明白性について，処分成立の当初から，誤認であることが外
形上客観的に明白であるだけでなく，行政庁が怠慢により調査すべき資料を見落
とすなどの過誤が存在することが必要であるとするのが判例である。

5 条例所定の接道要件を満たしていない建築物について，同条例に基づく安全認
定（注）が行われたうえで建築確認がされている場合，安全認定が取り消されて
いなくても，建築確認の取消訴訟において，安全認定の違法を主張することは許
されるとするのが判例である。

（注）建築物の周囲の空地の状況その他土地および周囲の状況により知事が安全上
　　　支障がないと認める処分。これがあれば条例の接道要件に関する規定は適用
　　　しないとされている。

No.5 行政行為に関するア～オの記述のうち，妥当なもののみをすべて挙げているのはどれか。ただし，争いのあるものは判例の見解による。

【国税専門官・平成20年度】

ア：当然無効の行政行為であっても，取消訴訟の排他的管轄に服し，取消訴訟を経て取り消されるまでは有効とされる。

イ：法人税の更正処分において付記理由が不備であった場合について，後日の当該処分に対する審査請求に係る裁決においてその処分の具体的根拠が明らかにされた場合には，当該付記理由不備の瑕疵は治癒されたこととなる。

ウ：行政庁は行政行為を行う際に，行政行為を正当化しうる事実と法的根拠の全部を完全に調査し説明する義務を負うから，行政行為に瑕疵があって違法ないし無効である場合は，これを別の行政行為と見たときは，瑕疵がなく，かつ，目的，手続き，内容においても適法要件を満たしていると認められるときであっても，これを当該別の行政行為と見立てて有効なものと扱うことはおよそ認められない。

エ：法令違反行為を行った指定医師の指定を撤回することによって当該医師の被る不利益を考慮しても，なおそれを撤回すべき公益上の必要性が高いと認められる場合には，法令上その撤回について直接の明文の規定がなくとも，当該医師の指定を行った医師会は，その権限において，当該医師に係る指定を撤回することができる。

オ：行政財産である土地について期間の定めなくして行われた使用許可が，当該行政財産の本来の用途または目的上の必要により撤回された場合には，使用権者は当該撤回により被る損失について，当然にその補償を求めることができる。

1 ア
2 イ
3 エ
4 イ，ウ
5 エ，オ

実戦問題❷の解説

No.4 の解説　行政行為の瑕疵

→問題はP.96　**正答5**

1 ✕ 瑕疵ある行政行為は事情の変化により瑕疵が治癒され，効力が維持される。

瑕疵の治癒とは，当初は行政行為に瑕疵が存在したものの，後の事情の変化によって瑕疵が非難に値しなくなり，当該行政行為が有効なものとして扱われるようになることをいう。本肢の説明は瑕疵の治癒ではなく，**違法行為の転換**である。

2 ✕ 明文規定がなくても，行政庁は違法な行政行為を取り消すことができる。

違法な行政行為を職権によって取り消すことができなければ，かえって違法状態を放置することになり，**法治主義**に反することになるので，明文規定がなくても，行政庁は自ら行った違法な行政行為を職権で取り消すことができると一般に解されている。

3 ✕ 附款と本体の行政行為が可分の場合，附款のみの取消しを求めうる。

一般的な理解によれば，**附款**と本体の行政行為が可分の場合は，附款のみの取消しを求めることが許される。

4 ✕ 瑕疵の明白性の認定に際して，調査資料の見落としの有無は関係ない。

瑕疵の**明白性**の意義につき，判例はいわゆる**一見明白説**の立場をとる。この点，判例によれば，「瑕疵が明白であるかどうかは，処分の外形上，客観的に，誤認が一見看取し得るものであるかどうかにより決すべきものであって，行政庁が怠慢により調査すべき資料を見落したかどうかは，処分に外形上客観的に明白な瑕疵があるかどうかの判定に直接関係を有するものではなく，行政庁がその怠慢により調査すべき資料を見落したかどうかにかかわらず，外形上，客観的に誤認が明白であると認められる場合には，明白な瑕疵がある」（最判昭36・3・7）。

5 ◎ 建築確認の取消訴訟の中で安全認定の違法を主張することができる。

正しい。本来，安全認定（先行処分）の違法は安全認定の取消訴訟の中で主張すべきであるが，最高裁は，実体法と手続法の両面から検討を行い，建築確認（後行処分）の取消訴訟の中で安全認定の違法を主張することが許される旨判示し，**違法性の承継**を認めた（最判平21・12・17）。

No.5 の解説　行政行為

→問題はP.97　**正答3**

ア✕ 当然無効の行政行為には一応の効力（有効性）も認められない。

妥当でない。**取消訴訟の排他的管轄**に服する行政行為は有効な行政行為のみである。したがって，当然無効の行政行為が取消訴訟の排他的管轄に服することはない。また，理論上，当然無効の行政行為は当初から効力がないので，取消訴訟を経て取り消されるまで有効なものとして扱われることもない。

イ✕ 更正処分の付記理由の不備は治癒されない。

妥当でない。判例によれば，「更正における附記理由不備の瑕疵は，後日これに対する審査裁決において処分の具体的根拠が明らかにされたとしても，それにより治癒されるものではない」（最判昭47・12・5）。なお，現在では，一般に申請に対して許認可をしない旨の処分をする場合や，不利益処分をする場合には，**理由の提示**が行政手続法上求められており（行手法8条，14条），当該規律に反して処分が行われた場合には，たとえ後に処分理由が明らかにされたとしても，手続瑕疵は治癒されず，当該処分は取り消されるべきであると解されている。

ウ✕ 違法行為の転換によって瑕疵ある行政行為を有効なものとして扱える。

妥当でない。行政行為に瑕疵があっても，これを別の行政行為と見た場合に，瑕疵がなく，適法要件を充足していると認められるときは，別の行政行為とみて有効なものとして扱うことが認められている。このような技法を**違法行為の転換**という。

エ◯ 明文規定がなくても，指定医師の指定を撤回することができる。

妥当である。一定の要件が充足されていれば，**撤回**権について定めた明文規定はなくても，行政庁は行政行為の撤回をすることができる，とするのが判例の立場である（最判昭63・6・17）。

オ✕ 行政財産の使用許可の撤回により生じた損失については補償請求できない。

妥当でない。判例によれば「**行政財産**たる土地につき使用許可によって与えられた使用権は，それが期間の定めのない場合であれば，当該行政財産本来の用途または目的上の必要を生じたときはその時点において原則として消滅すべきものであり，また，権利自体に右のような制約が内在しているものとして付与されているものとみるのが相当である」から，使用権者は使用許可の撤回により被る損失について，当然にその補償を求めることはできない（最判昭49・2・5）。

　以上から妥当なものは**エ**のみであり，**3**が正答となる。

行政行為の効力の発生と消滅

必修問題

　行政行為の撤回に関するア～オの記述のうち，妥当なもののみをすべて挙げているのはどれか。ただし，争いのあるものは判例の見解による。

【財務専門官・平成28年度】

ア：**撤回**は，それ自体が新たな**侵害的行政行為**となる可能性もあるため，法律の根拠がなければ，撤回をすることはできない。

イ：撤回は，既存の法律関係の消滅が前提となるから，公務員の免職処分など法律関係を形成させない行政行為については，これを撤回する余地はない。

ウ：撤回は，後発的事情を理由に行われるものであるが，**職権による取消**しと同様に，行政行為の効力をその成立時に遡って失わせる**遡及効**が認められる。

エ：撤回は，行政行為を行った行政庁のみが権限を持つものであり，当該行政庁の**上級行政庁**は，撤回の権限を有しない。

オ：**行政財産**である土地の使用許可が公益上の必要に基づき撤回された場合，当該使用許可に基づく使用権は借地権に類似するものであるから，それが期間の定めのないものであっても，原則として**損失補償**を要する。

1　ア，イ

2　イ，エ

3　ウ，エ

4　ア，ウ，オ

5　イ，エ，オ

難易度　＊＊

C
頻出度
国家総合職 ★
国家一般職 ─
国税専門官 ★
地上全国型 ★
地上特別区 ★
市 役 所 C ─

7 行政行為の効力の発生と消滅

必修問題の解説

　行政行為の効力を消滅させる作用として,行政行為の取消しと撤回がある。本問は両者の違いを意識しつつ,行政行為の撤回に関する基本的理解を問うものである。

ア × 法律の根拠がなくても,撤回を行うことができる。

　　妥当でない。確かに**授益的行政行為**を撤回する場合には,撤回それ自体が**侵害的行政行為**となる。しかし,判例によれば,法律の明文規定がなくても,公益上の必要性が高い場合には,撤回を行うことは可能である(最判昭63・6・17)。

イ ○ 法律関係を形成しない行政行為を撤回することはできない。

　　妥当である。撤回の対象となる行政行為は法律関係を形成する行政行為である。公務員の免職処分は既存の勤務関係を消滅させる行政行為であって撤回の対象となる行政行為ではない。

ウ × 撤回には遡及効は認められない。

　　妥当でない。取消しの場合は**遡及効**が認められるが,撤回の場合,遡及効は認められない。将来に向かってのみ効力を消滅させるのが撤回である(**将来効**)。

エ ○ 上級行政庁は撤回の権限を有しない。

　　妥当である。撤回の権限を有するのは行政行為を行った**行政庁**のみであり,**上級行政庁**は撤回の権限を有しない。

オ × 行政財産の使用許可の撤回によって生じた損失の補償は不要である。

　　妥当でない。判例によれば,**行政財産**たる土地につき「使用許可によって与えられた使用権は,それが期間の定めのない場合であれば,当該行政財産本来の用途または目的上の必要を生じたときはその時点において原則として消滅すべきものであり,また,権利自体に右のような制約が内在しているものとして付与されている」ため,使用許可を撤回しても,使用権の喪失についての補償は必要ない(最判昭49・2・5)。

　　以上から,妥当なものは**イ**および**エ**であり,**2**が正答となる。

正答 2

FOCUS

　行政行為の撤回も,行政行為の取消しも,行政行為の効力を消滅させる点で共通する。しかし,両者の間には異なる点もあるので,それらの違いを整理しておこう。また,授益的行政行為の場合は,信頼保護の原則に照らし,取消権の行使も撤回権の行使も制限されることがあるので,注意が必要である。

— POINT —

重要ポイント 1 行政行為の効力の発生

行政行為は，法定の要件が充足され，行政庁が意思決定を行い，その内容を外部に向けて表示すると，成立する。

このようにして成立した行政行為は，法律に特段の定めがない限り，意思表示の一般原則に従い，相手方に到達したとき，その効力が発生する。

```
┌─────────────────┐       ┌───────────────────────┐
│  行政行為の成立  │ ───► │  行政行為の効力の発生  │
└─────────────────┘       └───────────────────────┘
```

 判例 書面による行政行為 （最判昭29・9・28）

行政行為が書面によって表示されたときは，書面の作成によって行政行為は成立し，その書面の到達によって行政行為の効力が生じる。たとえ表示行為が行政機関の内部意思決定と相違していても，表示されたとおりの行政行為があったものと認められる。

重要ポイント 2 行政行為の効力の消滅～取消しと撤回

行政行為の効力を消滅させる手段として，**取消しと撤回**がある。

このうち取消しについては，**職権による取消し**（争訟手続きにのっとらないで職務上の権限に基づいて行われる取消し）と，**争訟による取消し**（争訟手続きにのっとって行われる取消し）がある。

（1）取消しと撤回の差異

取消しと撤回の間には次のような差異がある。

① **原因**：取消しは，行政行為の成立時に瑕疵があった場合に行われる。これに対し，撤回は，公益の障害となる後発的事情（たとえば相手方の義務違反や公益上の必要性）が発生した場合に行われる。したがって，撤回は成立時の瑕疵とは無関係である。

② **主体**：取消しの主体は，処分行政庁，監督行政庁，裁判所である。これに対し，撤回の主体は，処分行政庁だけである。

③ **効果**：取消しの場合は，過去にさかのぼって行政行為の効力を消滅させる（**遡及効**）。これに対し，撤回の場合，その効力は将来に向かうのみである。したがって撤回に遡及効はない。

	原　因	主　体	効　果
取消し	成立時の瑕疵	処分行政庁 監督行政庁 裁判所	過去にさかのぼる （遡及効あり）
撤回	後発的事情	処分行政庁	将来に向かう （遡及効なし）

第2章

行政作用法(1)

（2）取消権・撤回権の制限

　取消しにしろ，撤回にしろ，それぞれの原因があれば，常に必ず取り消された
り，撤回されたりするわけではない。とりわけ国民に利益を与えるような授益的行
政行為（たとえば年金の支給決定）の場合，取消しおよび撤回は，それが行われる
と国民に不利益がもたらされるため，**信頼保護**の見地から，一定の制限がかけられ
る。

 農地賃貸借解約許可の取消し（最判昭28・9・4）

　　　旧農地調整法に基づく農地賃貸借契約の更新拒絶について県知事の許可がある
　　　と，利害の反する賃貸借の両当事者を拘束する法律関係が形成されるので，申
　　　請者の側に詐欺などの不正行為が明らかにあったといえる場合でない限り，法
　　　的安定性の見地から，処分庁は取消しを行うことができない。

農地買収処分の取消し（最判昭33・9・9）

　　　買収農地の売渡しを受ける者の利益を犠牲にしてもなお買収令書の全部を取り
　　　消さなければならない公益上の必要がなければ，農地買収令書の取消しは違法
　　　となる。

（3）法律の根拠

　行政庁は処分の取消しまたは撤回を行うために，個別の法的根拠を必要としな
い，と一般に解されている。

 優生保護法上の指定医の指定とその撤回（最判昭63・6・17）

　　　行政行為の撤回によって国民の被る不利益を考慮しても，なおそれを撤回すべ
　　　き公益上の必要性が高いと認められる場合には，法令上，その撤回について直
　　　接明文の規定がなくても，行政庁はその権限において撤回することができる。

（4）損失補償

　公共の利益を確保するために撤回が行われる場合，補償の要否が問題となる。

 行政財産の目的外使用許可の撤回と損失補償の要否（最判昭49・2・5）

　　　公有の行政財産の目的外使用許可が撤回された場合には，地方自治法上，補償
　　　の規定がなくても，同様の事案について補償を定めている国有財産法の規定が
　　　類推適用されるが，使用権それ自体の補償は不要である。

No.1 行政法学上の行政行為の撤回に関する記述として，妥当なのはどれか。

【地方上級（特別区）・平成21年度】

1 行政行為の撤回とは，有効に成立した行政行為の効力を，行政行為の成立当初の違法性または不当性を理由として行政庁が失わせることをいい，交通違反を理由とする運転免許の取消しは行政行為の撤回ではなく，職権取消しである。

2 侵害的行政行為の場合に比較すると，授益的行政行為については，相手方の利益または信頼の保護のため原行為の存続に対する要請がより強く働くため，授益的行政行為の撤回には，必ず法律に撤回を許容する明文の規定が必要である。

3 行政行為の撤回の権限を有するのは，行政行為を行った行政庁であり，指揮監督権を有する上級行政庁であっても撤回はできない。

4 行政行為の撤回は，職権取消しと同様に，その概念上遡及効を有し，行政行為の効力をその成立時にさかのぼって消滅させる。

5 授益的行政行為の撤回を行うについては，行政手続法に定める不利益処分の手続きが適用されることはない。

No.2 行政行為の取消し及び撤回に関するア～エの記述のうち，妥当なもののみをすべて挙げているのはどれか。 【国家専門職・平成29年度】

ア：行政行為の取消しとは，行政行為がその成立時から瑕疵を有することを理由として，当該行政行為の効力を消滅させる行為をいい，瑕疵ある行政行為は行政機関が職権で取り消すことができるが，その際，法律による特別の根拠が必要である。

イ：旧優生保護法により人工妊娠中絶を行い得る医師の指定を受けた医師が，医師法違反等により有罪判決を受けたため，当該指定の撤回により当該医師の被る不利益を考慮しても，なおそれを撤回すべき公益上の必要性が高いと認められる場合，法令上その撤回について直接明文の規定がなくとも，指定権限を付与されている医師会は，当該指定を撤回することができるとするのが判例である。

ウ：旧農地調整法に基づく農地賃貸借契約の更新拒絶について，知事がその権限に基づいて許可を与えれば，それによって単に申請者だけが特定の利益を受けるのではなく，利害の反する賃貸借の両当事者を拘束する法律関係が形成されるため，たとえ申請者側に詐欺等の不正行為があったことが顕著であったとしても，知事は当該許可処分を取り消すことはできないとするのが判例である。

エ：行政財産である土地について建物所有を目的とし期間の定めなくされた使用

許可が当該行政財産本来の用途又は目的上の必要性に基づき将来に向かって
取り消されたときは，使用権者は，特別の事情のない限り，当該取消しによ
る土地使用権喪失についての補償を求めることはできないとするのが判例で
ある。

1 イ

2 エ

3 ア，ウ

4 イ，エ

5 ウ，エ

No.3 行政行為に関するア～オの記述のうち，妥当なもののみをすべて挙げて
いるのはどれか。　　　　　　　　　　　　　　　　【財務専門官・平成26年度】

ア：行政行為の効力が発生するのは，特段の定めのない限り，行政行為が相手方
に到達した時，すなわち，相手方が現実に了知し，又は相手方の了知し得べ
き状態に置かれた時であると一般に解されている。

イ：行政行為の取消しは，行政の適法性の確保を目的とするものであり，法的秩
序維持の要請は個人の利益の保護を目的とする私法上の取消しよりも強く働
くことから，その効果は遡及効を有さず，行政行為は将来に向かって取り消
されると一般に解されている。

ウ：行政行為の撤回は，公益に適合することから，撤回権者の範囲は広く認めら
れ，処分庁のみならず監督庁もこれを行うことができると一般に解されてい
る。

エ：違法行為の転換とは，ある行政行為が法令の要件を充足していないにもかか
わらず，別の行政行為としてみるとこれを充足しているような場合に，その
別の行政行為であるとしてその効力を維持することをいう。

オ：取消訴訟の排他的管轄に服するのは，取り消し得べき行政行為であり，無効
の行政行為は，取消訴訟の排他的管轄に服しない。

1 ア，ウ

2 イ，エ

3 ウ，エ

4 ア，エ，オ

5 イ，ウ，オ

実戦問題の解説

No.1 の解説　行政行為の撤回

→問題はP.104　**正答3**

1 ✕ **交通違反を理由とする運転免許の取消しは講学上の撤回に該当する。**
行政行為の成立当初の**違法性**または**不当性**を理由として行政庁が行政行為の効力を消滅させるのは**行政行為の撤回**ではなく，**取消し**である。また，交通違反を理由とする運転免許の取消しは，行政行為の成立時に瑕疵があることを理由とするものではなく，交通違反という後発的事情を理由とするものなので，行政行為の**職権取消し**ではなく，行政行為の撤回としてとらえることができる。

2 ✕ **法律に撤回を許容する明文の規定がなくても，授益的行政行為の撤回は可能。**
判例によれば，**授益的行政行為**の撤回によって名宛人の被る不利益を考慮しても，なおそれを撤回すべき公益上の必要性が高いと認められる場合には，法令上その撤回について直接明文の規定がなくとも，授益的行政行為の権限を付与されている行政庁は，その権限において行政行為の撤回をすることができる（最判昭63・6・17）。

3 ◎ **撤回権を有するのは行政行為を行った行政庁のみである。**
正しい。一般的な理解によれば，行政行為の撤回の場合は，**職権による取消し**の場合と異なり，行政行為を行った行政庁のみが行うことができる。したがって，たとえ上級行政庁であっても，行政行為の撤回を行うことはできない。

4 ✕ **行政行為の撤回は将来に向かってのみ行政行為の効力を消滅させる。**
行政行為の撤回は，**遡及効**を有さず，行政行為の効力を将来に向かって消滅させる（これを**将来効**と呼ぶことがある）。そのため，遡及効を有し，行政行為の効力をその成立時にさかのぼって消滅させる職権取消しとは，区別される。

5 ✕ **授益的行政行為の撤回には行手法上の不利益処分の手続きが適用されうる。**
行政庁が授益的行政行為を撤回すれば，それにより国民は不利益を被る。また，行政行為の撤回は，それ自体が処分である。そのため，授益的行政行為の撤回は**不利益処分**としてとらえられ，**行政手続法**が適用される可能性がある。

No.2 の解説　行政行為の取消しおよび撤回

→問題はP.104　**正答4**

ア ✕ **法律の根拠なくして，職権で瑕疵ある行政行為を取り消すことができる。**
前半は妥当である。後半が妥当でない。**瑕疵ある行政行為の職権による取消し**は，法律による特別な根拠がなくてもできると解されている。

イ ◎ **法令上，撤回についての明文規定がなくても，撤回はできる。**
妥当である（最判昭63・6・17）。撤回についての明文規定は不要であるが，撤回の対象となる行政行為を行う法律上の権限は必要であると解される。本

肢の場合，指定の撤回に関する明文規定は不要であるが，法律に基づく指定権限は撤回を行うために必要である。

ウ × **申請者の不正行為が顕著であれば，農地賃貸借解約許可は取り消せる。**
旧農地調整法に基づく農地賃貸借契約の更新拒絶について，知事がその権限に基づいて許可を与えれば，基本的に知事は法的安定性確保の見地から当該許可処分を取り消すことはできないが，申請者側に詐欺等の不正行為があったことが顕著である場合は別である（最判昭28・9・4）。

エ ○ **行政財産の目的外使用許可が取り消されても，使用権の補償は不要である。**
妥当である。行政財産の目的外使用許可によって与えられた使用権は，それが期間の定めのない場合であれば，当該行政財産本来の用途または目的上の必要を生じたときはその時点において原則として消滅すべきものであり，また，権利自体にそのような制約が内在しているものとして付与されているため，目的外使用許可の取消しによって使用権が失われたとしても，使用権それ自体に対する補償は不要である（最判昭49・2・5）。

以上から妥当なのは**イ**と**エ**であり，**4**が正答となる。

No.3 の解説　行政行為

→問題はP.105　**正答4**

ア ○ 妥当である。**行政行為**の効力が発生するのは，特別の定めがない限り，意思表示の一般法理に従い，意思表示が相手方に到達した時である（最判昭29・8・24，最判昭50・6・27）。

イ × 妥当でない。行政行為の**取消し**は**遡及効**を有する。遡及効を有しないのは，取消しではなく，**撤回**である。撤回は将来に向かってのみ行政行為の効力を消滅させる（**将来効**）。

ウ × 妥当でない。行政行為の撤回の権限を有するのは，行政行為の権限を有する**行政庁**のみである。一般に，その**上級行政機関**である監督庁も行政行為の撤回の権限を有するとは解されていない。

エ ○ 妥当である。**違法行為の転換**は，瑕疵ある行政行為の効力を維持するための法的技法である。

オ ○ 妥当である。無効の行政行為の場合，最初から効力が無いので，公定力も認められないし，**取消訴訟の排他的管轄**にも服しない。

以上から妥当なものは**ア**，**エ**，**オ**であり，**4**が正答となる。

行政行為の附款

必修問題

行政法学上の行政行為の附款に関する記述として，通説に照らして，妥当なのはどれか。　　　　　　　　　　　　【地方上級（特別区）・令和4年度】

1　**条件**とは，**行政行為**の効力の発生，消滅を発生不確実な事実にかからしめる附款をいい，条件の成就により効果が発生する**解除条件**と，条件の成就により効果が消滅する**停止条件**に区別することができる。

2　**期限**とは，行政行為の効力の発生，消滅を発生確実な事実にかからしめる附款をいい，到来することは確実であるが，いつ到来するか確定していない不確定期限を付すことはできない。

3　**負担**とは，法令に規定されている義務以外の義務を付加する附款をいい，負担に対する違反は，本体たる行政行為の効力に直接関係するものではなく，また，不作為義務に係る負担を付すことはできない。

4　附款は，法律が付すことができる旨を明示している場合に付すことができるが，公益上の必要がある場合には，当該法律の目的以外の目的で附款を付すことができる。

5　附款なしでは行政行為がなされなかったであろうと客観的に解され，附款が行政行為本体と不可分一体の関係にある場合は，当該附款だけでなく行政行為全体が瑕疵を帯びるため附款だけの**取消訴訟**は許されない。

難易度　＊＊

必修問題の解説

　行政行為の附款とは，行政行為の効果を制限するために行政庁の主たる意思表示に付加される行政庁の従たる意思表示をいう。この附款には，①条件，②期限，③負担，④撤回権の留保，⑤法律効果の一部除外がある。本問は，主に，これらの附款の各類型につき，その法的性格を問うものである。

1✕ 条件の成就により効果が発生するのが停止条件である。

条件の定義は正しいが，**停止条件**と**解除条件**の説明が逆である。条件の成就により効果が発生するのが停止条件であり，条件の成就により効果が消滅するのが解除条件である。停止条件の例として「大雨が降ったら，道路を通行止めにする」，解除条件の例として「大雨がやんだら，道路の通行止めを解除する」といった附款を挙げることができる。

2✕ 附款として不確定期限を付すこともできる。

前半は正しい。後半が誤り。**期限**には確定期限のほか，**不確定期限**も含まれる。

3✕ 不作為義務に係る負担を付すことはできる。

前半は正しい。後半が誤り。たとえば集団示威行進の許可を付与する際に，「駆け足をしてはならない」という附款を付すことが考えられる。このような附款は不作為義務に係る負担といえる。

4✕ 行政行為の根拠法律が有する目的以外の目的で附款を付すことはできない。

公益上の必要がある場合であっても，**行政行為**の根拠法律が有する目的以外の目的で附款を付すことはできない。また，法律が附款を付すことができる旨を明示していなくても，法律が行政行為の内容の決定につき行政庁に**裁量**を認めている場合には，附款を付すことができる。

5◎ 行政行為の本体と附款が不可分の場合，附款だけの取消訴訟は許されない。

正しい。一般的には，行政行為の本体と附款が可分の場合（たとえば附款の内容が重要ではない場合など）は，附款だけの取消しを求めることができると解されている。これに対し，行政行為の本体と附款が不可分の場合（附款の内容が重要な意味を有する期限の場合など）は，附款だけの取消しを求めることはできない。後者の場合に，附款だけの取消しを求めて**取消訴訟**（行訴法3条2項）を提起すると，当該訴えは**却下**される。

正答 5

FOCUS

行政行為の附款の諸類型について，その内容と法的特質を把握しておこう。また，いかなる附款が付されると違法になるのか，附款の限界についても押さえておきたい。

重要ポイント 1 **附款の意義**

　附款とは，行政行為の効果を制限する，あるいは特別な義務を課すため，行政庁の主たる意思表示に付加される従たる意思表示である。たとえば，運転免許証の中に「免許の条件等」として記載されている「眼鏡等」の表示が附款に該当する（この場合，主たる意思表示が「車を運転してよい」ということであり，従たる意思表示が「ただし眼鏡をかけて運転するように」ということである）。

重要ポイント 2 **附款の種類**

　附款には，次の5つの種類がある。

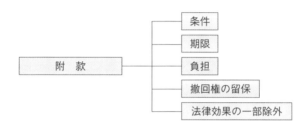

(1) **条件**：行政行為の効果を**発生不確実な将来の事実**にかからせる意思表示のことである。この条件は，①事実の発生によって行政行為の効果を生じさせる停止条件（例：豪雨になったら通行止めにするという場合）と，②事実の発生によって行政行為の効果を消滅させる解除条件（例：雪が解けるまで通行止めにするという場合）に分けることができる。

(2) **期限**：行政行為の効果を**発生確実な将来の事実**にかからせる意思表示のことである（例：許可の有効期間を○年○月○日までとするような場合）。

(3) **負担**：行政行為に付随して相手方に特別の義務を負わせる意思表示のことである（例：道路の占用許可に際して一定額の占用料の納付を命じる場合）。
　　なお，負担に相手方が従わない場合であっても，行政行為本体の効力が当然に失われることはない。

(4) **撤回権の留保**：一定の場合に行政行為を撤回する権利を留保する旨の意思表示のことである（例：公序良俗に反する行為を行った場合には営業許可を取り消すというような場合）。取消権の留保として整理されることもある。

(5) **法律効果の一部除外**：法令が当該行政行為に付している効果の一部を発生させないこととする意思表示である（例：出張を命じつつ，出張費は支給しないというような場合）。
　　なお，法律効果の一部除外は，法律が認める効果を行政庁の意思により一定程度制限するのであるから，法律上，明文の根拠が必要である。

重要ポイント 3 附款の許容性と限界

(1) 附款の許容性

附款の可否

| 法律上，附款を付すことが明文で認められている場合 | ⟶ | ○ |

| 法律上，附款を付すことが明文で認められていない場合 | ⟶ | △ |

（法律の趣旨による）

判例　小学校教員の期限付任用（最判昭38・4・2）

職員の期限付任用を必要とする特段の事由が存し，かつ，それが，職員の身分を保障し，職員をして安んじて自己の職務に専念させるという地方公務員法の趣旨に反しない場合には，特に法律に明文の規定がなくても，職員を期限付で任用することができる。

(2) 附款の限界

附款を付すことが法的に許される場合であっても，**比例原則，平等原則**などによる制限を受ける。法目的とは無関係の附款を付すことは許されない。

判例　建築許可に付した無補償撤去条項（最判昭33・4・9）

無補償で撤去する旨の条項が建築許可に付加されていても，当該条項は，一定の条件下において都市計画上必要やむをえない制限であり，違法ではない。

重要ポイント 4 附款と争訟

附款の内容に不服があり，行政行為の名あて人がその取消しを求める場合，従たる意思表示たる附款だけを取り上げればよいのか，あるいは，主たる意思表示も一緒に取り上げて争う必要があるのか，問題となる。この点，一般的には次のように場合分けをして考えられている。

行政行為本体と附款の関係　　附款のみの取消しを求めることの可否

| 密接不可分 | ⟶ | × |
| 可　分 | ⟶ | ○ |

行政行為本体と附款が密接不可分にもかかわらず，附款のみの取消訴訟が提起された場合は，当該訴えは却下される。

実戦問題

❖ No.1 **行政法学上の行政行為の附款に関する記述として，妥当なのはどれか。**

【地方上級（特別区）・令和元年度】

1 条件とは，行政行為の効力の発生及び消滅を発生確実な事実にかからしめる附款であり，条件成就により効果が発生する停止条件と効果が消滅する解除条件とに区別することができる。

2 期限とは，行政行為の効力の発生及び消滅を発生不確実な事実にかからしめる附款であり，事実の発生により効果が生じるものが始期，効果が消滅するものが終期である。

3 負担とは，行政行為の主たる内容に付随して，相手方に特別の義務を命ずる附款であり，法令に規定されている義務を課すことになり，負担に違反した場合，本体たる行政行為の効力が当然に失われる。

4 撤回権の留保とは，行政行為について撤回権を明文で留保する附款であり，撤回権を留保していれば，行政庁は理由が無い場合でも本体たる行政行為を自由に撤回することができる。

5 法律効果の一部除外とは，法令が一般にその行政行為に付した効果の一部を発生させないこととする附款であり，法律の認めた効果を行政庁の意思で排除するものであるから，法律効果を除外するには法律の根拠が必要である。

❖ No.2 **附款に関するア～オの記述のうち，妥当なもののみをすべて挙げているのはどれか。**

【国家専門職・平成30年度】

ア：条件とは，相手方に特定の義務を命ずる附款であり，運転免許に付された眼鏡使用等の限定や道路占用許可に付された占用料の納付はこれに当たる。

イ：期限とは，行政行為の効力の発生・消滅を発生確実な事実にかからしめる附款をいうが，地方公務員の期限付任用について，最高裁判所は，地方公務員法に明文の規定がない限り許されないとしている。

ウ：負担に対する違反は，行政行為の効力に直接関係するものではなく，行政行為の撤回事由となるにとどまる。

エ：行政行為の撤回権を明文で留保する附款を撤回権の留保というが，明文の根拠がなくても一定の利益考量の下で行政行為の撤回は可能であり，抽象的に撤回できる旨の条項を設けても確認的な意味合いを持つにとどまる。

オ：附款は，本体たる行政行為に裁量が認められれば，当然に付すことができ，行政上の法の一般原則である比例原則に反しない限り，その内容に制限はない。

1 ア，イ

2 ア，ウ

3 イ，オ

4 ウ，エ

5 エ，オ

No.3 行政行為の附款に関するア～オの記述のうち，妥当なもののみをすべて挙げているのはどれか。 【国家一般職・平成28年度】

ア：附款は行政庁の裁量権行使の一環であるため，裁量権行使についての制約がかかることになり，明文の規定がなくとも，平等原則や比例原則に違反する附款は許されない。

イ：条件とは，行政行為の効力・消滅を発生確実な事実にかからしめる附款をいう。

ウ：附款は，あくまで主たる意思表示に付加された行政庁の従たる意思表示にすぎないから，本来の行政行為による効果以上の義務を相手方に課す負担を付す場合であっても，法律の根拠は不要である。

エ：行政行為を撤回するためには，あらかじめ撤回権を留保する附款を付さなければならない。

オ：附款は主たる意思表示に付加された行政庁の従たる意思表示であることから，附款のみを対象とする取消訴訟を提起することはできない。

1 ア

2 イ

3 ア，ウ

4 ウ，エ

5 エ，オ

実戦問題の解説

No.1 の解説　行政行為の附款
→問題はP.112　**正答5**

1 ✕ 条件とは効力の発生・消滅を発生不確実な事実にかからしめる附款である。

前半は妥当でない。後半は妥当である。**条件**とは，行政行為の効力の発生及び消滅を発生不確実な事実にかからしめる**附款**である。行政行為の効力の発生及び消滅を発生確実な事実にかからしめる附款は**期限**である。

2 ✕ 期限とは効力の発生・消滅を発生確実な事実にかからしめる附款である。

前半は妥当でない。後半は妥当である。期限とは，行政行為の効力の発生及び消滅を発生確実な事実にかからしめる附款である。行政行為の効力の発生及び消滅を発生不確実な事実にかからしめる附款は条件である。

3 ✕ 負担に違反したとしても，本体たる行政行為の効力は当然には失われない。

前半は妥当である。後半が妥当でない。行政行為の相手方が行政行為の**負担**の内容に違反して，負担に従わない場合であっても，本体たる行政行為の効力が当然に失われるわけではない。そのような場合，行政庁は負担の履行を強制したり，当該行政行為を撤回したりするなどして対応することになる。

4 ✕ 行政庁は理由なくして本体たる行政行為を撤回することはできない。

前半は妥当である。後半が妥当でない。**撤回権の留保**がされていても，行政庁は理由なくして本体たる行政行為を撤回することはできない。行政庁が理由なくして撤回を行えば，**裁量権の逸脱濫用**となり，違法である。

5 ◎ 法律効果を一部除外するには法律の根拠が必要である。

妥当である。行政庁が本体たる行政行為を行う際に法律で定められた効果を除外するためには，法律の根拠が必要である。

No.2 の解説　行政行為の附款
→問題はP.112　**正答4**

ア ✕ 条件とは効力の発生・消滅を発生不確実な事実にかからしめる附款である。

相手方に特定の義務を命ずる**附款**は**負担**である。また，運転免許に付された眼鏡使用等の限定や道路占用許可に付された占用料の納付は負担に該当する。

イ ✕ 地公法に明文の規定がなくても，地方公務員の期限付任用は許される。

前半は妥当である。後半が妥当でない。判例によれば，地公法の「建前は，職員の身分を保障し，職員をして安んじて自己の職務に専念させる趣旨に出たものであるから，職員の期限付任用も，それを必要とする特段の事由が存し，且つ，それが右の趣旨に反しない場合においては，特に法律にこれを認める旨の明文がなくても，許される」（最判昭38・4・2）。

ウ ◎ 負担に対する違反があっても，行政行為の効力には直接関係しない。

妥当である。負担に対する違反があっても，本体たる行政行為の効力は影響を受けない。負担に対する違反があると，行政行為を**撤回**したり，負担の履行を強制したりするなどして対応することになる。

114

エ○ 明文の根拠がなくても，行政行為の撤回は可能である。

妥当である。行政庁は明文の根拠がなくても，行政行為の撤回を行うことができるので，付款としての**撤回権の留保**が行政行為に付されていなければ，撤回をできないというわけではない。

オ✕ 比例原則以外の観点からも，附款の内容には制限がある。

比例原則のほか，たとえば**平等原則**や，**信頼保護の原則**に違反する内容の附款は許されない。そのような附款は**裁量権の逸脱濫用**であり，違法である。

　以上から妥当なのは**ウ**と**エ**であり，**4**が正答となる。

No.3 の解説　行政行為の附款　　　　　　　　→問題はP.113　**正答1**

ア○ 平等原則や比例原則に違反する附款は違法な附款であり，許されない。

妥当である。附款は**裁量**の範囲内で付すことができる。したがって，**平等原則**違反や**比例原則**違反など，**裁量権の逸脱濫用**と評価されるような場合には，当該附款は違法である。

イ✕ 条件とは効力の発生・消滅を発生不確実な事実にかからしめる附款である。

妥当でない。**条件**は，行政行為の効果を将来発生することが不確実な事実にかからせる附款をいう。

ウ✕ 相手方に義務を課す負担を付す場合には，法律の根拠が必要である。

妥当でない。本来の行政行為による効果以上の義務を相手方に課す負担を付すことは，法律の特別の根拠がない限り，許されない。

エ✕ 行政行為の撤回を行うために，付款としての撤回権の留保は必要ない。

妥当でない。行政行為を**撤回**するために，あらかじめ撤回権を留保する附款を付す必要はない。裁量が認められていれば，撤回権を留保する旨の附款が付されていなくても，裁量の範囲内で行政行為の撤回を行うことができる。

オ✕ 行政行為の本体と附款が可分の場合，附款だけの取消訴訟を提起できる。

妥当でない。附款が違法で本体の行政行為と可分の場合には，**附款のみの取消訴訟**を提起することができる。これに対し，附款が違法で本体の行政行為と不可分の場合は，附款のみの取消訴訟を提起することはできない。

　以上から妥当なものは**ア**のみとなり，**1**が正答となる。

行政裁量

行政裁量に関する次の記述のうち，妥当なものはどれか。

【地方上級（全国型）・平成27年度】

1 伝統的な**行政裁量**の分類によれば，司法審査が及ぶ**法規裁量（き束裁量）**と司法審査が及びにくいとされる**便宜裁量（自由裁量）**とに分類される。

2 行政裁量は，**行政行為**についてのみ認められ，**行政立法**や**行政計画**については認められない。

3 法の適用に関する行政裁量を「**効果裁量**」といい，行政行為をするかどうか，するとしてどのようなものとするかという点に関する行政裁量を「**要件裁量**」という。

4 行政裁量に関する準則を定めた場合において，その準則に違反した**行政処分**がなされたときは，当然に当該行政行為は違法となるというのが判例である。

5 行政事件訴訟法には行政裁量に関する審査判断の基準が規定されていないが，判例は，裁量権の範囲を超え，または濫用があった場合に限り違法となるとしている。

難易度　＊＊

必修問題の解説

　本問は，裁量の種類，裁量行為と司法審査の関係といった裁量論の基本事項を問う問題である。行政裁量に対する司法審査の手法については，近年，判例に一定の変化がみられるところであるが，そのような最新の判例動向を理解するためにも，行政裁量の基本事項はしっかりおさえておきたい。

9 行政裁量

1 ◎ 伝統的な理解によれば，行政裁量は法規裁量と便宜裁量に区別される。

正しい。伝統的な理解によれば，**行政行為**は裁量の有無によって**き束行為**と**裁量行為**に区別され，後者はさらに**法規裁量（き束裁量）**と**便宜裁量（自由裁量）**に区別される。法規裁量は一般的な価値法則または日常的な経験則に基づいて司法審査が可能とされ，これに対し，便宜裁量は専門技術的判断や政治的判断を伴うため，司法審査が困難とされた。

2 × 行政行為以外の行為形式においても，行政裁量は認められる。

行政裁量は伝統的に行政行為における裁量を中心に議論されてきた。しかし，このことは他の行為形式における裁量が認められないということを意味しない。**行政立法**や，**行政計画**等の他の行為形式でも裁量は認められる。

3 × 要件に関する裁量が要件裁量であり，効果に関する裁量が効果裁量である。

本肢の説明が逆である。当該事案における事実をもって法定要件が充足されたとみるか否か，すなわち法適用が可能か否かを判断する裁量は「**要件裁量**」である。これに対して，法定要件が充足され，法適用が可能と判断したうえで，実際に行政行為を行うか否か，行うとしてどのような行政行為を行うか，判断する裁量は「**効果裁量**」である。

4 × 裁量基準違反の行政処分は当然に違法になるわけではない。

基本的に**裁量基準**は行政規則であって法規性を有しないから，裁量基準に違反したからといって違法の問題は生じない。裁量基準に反する行政処分は原則として当・不当の問題が生じるのみである。ただし，一定の場合には，**信頼保護の原則**や**平等原則**に違反して違法と判断される可能性がある（最判平27・3・3）。

5 × 行政事件訴訟法には行政裁量に関する審査の判断の基準が規定されている。

行政裁量に関する審査の判断基準は，行政事件訴訟法30条，37条の3第5項，37条の4第5項，37条の5第5項で規定されている。そこでは，**裁量権の逸脱・濫用**の有無が判断基準として提供されている。

正答 1

第2章 行政作用法(1)

FOCUS

行政裁量に関する学説は錯綜しているが，深入りする必要はない。まず，羈束裁量，自由裁量などの基本的な概念を司法審査との関連で理解しよう。そのうえで，主要判例を通じて，裁量権の逸脱・濫用の諸類型を押さえるとよい。

POINT

重要ポイント **1** 行政裁量の概念

行政裁量とは，法律が不確定概念を用いることなどによって一義的に行政活動が拘束されないことの半面として，行政機関に認められる判断の余地のことをさす。

行政庁が行政行為を行う際のプロセスに着目すると，行政裁量が認められる局面は，次のように分析することができる。

(1) 事実の認定：果たしてまたいかなる事実があったかにかかわる判断。

(2) 要件の認定：認定した事実が法定要件を充足するかにかかわる判断。

(3) 手続きの選択：行政行為を行う前に果たしてまたいかなる手続きをとるかにかかわる判断。

(4) 行為の選択：果たしてまたいかなる内容の行政行為を行うかにかかわる判断。

(5) 時の選択：どのタイミングで行政行為を行うかにかかわる判断。

重要ポイント **2** 裁量行為に対する司法審査①

行政行為は，法律が行政行為の成立要件および法効果について一義的明白に定めているか否かという観点から，覊束行為と裁量行為に分けることができる。

①覊束行為	法律上，要件および効果について一義的明白である行政行為
②裁量行為	法律上，要件および効果について一義的明白でない行政行為

このうち裁量行為は，伝統的な考え方によればさらに以下の2つに区別される。

①覊束裁量（法規裁量）	通常人が共有する一般的な価値法則ないし日常的な経験則に基づいてなされる判断（たとえば，公衆浴場の施設が「公衆衛生上不適切」かどうかの判断）
②自由裁量（便宜裁量）	行政庁の高度の専門技術的な知識に基づく判断や政治的責任を伴った政策的な判断（たとえば，原子炉の安全性に関する判断）

そして，それぞれの裁量の性質から，覊束裁量については裁判官が判断できる事項（＝司法審査が及ぶ事項）であると考えられ，自由裁量については裁判官が判断できない事項（＝司法審査が及ばない事項）であると考えられた。

裁量行為に対する司法審査の伝統的図式

118

重要ポイント 3 **裁量行為に対する司法審査②**

　上記の伝統的図式は，現在のところ，そのままでは必ずしも妥当しない。現在では，**裁量行為といえども，裁量権の行使に踰越・濫用があるかどうかという観点から，司法判断が下される**ことになっている（行訴法30条，37条の2第5項，37条の3第5項，37条の4第5項）。

裁量行為に対する司法審査の現在の図式

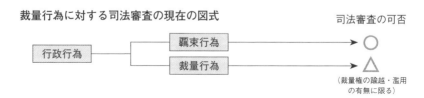

司法審査の可否

○

△

（裁量権の踰越・濫用
の有無に限る）

📖判例　**神戸税関事件**（最判昭52・12・20）

　裁判所が公務員に対する懲戒処分の適否を審査するに当たっては，懲戒権者と同一の立場に立って懲戒処分をすべきであったかどうかまたはいかなる処分を選択すべきであったかについて判断し，その結果と懲戒処分とを比較してその軽重を論ずべきではなく，懲戒権者による処分が社会観念上著しく妥当を欠き，裁量権を濫用したと認められる場合に限り違法であると判断すべきである。

重要ポイント 4 **裁量権の踰越・濫用の内容**

　裁量権の踰越・濫用の有無は，実体的見地および手続的見地から判断される。

（1）実体的見地

　実体的見地から判断される場合の代表的な基準としては，以下のものがある。

①**比例原則**：目的と手段の間に合理的な関連性があったかどうかという基準。

②**平等原則**：特定の個人を合理的な理由なく差別的に取り扱ったかどうかという基準。

③**目的拘束の法理**：法律の趣旨・目的に沿って行政行為が行われたかどうかという基準。

④**義務の懈怠**：行政庁に課された裁量権行使の義務を怠ったかどうかという基準。

⑤**重大な事実誤認**：事実認定に重大な誤りがあったかどうかという基準。

📖判例　**マクリーン事件**（最判昭53・10・4）

　出入国管理に関する法務大臣の判断がまったく事実の基礎を欠くか，社会通念上著しい妥当性を欠くことが明らかな場合，裁量権の踰越・濫用があったものとして違法となる。

（2）手続的見地

　法律が事前手続きを要求している場合に，その手続きが行われたかどうかという観点からも裁量権の踰越・濫用の有無が判断される。

 個人タクシー事件（最判昭46・10・28）

　　個人タクシーの免許申請人は，公正な手続きによって免許の許否につき判定を受ける法的利益を有しており，これに反する審査手続きによって免許の申請が拒否された場合には，当該拒否処分は違法となる。

裁量権の踰越・濫用の類型

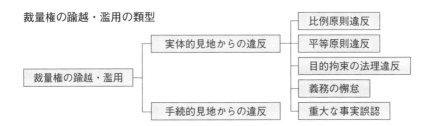

　なお，近年は行政行為が行われる判断過程に着目したり，考慮事項に着目したりして，裁量権の踰越・濫用の有無が判断されるようになってきた。

 伊方原発訴訟（最判平4・10・29）

　　原子炉の安全性に関する裁判所の審理は，原子力委員会の専門技術的な調査審議および判断をもとにして行われた総理大臣の判断に不合理な点があるか否かという観点から行われるべきである。

　教科書検定事件（最判平5・3・16，最判平9・8・29）

　　合否の判定等についての審議会の判断過程に看過しがたい過誤があり，文部大臣の判断がこれに依拠してされた場合には，裁量権の範囲を逸脱したものとして違法となる。

　神戸高専事件（最判平8・3・8）

　　信仰上の理由により剣道実技の履修を拒否した者に対する原級留置処分については，処分に至る過程において剣道実技の代替措置の是非，その方法，態様等に係る考慮が十分になされていないため，裁量権の範囲を超え，違法である。

　小田急線高架化事件（最判平18・11・2）

　　都市計画の決定または変更は，重要な事実の基礎を欠くこととなる場合，または，事実に対する評価が明らかに合理性を欠くこと，判断の過程において考慮すべき事情を考慮しないこと等によりその内容が社会通念に照らし著しく妥当性を欠く場合に限り，裁量権の逸脱・濫用となり，違法となる。

実戦問題 **1**　基本レベル

No.1　行政裁量に関する記述として，通説に照らして，妥当なのはどれか。
【地方上級（特別区）・平成20年度】

1　要件裁量説は，便宜裁量と法規裁量を区別する基準として，行政行為の効果に着目し，行政庁の裁量はもっぱら行政行為の決定ないし選択に存在するとする考えで，国民に権利を付与する行為の決定は，法規裁量であるとする。

2　裁量権収縮論は，規制行政に関して行政権を発動するかどうかの判断は行政庁の裁量判断にゆだねられるべきものであり，行政行為の発動の時期については，いかなる場合であっても行政庁に自由な選択の余地があるとする理論である。

3　行政事件訴訟法は，行政庁の裁量処分については，裁量権の範囲を超えまたは裁量権の濫用があった場合に限り，裁判所は，その処分を取り消すことができると定めている。

4　裁量行為は，法規裁量行為と便宜裁量行為とに分けられ，便宜裁量行為については裁判所の審査に服するが，法規裁量行為については裁判所の審査の対象となることはない。

5　行政庁に行政裁量を認める裁量条項の執行に関して，裁量行為の不作為ないし権限不行使があっても，それは当不当の問題となるにとどまり，違法となることは一切ない。

No.2　行政裁量に関する記述として，判例，通説に照らして，妥当なのはどれか。
【地方上級（特別区）・平成29年度】

1　要件裁量とは，行政行為を行うか否か，またどのような内容の行政行為を行うかの決定の段階に認められる裁量をいい，決定裁量と選択裁量に区別することができる。

2　裁量権消極的濫用論とは，裁量の範囲は状況に応じて変化し，ある種の状況下では裁量権の幅がゼロに収縮するとし，この裁量権のゼロ収縮の場合は裁量がなくなり作為義務が生じるため，不作為は違法になることをいう。

3　行政事件訴訟法は，行政庁の裁量処分について，裁量権の範囲をこえた場合，裁判所はその処分を取り消さなければならないと定めているが，裁量の範囲内であれば，不正な動機に基づいてなされた裁量処分が違法とされることはない。

4　最高裁判所の判例では，道路法の規定に基づく車両制限令上の認定を数か月留保したことが争われた事件について，道路管理者の認定は，基本的には裁量の余地のない確認的行為の性格を有することは明らかであるが，当該認定に当たって，具体的事案に応じ道路行政上比較衡量的判断を含む合理的な行政裁量を行使することが全く許容されないものと解するのは相当でないとした。

5　最高裁判所の判例では，都知事が小田急小田原線に係る都市計画変更を行う際

に，喜多見駅付近から梅ヶ丘駅付近までの区間を一部掘割式とするほかは高架式を採用したのは，周辺地域の環境に与える影響の点で特段問題がないという判断につき著しい誤認があったと認められるため，行政庁にゆだねられた裁量権の範囲を逸脱したものとして違法であるとした。

No.3 行政裁量に関するA～Dの記述のうち，最高裁判所の判例に照らして，妥当なものを選んだ組合せはどれか。 【地方上級（特別区）・平成24年度】

A：道路運送法に定める個人タクシー事業の免許に当たり，多数の申請人のうちから少数特定の者を具体的個別的事実関係に基づき選択してその免許申請の許否を決しようとするときには，同法は抽象的な免許基準を定めているにすぎないのであるから，行政庁は，同法の趣旨を具体化した審査基準を設定し，これを公正かつ合理的に適用すべきである。

B：旧出入国管理令に基づく外国人の在留期間の更新を適当と認めるに足りる相当の理由の有無の判断は，法務大臣の裁量に任されており，その判断がまったく事実の基礎を欠く場合または社会通念上著しく妥当性を欠くことが明らかな場合に限り，裁判所は，当該判断が裁量権の範囲を超えまたはその濫用があったものとして違法であるとすることができる。

C：原子炉施設の安全性に関する判断の適否が争われる原子炉設置許可処分においては，行政庁の判断が，原子炉委員会もしくは原子炉安全専門審査会の専門技術的な調査審議および判断をもとにしてなされたものである限り，当該行政庁の処分が，裁判所の審理，判断の対象となることはない。

D：懲戒権者の裁量権の行使としてされた公務員に対する懲戒処分の適否を裁判所が審査するに当たっては，懲戒権者と同一の立場に立って，懲戒処分をすべきであったかどうかまたはいかなる処分を選択すべきであったかについて決定し，その結果と当該懲戒処分とを比較して，その違法性を判断しなければならない。

1 A．B
2 A．C
3 A．D
4 B．C
5 B．D

実戦問題 **1** の解説

No.1 の解説　行政裁量

→問題はP.121　**正答3**

1× **要件裁量説は行政行為の効果ではなく，要件に着目した学説である。**
　本肢の説明は，**要件裁量説**の説明ではなく，**効果裁量説**の説明である。要件裁量説は，**行政行為**の効果に着目するのではなく，行政行為の要件に着目する。この要件裁量説によれば，制定法が行政行為の要件を定めていない場合や，「公益のため必要があるとき」というように定めている場合には，行政庁の**自由裁量**が認められるのに対し，制定法が「公衆衛生上必要があるとき」というように定めている場合には，行政庁の自由裁量は認められない。

2× **裁量権収縮論によると，行政行為の発動時期が制約されうる。**
　裁量権収縮論は，一定の場合には，行政庁に認められた裁量の範囲が収縮し，裁量が零になるという理論である。したがって，この理論は行政庁の裁量を否定する方向に作用する。そこで否定される裁量には**時の裁量**も含まれる。

3◎ **裁量処分は裁量権の逸脱・濫用があれば，違法であり，取り消される。**
　正しい（行訴法30条）。裁量処分の**義務付け訴訟**や**差止め訴訟**においても，**裁量権の逸脱・濫用**が本案勝訴要件となっている（同37条の2第5項，37条の3第5項，37条の4第5項）。

4× **便宜裁量行為は司法審査に服せず，法規裁量行為は司法審査の対象となる。**
　従来の通説によれば，裁判所の審査に服するのは**法規裁量行為**であって，**便宜裁量行為**ではない。現在では，便宜裁量行為であっても，裁量権の逸脱・濫用があるか否かという観点から裁判所による審査を受ける。

5× **裁量行為の不作為ないし権限不行使であっても，違法となりうる。**
　裁量行為の不作為または権限不行使の場合であっても，当該不作為が裁量権の逸脱・濫用に該当する場合や，裁量権が零収縮したと判断される場合には，違法となる。

1✕ 要件裁量とは要件充足性の判断に際して認められる裁量である。

妥当でない。**要件裁量**とは処分要件が充足されているか否かの判断に際して認められる裁量のことである。本肢の説明は**効果裁量**についての説明である。

2✕ 裁量権消極的濫用論は裁量の幅をゼロにして違法を導く考え方ではない。

妥当でない。**裁量権消極的濫用論**は裁量権の不行使が著しく不合理な場合に違法とする考え方である。本肢の説明は裁量権消極的濫用ではなく，**裁量ゼロ収縮論**の説明である。裁量権消極的濫用論と裁量ゼロ収縮論の違いは，裁量を残したまま違法を導くか否かという点にある。すなわち裁量権消極的濫用論は，裁量を残したまま，その裁量の不行使が著しく不合理な場合に違法とするのに対し，裁量ゼロ収縮論は一定の状況下では裁量がなくなり，作為義務が生じるとして，そのような場合にまで不作為なのは違法であるとする。

3✕ 不正な動機に基づいてなされた裁量処分は違法である。

妥当でない。行訴法30条は「行政庁の**裁量処分**については，裁量権の範囲をこえ又はその濫用があった場合に限り，裁判所は，その処分を取り消すことができる。」と定めており，**裁量権の逸脱濫用**がある場合も，裁判所による取消しがあることを認めている。また，同条は裁量権の逸脱濫用がある場合に裁判所は裁量処分を取り消すことができるとしているのみで，取り消さなければならないとはしていない。さらに，**不正な動機**に基づいて行われた裁量処分は違法であると解されている。

4◎ 車両制限令上の認定に関する時の裁量の行使は許容されうる。

妥当である（最判昭57・4・23）。どのタイミングで行為を行うかについての判断の余地のことを「**時の裁量**」と呼んでいるが，上記判例では，この「時の裁量」が問題とされ，認定を数カ月留保したことが「時の裁量」との関係で許容されるか否かが争われた。

5✕ 小田急訴訟において最高裁は高架式採用の決定が違法ではないと判断した。

妥当でない。最高裁判所の判例によれば，高架式を採用しても周辺地域の環境に与える影響という点で特段問題ないと都知事が判断したことについて，著しい誤認があったとは認められないので，高架式採用の決定には裁量権の逸脱濫用はなく，違法性は認められない（最判平18・11・2）。

No.3 の解説 行政裁量　　　　　　　→問題はP.122　**正答1**

　　本問では行政裁量の統制に関する判例の基本的な知識が問われている。裁判所による行政裁量の統制には実体法的見地からの統制のほかに，手続法的見地からの統制もある。たとえばAに関する判例は，このような手続法的見地からの統制について判示したものといえよう。

A ○ 行政庁は審査基準を設定しなければならない。

　　妥当である。判例によれば，道路運送法は「抽象的な免許基準を定めているにすぎないのであるから，内部的にせよ，さらに，その趣旨を具体化した**審査基準**を設定し，これを公正かつ合理的に適用」しなければならない（最判昭46・10・28）。

B ○ 裁量処分は裁量権の逸脱・濫用と認められる場合に違法となる。

　　妥当である。いわゆるマクリーン事件の最高裁判例は，まったく事実の基礎を欠くか社会通念上著しく妥当性を欠く場合のみ**裁量権の逸脱濫用**が認められるとしている（最判昭53・10・4）。

C × 専門技術的な判断をもとに行われた処分であっても裁判所の審理対象となる。

　　妥当でない。たとえ行政庁の判断が，原子炉委員会もしくは原子炉安全専門審査会の専門技術的な調査審議および判断をもとにしてなされたものであるとしても，行政庁の処分は裁判所の審理，判断の対象となりうる（最判平4・10・29）。

D × 裁判所は懲戒権者と同一の立場に立って処分の適否を判断すべきでない。

　　妥当でない。判例によれば，裁判所が**懲戒処分**の適否を審査するに当たっては「懲戒権者と同一の立場に立って懲戒処分をすべきであったかどうか又はいかなる処分を選択すべきであったかについて判断し，その結果と懲戒処分とを比較してその軽重を論ずべきものではなく，懲戒権者の裁量権の行使に基づく処分が社会観念上著しく妥当を欠き，裁量権を濫用したと認められる場合に限り違法であると判断すべき」である（最判昭52・12・20）。

　　以上から妥当なものはAおよびBであり，**1**が正答となる。

実戦問題❷ 応用レベル

No.4 行政裁量に関するア～エの記述のうち，判例に照らし，妥当なもののみをすべて挙げているのはどれか。 【国家専門職・令和3年度】

ア：裁判所が都市施設に関する都市計画の決定又は変更の内容の適否を審査するに当たっては，当該決定又は変更が裁量権の行使としてされたことを前提として，その基礎とされた重要な事実に誤認があること等により重要な事実の基礎を欠くこととなる場合，又は事実に対する評価が明らかに合理性を欠くこと，判断の過程において考慮すべき事情を考慮しないこと等によりその内容が社会通念に照らし著しく妥当性を欠くものと認められる場合に限り，裁量権の範囲を逸脱し又はこれを濫用したものとして違法となる。

イ：裁判所が懲戒権者の裁量権の行使としてされた公務員に対する懲戒処分の適否を審査するに当たっては，懲戒権者と同一の立場に立って懲戒処分をすべきであったかどうか又はいかなる処分を選択すべきであったかについて判断し，その結果と当該処分とを比較してその軽重を論ずべきものではなく，懲戒権者の裁量権の行使に基づく処分が社会観念上著しく妥当を欠き，裁量権を濫用したと認められる場合に限り違法と判断すべきである。

ウ：公立高等専門学校の校長が学生に対し，原級留置処分又は退学処分を行うかどうかの判断は，校長の合理的な教育的裁量に委ねられるべきものであるが，このうち原級留置処分については，必ずしも退学処分と同様の慎重な配慮が要求されるものではなく，校長がその裁量権を行使するに当たり，原級留置処分に至るまでに何らかの代替措置を採ることの是非，その方法，態様等について考慮する必要はない。

エ：農地に関する賃借権の設定移転は，本来個人の自由契約に任せられていた事項であって，旧農地調整法が小作権保護の必要上これに制限を加え，その効力を市町村農地委員会による承認にかからせているのは，個人の自由の制限である面があるものの，同法はその承認について客観的な基準を定めていないから，その承認をするか否かは市町村農地委員会の自由な裁量に委ねられる。

1 ア，イ
2 ア，エ
3 イ，ウ
4 ア，イ，エ
5 イ，ウ，エ

No.5 行政庁の裁量に関する次の文章の下線部（ア）～（カ）のうち，妥当なもののみをすべて挙げているのはどれか。　　　　　　【国家総合職・平成24年度】

　行政法の基本原理として法律による行政の原理が妥当しているが，法の執行者である行政にはある程度の決定権が認められている。**（ア）**行政事件訴訟法の下でも，行政庁の裁量処分については，裁量権の範囲を超えまたはその濫用があった場合に限り，裁判所はその処分を取り消すことができるとされている。この裁判所による行政裁量の審査範囲については，学説上，要件裁量か，効果裁量かといった観点から論じられてきた。

　要件裁量とは，行政行為の根拠となる要件の充足について行政庁が最終認定権を持つ場合があるというものである。**（イ）**この考え方に基づくと，要件充足性の判断に必要な事実の認定，および当該事実が処分の根拠となるに足る事実であるかどうかの評価について，原則として行政庁の裁量権が認められることになる。

　これに対し，**（ウ）**効果裁量とは，処分要件について認定を行った後で，行政行為をするかしないか，するとしてどの処分をするのかという点に裁量の所在を求める考え方である。

　古典的には裁量の範囲を効果裁量に限定する考え方が主流であったが，戦後の判例の展開では，要件の認定にも行政権の裁量を認める方向に拡大してきている。たとえば，最高裁判所は，教科書検定に関し，**（エ）**検定の審査，判断は，内容が学問的に正確であるか，中立・公正であるか，児童の発達段階に適応しているかなど，さまざまな観点から多角的に行われる学術的・教育的な専門技術的判断であることから，文部大臣（当時）の合理的な裁量にゆだねられるとした。同様に，最高裁判所は，温泉法に基づく温泉掘さくの許可について，**（オ）**温泉源を保護しその利用の適正化を図る見地から許可を拒む必要があるかどうかの判断は，主として，専門技術的な判断を基礎とする行政庁の裁量により決定されるべきことであるとしている。また，最高裁判所は，伊方原子力発電所の原子炉施設設置許可に関して，**（カ）**エネルギー行政の特色，つまり政治的価値判断の要素が強いことを根拠に，原子炉施設の安全性基準の適合性について，法が内閣総理大臣の合理的な判断にゆだねていると結論づけている。

1　（ア），（イ），（カ）

2　（イ），（ウ），（カ）

3　（ウ），（エ），（オ）

4　（ア），（イ），（エ），（カ）

5　（ア），（ウ），（エ），（オ）

No.6 行政裁量に関するア～オの記述のうち，判例に照らし，妥当なもののみをすべて挙げているのはどれか。ただし，以下に示す法令は，その事件当時のものである。【国家総合職・平成25年度】

ア：市立高等専門学校の校長が学生に対し原級留置処分または退学処分を行うかどうかの判断は，校長の合理的な教育的裁量にゆだねられるべきものであり，裁判所がその処分の適否を審査するに当たっては，校長の裁量権の行使としての処分が，裁量権の範囲を超えまたは裁量権を濫用してされたと認められる場合に限り，違法であると判断すべきものである。しかし，退学処分は学生の身分をはく奪する重大な措置であり，当該学生を学外に排除することが教育上やむをえないと認められる場合に限って退学処分を選択すべきであり，その要件の認定につき特に慎重な配慮を要する。他方，原級留置処分は，学生に対して退学処分のような重大な不利益を与えるとまではいえず，その決定に当たっては，慎重な配慮が要求されているとはいえない。

イ：地方公務員法第28条に基づく分限処分については，任命権者にある程度の裁量権は認められるけれども，その純然たる自由裁量にゆだねられているものではなく，分限制度の目的と関係のない目的や動機に基づいて分限処分をすることが許されないのはもちろん，処分事由の有無の判断についても恣意にわたることを許されず，考慮すべき事項を考慮せず，考慮すべきでない事項を考慮して判断するとか，また，その判断が合理性を持つ判断として許容される限度を超えた不当なものであるときは，裁量権の行使を誤った違法のものであることを免れない。

ウ：都市計画法上の都市施設は，その性質上，土地利用，交通等の現状及び将来の見通しを勘案して，適切な規模で必要な位置に配置することにより，円滑な都市活動を確保し，良好な都市環境を保持するように定めなければならないものであるから，都市施設の区域は，当該都市施設が適切な規模で必要な位置に配置されたものとなるような合理性を持って定められるべきである。この場合において，民有地に代えて公有地を利用することができるときには，そのことも当該合理性を判断する一つの考慮要素となりうる。

エ：海岸法には，一般公共海岸区域の占用の許否の要件に関する明文の規定が存在しないが，一般公共海岸区域が行政財産としての性格を失うものではない以上，同法第37条の4により一般公共海岸区域の占用の許可をするためには，行政財産の使用または収益の許可の要件が満たされている必要があるというべきであって，一般公共海岸区域はその用途または目的を妨げ

ない限度において，その占用を許可することができる。したがって，申請
に係る占用が当該一般公共海岸区域の用途または目的を妨げないときは，
海岸管理者は当該申請に対して必ず占用の許可をしなければならないもの
と解される。

オ：公立学校の学校施設の目的外使用許可について，管理者は，学校教育上支
障があれば使用を許可することができないのは明らかであるが，そのよう
な支障がないからといって当然に許可しなくてはならないものではなく，
行政財産である学校施設の目的および用途と目的外使用の目的，態様等と
の関係に配慮した合理的な裁量判断により使用許可をしないこともできる。

1　ア，イ，エ
2　ア，イ，オ
3　ア，ウ，エ
4　イ，ウ，オ
5　ウ，エ，オ

（参考）

地方公務員法

第28条　職員が，左の各号の一に該当する場合においては，その意に反して，これ
を降任し，又は免職することができる。

　　一　勤務実績が良くない場合
　　二　心身の故障のため，職務の遂行に支障があり，又はこれに堪えない場合
　　三　前二号に規定する場合の外，その職に必要な適格性を欠く場合
　　四　職制若しくは定数の改廃又は予算の減少により廃職又は過員を生じた場合

2　職員が，左の各号の一に該当する場合においては，その意に反してこれを休職
することができる。

　　一　心身の故障のため，長期の休養を要する場合
　　二　刑事事件に関し起訴された場合
（第3項以下略）

海岸法

（一般公共海岸区域の占用）

第37条の4　海岸管理者以外の者が一般公共海岸区域（水面を除く。）内において，
施設又は工作物を設けて当該一般公共海岸区域を占用しようとするときは，主務
省令で定めるところにより，海岸管理者の許可を受けなければならない。

実戦問題❷の解説

ア◯ 考慮すべき事情を考慮しない等，行政過程に過誤があれば，違法となる。

妥当である。最高裁は**行政過程**に目を向け，**考慮事項**に着目した審査方式を採用している（最判平18・11・2）。

イ◯ 公務員の懲戒処分の適否を判断代置方式によって判断すべきではない。

妥当である。行政庁と同一の立場に立って処分をすべきであったかどうか又はいかなる処分をすべきであったかについて判断し，その結果と実際の処分を比較して処分の適否を審査する方式を**判断代置方式**という。最高裁は，公務員の懲戒処分が問題となった事案において，判断代置方式によって懲戒処分の適否を判断するのは適切ではない旨，判示している（最判昭52・12・20）。

ウ✕ 原級留置処分をする際には代替措置を採ることの是非等，考慮すべきである。

妥当でない。判例によれば，原級留置処分に至るまでに何らかの代替措置を採ることの是非，その方法，態様等について十分に考慮するべきである（最判平8・3・8）。

エ✕ 承認するかしないは農地委員会の自由な裁量に委ねられていない。

妥当でない。旧農地調整法は農地委員会の承認について客観的な基準を定めていないものの，同法の趣旨に反した判断をすることが許されるわけではないので，承認に係る判断が農地委員会の自由な**裁量**に委ねられているとはいえない。この点，最高裁は，「農地に関する賃借権の設定移転は本来個人の自由契約に委せられていた事項であって，法律が小作権保護の必要上これに制限を加え，その効力を承認にかからせているのは，結局個人の自由の制限であり，法律が承認について客観的な基準を定めていない場合でも，法律の目的に必要な限度においてのみ行政庁も承認を拒むことができるのであって，農地調整法の趣旨に反して承認を与えないのは違法であるといわなければならない。換言すれば，承認するかしないかは農地委員会の自由な裁量に委せられているのではない」と判示している（最判昭31・4・13）。

　　以上から妥当なものは**ア**と**イ**であり，**1**が正答となる。

No.5 の解説　行政庁の裁量

→問題はP.127　**正答5**

　問題の形式がやや特殊なので，少し戸惑いを感じるかもしれないが，行政裁量に関する基礎的な理解および代表的な判例の理解が問われているといってよい。ただし，若干細かい判例知識が要求されている。

ア○ 裁量処分は裁量権の逸脱・濫用があった場合に限り取り消される。

妥当である。行訴法30条が，行政庁の裁量処分については，**裁量権の逸脱濫用**があった場合に限り，裁判所はその処分を取り消すことができる旨，定めている。

イ× 事実の認定について行政庁の裁量権は認められない。

妥当でない。**要件裁量**が認められれば，当該事実が処分の根拠となるに足る事実であるかどうかの評価について，行政庁の裁量権が認められることになるが，事実の認定についてまで行政庁の裁量権が認められることにはならない。

ウ○ 効果裁量は行政行為の効果に係る裁量である。

妥当である。行政行為をするかしないかの裁量を**行為裁量**あるいは**決定裁量**と呼ぶことがある。また，いかなる行政行為をするかの裁量を**選択裁量**あるいは**内容形成裁量**と呼ぶことがある。

エ○ 教科書検定の審査，判断は大臣の合理的裁量に委ねられている。

妥当である。教科書検定の審査・判断は大臣の合理的な裁量にゆだねられている。この点，判例によれば，教科書検定の「審査，判断は，申請図書について，内容が学問的に正確であるか，中立・公正であるか，教科の目標等を達成する上で適切であるか，児童，生徒の心身の発達段階に適応しているか，などの様々な観点から多角的に行われるもので，学術的，教育的な専門技術的判断であるから，事柄の性質上，文部大臣の合理的な裁量に委ねられるものというべきである」（最判平5・3・16）。

オ○ 温泉掘削の許可に係る判断は行政庁の裁量に委ねられている。

妥当である。判例によれば，「温泉源を保護しその利用の適正化を図る見地から許可を拒む必要があるかどうかの判断は，主として，専門技術的な判断を基礎とする行政庁の裁量により決定さるべきことがらであって，裁判所が行政庁の判断を違法視し得るのは，その判断が行政庁に任された裁量権の限界を超える場合に限るものと解すべきである」（最判昭33・7・1）。

カ× 原子炉施設の安全性基準の適合性判断は科学的・専門技術的判断である。

妥当でない。内閣総理大臣に裁量が認められるのは，政治的判断が伴うからではなく，科学的・専門技術的判断が伴うからである（最判平4・10・29）。

　以上から妥当なものはア，ウ，エ，オであり，**5**が正答となる。

No.6 の解説 行政裁量

→問題はP.128 **正答4**

ア✕ 退学処分だけでなく，原級留置処分にも慎重な配慮が要求される。

第1文および第2文は妥当である。第3文が妥当でない。退学処分のみならず，原級留置処分についても，慎重な配慮が要求される。この点，判例によれば，「退学処分は学生の身分をはく奪する重大な措置であり，学校教育法施行規則……からすると，当該学生を学外に排除することが教育上やむを得ないと認められる場合に限って退学処分を選択すべきであり，その要件の認定につき他の処分の選択に比較して特に慎重な配慮を要するものである……。また，原級留置処分も，学生にその意に反して1年間にわたり既に履修した科目，種目を再履修することを余儀なくさせ，上級学年における授業を受ける時期を延期させ，卒業を遅らせる上，神戸高専においては，原級留置処分が2回連続してされることにより退学処分にもつながるものであるから，その学生に与える不利益の大きさに照らして，原級留置処分の決定に当たっても，同様に慎重な配慮が要求されるものというべきである」（最判平8・3・8）。

イ◯ 公務員法上の分限処分は裁量処分であり，一定の場合に違法になりうる。

妥当である。分限処分の裁量統制については，判例上，考慮事項に着目した統制が行われている（最判昭48・9・14）。

ウ◯ 都市施設の配置を定める際に公有地の優先利用は考慮事項である。

妥当である。判例によれば，民有地に対する公有地の優先利用が考慮事項となる（最判平18・9・4）。

エ✕ 海岸法上の占用許可は必ずしなければならないわけではない。

第1文は妥当である。第2文が妥当でない。この点，判例によれば，「一般公共海岸区域の占用の許可の申請があった場合において，申請に係る占用が当該一般公共海岸区域の用途又は目的を妨げるときには，海岸管理者は，占用の許可をすることができないものというべきである」（最判平19・12・7）。このように，判例は「申請に係る占用が当該一般公共海岸区域の用途又は目的を妨げるとき」について判示しているのであって，本肢のように「申請に係る占用が当該一般公共海岸区域の用途または目的を妨げないとき」について判示しているのではない。したがって，「申請に係る占用が当該一般公共海岸区域の用途または目的を妨げないとき」に，必ず占用の許可をしなければならないかどうかについて，判例の立場は明らかではない。

オ◯ 学校施設の目的外使用許可はしなければならないわけではない。

妥当である。判例は公立学校施設の目的外使用許可について管理者の裁量を認めている（最判平18・2・7）。

　　以上から妥当なものは**イ，ウ，オ**であり，**4**が正答となる。

行政作用法(2)

第3章

テーマ⑩ 実効性確保の手段
テーマ⑪ 行政手続法
テーマ⑫ 行政指導・行政契約
テーマ⑬ 行政情報の収集と管理

試験別出題傾向と対策

頻出度	テーマ	国家総合職					国家一般職					国家専門職				
	年度	21-23	24-26	27-29	30-2	3-5	21-23	24-26	27-29	30-2	3-5	21-23	24-26	27-29	30-2	3-5
	出題数	7	6	7	6	7	5	3	4	4	4	3	2	3	3	3
A	10 実効性確保の手段	1	3	2	1	1	2	1	1	1	1		1	1	1	
B	11 行政手続法	1	1	1	1	3	2		1	1	1	2			1	2
B	12 行政指導・行政契約	2	1	2	2	1	1	1	1	1	1	1	1	1	1	1
B	13 行政情報の収集と管理	3	1	2	2	2		1	1	1	1			1		

　本章で取り上げるテーマのうち行政手続法，行政情報の収集と管理に関しては，それぞれ「行政手続法」「行政機関の保有する情報の公開に関する法律」という重要法律が存在する。従来の公務員試験では，これら重要法律の条文知識が頻繁に問われている。

　また，実効性確保の手段に関しては，「行政代執行法」の条文知識が問われているほか，行政強制や行政罰に関する理論的見地からの設問が比較的多い。さらに，近年，行政法学の考察対象として認識されるようになった新しい実効性確保の手段をテーマにした問題も出題されている。

　他方，行政契約については，これを規律した一般法が存在しないため，条文知識を問われることはなく，理論的見地から出題されることが多い。

● 国家総合職（法律）

　出題形式に着目すると，国家総合職の問題は，その多くが「妥当なもののみをすべて挙げているのはどれか」という形での出題である。そのため，より正確な知識や理解が必要となる。

　内容的には，基本的に通説・判例の立場を問うものであるが，判例知識が問われる場合には，関連する個別行政法規の条文が引用され，判例の正確な理解を問われることもある。

● 国家一般職

　条文知識・重要判例の要旨・通説の立場を素直に問う単純正誤形式の問題もあるが，事例形式で条文知識を問う問題も少なからず出題されている。いずれも基本的事項を問うものである。

　また，「妥当なもののみをすべて挙げているのはどれか」という形で，正しい選択肢をすべて挙げている選択肢を答えさせる形式の問題が定着し，従来よりも正

地方上級 (全国型)					地方上級 (特別区)					市役所 (C日程)					
21 | 23	24 | 26	27 | 29	30 | 2	3 | 5	21 | 23	24 | 26	27 | 29	30 | 2	3 | 5	21 | 23	24 | 26	27 | 29	30 | 2	3 | 4	
4	3	2	2	3	3	3	3	3	3	3	5	1	0	1	
2	2		1	2	2	2	1	2		1	2			1	テーマ 10
1	1	1	1			2		1	2	2	1				テーマ 11
			1			1		1	1						テーマ 12
1		1		1		1		1		1		1			テーマ 13

確な知識が要求されるようになった。

● 国家専門職（国税専門官）

　従来と異なり，近年の国税専門官の問題は，その多くが「妥当なもののみをすべて挙げているのはどれか」という形での出題である。

　もっとも，問われている内容は，従来と同様，基本的な事項である。

　また，行政情報の収集と管理に関する問題はほとんど出題されていない。

● 地方上級（全国型）

　多くの問題は，条文知識・重要判例の要旨・通説の立場を素直に問う単純正誤形式の問題である。そこでは基本的事項が繰り返し問われているといってよい。

　もっとも，条文知識については，かなり細かい知識まで要求されることがある。

● 地方上級（特別区）

　単純な択一形式で基礎的な事項を素直に問う問題が多い。従来は本章のテーマの中でも実効性確保の手段が頻出のテーマであったが，近年はテーマに偏りがないといってよい。

● 市役所（C日程）

　本章のテーマから出題されることは少なくなりつつある。もっとも，重要なテーマであることにかわりはないので，出題されても対応できるように準備しておく必要がある。

必修問題

　行政上の義務履行確保に関するア〜オの記述のうち，妥当なもののみをすべて挙げているのはどれか。　【国家総合職・平成26年度】

ア：**代執行**は，**行政代執行法**に基づく一般的な強制手段であるから，都市公園内に都市公園法に基づく許可を受けずに設置された工作物がある場合には，設置者にその工作物の撤去を命ずることなく直ちに代執行によってそれを撤去することができる。

イ：**執行罰**は，将来に向かって義務の履行を確保することを目的とする義務履行確保手段であるから，その違反に対して執行罰が定められている義務の履行を怠っている場合は，義務の履行があるまで反復して執行罰としての**過料**を課すことができる。

ウ：**直接強制**は，その性質上，義務を命ずることによっては目的を達することのできない緊急の状態で用いられる強制手段であるから，たとえば，有効な旅券を持たない外国人が不法に入国している場合には，法令上の根拠を必要とせずにその外国人を国外に強制的に退去させることができる。

エ：**行政上の強制徴収**は，公法上の金銭債権の円滑かつ迅速な徴収のために設けられている手段であり，民事上の強制執行の特例として認められているものにすぎないから，農業共済組合が組合員に対して有する共済掛金等の債権のように，法律によって行政上の強制徴収の手段が認められている金銭債権についても，行政上の強制徴収の手段ではなく，民事上の強制執行の手段によってその実現を図ることができるとするのが判例である。

オ：**即時強制**は，行政上の必要に基づき直接に私人の身体や財産に実力を加えて行政目的を達する手段であるが，この場合，行政上の義務の賦課行為を介在させず行われる。

1　ア，ウ

2　ア，エ

3　イ，オ

4　ア，ウ，オ

5　イ，エ，オ

難易度　＊＊

必修問題の解説

　行政機関が行政目的を実現するために国民に対して有形力を行使する作用のことを行政強制という。行政強制には，義務の不履行を前提にする行政上の強制執行と義務の不履行を前提にしない即時強制がある。このうち行政上の強制執行には，①代執行，②執行罰（間接強制），③直接強制，④強制徴収がある。本問では，これら各類型の内容および法的特質が問われている。

ア× 代執行によって工作物の撤去を行う場合には，事前の撤去命令が必要である。

　妥当でない。**行政代執行法**に基づいて**代執行**を行うためには，法律による直接の命令か，あるいは法律に基づく行政庁の命令が必要である（代執法2条）。

イ○ 執行罰としての過料は反復して課すことができる。

　妥当である。**執行罰**に制裁の意味はなく，刑罰ではないので，執行罰としての**過料**を反復して課したとしても，**二重処罰禁止の原則**には抵触しない。

ウ× 直接強制を行うためには法令上の根拠が必要である。

　妥当でない。**法律の留保の原則**に関し，いかなる学説に立とうとも，**直接強制**を行うためには法令上の根拠が必要であると解されている。

エ× 法律で行政上の強制手段が認められていると，民事上の手段は利用できない。

　妥当でない。判例によれば，行政上の強制徴収手続きのような特別な手続きを法が定めたのは簡易迅速に債権の実現を図るためであり，このような立法趣旨からすれば，民事法上の強制執行の手段によって債権の実現を図ることは許されない（最判昭41・2・23）。

オ○ 即時強制は行政上の義務賦課行為を必要としない。

　妥当である。**即時強制**と**行政上の強制執行**の大きな違いは，義務賦課行為を前提にするか否かという点にある。即時強制は義務賦課行為を前提にしていないので，義務の不履行を前提としない行政強制である。

　以上から妥当なものは**イ**および**オ**であり，**3**が正答となる。

正答 3

FOCUS

　行政上の義務履行を確保する手段として，行政上の強制執行のほかに，行政罰や即時強制がある。それぞれの内容と法的特質について，具体例とともに理解しておこう。また，近年では行政罰と同じく制裁機能を有するいくつかの行政手法もまた行政の実効性を確保する手段として注目されているので，それらの行政手法についても目配りしておこう。

第3章
行政作用法(2)

重要ポイント **1** **実効性を確保する手段の概観**

重要ポイント **2** **行政上の強制執行**

　通常の場合に行われる行政上の強制執行には，4つの種類がある。すなわち，代執行，執行罰（間接強制），直接強制，行政上の強制徴収である。

(1) 代執行

　代執行は，行政上の義務のうち代替的作為義務について，義務者がこれを自ら履行しない場合に，行政機関がその財産に強制を加え，義務者に代わって義務を実現する手段のことである。ここで重要なことは，代執行の場合，行政機関が強制できる義務は**代替的作為義務**に限られるということである。

　代執行を行うためには，法律の根拠が必要である。現在では，行政上の義務履行確保の一般法として「行政代執行法」が存在する（同1条）。

　行政代執行法に基づく代執行の流れ

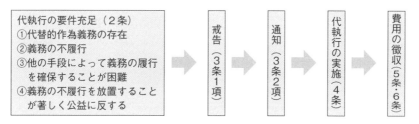

　行政代執行法上の**戒告**および**通知**には処分性が認められるので，名あて人は取消訴訟（行訴法3条2項）を提起して，当該行為の違法性を争うことができる。

（2）執行罰（間接強制）

　執行罰は，行政上の義務を相手方が履行しない場合に，行政機関が一定の期限を示して過料を戒告し，その期限までに義務が履行されない場合に過料を課すことによって，義務者に心理的圧迫を加え，間接的に義務の履行を強制する手段のことである。これは間接強制とも呼ばれる。理論上，執行罰の場合，対象となる義務には限定がない。

　この執行罰も法律の根拠を必要とする。ただし，現在，この執行罰について定めた法律規定としては砂防法36条しか存在せず，執行罰について定めた一般法は存在しない。

（3）直接強制

　直接強制は，義務者が義務を履行しない場合に，行政機関が義務者の身体または財産に強制を加えることによって義務を実現する手段のことである。代執行の場合と異なり，理論上，直接強制の対象となる義務には限定がない。

　この直接強制にも法律の根拠が必要であるが，直接強制に関する一般法は存在しない。

（4）行政上の強制徴収

　強制徴収は，義務者が金銭納付義務を自ら履行しない場合において，行政機関が義務者の財産に強制を加え，当該金銭に相当する財産的価値を強制的に徴収することによって義務を実現する手段である。

　この強制徴収にも法律の根拠が必要である。そのような法律として国税徴収法があるが，一般法は存在しない。

　なお，代執行に要した費用は，国税徴収法に規定する国税滞納処分の例により，徴収することができる（代執法6条1項）。

種　類	対象となる義務	法的根拠
(1) 代執行	代替的作為義務	一般法としての「行政代執行法」と個別の法律規定
(2) 執行罰（間接強制）	代替的・非代替的，作為・不作為義務を問わない	砂防法36条
(3) 直接強制	代替的・非代替的，作為・不作為義務を問わない	個別の法律規定
(4) 行政上の強制徴収	金銭納付義務	個別の法律規定

　以上のように，行政上の強制執行には法律の個別の根拠が必要である。この点に関連し，地方公共団体の条例によって行政上の強制執行を定めることができるかが問題となるが，一般的には否定的に解されている（代執法1条）。

行政上の強制執行と民事上の執行 （最判昭41・2・23）

農業共済組合が法律上，独自の強制徴収の手段を与えられながら，この手段によることなく，一般私法上の債権と同様，訴えを提起し，民事訴訟法上の強制執行の手段によってこれらの債権の実現を図ることは許されない。

行政上の義務履行を求める訴訟 （最判平14・7・9）

国または地方公共団体がもっぱら行政権の主体として国民に対して行政上の義務の履行を求める訴訟は，法規の適用の適正ないし一般公益の保護を目的とするものであって，自己の権利利益の保護救済を目的とするものということはできないから，裁判所法3条1項にいう法律上の争訟に当たらず，不適法である。

重要ポイント 3 即時強制

（1）即時強制の意義

　行政上の強制執行は，いずれも義務の存在が前提とされている。この義務は，通常，行政機関が国民に命じること（命令）によって発生する。そして，この義務を課す命令は法律に根拠がなければならない。以上のことからすると，行政上の強制執行の場合は，①法律→②命令→③執行という順になる。

　ところが，たとえば火事が起こった場合，延焼を防ぐために家を取り壊すことがある。この場合，いちいち家の所有者に対して「家を取り壊せ」という命令など出している余裕はない。つまり，この場合には②命令が省略され，①法律→③執行という順になる。このように目前急迫の必要があって義務を命じる暇がない場合に，行政機関が相手方の義務の不履行を前提とすることなく，直接いきなり国民の身体や財産に実力を加え，行政上必要な状態を作り出す作用のことを即時強制という。

行政上の強制執行：3段階モデル	法　律	→	命　令	→	執　行
即時強制：2段階モデル	法　律			→	執　行

（2）法律の根拠

　即時強制を行うためには，法律の根拠が必要である。ただし，即時強制に関する一般法は存在せず，個別に規律されているのにとどまる（たとえば消防法29条1項）。なお，即時強制は行政上の強制執行とは異なるので，条例によって即時強制の制度を設けることも可能である。

（3）即時強制の限界

　即時強制にも法の一般原則の適用がある。したがって，**比例原則**等による制約を受ける。

（4）即時強制の救済

　即時強制それ自体は**事実行為**であるが，それが継続する場合には，**不服申立ておよび取消訴訟**の対象になる（行審法1条2項，2条，行訴法3条2項）。

重要ポイント 4 行政罰

　行政罰とは，行政上の義務違反に対して科せられる罰のことをいう。この行政罰には，行政刑罰と行政上の秩序罰の２種類がある。両者はいくつかの点で異なる。

	行政刑罰	行政上の秩序罰
対象	重大な義務違反	軽微な義務違反
種類	刑法に刑名のある刑罰 （懲役，禁固，罰金，拘留，科料）	過料
刑法総則	適用あり	適用なし
手続き	①刑事訴訟法 ②刑事訴訟法の特例手続き（たとえば交通事件即決裁判手続法など）	①非訟事件手続法（119条以下） ②地方自治法（255条の3，231条の3）
主体	裁判所	①裁判所 ②地方公共団体の長（地方自治法に基づく場合）

加算税と罰金刑の併科（最判昭33・4・30）

　　旧法人税法による追徴税（現行法では加算税）は，罰金と性質を異にするので，両者を併科することは憲法39条に違反しない。

　過料と罰金・勾留の併科（最判昭39・6・5）

　　秩序罰としての過料と刑罰としての罰金・勾留は，目的，要件および実現の手続きを異にし，必ずしも二者択一の関係にあるものではなく併科を妨げない。

　課徴金と罰金刑の併科（最判平10・10・13）

　　私的独占の禁止及び公正取引の確保に関する法律に違反して罰金刑が確定し，かつ，国から不当利得の返還を求める民事訴訟が提起されている場合であっても，課徴金の納付を命ずることは憲法に違反しない。

重要ポイント 5 その他の行政上の制裁

　行政罰のほかにも，いろいろな行政上の制裁手段が存在する。
(1) 許認可の停止および取消し：たとえば自動車運転免許の停止・取消し。許認可の停止・取消しそれ自体は処分なので，取消訴訟で争うことができる。
(2) 経済的不利益を与える措置：たとえば租税法上の加算税の賦課。
(3) 違反事実の公表：たとえば勧告・指示等に違反した者の氏名や違反事実の公表。公表は基本的に事実行為であり，処分ではないので，取消訴訟で争うことができない。ただし，公表により損害を被った者は損害賠償請求が可能である。
(4) 給付の停止：たとえば水道の供給停止。

第3章

行政作用法
(2)

実戦問題 ❶ 基本レベル

No.1 行政代執行法に規定する代執行に関する記述として，妥当なのはどれか。

【地方上級（特別区）・平成24年度】

1 法律により直接に命ぜられ，または法律に基づき行政庁により命ぜられた代替的作為義務または不作為義務を義務者が履行しない場合，行政庁は，自ら義務者のなすべき行為をなし，または第三者にこれをなさしめることができる。

2 行政庁は，法律により直接に命ぜられた行為を義務者が履行しない場合，不履行を放置することが著しく公益に反すると認められるときであっても，他の手段によってその履行を確保することが困難でなければ，代執行はできない。

3 行政代執行法は行政上の強制執行に関する一般法であり，行政庁が自ら義務者のなすべき行為を行う場合には，個別法に特別な代執行の定めがなければならない。

4 代執行を実施する場合，緊急の必要があるときは，義務者に対する戒告を省略することができるが，義務者に対する代執行令書による通知は，代執行の時期や執行責任者の氏名が記載されるので省略することができない。

5 行政庁は，代執行を行った場合，実際に要した費用の額およびその納期日を定め，義務者に対し，文書をもってその納付を命じるが，その費用を強制徴収することはできない。

No.2 行政法学上の行政罰に関する記述として，妥当なのはどれか。

【地方上級（特別区）・平成25年度】

1 行政罰は行政刑罰と行政上の秩序罰との2種類に分けられ，行政刑罰として禁錮，罰金，拘留，科料，没収を科すことはできるが，懲役を科すことはできない。

2 行政刑罰は，反社会的・反道義的性質の行為に対して，行為者の道義責任の追及のためまたは社会的悪性の矯正のために科されるものである。

3 行政刑罰は，刑事罰とは異なり，違反行為者だけでなく，その使用者や事業主にも科刑されることがある。

4 行政上の秩序罰には刑法総則が適用され，裁判所が刑事訴訟法の手続きに従って科刑する。

5 行政上の秩序罰は，行政上の義務が履行されない場合に，一定の期限を示して過料を科すことを予告することで義務者に心理的圧迫を加え，その履行を将来に対して間接的に強制するものである。

No.3 行政法学上の執行罰又は直接強制に関する記述として，通説に照らして，妥当なのはどれか。　　　　　　　　　　　【地方上級（特別区）・平成30年度】

1　執行罰は，地方公共団体においては，条例を根拠規範とすることができるが，直接強制は，条例を根拠規範とすることができない。

2　執行罰は，代替的作為義務又は非代替的作為義務の不履行に対して適用することはできるが，不作為義務の不履行に対して適用することはできない。

3　執行罰は，義務を履行しない者に対し過料を課す旨を通告することで義務者に心理的圧迫を与え，義務を履行させる強制執行制度であるが，当該義務が履行されるまで反復して課すことはできない。

4　直接強制は，義務者の身体又は財産に対し，直接に実力を加え，義務が履行された状態を実現させる強制執行制度であり，個別法で特に定められた場合にのみ認められる。

5　直接強制は，義務を課した行政が自ら義務を強制執行するものであり，自力救済を禁止された国民には認められていない特別な手段であるため，直接強制を許容する一般法として行政代執行法が制定されている。

No.4 行政上の義務履行確保に関するア～オの記述のうち，妥当なもののみをすべて挙げているのはどれか。　　　　　　　　　【財務専門官・令和４年度】

　ア：行政代執行の手続として，履行義務について相当の期限を定め，期限までにその義務が履行されない場合に代執行が行われる旨を戒告した上で，義務者がなお義務を履行しない時に代執行令書により代執行をなすべき時期等を通知する必要があるが，これらの戒告や通知は取消訴訟の対象となると一般に解されている。

　イ：直接強制は，緊急の場合や義務を命ずることによっては目的を達成しがたい場合に，相手方の義務の存在を前提とすることなく，行政機関が直接に身体又は財産に対して実力を行使することにより，行政上望ましい状態を実現する制度である。

　ウ：執行罰は，義務を履行しない義務者に対して過料を課す旨を通知することで心理的圧迫を与，義務を履行させる制度であり，一般法として行政代執行法の適用を受ける。また，砂防法をはじめ執行罰を認める個別法が数多く存在する。

　エ：執行罰は，代替的作為義務又は非代替的作為義務の不履行に対して適用することはできるが，不作為義務の不履行に対して適用することはできない。

　オ：行政刑罰は，刑法以外の法律に規定された犯罪に課される制裁であるが，懲役や罰金など刑法に刑名のある罰を科すものであるから，原則として刑事訴

訟法の規定の適用がある。

1　ア，エ
2　ア，オ
3　イ，ウ
4　イ，オ
5　エ，オ

No.5 行政法学上の即時強制に関する記述として，妥当なのはどれか。

【地方上級（特別区）・平成23年度】

1　最高裁判所の判例では，川崎民商事件において，即時強制は，緊迫した状況において展開される緊急措置であり，令状主義を機械的に適用するのは困難なので，その手続きにおける一切の強制は，当然に憲法に規定する令状主義の保障の枠外にあるとした。

2　即時強制は，執行機関の裁量にゆだねられ，その要件，内容の認定や実力行使の程度，態様，方法を選択する場合，法規の趣旨目的を厳格に解釈し，相手方の人権侵害を最小限にとどめるよう配慮しなければならないが，比例原則は適用されない。

3　身柄の収容や物の領置などの即時強制が実施され，継続して不利益状態に置かれている者は，行政不服申立てまたは取消訴訟によって不利益状態の排除を求めることができる。

4　行政上の強制執行の定めは法律の専権事項であり，条例で強制執行の権限を創設することはできないので，即時強制の根拠を条例で定めることは，緊急避難的な措置であっても許されない。

5　即時強制は，義務者の身体または財産に直接実力を加え，義務の履行を確保する手続きであり，即効的に義務を実現することができるが，その反面，人権侵害の危険が大きい。

実戦問題 **1** の 解説

No.1 の解説 行政代執行法

→問題はP.142 **正答2**

1 × 代執行の対象になるのは代替的作為義務のみである。

代執行の対象となる義務は**代替的作為義務**に限定されている（代執法2条）。そのため，**不作為義務**の不履行に対して，**行政代執行法**に基づき，代執行を行うことはできない。

2 ◎ 他の手段により義務の履行を確保できるのであれば，代執行はできない。

正しい。代執行が認められるための要件として，代替的作為義務が履行されていないということのほかに，「他の手段によってその履行を確保することが困難であり，且つその不履行を放置することが著しく公益に反すると認められる」ことがある（同2条）。

3 × 個別法に特別な代執行の定めがなくても，一般法に基づき代執行できる。

個別法に特別な代執行の定めがない場合には，行政上の強制執行の**一般法**である行政代執行法に基づいて代執行を行うことが可能である（同1条参照）。

4 × 緊急の必要があれば，行政代執行法上の通知を省略することができる。

代執行を行う場合には，原則として**戒告**と**通知**が必要であるが（同3条1項，2項），非常の場合または危険切迫の場合において，緊急の必要があれば，戒告とともに通知も省略して代執行を行うことができる（同3条3項）。

5 × 代執行に要した費用は強制徴収することができる。

前半は正しい。後半が誤り。行政代執行法上，代執行に要した費用の徴収については，実際に要した費用の額およびその納期日を定め，義務者に対し，文書をもってその納付を命じることとされている（同5条）。また，代執行に要した費用は，**国税滞納処分**の例により，強制徴収することができる（同6条1項）。

No.2 の解説 行政罰

→問題はP.142 **正答3**

1 × 行政刑罰として懲役を科すこともできる。

前半は正しい。後半が誤り。**行政刑罰**の種類として挙げられるのは刑法に刑名のある罰である（刑法9条）。したがって，懲役も行政刑罰として科すことができる。

2 × 行政刑罰は，行政法規違反の行為を対象とする。

行為の性質上，人として許されない反社会的・反道義的行為（たとえば殺人行為）を対象とするのは行政刑罰ではなく，**刑事罰**である。刑事罰の場合，仮に反社会的・反道義的行為を取り締まる法令がなくても，当該行為は非難に値するが（たとえば殺人は，これを取り締まる法令が存在しなくても，非難に値する），行政刑罰の場合は，法令が存在して初めて当該法令違反の行為が非難に値する（たとえば歩行者が左側を通行した場合に非難されるのは，歩行者の右側通行について定めた道路交通法規があるからである）。

3 ◎ 行政刑罰は違反行為者とともに使用者や事業主にも科されることがある。

正しい。**両罰規定**により，違反行為者だけでなく，使用者や事業主にも行政刑罰が科されることもある。たとえば大気汚染防止法36条は「法人の代表者又は法人若しくは人の代理人，使用人その他の従業者が，その法人又は人の業務に関し，……違反行為をしたときは，行為者を罰するほか，その法人又は人に対して各本条の罰金刑を科する」と定めている。

4 × 行政上の秩序罰には刑法総則の適用がなく，刑事訴訟法にもよらない。

行政上の秩序罰には**刑法総則**の適用はない。また，**刑事訴訟法**の手続きにしたがって裁判所が行政上の秩序罰を科刑することもない。

5 × 行政上の秩序罰は将来の義務履行を間接強制するものではない。

行政上の秩序罰は過去の義務違反行為に対して制裁を科すことを直接の目的としており，行政上の義務の履行を直接の目的としていない。本肢の説明は行政上の秩序罰ではなく，**執行罰**の説明である。

No.3 の解説 行政代執行　　　　　　　　　　→問題はP.143　**正答4**

1 × 執行罰も，直接強制も，条例を根拠規範とすることはできない。

行執法1条は，行政上の義務履行確保に関して条例で定めることを禁止する趣旨であると一般に解されているので，執行罰も，直接強制も条例を根拠規範とすることができない。

2 × 執行罰は不作為義務の不履行に対しても適用することができる。

執行罰の対象となる義務の不履行の種類については限定がない。したがって，不作為義務の不履行に対しても執行罰を適用することができる。

3 × 執行罰は義務の履行があるまで繰り返し課すことができる。

前半は妥当である。後半が妥当でない。執行罰は刑罰ではないので，繰り返し課したとしても，二重処罰禁止の原則に抵触しない。

4 ◎ 直接強制は個別法で特別に定められた場合にのみ認められる。

妥当である。法律の留保の原則の要請から，直接強制を行うためには法律の根拠が必要である。現在，直接強制を可能にする一般法は存在しないから，個別法で特別に認められた場合にのみ直接強制は可能である。

5 × 行政代執行法は直接強制を許容する一般法ではない。

前半は妥当である。後半が妥当でない。行執法は行政上の義務履行確保の手段について定めた一般法であるが，同法では直接強制は定められていない。

No.4 の解説 行政上の義務履行確保　　　　　　→問題はP.143　**正答2**

ア ◎ 行政代執行法に基づく戒告や通知は取消訴訟の対象になる。

妥当である。**戒告**や**通知**は，それらが行われることによって**行政代執行**の手続を進めることになり，手続上，名宛人の法的地位に変化をもたらす。その

ため，戒告及び通知には法効果性が認められ，**取消訴訟**の対象になる。

イ✕ 直接強制は相手方の義務の存在を前提にする。

妥当でない。本肢の説明は**直接強制**ではなく，**即時強制**の説明である。直接強制の場合，相手方の義務の存在を前提にする。

ウ✕ 行政代執行法は執行罰について定めていない。

妥当でない。**行代法**は行政上の義務履行確保に関する一般法であるものの（行代法1条），**執行罰**については定めていない。また，執行罰については，砂防法が唯一の例であり，個別法が数多く存在するわけではない。

エ✕ 執行罰は不作為義務の不履行に対しても適用することができる。

妥当でない。執行罰の対象となる義務の不履行の種類については限定がない。したがって，不作為義務の不履行に対しても執行罰を適用することができる。

オ◯ 行政刑罰は刑事訴訟法の規定の適用がある。

妥当である。**行政刑罰**の場合，**刑事訴訟法**の適用がある。ただし，刑事訴訟法の特例手続きを定めた法律が適用されることもある。

以上から妥当なものは**ア**と**オ**なので，**2**が正答となる。

No.5 の解説 即時強制 →問題はP.144 **正答3**

1✕ 行政目的の強制が当然に憲法による保障の枠外にあるわけではない。

川崎民商事件における最高裁判所の判例では，刑事責任の追及を目的にしない手続における一切の強制が当然に憲法による保障の枠外にあると判断することは相当ではないとしている（最判昭47・11・22）。

2✕ 即時強制にも比例原則は適用される。

比例原則は法の一般原則であり，行政作用全般に適用される。したがって，**即時強制**にも比例原則は適用される。

3◎ 権力的継続的事実行為は行政不服申立ておよび取消訴訟の対象である。

公権力の行使に当たる**継続的事実行為**については，**行政不服申立て**または**取消訴訟**によって不利益状態の排除を求めることができると解されている。

4✕ 即時強制の根拠を条例で定めることは可能である。

前半は正しい。後半が誤り。一般に，即時強制の根拠を条例で定めることは可能であると解されている。これに対し，行政上の強制執行の場合は，条例で根拠を定めることは許されていない（代執法1条参照）。

5✕ 即時強制は義務履行を確保する手続きではない。

即時強制とは，目前急迫の必要があって義務を命じる暇がない場合に，行政機関が相手方の義務の不履行を前提とすることなく，行政上必要な状態を作り出す作用のことをいう。したがって，即時強制は義務の履行を確保するための手続ではないといえる。本肢の説明は**直接強制**の説明である。

No.6 行政上の義務の履行確保に関するア〜オの記述のうち，妥当なもののみをすべて挙げているのはどれか。ただし，争いのあるものは判例の見解による。

【国家一般職・平成27年度】

ア：行政刑罰は，刑法以外の法律に規定された犯罪であるが，刑法に刑名のある罰を科すものであるから，原則として刑事訴訟法の規定の適用がある。

イ：行政刑罰と行政上の秩序罰を併科することは，二重処罰を禁止した憲法第39条に違反する。

ウ：執行罰について，相手方が義務を履行するまでこれを反復して科すことは，二重処罰を禁止した憲法第39条に違反する。

エ：直接強制は，法律を根拠規範としなければならず，条例を根拠規範とすることはできない。

オ：地方公共団体の条例・規則違反に対する過料は，非訟事件手続法の規定により，他の法令に別段の定めがある場合を除いて，過料に処せられるべき者の住所地の地方裁判所によって科されることになる。

1 ア，ウ

2 ア，エ

3 イ，エ

4 イ，オ

5 ウ，オ

No.7 行政上の義務履行確保に関するア〜エの記述のうち，妥当なもののみをすべて挙げているのはどれか。　【国家総合職・平成25年度】

ア：農業共済組合が組合員に対して有する保険料債権等の徴収方法について，判例は，租税に準ずる簡易迅速な行政上の強制徴収の手段が与えられているにもかかわらず，一般私法上の債権と同様に民事上の強制執行の手段により債権の実現を図ることは，公共性の強い農業共済組合の権能行使の適正を欠くものとして許されないとしている。

イ：法人税法に基づく追徴税（当時）と罰金の併科について，判例は，追徴税は，納税義務違反の発生を防止し，納税の実を挙げる趣旨に出た行政上の措置であり，刑罰として，これを課す趣旨でないことは明らかであるとして，憲法第39条に反するものではないとしている。

ウ：行政刑罰，行政上の秩序罰および執行罰については，いずれも過去の行政上の義務違反に対する制裁という点では同じであるが，行政刑罰は刑法上の刑罰を科すものであるのに対し，行政上の秩序罰および執行罰は刑法上の刑罰以外の制裁を行うものであり，過料の名称を付されるのが一般であ

　　る。

　エ：即時強制については，行政代執行法第1条が「行政上の義務の履行確保に
　　関しては，別に法律で定めるものを除いては，この法律の定めるところに
　　よる」と規定していることから，条例により根拠規定を設けることはでき
　　ないが，直接強制については，条例により根拠規定を設けることができる
　　と一般に解されている。

1　ア，イ

2　ア，ウ

3　ア，エ

4　イ，ウ

5　ウ，エ

（参考）　日本国憲法

第39条　何人も，実行の時に適法であつた行為又は既に無罪とされた行為について
　は，刑事上の責任を問はれない。又，同一の犯罪について，重ねて刑事上の責任
　を問はれない。

No.8 ＊＊　A市職員で構成される職員団体Bは，その事務所として使用するため市
庁舎地下1階にある一室の使用許可を受けてきたが，市庁舎が手狭となり執務室と
して使用する必要が生じたことから，A市長は使用許可を取り消す旨の処分をし
た。ところがBはこの処分に不満であったことから，明け渡すことなく，引き続き
事務所として利用しており，同事務所には机，椅子などの存置物件がある。

　この場合に関するア～エの記述のうち，妥当なもののみをすべて挙げているのは
どれか。　　　　　　　　　　　　　　　　　　　　　　【国家一般職・平成21年度】

　ア：A市長は，庁舎を明け渡すよう，Bに対し行政代執行法に基づく戒告を行
　　い，Bがこれに従わないときは，A市長は行政代執行法に基づく代執行を
　　することができる。

　イ：A市長はBが事務所に存置している物件について，これを搬出するよう，
　　Bに対し行政代執行法に基づく戒告を行い，Bがこれに従わないときは，
　　A市長は行政代執行法に基づく代執行をすることができる。

　ウ：BはA市に対し，使用許可取消処分の取消訴訟を提起することができる。

　エ：A市はBに対し，庁舎の明渡しを求める民事訴訟を提起することができる。

1　イ，ウ　　　　　　**2**　イ，エ

3　ウ，エ　　　　　　**4**　イ，ウ，エ

5　ア，イ，ウ，エ

No.9 X市内に住むYは，建築物甲の建築を計画し，X市に置かれている建築主事に対し，建築確認の申請を行ったが，甲の建築計画は建築関係規定に適合していなかったため，建築確認を受けることができなかった。しかし，Yはそのまま甲の建築に着手したため，X市長は，建築基準法第9条第1項に基づく工事施工停止命令を出した。それにもかかわらず，Yは，その命令を無視して建築を続けたため，同法第98条第1項により，罰金刑に処せられた。

その後，Yは，完成した甲について，同法第9条第1項に基づき除却を命ぜられたが，これにも従わずにいたため，行政代執行法の定めるところに従い，甲は代執行により除却された。

この事例に関するア～エの記述のうち，妥当なもののみをすべて挙げているのはどれか。 【国家一般職・平成22年度】

ア：X市長は，工事施工停止命令を行政代執行法に基づいて実現できる。

イ：X市長は，建築基準法第9条第1項を根拠に，直接強制によって，工事施工停止命令を実現できる。

ウ：甲の除却に要した費用は，民事訴訟を提起することなく，Yから徴収することができる。

エ：工事施工停止命令に反したことを理由として科される罰金刑は執行罰に当たり，停止命令に従うまで何度でもYに科すことができる。

1 ア **2** イ

3 ウ **4** イ，エ

5 ウ，エ

（参考）

建築基準法

第9条　特定行政庁は，建築基準法令の規定又はこの法律の規定に基づく許可に付した条件に違反した建築物又は建築物の敷地については，当該建築物の建築主，当該建築物に関する工事の請負人（請負工事の下請人を含む。）若しくは現場管理者又は当該建築物若しくは建築物の敷地の所有者，管理者若しくは占有者に対して，当該工事の施工の停止を命じ，又は，相当の猶予期限を付けて，当該建築物の除却，移転，改築，増築，修繕，模様替，使用禁止，使用制限その他これらの規定又は条件に対する違反を是正するために必要な措置をとることを命ずることができる。（以下略）

第98条　次の各号のいずれかに該当する者は，3年以下の懲役又は300万円以下の罰金に処する。

一　第9条第1項又は第10項前段（中略）の規定による特定行政庁又は建築監

視員の命令に違反した者（以下略）

No.10 　行政上の義務履行確保に関するア～エの記述のうち，妥当なもののみを
すべて挙げているのはどれか。　　　　　　　　　　　【国家総合職・平成28年度】

ア：行政上の強制執行は，侵害留保の原則からすれば，法律の根拠が必要となる
　　ところ，私人に義務を課す権限は，当該義務の履行を行政的に強制する権限
　　を含まないことから，行政上の義務の履行を強制するには，別途そのための
　　法律の根拠が必要である。

イ：農業共済組合が組合員に対して有する保険料債権等の徴収方法について，当
　　該組合に租税に準ずる簡易迅速な行政上の強制徴収の手段が与えられていた
　　としても，行政上の強制徴収は行政庁に特権を付与したにすぎないため，当
　　該組合は，かかる行政上の強制徴収の手続によることなく，一般私法上の債
　　権と同様に民事上の強制執行の手段により債権の実現を図ることができると
　　するのが判例である。

ウ：地方公共団体たる水道事業者が私人に当該地方公共団体の指導要綱を順守さ
　　せるため行政指導を継続する必要がある場合には，水道法第15条第1項にい
　　う「正当の理由」があるといえるため，そのことのみを理由として給水契約
　　の締結を拒否することも許されるとするのが判例である。

エ：行政代執行法第1条は，「行政上の義務の履行確保に関しては，別に法律で
　　定めるものを除いては，この法律の定めるところによる。」と規定している
　　ことから，執行罰及び直接強制について，条例で根拠規定を設けることはで
　　きない。

1　ア．イ
2　ア．エ
3　イ．ウ
4　イ．エ
5　ウ．エ

（参考）　水道法
（給水義務）
第15条　水道事業者は，事業計画に定める給水区域内の需要者から給水契約の申込
　　みを受けたときは，正当の理由がなければ，これを拒んではならない。
　　（第2項以下略）

実戦問題 ② の解説

No.6 の解説　行政上の義務履行確保

ア◯ 妥当である。**行政刑罰**は，**行政上の秩序罰**とは異なり，**刑法**に刑名のある刑罰が科され（刑法9条），原則として**刑事訴訟法**の適用がある。

イ✕ 妥当でない。行政刑罰と行政上の秩序罰の両者は「目的，要件及び実現の手続を異にし，必ずしも二者択一の関係にあるものではなく併科を妨げない」から，二重処罰を禁止した憲法39条に違反しない（最判昭39・6・5）。

ウ✕ 妥当でない。**執行罰**は行政上の強制執行手続きのうちの1つであり，刑罰ではないから，執行罰を反復して科したとしても，二重処罰の禁止について定めた憲法39条に違反しない。

エ◯ 妥当である。**行政代執行法**1条は，同法2条とあわせて読むと，義務履行確保の手段を法律で定めるということを前提にしていると解釈できるため，条例を**直接強制**の根拠規範とすることはできない。

オ✕ 妥当でない。地方公共団体の条例・規則違反に対する**過料**は（地自法14条3項，15条2項），地方裁判所ではなく，地方公共団体の長が科すことになっている（同255条の3）。これに対し，国の法律違反に対する過料は，過料に処せられるべき者の住所地の地方裁判所によって科せられる（非訟事件手続法119条以下）。

　以上から妥当なのは**ア**および**エ**であり，**2**が正答となる。

No.7 の解説　行政上の義務履行確保

ア◯ 妥当である。判例によれば，農業共済組合が，法律上，特に独自の強制徴収の手段を与えられながら，この手段によることなく，一般私法上の債権と同様，訴えを提起し，民訴法上の強制執行の手段によって債権の実現を図ることは，立法趣旨に反し，公共性の強い農業共済組合の権能行使の適正を欠くものとして，許されない（最判昭41・2・23）。

イ◯ 妥当である。判例によれば，追徴税の制度は納税義務違反の発生を防止し，もって徴税の実を挙げようとする制度であり，違反者の不正行為の反社会性ないし反道徳性に着目してこれに対する制裁として科せられる刑罰とは趣旨，性質を異にするので，追徴税と刑罰を併科しても憲法39条には反しない（最判昭33・4・30）。

ウ✕ 妥当でない。**行政刑罰**，**行政上の秩序罰**，**執行罰**の3つのうち，執行罰については，過去の行政上の義務違反に対する制裁という意味合いはない。

エ✕ 妥当でない。**即時強制**は義務の履行を前提としないので，**行政代執行法**1条の「行政上の義務」とは関係がない。そのため，同条の規律は即時強制には及ばない。一般に，即時強制については，条例により根拠規定を設けることができると解されている。これに対し，**直接強制**の場合は，行政上の義務の履行確保が問題となるので，行政代執行法1条の規律が及び，条例により根

拠規定を設けることはできないと一般に解されている。

　以上から妥当なものは**ア**および**イ**であり，**1**が正答となる。

No.8 の解説　行政財産の目的外使用　　　　　→問題はP.149　**正答3**

　問題文では明示されていないが，本件は**行政財産**の目的外使用の事例であるといってよい。市庁舎は地方自治法上の行政財産であり，本来は公務員の執務場所として利用されるものである。しかし，職員団体Bの活動は労働運動としての要素を持っており，市庁舎本来の目的に沿った利用ではない。もっとも，このような場合であっても，地方自治法238条の4第7項による許可を得れば，行政財産が有する本来の目的とは異なる目的で，当該財産を適法に使用することができる。これを**行政財産の目的外使用**と呼ぶ。本件において職員団体Bが受けていた使用許可は，この地方自治法に基づく目的外使用許可であると考えられる。他方，本件ではA市市長は使用許可を取り消す旨の**処分**をしているが，これは地自法238条の4第9項によるものである。

　以上の理解は，とりわけ**ウ**の内容の正誤を判断する際に有益である。他方，**ア**および**イ**の内容の正誤を判断する際には，以上の理解は必要ない。**ア**および**イ**がいずれも妥当ではないということがわかれば，選択肢**1**，**2**，**4**，**5**は**ア**または**イ**を含んでいるので，**ウ**および**エ**の内容を検討するまでもなく，**3**が正答であるということがわかる。したがって，本問を検討する際に，上述の目的外使用許可に関する地方自治法の理解がなくても，正答にたどり着くことは可能である。

　なお，本問を検討するに際しては，大阪高決昭40・10・5が参考になる。

ア✕　妥当でない。市長による使用許可の取消しによって，Bには庁舎の明渡義務が生じる。この義務は，**行政代執行法**に基づく**代執行**の対象となる**代替的作為義務**ではない（代執法2条）。したがって，A市長は同法に基づく代執行をすることができない。

イ✕　妥当でない。物件搬出の義務それ自体は代執行の対象となる代替的作為義務といえそうである。しかし，物件の搬出は庁舎の明渡しの内容を構成するものであるから，庁舎の明渡しについて行政代執行法に基づく代執行が許されない以上，物件の搬出も同法に基づく代執行はできないと解される。

ウ○　妥当である。一般に，行政財産の使用許可の取消しには**処分性**が認められる。そのため，**取消訴訟**を提起することは可能である。取消訴訟の場合，原則として被告は処分を行った**行政庁**ではなく，処分を行った行政庁が所属する**行政主体**であるから（行訴法11条1項），本件の場合，取消訴訟の被告はA市長ではなく，A市である。

エ○　妥当である。A市とBの法律関係は，形式的には使用許可という処分によって成立するとともに，使用許可の取消しという処分によって消滅するが，実質的には民間の賃貸借関係と異ならないので，A市はBに対して，庁舎の明

渡しを求める民事訴訟を提起することができる。

以上から妥当なものは**ウ**および**エ**であり，**3**が正答となる。

No.9 の解説 行政上の強制執行　　　　　　　　　　　　　　→問題はP.150　**正答3**

　本問は事例形式の問題であり，通常の問題とは出題の形式が異なる。特に本問では建築基準法という個別法の条文が掲載されているので，難問のようにも見えるが，問われている内容は，それほど難しいものではない。

　なお，解答する際には，本問で掲載されている建築基準法の各条文に書かれた個別の用語にこだわる必要はない。本問で掲載されている建築基準法9条からは，行政庁が違反者に対し「必要な措置をとることを命ずることができる」ということ，そして，同条に基づいて行うことができるのは「命ずる」ことにとどまるのであるから，同条に基づいて実力行使それ自体を行うことはできないということを読み取れればよい。他方，建築基準法98条からは，同条が罰則について定めているということのみ読み取れればよい。本問で掲載されている建築基準法上の個別条文からは以上のことさえ読み取れれば，あとは行政上の強制執行に関する基本的知識を用いて，解答することができる。

ア☒ 妥当でない。工事施工停止命令によって課せられた義務は，工事を停止しなければならないという不作為義務であって，**行政代執行法**に基づく**代執行**の対象となる**代替的作為義務**ではない。したがって，工事施工停止命令を同法に基づいて実現することはできない。

イ☒ 妥当でない。建築基準法9条1項は，必要な措置を命ずることができることを定めるにとどまり，それ以上に直接強制まで認めているわけではない。**直接強制**が適法に行われるためには，行政上の義務を課す法律上の根拠とは別に，直接強制を認めるための個別の法律上の根拠が必要である。

ウ◯ 妥当である。代執行に要した費用は，**国税滞納処分の例**により徴収することが認められている（代執法6条1項）。国税滞納処分の例によれば，行政機関は民事訴訟を提起することなく，費用を徴収することができる。

エ☒ 妥当でない。**執行罰**という用語は「罰」という語が使われているので，刑罰の一種のようにも思えるが，刑罰ではない。したがって，刑罰である罰金刑を執行罰としてとらえるのは妥当ではない。執行罰によって支払わされることになるのは，罰金ではなく，**過料**である。また，罰金は刑罰なので，**二重処罰禁止の原則**により，罰金刑を何度もYに科すことは許されない。

　以上から妥当なものは**ウ**のみであり，**3**が正答となる。

No.10 の解説　行政上の義務の履行確保

→問題はP.151　**正答2**

ア⚪ 妥当である。**行政上の強制執行**は，それが実施されれば，相手方国民には権利利益の侵害となるから，侵害行政といえる。そうすると，**侵害留保の原則**（侵害行政を実施する限り，法律の根拠が必要であるという考え方）に依拠する限り，行政上の強制執行には法律の根拠が必要となる。また，私人に義務を課す権限が法律上，定められていたとしても，行政上の義務の履行を強制するための法律の根拠は，これとは別に必要であると解されている。

イ✕ 妥当でない。農業共済組合が組合員に対して保険料債権を有し，その徴収を行う場合に，行政上の強制手段によるべきか，それとも民事上の強制手段によるべきか，問題となる。この問題について，最高裁は行政上の強制手段によるべき旨，判示している。判例によれば，「農業共済組合が組合員に対して有するこれら債権について，法が一般私法上の債権にみられない特別の取扱いを認めているのは，農業災害に関する共済事業の公共性に鑑み，その事業遂行上必要な財源を確保するためには，農業共済組合が強制加入制のもとにこれに加入する多数の組合員から収納するこれらの金円につき，租税に準ずる簡易迅速な行政上の強制徴収の手段によらしめることが，もっとも適切かつ妥当であるとしたからにほかならない」のであって，そうである以上は，「農業共済組合が，法律上特にかような独自の強制徴収の手段を与えられながら，この手段によることなく，一般私法上の債権と同様，訴えを提起し，民訴法上の強制執行の手段によってこれら債権の実現を図ることは，前示立法の趣旨に反し，公共性の強い農業共済組合の権能行使の適正を欠くものとして，許されない」（最判昭41・2・23）。

ウ✕ 妥当でない。**行政指導**に従わない者に対して，行政指導の継続の必要性を理由に，給水契約の申し込みを拒否することができるか。水道法15条1項が「正当な理由」がある場合にのみ給水契約の申込みを拒否できる旨，定めているため，行政指導の継続性の必要性が同法の「正当な理由」といえるか，問題となる。この問題につき，最高裁は，行政指導の相手方が行政指導に従わない意思を明確に表明するに至ったときは，たとえ行政指導を継続する必要性があったとしても，これを理由に給水契約の締結を留保することは許されず，給水契約の締結を拒否することはできない旨，判示した（最決平元・11・8）。

エ⚪ 妥当である。行政上の義務履行確保に関しては法律で定めることが予定されているといえる。なぜなら，**行政代執行法**2条の「法律」には条例を含むことが明文で定められているが，行政代執行条例1条の「法律」には同様の定めがないからである。その結果，**執行罰**や**直接強制**といった行政上の義務履行確保の手段は，条例で根拠規定を設けることができないといえる。

　　以上から妥当なものは**ア**および**エ**であり，**2**が正答となる。

***
No.11 行政罰に関するア～オの記述のうち，妥当なもののみをすべて挙げているのはどれか。 【国家総合職・平成28年度】

ア：行政刑罰は，行政上の義務違反に対する制裁であるが，刑法に刑名のある罰を科すものであるから，原則として刑事訴訟法の適用がある。しかし，道路交通法上の罪に対して特別の手続を定める交通事件即決裁判手続法のように，定型的かつ大量的に発生する行政犯について，刑法上の刑罰とは異なる処理をするための行政手続上の仕組みが設けられることがある。

イ：関税法に基づく犯則者に対する通告は，同法上「処分」という名称が用いられ，かつ，通告に定める追徴金に相当する金額の納付を強制する法的効果を有するため，抗告訴訟の対象となる行政処分に当たるが，道路交通法に基づく反則金の納付の通告は，反則行為の不成立等は本来刑事手続における審判対象として予定されているため，抗告訴訟の対象にならないとするのが判例である。

ウ：行政上の秩序罰は，刑罰ではないため，刑事訴訟法は適用されない。法律に基づく過料については，他の法令に別段の定めがある場合を除き，非訟事件手続法に基づき裁判所により科されるが，普通地方公共団体の条例又は規則に基づく過料については，普通地方公共団体の長が行政処分により納付を命ずる。

エ：普通地方公共団体の長が過料の処分をしようとする場合は，過料の処分を受ける者に対し，あらかじめその旨を告知するとともに，弁明の機会を与えなければならないが，普通地方公共団体の長がした過料の処分は，行政不服審査法の適用除外とされており，当該普通地方公共団体の長に対して審査請求をすることはできない。

オ：道路交通法に基づき，駐車違反をした車両の使用者に科される放置違反金は，都道府県公安委員会の納付命令によって科される行政上の秩序罰である。

1 ア，エ
2 ウ，オ
3 ア，イ，エ
4 イ，ウ，オ
5 ア，イ，ウ，オ

***
No.12 行政の実効性確保の手段に関するア～オの記述のうち，それぞれにおける第1段落を前提としたときに，各第2段落の記述が妥当なものとなるもののみをすべて挙げているのはどれか。 【国家総合職・平成21年度】

ア：（第1段落）X市長（建築基準法第9条第1項にいう「特定行政庁」とする）はYが同法に違反して建築した建物について，同法第9条第1項に基づき除却命令を行ったがYはそれを拒否した。

（第2段落）この除却命令により課された義務は代執行の対象となる。

イ：（第1段落）X県知事は，Yがその営業する店舗につき食中毒を発生させたとして，食品衛生法に基づき3日間の営業停止を命じたが，Yは営業を継続中である。

（第2段落）X県は，条例によって，この停止命令により課された義務を強制的に実現する直接強制を定めることができる。

ウ：（第1段落）X税務署長は，Yから庁舎で使用する机を購入し，代金を支払ったにもかかわらず，Yは机を納入していない。

（第2段落）X税務署長は，Yからこの机を国税徴収法に基づいて強制的に納入させることができる。

エ：（第1段落）X税務署長は，Yに対する国有財産（行政財産）の使用許可を取り消したにもかかわらず，Yは当該財産の使用を継続しているので，立ち退きを要求したが，Yは応じない。

（第2段落）X税務署長は，行政代執行法に基づき一定額の過料を課すことを通告して，間接的に義務の履行を確保する執行罰の制度によって明渡しを促すことができる。

オ：（第1段落）ある法律に，その法律のある条項に違反した者には行政上の秩序罰である過料を課す旨の規定がある。

（第2段落）この過料は，非訟事件手続法に基づいて裁判所によって課される。

1 ア，ウ **2** ア，オ **3** イ，ウ

4 イ，エ **5** エ，オ

（参考）　建築基準法
（違反建築物に対する措置）
第9条　特定行政庁は，建築基準法令の規定又はこの法律の規定に基づく許可に付した条件に違反した建築物又は建築物の敷地については，当該建築物の建築主，当該建築物に関する工事の請負人（中略）若しくは現場管理者又は当該建築物若しくは建築物の敷地の所有者，管理者若しくは占有者に対して，当該工事の施工の停止を命じ，又は，相当の猶予期限を付けて，当該建築物の除却，移転，改築，増築，修繕，模様替，使用禁止，使用制限その他これらの規定又は条件に対する違反を是正するために必要な措置をとることを命ずることができる。（第2項以下略）

実戦問題 3 の解説

No.11 の解説　行政罰

→問題はP.156　**正答2**

ア ✕ 交通事件即決裁判手続は行政手続ではなく，刑事訴訟手続である。

　　妥当でない。第一文は正しい。第二文が誤り。交通事件即決裁判手続法は道路交通法が定める罰則の適用について規律する手続法であり，行政手続上の仕組みというよりは，刑事訴訟手続の仕組みといえる。刑法上の刑罰とは異なる処理をするための行政手続上の仕組みは道路交通法上の**反則金**制度である（道路交通法125条１以下）。

イ ✕ 関税法に基づく犯則者に対する通告は行政処分ではない。

　　妥当でない。判例によれば，関税法上の通告は**抗告訴訟**の対象となる**処分**に該当しない（最判昭47・４・20）。その理由は，関税法が通告処分の対象となった犯則事案に対する不服については行政事件訴訟の中ではなく，刑事手続の中で争わせ，当該手続によって最終的に決すべきものとしていると解せられるからである。同様に，道路交通法に基づく反則金の納付の通告についても，その不服は刑事手続の中で争わせることとしていると解せられるので，抗告訴訟の対象にならない（最判昭57・７・15）。

ウ ◯ 条例又は規則に基づく過料は首長が行政処分により納付を命じる。

　　妥当である。**行政上の秩序罰**としての**過料**が裁判所によって科されるのは，国の法律に違反した場合である（非訟事件手続法119条以下）。これに対し，行政上の秩序罰としての過料が普通地方公共団体の長によって科されるのは，普通地方公共団体の条例または規則に違反した場合である（地自法14条３項，15条２項，255条の３）。

エ ✕ 首長がした過料の処分を対象に審査請求をすることはできる。

　　妥当でない。前半は正しい（地自法255条の３）。後半が誤り。普通地方公共団体の長がした過料の処分は，**行政不服審査法**の適用除外とされておらず，当該普通地方公共団体の長に対して**審査請求**をすることができる（同231条の３第６項以下）。

オ ◯ 道路交通法上の放置違反金は行政上の秩序罰である。

　　妥当である。**放置違反金**の制度は道路交通法51条の４で定められている。これによれば，公安委員会は，警察署長からの報告に係る車両を放置車両と認めるときは，当該車両の使用者に対し，放置違反金の納付を命ずることができる。この放置違反金は行政上の秩序罰としての性格を有すると解されているが，過料とは異なる仕組みが採用されている。

　　以上から妥当なものは**ウ**および**オ**であり，**2**が正答となる。

No.12 の解説　行政の実効性確保の手段

→問題はP.156　**正答2**

ア◯　違法建築物の除却義務は代替的作為義務であり，代執行の対象である。

妥当である。建築基準法9条に基づく除却命令によって違反者に課される行政上の義務は，**代替的作為義務**である。このような義務は，**行政代執行法**に基づく代執行の対象となる義務に該当する。なお，行政代執行法に基づく代執行は，代替的作為義務の場合にのみ可能であって，非代替的義務や不作為義務の場合は，同法に基づいて代執行を行うことはできない。

イ✕　条例で直接強制を定めることはできない。

妥当でない。本肢では，食品衛生法に基づいて営業停止命令が発せられ，Yには3日間営業してはならないという不作為義務が課されているが，不作為義務は**行政代執行法**に基づく代執行の対象にならないので，同法に基づく代執行によって義務の履行を確保することはできない。そこで，X県が独自に条例を制定して，行政上の義務履行確保の手段を新たに設けることが考えられる。しかし，行政代執行法1条は「行政上の義務の履行確保に関しては，別に法律で定めるものを除いては，この法律の定めるところによる」と定めており，そこでいう「法律」には条例は含まれないというのが一般的な理解である。したがって，条例によって，**直接強制**のような行政上の義務履行確保の手段を設けることは不可能である。以上を踏まえれば，本肢については，第2段落の記述それ自体がありえず，妥当とはいえない。

ウ✕　国税徴収法に基づいて行政契約の内容を実現することはできない。

妥当でない。**国税徴収法**は国税の徴収に関する法律なので，国税ではない机の納入について，同法を利用することはできない。そのため，本肢については，第2段落の記述それ自体がありえず，妥当とはいえない。XとYの間には，机の売買契約によって，民事法上の債権債務関係が成立していると考えられるので，その債務不履行については，基本的に民事法上の手段によって争うべきである。

エ✕　行政代執行法は執行罰の根拠法ではない。

妥当でない。**行政代執行法**は，一定額の**過料**を課す制度を設けていない。そのため，本肢については，第2段落の記述それ自体がありえず，妥当とはいえない。

オ◯　行政上の秩序罰としての過料は非訟事件手続法等に基づいて課される。

妥当である。**行政上の秩序罰**としての**過料**は，**非訟事件手続法**に基づき裁判所によって課されるか（非訟事件手続法119～122条），あるいは**地方自治法**に基づき地方公共団体の長によって課される。

　以上から妥当なものはアおよびオであり，**2**が正答となる。

必修問題

行政手続に関する次の記述のうち，妥当なのはどれか。

【国税専門官／財務専門官／労働基準監督官・平成27年度】

1 **申請**により求められた許認可等を行政庁が拒否する処分をする際に求められる理由付記の程度については，単に処分の根拠規定を示すだけでは，当該規定の適用の基礎となった事実関係をも当然知り得るような場合は別として，不十分であるとするのが判例である。

2 **不利益処分**とは，行政庁が法令に基づき，特定の者を名宛人として，直接にこれに義務を課し，又はその権利を制限する処分をいい，申請を拒否する処分は不利益処分に含まれる。

3 不利益処分をするに当たっては，行政庁は，必ず**処分基準**を定め，かつ，これを公にしなければならない。

4 申請に対して拒否処分をする場合において，行政手続法は，申請者に対し，**聴聞**や**弁明の機会**を与えなければならないとしている。

5 **行政指導**とは，**行政機関**がその任務又は所掌事務の範囲内において一定の行政目的を実現するため特定の者に一定の作為又は不作為を求める指導，勧告，助言その他の行為であって，**処分**に該当するものをいう。

難易度　＊＊

必修問題の解説

本問は，行政手続法の条文知識を問う問題である。いずれの選択肢においても，同法の基本的知識が問われているといってよい。

1 ◎ 申請拒否処分の根拠規定を示すだけでは理由の付記として不十分である。

正しい。申請に対する拒否処分を行う場合には**理由の付記**をしなければならない（行手法8条1項）。その立法趣旨は，①理由の付記によって，行政庁の恣意的な判断を抑制する（**恣意抑制機能**）と②理由の付記によって，拒否処分を争う場合に攻撃すべきポイントを容易に理解できるようにする（**不服申立便宜機能**）にある。問題となるのは，申請拒否処分の理由として処分の根拠条文しか示されていない場合に，それが十分な理由付記といえるかという点である。この点，判例は，いかなる事実関係に基づきいかなる**法規**を適用して拒否処分がされたかを，申請者においてその記載自体から了知しうるものでなければならず，単に拒否処分の根拠規定を示すだけでは，原則として不十分であるとしている（最判昭60・1・22）。

2 ✕ 申請拒否処分は不利益処分に該当しない。

行手法2条4号は**不利益処分**について定義しているが，同号ロでは不利益処分に該当しない処分として申請拒否処分が挙げられている。

3 ✕ 処分基準は必ず定め，公にしなければならないものではない。

行手法12条は**処分基準**を定め，公にすることを**努力義務**として構成している。したがって，本肢のように「必ず処分基準を定め，かつ，これを公にしなければならない」とはいえない。

4 ✕ 申請拒否処分の事前手続として聴聞や弁明の機会の付与は必要ない。

申請拒否処分が不利益処分に該当すれば，原則として，**聴聞や弁明の機会**の付与が必要である（行手法13条1項）。しかし，申請拒否処分は不利益処分に該当しない（同2条4号ロ）。そのため，行政庁は申請者に対し聴聞や弁明の機会の付与を実施する必要はない。

5 ✕ 行政指導は処分に該当しないものをいう。

行政指導は非権力的行為である点，および，**事実行為**である点で処分とは異なる。したがって，行政指導は処分に該当しない（同2条6号）。

正答 **1**

第3章

行政作用法(2)

FOCUS

　行政手続法の解釈について判示した最高裁判例は決して多くない。そのため従来の公務員試験では，判例知識ではなく，同法の条文知識が頻繁に問われてきた。今後もこの傾向は続くと予想されるので，同法の内容を正確に理解しておく必要がある。

——POINT——

重要ポイント **1** 行政手続法の概要

　行政活動は一連の手続きを経て行われる。この手続きを規律する法律はいろいろあるが，最も重要な法律が行政手続法である（なお，同法第4章で規律されている行政指導についてはテーマ12を参照）。

第1章	総則（1条〜4条）
第2章	申請に対する処分（5条〜11条）
第3章	不利益処分（12条〜31条）
第1節	通則（12条〜14条）
第2節	聴聞（15条〜28条）
第3節	弁明の機会の付与（29条〜31条）
第4章	行政指導（32条〜36条の2）
第4章の2	処分等の求め（36条の3）
第5章	届出（37条）
第6章	意見公募手続等（38条〜45条）
第7章	補則（46条）

(1) 対象：この法律は，一定の行政活動の手続きしか規律していない。すなわち同法が主に規律の対象としているのは「処分」「行政指導」「届出」「意見公募手続等」であり，行政計画などの手続きは規律していない。

(2) 適用除外：この法律は行政手続きの一般法であるが，特定の場合には適用除外となる（同3条，4条）。特に注意が必要なのは，地方公共団体の機関が行う行為の場合である。地方公共団体の機関が行う行為であっても，国の法令に基づく処分や届出には行政手続法の適用がある（同3条3項）。

重要ポイント **2** 申請に対する処分の手続き

　申請とは，法令に基づき，行政庁の許可，認可，免許その他の自己に対しなんらかの利益を付与する処分を求める行為であって，当該行為に対して行政庁が諾否の応答をすべきこととされているものをいう（行手法2条3号）。以下，この申請に対する処分の手続きについて，同法の重要な規律を指摘しておく。

(1) 審査基準：申請により求められた許認可等をするかどうかをその法令の定めに従って判断するために必要とされる基準をいう（同2条8号ロ）。行政庁はできるだけ具体的な審査基準を設定し，公表しなければならない（同5条）。

(2) 標準処理期間：行政庁は，申請がその事務所に到達してから当該申請に対する処分をするまでに通常要すべき標準的な期間を設定するよう努めるとともに，その期間を公表しなければならない（同6条）。ここでは，標準処理期間の設定が努力義務であることに注意する必要がある。

(3) 審査応答義務：行政庁は，申請が事務所に到達したときは遅滞なく当該申請の審査を開始しなければならない。また，形式要件に適合しない申請については，行政庁は補正を求めるか，拒否処分をしなければならない（同7条）。

(4) 理由の提示：申請により求められた許認可等を拒否する処分をする場合は，申請者に対し，同時に，当該処分の理由を示さなければならない（同8条1項）。また，当該拒否処分が書面で行われるときは，その理由も書面で示さなければならない（同8条2項）。このことは，拒否処分が口頭で行われる場合には，その理由を必ずしも書面で提示する必要がないことを意味する。

(5) 公聴会の開催：行政庁は，申請に対する処分であって，申請者以外の者の利害を考慮すべきことが当該法令において許認可等の要件とされているものを行う場合には，必要に応じ，公聴会の開催その他の適当な方法により当該申請者以外の者の意見を聴く機会を設けるよう努めなければならない（同10条）。ここでは公聴会の開催等が努力義務であることに注意する必要がある。

第3章 行政作用法 (2)

申請に対する処分の手続き

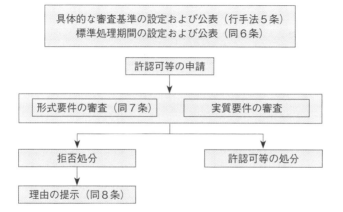

重要ポイント 3 不利益処分の手続き

不利益処分とは，行政庁が，法令に基づき，特定の者を名あて人として，直接に，これに義務を課し，またはその権利を制限する処分（行手法2条4号）である。申請に対する拒否処分も，申請者に不利益をもたらすので，不利益処分のように見えるが，行手法上の不利益処分には該当しない（同2条4号ロ）。

以下，この不利益処分の手続きについて，同法の重要な規律を指摘しておく。

(1) 手続きの種類：不利益処分が行われる場合の手続きは，**聴聞**手続きと**弁明**手続きである（同13条以下）。いずれの手続きにおいても，相手方の言い分を聞くということが主たる目的となる。なお，緊急の場合など一定の事情がある場合には，聴聞手続きも弁明手続きも経る必要がない（同13条2項）。

(2) 聴聞手続きと弁明手続きの振り分け：聴聞手続きがとられるのは名あて人の利益に対する侵害の程度が大きい場合（具体的には同13条1項1号に限定列挙されている）であり，他方，弁明手続きがとられるのは名あて人の利益に

対する侵害の程度がそれほど大きくない場合である（同13条1項2号）。

(3) 処分基準：不利益処分をするかどうかまたはどのような不利益処分とするかについて，その法令の定めに従って判断するために必要とされる基準をいう（同2条8号ハ）。ここでは処分基準の設定および公表が，申請に対する処分の審査基準の場合と異なり，努力義務であることに注意する必要がある。

(4) 聴聞の主宰者：聴聞は不利益処分を行う行政庁が主宰するのではなく，行政庁が指名する職員その他政令で定める者が主宰する（同19条1項）。

(5) 理由の提示：申請に対する処分の場合と同様，不利益処分をする場合も，原則として理由の提示をしなければならない（同14条1項）。ただし，例外として，差し迫った必要がある場合には，行政庁は，理由を示すことなく，不利益処分をすることができる（同14条1項但書）。なお，不利益処分が書面で行われる場合には，理由の提示も書面で行わなければならない（同14条3項）。

 処分基準の適用関係の提示（最判平23・6・7）

不利益処分の原因となる事実および根拠法条に加えて，処分基準の適用関係が示されなければ，行手法14条1項の要求する理由の提示としては不十分であり，違法である。

不利益処分の手続き

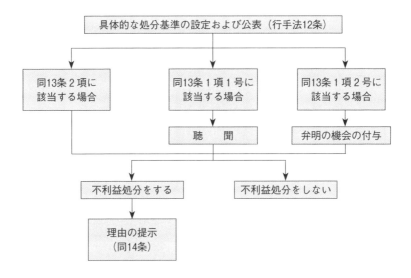

重要ポイント 4 ▶ 処分等の求め

平成26年の行手法改正により，新たに**処分等の求め**に関する規律（行手法36条の3）が挿入された。これによれば，法令違反の事実があるにもかかわらず，行政機関が是正のための措置をとっていないときは，何人も行政機関に対して処分または行政指導をすることを申し出ることができる。

(1) 主体：法文上は「何人も」とされており，だれでも申し出ることができる（同36条の3第1項）。

(2) 対象：求めることができるのは，処分または行政指導である。ただし，根拠となる規定が法律に置かれているものに限る（同36条の3第1項）。

(3) 申出先：申出先となるのは①処分権限を有する行政庁または②行政指導をする権限を有する行政機関である。

(4) 方法：一定の事項を記載した申出書を提出する（同36条の3第2項）。

なお，申出を受けた行政庁または行政機関は，必要な調査を行い，必要があると認めるときは，処分または行政指導をしなければならない（同36条の3第3項）。

重要ポイント 5 ▶ 届出

(1) 定義：届出とは，行政庁に対し一定の事項の通知をする行為であって，法令により直接に当該通知が義務づけられているものをいう（行手法2条7号）。行政庁の応答義務がない点で，申請とは異なる（同2条3号参照）。

(2) 手続き：届出が届出書の記載事項に不備がないこと，届出書に必要な書類が添付されていることその他の法令に定められた届出の形式上の要件に適合している場合は，当該届出が法令により当該届出の提出先とされている機関の事務所に到達したときに，当該届出をすべき手続き上の義務が履行されたものとされる（同37条）。このように届出の手続きにおいて行政庁の判断が介在する余地は認められていないので，届出の「不受理」といった対応は違法である。

重要ポイント 6 ▶ 意見公募手続等

平成17年の改正により，意見公募手続等に関する規律が行政手続法の中に設けられた。この規律によれば，**命令等（内閣または行政機関が定める①法律に基づく命令，②審査基準，③処分基準，④行政指導指針）**については，公布または公にするまでに以下の規律に従う。

(1) 命令等を定める場合の一般原則：命令等を定める機関は，命令等を定めるに当たっては，当該命令等がこれを定める根拠となる法令の趣旨に適合するものとなるようにしなければならない（行手法38条1項）。また，命令等制定機関は，命令等を定めた後においても，当該命令等の規定の実施状況，社会経済情勢の変化等を勘案し，必要に応じ，当該命令等の内容について検討を加え，その適正を確保するよう努めなければならない（行手法38条2項）。

(2) 意見公募手続：命令等制定機関は，命令等を定めようとする場合には，当該

命令等の案およびこれに関連する資料をあらかじめ公示し，意見の提出先および意見の提出のための期間を定めて広く一般の意見を求めなければならない（同39条1項）。また，命令制定機関が公示する命令等の案は，具体的かつ明確な内容のものであって，かつ，当該命令等の題名および当該命令等を定める根拠となる法令の条項が明示されたものでなければならない（同39条2項）。なお，上記の意見提出期間は，1項の公示の日から起算して**30日以上**でなければならない（同39条3項）。

(3) 提出意見の考慮：命令等制定機関は，意見公募手続を実施して命令等を定める場合には，意見提出期間内に当該命令等制定機関に対し提出された当該命令等の案についての**意見を十分に考慮しなければならない**（同42条）。

(4) 結果の公示等：命令等制定機関は，意見公募手続を実施して命令等を定めた場合には，当該命令等の公布と同時期に，①命令等の題名，②命令等の案の公示の日，③提出意見（提出意見がなかった場合にあっては，その旨），④提出意見を考慮した結果（意見公募手続を実施した命令等の案と定めた命令等との差異を含む）およびその理由を公示しなければならない（同43条1項）。

意見公募手続等

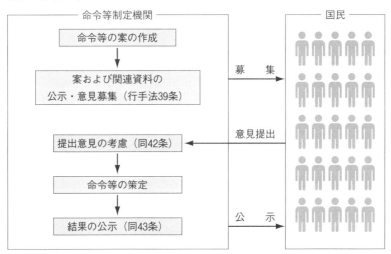

実 戦 問 題 **1**   基本レベル

No.1 **行政手続法に関するア～エの記述のうち，妥当なもののみをすべて挙げ**
ているのはどれか。　　　　　　　　　　　　　　　　【国家一般職・令和3年度】

ア：行政手続法は，行政手続に関する一般法であり，その目的として，行政運
　　営における公正の確保と透明性の向上を図り，もって国民の権利利益の保
　　護に資することに加えて，国民の行政の意思決定への参加を促進すること
　　についても規定している。

イ：行政手続法は，処分に関する手続について，申請に対する処分と不利益処
　　分とに区分し，それぞれの手続について規定している。

ウ：行政手続法は，行政庁が不利益処分をしようとする場合における処分の名
　　あて人の意見陳述のための手続として，聴聞と弁明の機会の付与の二つを
　　規定しており，許認可等を取り消す不利益処分をしようとするときは，原
　　則として聴聞を行わなければならないとしている。

エ：行政手続法は，処分，行政指導及び届出に関する手続に関し，共通する事
　　項を規定しているが，法律に基づく命令等を定めようとする場合の意見公
　　募手続については規定していない。

1　ア，イ
2　ア，ウ
3　ア，エ
4　イ，ウ
5　ウ，エ

No.2 行政手続法の申請に対する処分に関する次の記述のうち，妥当なものはどれか。 【市役所・平成29年度】

1 行政庁は，申請がその事務所に到達したとしても，それが受理されるまでは審査を開始する義務を負わない。

2 申請が法令に定められた形式上の要件に適合しない場合は，速やかに，申請者に対し相当の期間を定めて当該申請の補正を求めなければならない。

3 行政庁は，申請者の求めに応じ，当該申請に係る審査の進行状況および当該申請に対する処分の時期の見通しを示さなければならない。

4 行政庁は，申請に対する処分であって，申請者以外の者の利害を考慮すべきことが当該法令において許認可等の要件とされているものを行う場合には，公聴会を開催しなければならず，それを経ないでした処分は違法となる。

5 標準処理期間を経過しても申請に対する処分がなされないとしても，その不作為は直ちには違法とならない。

No.3 行政手続法に定める意見公募手続に関する次の記述のうち，妥当なものはどれか。 【地方上級（全国型）・平成24年度】

1 行政手続法に定める意見公募手続は，地方公共団体の機関が条例を定めようとする場合にも適用されるから，地方公共団体は，条例案およびこれに関連する資料をあらかじめ公示し，意見の提出先および意見の提出のための期間を定めて広く一般の意見を求めなければならない。

2 命令等制定機関が命令等を定めようとする場合に必要とされる意見公募手続における「命令等」には，内閣または行政機関が定める法律に基づく命令は含まれるが規則は含まれない。

3 命令等制定機関は，命令等を定めようとする場合には，当該命令等の案およびこれに関連する資料をあらかじめ公示し，意見の提出先および意見提出期間を定めて広く一般の意見を求めなければならず，この意見提出期間は，公示の日から起算して30日以上でなければならない。

4 命令等制定機関は，委員会等の議を経て命令等を定めようとする場合において，当該委員会等が意見公募手続に準じた手続きを実施したときであっても，自ら意見公募手続を実施することが必要とされる。

5 命令等制定機関は，意見公募手続を実施して命令等を定めた場合には，当該命令等の公布と同時期に提出された意見などの公示をしなければならず，その公示の手段は日刊紙に掲載することとされている。

168

No.4 行政手続きに関するア～オの記述のうち，妥当なもののみをすべて挙げ
ているのはどれか。　　　　　　　　　　　【国税専門官・平成21年度】

ア：行政庁は，申請がその事務所に到達してから当該申請に対する処分をする
　まてに通常要すべき標準的な期間を定めるよう努めるとともに，これを定
　めたときは，公にしておかなければならない。

イ：行政庁は，申請により求められた許認可等をするかどうかを判断するため
　の審査基準を定めるに当たっては，許認可等の性質に照らしてできる限り
　具体的なものとしなければならないが，審査基準を公にしておく必要はな
　い。

ウ：行政庁は，私人の権利義務に直接影響を及ぼす命令を定める場合は行政手
　続法上の意見公募手続を行わなければならないが，行政上の内部基準とし
　て用いられる，行政指導指針や不利益処分についての処分基準を定める場
　合は，当該手続きを行う必要はない。

エ：行政庁は，不利益処分をする場合には，いかなるときも，その名あて人に
　対し，当該不利益処分の理由を示さなければならない。

オ：法令により一定事項の届出が義務づけられている場合，法令により届出の
　提出先とされている機関の事務所の職員が当該届出を受理したときに，届
　出をすべき手続き上の義務が履行されたことになる。

1 ア
2 イ
3 エ
4 ア，オ
5 ウ，エ

No.5 行政手続法に規定する不利益処分に関する記述として，妥当なのはどれか。 【地方上級（特別区）・平成28年度】

1 行政庁は，不利益処分をするかどうかについて法令の定めに従って判断するために必要とされる基準を定め，かつ，必ずこれを公にしておかなければならず，その基準を定めるに当たっては，不利益処分の性質に照らしてできる限り具体的なものとするよう努めなければならない。

2 行政庁は，名あて人の資格又は地位を直接にはく奪する不利益処分をしようとするときは，当該不利益処分の名あて人となるべき者について，聴聞の手続を執らなければならないが，公益上，緊急に不利益処分をする必要があるため，当該手続を執ることができないときは，意見陳述手続の適用が除外されている。

3 行政庁は，許認可等を取り消す不利益処分をしようとするときは，当該不利益処分の名あて人となるべき者について，弁明の機会を付与しなければならず，弁明は，弁明を記載した書面を提出してするものとする。

4 行政庁は，不利益処分をする場合には，その名あて人に対し，処分後相当の期間内に，当該不利益処分の理由を示さなければならないが，不利益処分を書面でするときであっても，その理由は口頭によることができる。

5 行政庁は，聴聞及び弁明の機会の付与を行うに当たって，当事者から不利益処分の原因となる事実を証する資料の閲覧を求められた場合，第三者の利害を害するおそれがあるときに限り，その閲覧を拒むことができる。

実戦問題 **1** の 解説

→問題はP.167
No.1 の解説　行政手続法　　正答4

ア✕ 国民の行政の意思決定への参加は行手法の目的として規定されていない。

妥当でない。行手法は「行政運営における公正の確保と透明性の向上を図り，もって国民の権利利益の保護に資すること」を目的としており（行手法1条），国民の行政の意思決定への参加は行手法上，規定されていない。

イ〇 行手法は「申請に対する処分」と「不利益処分」の手続を定めている。

妥当である。行手法は，処分に関する手続については，**申請に対する処分**（第2章）と**不利益処分**（第3章）の手続を定めている。

ウ〇 許認可の取消しの場合は原則として聴聞の手続が必要である。

妥当である。許認可の取消しのように，不利益の程度が重い処分の場合は，比較的重厚な手続である**聴聞**の手続を必要とする（同13条1項1号イ）。

エ✕ 行手法は命令等の意見公募手続も定めている。

妥当でない。命令等の**意見公募手続**は行手法の成立当初，定められていなかったが，平成17年改正によって追加された（同38条以下）。

以上から妥当なものは**イ**と**ウ**なので，**4**が正答となる。

→問題はP.168
No.2 の解説　行政手続法の申請に対する処分　　正答5

1✕ 行政庁は申請が事務所に到達したら，審査開始義務を負う。

妥当でない。行政庁は，申請がその事務所に到達したときは遅滞なく当該申請の審査を開始しなければならない（行手法7条）。

2✕ 形式要件に適合しなければ，補正を求めるか，拒否しなければならない。

妥当でない。行政庁は，形式上の要件に適合しない申請については，速やかに，申請をした者に対し相当の期間を定めて当該申請の補正を求めるか，又は当該申請により求められた許認可等を拒否しなければならない（同7条）。

3✕ 行政庁には審査の進行状況等を示すよう，努力義務が課されている。

行手法9条1項では，「行政庁は，申請者の求めに応じ，当該申請に係る審査の進行状況及び当該申請に対する処分の時期の見通しを示すよう努めなければならない。」とされており，行政庁には努力義務が課されているに過ぎない。したがって，行政庁は，本肢のように審査の進行状況等を「示さなければならない」わけではない。

4✕ 公聴会は必ず開催しなければならないものではない。

公聴会は必要に応じて開催すればよく，必ず開催しなければならないものではない。また，公聴会の開催等を通じて意見を聴く機会を設けることは努力義務にとどまる（同10条）。

5◎ 標準処理期間の経過によって当然に不作為が違法になるわけではない。

申請が行政庁の事務所に到達してから当該申請に対する処分をするまでに通常要すべき標準的な期間を**標準処理期間**という（同6条）。この標準処理期

間が過ぎても，申請に対する処分がされない場合に，当該不作為が当然に違
法になるわけではない。不作為が違法であるためには，申請から「相当の期
間」が経過している必要があるのであって（行訴法3条5項），標準処理期
間が経過しているか否かは，不作為の違法を判断する際に直接関係ない。

No.3 の解説　意見公募手続

1 ✕　行手法上の意見公募手続は条例を定める場合に適用されない。
　　行手法に定める**意見公募手続**は，同法の**命令等**を定める場合に実施されるこ
とになっている。この「命令等」に条例は含まれていない（行手法2条8
号）。そのため，行手法に定める意見公募手続は，地方公共団体の機関が条
例を定めようとする場合に適用されない。

2 ✕　意見公募手続の対象となる「命令等」には規則も含まれる。
　　「命令等」には，内閣または行政機関が定める法律に基づく**命令**とともに**規
則**も含まれる（同2条8号イ）。

3 ◎　命令等を定める場合，法定の方式で意見公募手続をとる必要がある。
　　正しい。意見公募手続では，命令等制定機関は命令等の案および資料を公示
するとともに，意見提出先および意見提出期間を定めることとされている
（同39条1項）。意見提出期間は30日以上を確保することが求められている
（同39条3項）。

4 ✕　一定の場合には，命令等制定機関自ら意見公募手続を実施しなくてよい。
　　命令等制定機関は，委員会等の議を経て命令等を定めようとする場合，当該
委員会等が意見公募手続に準じた手続きを実施したときは，自ら意見公募手
続を実施することを要しない（同40条2項）。

5 ✕　公示方法として日刊紙への掲載は必要ない。
　　前半は正しい。後半が誤り。命令等制定機関は，意見公募手続を実施して命
令等を定めた場合には，当該命令等の公布と同時期に提出意見等を公示しな
ければならないが（同43条1項），日刊紙に掲載することとされているわけ
ではない。公示方法につき，行手法は，「公示は，電子情報処理組織を使用
する方法その他の情報通信の技術を利用する方法により行うものとする」と
定めている（同45条1項）。

No.4 の解説　行政手続き

ア ◎　標準処理期間の設定は努力義務である。
　　妥当である（行手法6条）。**標準処理期間**の設定は努力義務である点に注意
する必要がある。

イ ✕　審査基準は原則として公にしておく必要がある。
　　妥当でない。行政庁は，行政上特別の支障があるときを除き，法令により申

請の提出先とされている機関の事務所における備付けその他の適当な方法により**審査基準**を公にしておかなければならない（同5条3項）。

ウ× 行政指導指針や処分基準を定める場合も，意見公募手続をとる必要がある。
妥当でない。**行政指導指針**や**処分基準**は，行手法上の「命令等」に含まれ（同2条8号ハ，ニ），これらについては，意見公募手続（同第6章）の対象になる。

エ× 行政庁が不利益処分をする際に，その理由を示さなくてもよい場合がある。
妥当でない。理由を示さないで処分をすべき差し迫った必要がある場合には，**不利益処分**の理由を示す必要はない（同14条1項但書）。

オ× 職員の受理によって届出の義務が履行されたことになるのではない。
妥当でない。**届出**をすべき手続き上の義務が履行されたことになるのは，届出が法令により当該届出の提出先とされている機関の事務所に到達したときであって，事務所の職員が受理したときではない（同37条）。
　以上から妥当なものはアのみであり，**1**が正答となる。

No.5 の解説　行政手続法に規定する不利益処分　→問題はP.170　**正答2**

1× 行政庁が**不利益処分**をするかどうかについて法令の定めに従って判断するために必要とされる基準のことを**処分基準**という（行手法2条8号ハ）。この処分基準を定め，公にすることは**努力義務**として定められている（同12条1項）。したがって，処分基準を必ず公にしておかなければならないわけではない。また，処分基準はできる限り具体的なものと「しなければならない」のであって（同12条2項），本肢のように具体的なものとするよう「努めなければならない」のではない。

2◎ 正しい（同13条1項1号ロ，同条2項1号）。不利益処分の程度が重い場合には，原則として，**弁明の機会の付与**ではなく，**聴聞**を実施する必要がある（同13条1項1号）。もっとも，緊急性がある場合など，例外的な場合には聴聞等の意見陳述の機会を設ける必要はない（同条2項）。

3× 許認可等を取り消す不利益処分は不利益の程度が重いので，弁明の機会の付与ではなく，聴聞が必要である（同13条1項1号イ）。

4× 不利益処分を書面で行う場合には，不利益処分の理由は書面によって示さなければならない（同14条3項）。

5× 当事者は資料の閲覧を求めることができるが，これは聴聞の場合に限られている（同18条1項前段，31条参照）。また，行政庁が資料の閲覧を拒むことができるのは，第三者の利益を害するおそれがあるときのほか，正当な理由があるときも拒むことができる（同18条1項後段）。

No.6 行政手続法に定める聴聞に関する次の記述のうち，妥当なものはどれか。

【地方上級（全国型）・平成21年度・改題】

1 公益上，緊急に不利益処分をする必要があるため，意見陳述の手続きをとることができない場合であっても，処分の名あて人となるべき者の利益保護の観点から，必ず聴聞を行わなければならない。

2 当事者および参加人は，聴聞の通知があった時から聴聞が終結する時までの間，行政庁に対してその不利益処分の原因となる事実を証する資料等の閲覧を求めることができる。

3 聴聞の手続的公正と判断の客観性を担保するために，不利益処分を行う行政庁の職員は聴聞の主宰者になることができない。

4 審査請求は処分または不作為を対象にして行われることになっているので，行政手続法の聴聞に関する節の規定に基づく処分または不作為についても，審査請求をすることができる。

5 行政手続法は，許認可等を取り消す不利益処分など，聴聞が必要とされる不利益処分については明文で定めており，弁明手続きが相当な処分について，行政庁がその裁量で聴聞を行うことは認められない。

No.7 行政手続法に規定する聴聞に関するア～オの記述のうち，妥当なもののみを挙げているのはどれか。　　　　　　　　　　　　　【国家総合職・令和5年度】

ア：聴聞では，書面審理の原則をとりながら，当事者から申立てがあった場合には，主宰者は，申立人の所在その他の事情により困難と認められる場合を除き，申立人に口頭で聴聞に係る事件に関する意見を述べる機会を与えなければならないこととされている。

イ：行政庁は，許認可等を取り消す不利益処分をしようとする場合や，名あて人の資格又は地位を直接にはく奪する不利益処分をしようとする場合などには聴聞を実施しなければならないが，これらの場合以外であっても，行政庁が相当と認めるときは，裁量で聴聞を実施することができる。

ウ：行政庁は，聴聞を行うに当たっては，聴聞を行うべき期日までに相当な期間をおいて，不利益処分の名あて人となるべき者及びそれ以外の利害関係人に対し，法所定の事項を書面により通知しなければならない。

エ：聴聞の通知を受けた当事者は，聴聞の通知があった時から聴聞が終結する時までの間，行政庁に対し，当該事案についてした調査の結果に係る調書その他の当該不利益処分の原因となる事実を証する資料の閲覧を求めることができるが，この場合において，行政庁は，第三者の利益を害するおそれがあるときその他正当な理由があるときは，その閲覧を拒むことができる。

オ：主宰者は，当事者の全部又は一部が正当な理由なく聴聞の期日に出頭せず，かつ，出頭に代えて陳述書又は証拠書類等を提出しない場合には，その者に対し改めて意見を述べ，及び証拠書類等を提出する機会を与えることなく，聴聞を終結することができる。

1 ア，イ，ウ
2 ア，ウ，エ
3 ア，エ，オ
4 イ，ウ，オ
5 イ，エ，オ

***
No.8 行政手続法に関するア～オの記述のうち，妥当なもののみをすべて挙げているのはどれか。　　　　　　【国家総合職・平成21年度】

ア：行政手続法は，国民の権利利益の保護と民主主義的見地からの行政の意思決定への国民参加の促進を目的として，処分，行政指導および届出に関する手続きならびに計画および命令等の策定に関する手続きに関し，共通する事項を定めている。

イ：同一の行政目的を実現するため一定の条件に該当する複数の者に対し行政指導をしようとするときは，行政機関は，あらかじめ，事案に応じ，行政指導指針を定め，かつ，行政上特別の支障がない限り，これを公表しなければならない。

ウ：行政庁は，許認可等を取り消す不利益処分をしようとするときは，原則として聴聞手続きをとらなければならないが，聴聞の期日における審理は，行政庁が公開することを相当と認めるときを除き，非公開とされる。

エ：行政庁は，申請に対する処分であって，申請者以外の者の利害を考慮すべきことが当該法令において許認可等の要件とされているものを行う場合には，公聴会の開催その他の適当な方法により当該申請者以外の者の意見を聴く機会を必ず設けなければならない。

オ：行政庁が政令等の命令を定めようとするときは意見公募手続をとらなければならず，審議会の議を経て命令を定めようとする場合において，当該審議会が意見公募手続に準じた手続きを実施したときであっても，命令を定めようとする行政庁自らが意見公募手続を実施しなければならない。

1 ア，イ　　　**2** ア，エ，オ　　　**3** イ，ウ
4 イ，オ　　　**5** ウ，エ，オ

No.9 行政手続法に関するア〜オの記述のうち，妥当なもののみをすべて挙げているのはどれか。 【国家総合職・平成26年度】

ア：行政手続法は，行政手続きに関する一般法であり，同法では，行政運営における公正の確保と透明性の向上を図り，もって国民の権利利益の保護に資することが目的として掲げられているが，民主主義的見地からの国民の行政決定過程への参加は目的として掲げられていない。

イ：行政手続法は，地方公共団体の機関がする処分および行政指導については，その根拠が条例または規則であるものに限り適用の対象外としており，地方公共団体の機関がする処分および行政指導であっても，その根拠が国の法律であるものには同法が適用される。

ウ：行政手続法は，不利益処分の手続として聴聞と弁明の機会の付与を定めているところ，不利益処分には原則として聴聞を義務づけ，名あて人の資格または地位を直接にはく奪する不利益処分など特定の不利益処分については弁明の機会の付与によるものとしている。

エ：行政手続法は，申請に対する処分について審査基準の制度を設け，不利益処分について処分基準の制度を設けているところ，不利益処分は申請に対する処分よりも相手方に対する影響の度合いが強いことから処分基準の設定については行政庁は処分基準を定めるものとしているのに対し，審査基準の設定については行政庁は審査基準を定めるよう努めなければならないとしている。

オ：行政手続法は，命令等を定める場合の一般原則を明示的に定めており，命令等を定める機関は，命令等を定めるに当たっては，命令等が根拠法令の趣旨に適合するものとなるようにしなければならず，また，命令等を定めた後においても，その実施状況や社会経済情勢の変化等を勘案し，必要に応じ，その内容について検討を加え，その適正を確保するよう努めなければならないとされている。

1 ア，ウ

2 ア，オ

3 イ，ウ

4 イ，エ

5 エ，オ

No.10 行政手続法に規定する意見公募手続等に関するア～オの記述のうち，妥当なもののみをすべて挙げているのはどれか。　【国家総合職・平成28年度】

ア：意見公募手続の対象となる命令等は，内閣又は行政機関が定めるものであり，政令のように内閣が閣議決定により定める場合が含まれ得るが，その場合，意見公募手続を実施する命令等制定機関は，内閣ではなく，当該命令等の立案をする各大臣である。

イ：意見公募手続の対象となる命令等には，講学上は行政規則に分類される審査基準及び処分基準が含まれるが，同じく行政規則に分類される行政指導指針については，その性質上意見公募手続の規定の適用になじまないものであるため，意見公募手続の対象となる命令等から除外されている。

ウ：行政手続法は，意見公募手続の対象となる命令等として，法律に基づく命令（処分の要件を定める告示を含む。）又は規則を掲げている。この規則とは，国の行政機関のうち委員会又は庁の長官が発する規則のことをいう。地方公共団体の執行機関が定める規則については，同法が地方公共団体の機関による命令制定行為につき適用除外としているため，意見公募手続の対象となる規則には含まれない。

エ：行政手続法は，命令等制定機関について，当該機関が命令等を定めるに当たって当該命令等が根拠法令の趣旨に適合するものとなるようにしなければならないとする規定に加え，当該機関が命令等を定めた後においても，当該命令等の規定の実施状況，社会経済情勢の変化等を勘案し，必要に応じ，当該命令等の内容について検討を加え，その適正を確保するように努めなければならないとする規定を置いている。

オ：意見公募手続において，命令等制定機関が公示する命令等の案は，具体的かつ明確な内容のものであって，かつ，当該命令等の題名及び当該命令等を定める根拠となる法令の条項が明示されたものでなければならない。

1　ア，イ，オ
2　ア，ウ，エ
3　ア，エ，オ
4　イ，ウ，エ
5　ウ，エ，オ

実戦問題 **2** の解説

No.6 の解説　聴聞
→問題はP.174　**正答2**

1 ✕　緊急性がある場合は聴聞を行う必要はない。

公益上，緊急に**不利益処分**をする必要があるため，意見陳述のための手続きをとることができないときには，不利益処分を行う場合であっても，**聴聞**を行う必要はない（行手法13条2項1号）。

2 ◎　当事者と参加人は資料等の閲覧を求めることができる。

正しい。当事者および**参加人**は，資料の閲覧を求めることができ，行政庁は原則として，その閲覧を拒むことができない（同18条1項）。

3 ✕　行政庁の職員は聴聞の主宰者になることができる。

聴聞は，行政庁が指名する職員その他政令で定める者が主宰することとなっており（同19条1項），行手法は一定の者が**主宰者**になれない旨，規律している（同19条2項）。もっとも，不利益処分を行う行政庁の職員が主宰者になれない旨は明文で定められていないので，不利益処分を行う行政庁の職員であっても，聴聞の主宰者になることは可能である。

4 ✕　聴聞に関する節の規定に基づく処分等は審査請求の対象ではない。

前半は正しい（行審法2条，3条）。後半が誤り。行手法の聴聞に関する節の規定に基づく処分または不作為については，審査請求をすることができない（行手法27条）。

5 ✕　弁明手続きが相当な処分について聴聞を行うことは可能である。

前半は正しい。後半が誤り。**弁明**手続きが相当な処分であっても，行政庁が相当と認めるときは，聴聞を行うことができる。

No.7 の解説　行政手続法の聴聞
→問題はP.174　**正答5**

ア ✕　当事者は聴聞期日に出頭して意見を述べることができる。

妥当でない。当事者は**聴聞**期日に出頭して，意見を述べることができるが，本肢のような条件は課されていない（行手法20条2項）。なお，本肢の内容に類似した制度が行審法の中にある。これによれば，審査請求人の申立てがあった場合には，**審理員**は，申立人の所在その他の事情により当該意見を述べる機会を与えることが困難であると認められる場合を除き，申立人に口頭で**審査請求**に係る事件に関する意見を述べる機会を与えなければならない（行審法31条1項）。

イ ◎　法律上，聴聞が不要な不利益処分の場合も，聴聞を実施することはできる。

妥当である。行手法上，聴聞の実施が必要とされていなくても，聴聞を実施することで，より手厚く関係者の手続権を保障することができる。したがって，聴聞の実施が法律上必要とされていなくても，行政庁は聴聞を行うことができる。

ウ ✕　聴聞を行うにあたり利害関係人に対して法所定の事項を通知する必要はない。

妥当でない。行政庁は，聴聞を行うに当たっては，聴聞を行うべき期日までに相当な期間をおいて法所定の事項を書面により通知しなければならないが，この通知は**不利益処分**の名あて人となるべき者に対して行うことになっており，利害関係人に対して行うことになっていない（行手法15条1項）。

エ○ 当事者は資料の閲覧を求めることができるが，行政庁は例外的に拒否できる。
妥当である。当事者は，聴聞の通知があった時から聴聞が終結する時までの間，行政庁に対し，資料の閲覧を求めることができる。この場合，行政庁は，原則として閲覧を拒むことができないが，例外的に第三者の利益を害するおそれがあるときその他正当な理由があるときは閲覧を拒むことができる（同18条1項）。

オ○ 当事者が聴聞期日に出頭等しない場合，主催者は聴聞を終結することができる。
妥当である。主宰者は，当事者の全部若しくは一部が正当な理由なく聴聞の期日に出頭せず，かつ，陳述書や証拠書類等を提出しない場合には，改めて意見を述べ，及び証拠書類等を提出する機会を与えることなく，聴聞を終結することができる（同23条1項）。

　以上から妥当なのは**イ，エ，オ**であり，**5**が正答となる。

No.8 の解説 行政手続法　　　　　　　　　→問題はP.175　**正答3**

ア✕ 行手法は計画の策定手続について規律していない。
妥当でない。行手法は，行政手続きの一般法としての役割を果たしているが，あらゆる行政の行為形式の手続きを定めているわけではない。行政手続法が対象としているのは，「**処分，行政指導**及び**届出**に関する手続並びに**命令等を定める手続**」（行手法1条1項）であり，計画に関する手続きについては規律していない。なお，行政計画に関する手続きについては，行手法ではなく，個別の法律が定めていることがあるので，そのような規律がある場合には，関係者は当該手続規律に服することになる。

イ○ 行政機関は一定の場合に行政指導指針を定め，公表しなければならない。
妥当である（同2条8号ニ，36条）。**行政指導指針**を定め，公表することとされたのは，関係者間で不公平な事態が引き起こされないようにするためである。

ウ○ 許認可等を取り消す不利益処分の場合は原則として聴聞が必要である。
妥当である。許認可等を取り消すといった重大な不利益をもたらす行為については，**聴聞**の手続きが原則として必要とされる（同13条1項1号イ）。また，聴聞期日における審理は非公開が原則とされているが（同20条6項），これは，①当事者のプライバシーに配慮する必要があること，②行政庁側の負担（会場の確保や当事者への連絡といった事務的な負担）を軽減する必要があることによる。

エ✕ 公聴会の開催は努力義務である。

妥当でない。行手法10条によれば，「行政庁は，申請に対する処分であって，申請者以外の者の利害を考慮すべきことが当該法令において許認可等の要件とされているものを行う場合には，必要に応じ，**公聴会**の開催その他の適当な方法により当該申請者以外の者の意見を聴く機会を設けるよう努めなければならない」。つまり，公聴会の開催等，意見を聴く機会を設けることは努力義務であるから，そのような機会を必ず設けなければならないわけではない。

オ✕ 一定の場合には，命令等制定機関自ら意見公募手続を実施しなくてよい。

妥当でない。**審議会**は行手法上の「委員会等」に含まれ（同39条4項4号），この委員会等の議を経て命令等を定めようとする場合には，命令等制定機関は，当該委員会等が意見公募手続に準じた手続を実施したときは，自ら意見公募手続を実施しなくてもよい（同40条2項）。

以上から妥当なものは**イ**および**ウ**であり，**3**が正答となる。

No.9 の解説 行政手続法　　　　　　　　　　　　　→問題はP.176　**正答2**

ア◯ 国民の行政決定過程への参加は行手法の目的ではない。

妥当である。行手法の目的は同法1条に定められているが，民主主義的見地からの国民の行政決定過程への参加は目的として掲げられていない。これは，まずは自由主義的見地から国民の権利利益を保護しようとして同法が定められたことによる。

イ✕ 地方公共団体の機関が行う行政指導には行手法は適用されない。

妥当でない。地方公共団体の機関がする**行政指導**については，その根拠が国の法律であろうと，条例または規則であろうと，行手法の適用が除外される（行手法3条3項）。

ウ✕ 行手法は特定の不利益処分について聴聞を義務付けている。

妥当でない。名宛人の資格または地位を直接にはく奪する**不利益処分**は**聴聞**による（同13条1項1号ロ）。行手法は不利益の程度が比較的重い処分の場合に聴聞を実施することとし，不利益の程度が比較的軽い処分の場合に**弁明の機会の付与**の手続きを実施することとしている。名あて人の資格または地位を直接にはく奪する不利益処分は不利益の程度が比較的重い処分といえる。そのため，弁明の機会の付与ではなく，聴聞が必要となる。

エ✕ 処分基準の設定は努力義務である。

妥当でない。努力義務とされているのは，**審査基準**の設定ではなく（同5条1項），**処分基準**の設定である（同12条1項）。

オ◯ 行手法は命令等を定めるときと定めた後の原則を定めている。

妥当である。行手法は，命令等を定める場合の一般原則として，本肢の内容を定めている（同38条）。

以上から妥当なものは**ア**および**オ**であり，**2**が正答となる。

No.10 の解説　意見公募手続等

→問題はP.177　**正答3**

　　本問では**意見公募手続**に関する，かなり細かい条文知識が問われている。各項目について，実際に条文にあたって，条文知識を確認してもらいたい。

ア○　**命令等制定機関は命令等の立案を担当する各大臣である。**

　妥当である。**命令等**は内閣または行政機関が定める一定のものをさす（行手法2条8号）。閣議決定により命令等が定められる場合には，当該命令等の立案をする各大臣が**命令等制定機関**となる（同38条1項）。

イ✕　**行政指導指針も意見公募手続の対象となる命令等に含まれる。**

　妥当でない。意見公募手続の対象となる「命令等」には**審査基準**および**処分基準**のほか**行政指導指針**も含まれる（同2条8号ニ）。なお，審査基準，処分基準および行政指導はいずれも講学上の**行政規則**として一般に捉えられている。

ウ✕　**「命令等」に地方公共団体の執行機関が定める規則は含まれる。**

　妥当でない。行政手続法上，**規則**とは地方公共団体の**執行機関**（長のほか，教育委員会や選挙管理委員会などの各種委員会がこれに含まれる）の規則をさす（同2条1号）。そのため，意見公募手続の対象となる「命令等」の一類型としての「規則」（同2条8号イ）を国の行政機関たる委員会または長の長官が発する（**外局**）規則として理解するのは適切ではない。なお，地方公共団体の機関が命令等を定める行為については，行手法の**適用除外**とされている（同3条3項）。

エ○　**行手法は命令等を定めるときと定めた後の原則を定めている。**

　妥当である。行手法は命令等を定める場合と定めたあとの一般原則を定めている（同38条1項，2項）。

オ○　**命令等の案は具体的かつ明確であって，条項の明示がなければならない。**

　妥当である（同39条2項）。命令等の案が具体的かつ明確な内容を有していないと，適切に広く一般の意見を求めることができない。

　　以上から妥当なのは**ア，エ，オ**であり，**3**が正答となる。

必修問題

行政手続法に規定する行政指導に関する記述として，妥当なのはどれか。

【地方上級（特別区）・平成29年度】

1 行政指導に携わる者は，常に申請の取下げを求める行政指導をしてはならず，また，その相手方が行政指導に従わなかったことを理由として，不利益な取扱いをしてはならない。

2 行政指導に携わる者は，当該行政指導をする際に，行政機関が許認可等をする権限を行使し得る旨を示すときは，その相手方に対して，当該行政指導の趣旨を示さなければならないが，当該権限を行使し得る根拠となる法令の条項を示す必要はない。

3 行政指導が口頭でされた場合において，その相手方から当該行政指導の内容及び責任者を記載した書面の交付を求められたときは，当該行政指導に携わる者は，必ずこれを交付しなければならない。

4 許認可等をする権限を有する行政機関が，当該権限を行使することができない場合においてする行政指導にあっては，行政指導に携わる者は，当該権限を行使し得る旨を殊更に示すことにより相手方に当該行政指導に従うことを余儀なくさせるようなことをしてはならない。

5 行政運営における公正の確保と透明性の向上を図るため，地方公共団体の機関が行う行政指導については，**行政手続法**の規定を適用するが，国の機関又は地方公共団体に対する行政指導については，行政手続法の規定を適用しない。

難易度 ＊

必修問題の解説

本問は行政指導に関する条文知識を問う問題である。行手法は実体面および手続面の両方から行政指導に関する規律を置いており，それぞれについて正確な条文知識が求められる。

1 ✕ **申請の取り下げを求める行政指導を一切してはいけないわけではない。**

前半は妥当でない。後半は妥当である（行手法32条2項）。行手法は申請の取り下げを求める**行政指導**を一律に禁止しているわけではない。同法で禁止されているのは，申請の取り下げを求める行政指導のうち，申請者の権利の行使を妨げるような形で行われる行政指導である（同33条）。

2 ✕ **一定の行政指導の場合，権限行使のための法令の条項を示す必要がある。**

行政指導に際して許認可等の行政権限を行使し得る旨を示す場合は，行政指導の相手方に対して，当該行政権限を行使し得る根拠となる法令の条項を示さなければならない（同35条2項）。

3 ✕ **行政上特別の支障があれば，書面は交付しなくてもよい。**

行政指導が口頭でされた場合において，その相手方から当該行政指導の　内容及び責任者を記載した書面の交付を求められたときは，当該行政指導に携わる者は原則として，これを交付しなければならないが，行政上特別の支障があれば，これを交付しなくてもよい（同35条3項）。

4 ◎ **行政権限を行使しうる旨を示して行政指導の任意性を阻害してはならない。**

妥当である。行政指導に携わる者は，許認可等の行政権限を有する行政機関が当該権限を行使し得る旨を殊更に示すことにより，相手方に行政指導に従わせるようなことをしてはならない（同34条）。

5 ✕ **地方公共団体の機関が行う行政指導に行政手続法は適用しない。**

前半は妥当でない。後半は妥当である（同4条1項）。地方公共団体の機関が行う行政指導については，行手法の適用はなく（同3条3項），地方公共団体によって制定された行政手続条例の適用がある。

正答 **4**

第3章　行政作用法(2)

FOCUS

　行政指導も行政契約も，いずれも非権力的な行政作用であるという点で共通する。このうち行政指導については，行手法の中で規律がされているので，同法の条文を正確に押さえておこう。他方，行政契約については，これを規律する一般法は存在しない。そのため補助金の交付決定や公害防止協定など重要な個別事例の法的性質を理解しておく必要がある。

── POINT ──

重要ポイント **1** 行政指導の意義と法的特質

行政指導とは「行政機関がその任務又は所掌事務の範囲内において一定の行政目的を実現するため特定の者に一定の作為又は不作為を求める指導，勧告，助言その他の行為であって処分に該当しないもの」をさす（行手法2条6号）。

行政指導の法的特質

①非権力的行為であること
> →したがって行政指導の内容は強制されない

②事実行為であること
> →したがって行政指導は権利義務関係に直接の影響を与えない

重要ポイント **2** 行政手続法における行政指導の実体的規律

行政手続法は行政指導について規律しているが，同法は手続的見地からだけでなく，実体的見地からも規律している。

（1）行政指導全般に妥当する一般的な規律

①行政指導にあっては，行政指導に携わる者は，いやしくも当該行政機関の任務または所掌事務の範囲を逸脱してはならないことに留意しなければならない（行手法32条1項）。

②行政指導にあっては，行政指導に携わる者は，行政指導の内容があくまでも相手方の任意の協力によってのみ実現されるものであることに留意しなければならない（同32条1項）。

| 行政指導 | + | 相手方の任意の協力 | ➡ | 行政指導の内容が実現 |

③行政指導に携わる者は，その相手方が行政指導に従わなかったことを理由として，不利益な取扱いをしてはならない（同32条2項）。

（2）一定の行政指導に妥当する特別な規律

①申請の取下げまたは内容の変更を求める行政指導
> →行政指導に携わる者は，申請者が当該行政指導に従う意思がない旨を表明したにもかかわらず当該行政指導を継続すること等により当該申請者の権利の行使を妨げるようなことをしてはならない（同33条）。

②許認可等をする権限または許認可等に基づく処分をする権限を有する行政機関が，当該権限を行使することができない場合または行使する意思がない場合においてする行政指導
> →行政指導に携わる者は，当該権限を行使しうる旨をことさらに示すことにより相手方に当該行政指導に従うことを余儀なくさせるようなことをしてはならない（同34条）。

重要ポイント 3 ▶ 行政手続法における行政指導の手続的規律

（1）行政指導の方式

①行政指導に携わる者は，その相手方に対して，当該行政指導の趣旨および内容並びに責任者を明確に示さなければならない（行手法35条1項）。これを明確性原則と呼ぶことがある。

②行政指導に携わる者は，行政機関が許認可等をする権限または許認可等に基づく処分をする権限を行使しうる旨を示すときは，その相手方に対して法令の条項など一定の事項を示さなければならない（同35条2項）。

③行政指導が口頭でされた場合，その相手方から書面の交付を求められたときは，当該行政指導に携わる者は，原則として，これを交付しなければならない（同35条3項）。

④ただし，一定の行政指導の場合には，例外的に行政指導の書面を交付する必要はない（同35条4項）。

（2）行政指導指針の手続き

行政指導指針とは，「同一の行政目的を実現するため一定の条件に該当する複数の者に対し行政指導をしようとするときにこれらの行政指導に共通してその内容となるべき事項をいう」（同2条8号ニ）。このような行政指導指針については，以下の手続規律がある。

①同一の行政目的を実現するため一定の条件に該当する複数の者に対し行政指導をしようとするときは，行政機関は，あらかじめ，事案に応じ，行政指導指針を定めなければならない（同36条）。

②行政指導指針は，行政手続法でいう「命令等」に含まれるので，同法の意見公募手続きに従って定められる（同2条8号ニ，38条以下）。

③以上のようにして定められた行政指導指針を，行政機関は原則として公表しなければならない（同36条）。

（3）行政指導の中止等の求めおよび行政指導の求め

①法令違反行為の是正を求める行政指導の相手方は，原則として当該行政指導の中止その他必要な措置をとることを求めることができる（同36条の2第1項）。

②何人も，法令違反の事実がある場合，その是正のためにされるべき行政指導がされていないと思料するときは，その旨を申し出て，行政指導をすることを求めることができる（同36条の3第1項）。

重要ポイント 4 ▶ 行政指導と法律の根拠

行政指導が行われる場合，その根拠が法律にある場合とない場合がある。

このうち法定外の行政指導については，法律の根拠なくして行政指導を行ってよ

いのかという問題があるが，一般的には**法律の根拠は不要**と解されている。
なお，行手法は行政指導に法律の根拠を明文では要求していない。

重要ポイント 5 　行政指導に対する救済

(1) 取消訴訟：行政指導には処分性が認められないので，原則として取消訴訟で
争うことはできない。ただし，特殊な事情から，行政指導であっても，例外
的に処分性が肯定されることがあり，この場合は取消訴訟で争うことができ
る。

(2) 損害賠償請求訴訟：支配的な見解によれば，行政指導は国賠法1条1項でい
う「公権力の行使」に該当する。したがって，違法な行政指導によって損害
を被った者は国または公共団体といった行政主体に損害賠償を請求しうる。

判例　開発指導要綱に基づく金銭負担と国家賠償法1条（最判平5・2・18）

寄付金の納付を要求する行政指導がたとえ開発指導要綱に従って行われたとし
ても，相手方の任意性が損なわれている限り，当該行政指導は国家賠償法1条
1項の違法な公権力の行使に該当する。

重要ポイント 6 　行政手続法制定以前の行政指導に関する判例

行政指導は，平成5年に制定された行手法の中で規律されている。ここで，同法
の規律に影響を与えた行手法制定以前の代表的判例を示しておく。

判例　行政指導による建築確認の留保（最判昭60・7・16）

建築主が行政指導に協力できないとの意思を真摯かつ明確に表明し，建築確認
申請に直ちに応答すべきことを求めている場合には，特段の事情がない限り，
行政指導を理由とする確認処分の留保は違法である。

行政指導の内容を実現するための給水拒否（最判平元・11・8）

事業主に指導要綱を順守させるため，行政指導を継続する必要がある場合であ
っても，事業主が行政指導に従わない意思を明確に表明している場合には，給
水契約の締結を留保することは許されない。

重要ポイント 7 　行政契約の意義

行政契約とは，少なくとも契約の一方の当事者が行政主体である契約のことをい
う。たとえば行政活動に必要な物品の調達は行政契約による。

なお，行政契約と類似する用語に公法と私法の区別を前提にした公法契約という
用語がある。しかし，現在では公法と私法の区別に対する否定的な見方が強いた
め，これに伴い公法契約という用語が用いられることは，ほとんどなくなった。

重要ポイント 8 　行政契約の特徴

　行政契約も契約である以上，通常の契約と同じく，当事者双方の意思の合致が必要である。

　もっとも，行政契約はいくつかの点で通常の契約とは異なる。

(1) 目的：行政契約は公益確保の見地から締結される。この点，私益確保の見地から締結される通常の契約とは異なる。

(2) 規律内容：行政契約の場合，私的自治の原則（契約自由の原則）が公益確保の見地から一定程度修正される。その内容は，平等原則による修正のほか，個別法の定めによる実体法上および手続法上の修正（水道法による契約締結義務の発生など）がある。

(3) 訴訟形式：行政契約を巡って争いがある場合には，基本的に民事訴訟または公法上の当事者訴訟による。

		行政契約	通常の契約
同じ点		当事者双方の意思の合致	
異なる点	目的	公益の確保	私益の確保
	規律内容	私的自治の原則（契約自由の原則）を修正した規律	私的自治の原則（契約自由の原則）に基づく規律
	訴訟形式	民事訴訟 公法上の当事者訴訟	民事訴訟

重要ポイント 9 　行政契約と行政行為の差異

　行政契約は当事者が対等平等の関係にあることを前提にして行われる。それゆえ行政契約は非権力的な行政作用として位置づけられる。これに対し，行政行為の場合は，権力的な行政作用である。したがって，両者の間には非権力的行政作用か，権力的行政作用かという差異がある。

重要ポイント 10 　公害防止協定の法的性格

　地方公共団体と事業者の間で公害を防止するために協定が締結されることがある。この**公害防止協定**の法的性格をめぐって，従来，**紳士協定説**と**契約説**が対立してきた。前者によれば，当事者は法的に協定に拘束されないが，後者によると当事者は法的に協定に拘束される。しかし，公害防止協定もさまざまであるから，一律に論じることはできず，公害防止協定ごとに法的性格を検討する必要がある。

　なお，公害防止協定の中で刑罰を科すことはできないし，強制的な立ち入り権限を定めることもできないと解されている。

判例 福間町公害防止協定事件（最判平21・7・10）
- -
　　産業廃棄物の処分業者は，公害防止協定において，協定の相手方に対し，事業や処理施設を将来廃止する旨を約束することができる。

❖ **No.1** 行政契約に関するア～オの記述のうち，妥当なもののみをすべて挙げて
いるのはどれか。 【国家一般職・平成23年度】

ア：明治憲法下においては，行政主体が一方当事者である契約は公法上の契約
とされ，民法の適用が一切排除されていたが，現行憲法下においては，官
庁用建物の建築に係る請負契約や官庁事務用品の購入に係る売買契約など，
行政主体が一方当事者となる場合でも，民法の契約法理が適用されている。

イ：給付行政については，特別の規定がない限り契約方式をとることとされて
おり，国による補助金の交付や社会保障の給付は，いずれも給付を受ける
相手方との契約に基づいて行われている。

ウ：公害防止を目的に地方公共団体が事業者と公害防止協定を締結し，法律の
定めより厳しい規制を行っている例が見られるが，このような協定に基づ
き，その違反に対して刑罰を科すことや地方公共団体の職員に強制力を伴
う立入検査権を認めることはできない。

エ：行政契約の一方当事者である私人が，契約違反に対して訴訟を提起する場
合には，他の行政の行為形式の場合と同様に，行政事件訴訟法の定める手
続きによらなければ，訴訟を提起することができない。

オ：地方公共団体は，協議により規約を定め，その事務の一部を他の地方公共
団体に委託することができるが，これは行政主体間において契約方式をと
っている一例である。

1 ア，イ
2 ア，ウ
3 イ，エ
4 ウ，オ
5 エ，オ

No.2 　行政手続法に規定する行政指導に関する記述として，妥当なのはどれか。

【地方上級（特別区）・平成23年度】

1 　申請の取下げ又は内容の変更を求める行政指導にあっては，行政指導に携わる者は，行政上特別の支障があるときに限り，申請者が当該行政指導に従う意思がない旨を表明しても当該行政指導を継続しなければならない。

2 　行政指導は，相手方に対して，当該行政指導の趣旨及び内容並びに責任者を明確に示さなければならないので，行政指導を行う場合は，口頭ではなく，書面を交付しなければならない。

3 　行政指導とは，行政機関がその任務において一定の行政目的を実現するため，特定の者に一定の作為又は不作為を求める指導，勧告，処分，助言に該当する行為である。

4 　行政指導の最大の効用は，法律の不備や欠陥を補って新しい行政需要に機敏に対応するところにあるため，行政機関の所掌事務の範囲外の事項でも行政指導を行うことができる。

5 　同一の行政目的を実現するため一定の条件に該当する複数の者に対し行政指導をしようとするときは，行政機関はあらかじめ事案に応じ，行政指導指針を定め，かつ，行政上特別の支障がない限り，これを公表しなければならない。

No.3 　行政指導に関する次の記述のうち，妥当なのはどれか。

【市役所（C日程）・平成26年度】

1 　法律に根拠のある行政指導はその法律で規律されるので，行政手続法の対象となる行政指導は法律の根拠に基づかずに行われるものに限られる。

2 　複数の者を対象とする行政指導を行う場合には，行政指導指針を定めなければならないが，これを定める際には意見公募手続は必要でない。

3 　行政指導を口頭で行う場合において，相手方から書面の交付を求められたときは，行政上特別の支障がない限り，これを交付しなければならない。

4 　是正命令によらずに勧告という形で行政指導を行うことは，事実上の強制になるので許される場合はない。

5 　行政指導は相手方の任意の協力を要請するものであるから，公権力の行使には該当せず，国家賠償請求訴訟の対象とはなりえない。

第3章 行政作用法(2)

ア：行政指導は事実行為であり，相手方に対する直接の強制力を有するものではないが，私人の権利利益を侵害する場合もあることから，行政指導には原則として法律の具体的根拠が要求されるとするのが判例である。

イ：行政指導として，一定規模以上の宅地開発を行おうとする事業主に対して教育施設の充実のための寄付金の納付を求めることは，その目的が乱開発から生活環境を守るためという正当なものである場合は，事業主に事実上当該寄付金の納付を強制するものであっても，違法ということはできないとするのが判例である。

ウ：地方公共団体が継続的な施策を決定した後に社会情勢の変動等により施策が変更された場合，当該決定が特定の者に対し特定内容の活動を促す勧告・勧誘を伴い，その活動が相当長期にわたる当該施策の継続を前提として初めてこれに投入する資金等に相応する効果を生じうる性質のものである等の事情があるときであっても，その者との間に当該施策の維持を内容とする契約が締結されていないときは，当該変更によりその者に損害が生じた場合であっても，地方公共団体の不法行為責任は生じないとするのが判例である。

エ：地方公共団体が，地域の生活環境の維持，向上を図るため，建築主に対し，建築物の建築計画につき一定の譲歩・協力を求める行政指導を行った場合において，建築主が，建築主事に対し，建築確認処分を留保されたままでは行政指導に従わないという意思を真摯かつ明確に表明し，建築確認申請に対し直ちに応答することを求めたときは，特段の事情がない限り，それ以後の行政指導を理由とする建築確認処分の留保は違法となるとするのが判例である。

オ：行政指導が仮に違法であるとしても，行政指導は直接の法的効果を持つものではなく，行政庁の処分に当たらないので，相手方がその取消しを求めて取消訴訟を提起することは原則として認められないと一般に解されている。

1 ア，イ
2 イ，ウ
3 イ，オ
4 ウ，エ
5 エ，オ

No.5 行政指導に関する次の記述のうち，妥当なのはどれか。

【国家一般職・平成25年度】

1 租税法規に適合する課税処分については，税務官庁が納税者に対し信頼の対象となる公的見解を表示し，納税者がその表示を信頼しその信頼に基づいて行動したところ，その後，その表示に反する課税処分が行われ，そのために納税者が経済的不利益を受けることになった場合において，その表示を信頼しその信頼に基づいて行動したことについて納税者の責めに帰すべき事由がないときであっても，法律による行政の原理が貫かれるべきであるから，信義則の法理の適用によりその処分が違法として取り消されることはないとするのが判例である。

2 行政指導は，法律の根拠は必要ないから，行政機関がその任務または所掌事務の範囲を逸脱せずに行い，かつ，その内容があくまでも相手方の任意の協力によって実現されるものであれば，制定法の趣旨または目的に抵触するようなものであっても，違法とはならない。

3 水道法上，給水契約の締結を義務づけられている水道事業者としての市は，すでに，マンションの建設事業主が，市が定めた宅地開発指導要綱に基づく行政指導には従わない意思を明確に表明し，マンションの購入者も，入居に当たり給水を現実に必要としていた場合であっても，その指導要綱を事業主に遵守させるため行政指導を継続する必要があったときには，これを理由として事業主らとの給水契約の締結を留保することが許されるとするのが判例である。

4 行政手続法上，行政庁は，申請がその事務所に到達したとき，申請書の記載事項に不備があるなど法令に定められた申請の形式上の要件に適合しない申請について，申請者の便宜を図るため，申請者に対し申請の補正を求め，または申請により求められた許認可等を拒否することなしに，要件に適合するまで申請しないよう行政指導をすることができ，また，申請者が行政指導に従う意思がない旨を表明した場合であっても，申請書を受理せず返戻することが認められている。

5 建築主が，建築確認申請に係る建築物の建築計画を巡って生じた付近住民との紛争につき，地方公共団体の行政指導に応じて住民と協議を始めた場合でも，その後，建築主事に対し，申請に対する処分を留保されたままでの行政指導には協力できないとの意思を真摯かつ明確に表明して申請に対し直ちに応答すべきことを求めたときは，行政指導に対する建築主の不協力が社会通念上正義の観念に反するものといえるような特段の事情が存在しない限り，行政指導が行われているとの理由だけで建築主事が申請に対する処分を留保することは，違法であるとするのが判例である。

実戦問題 **1** の解説

No.1 の解説　行政契約

→問題はP.188　**正答4**

ア✕ **かつての公法上の契約は行政主体が一方当事者である契約のことてはない。**

妥当でない。明治憲法下では，公法関係における契約が公法上の契約として把握された。そこでは法律関係の性格に注目がされていたのであって，法律関係の主体に着目されていたのではない。

イ✕ **給付行政は原則として契約方式をとっているわけではない。**

妥当でない。一般的な理解によれば，国による補助金の交付や社会保障の給付は契約ではなく，**行政行為**に基づいて行われている。

ウ◯ **公害防止協定で刑罰や強制力のある立入検査権を定めることはできない。**

妥当である。**公害防止協定**は法律の根拠なく，締結できる。これに対し，刑罰を科す場合や，強制力を伴う行政調査を行う場合には法律の根拠が必要である。したがって，公害防止協定の中で，これらについて定めることができるとすると，**法律による行政の原理**の潜脱となり，許されない。

エ✕ **私人は，行政事件訴訟法によらなくても，行政契約を争うことができる。**

妥当でない。行政契約の一方当事者である私人が契約違反に対して訴訟を提起する場合，民事訴訟を提起することができる。したがって，「行政事件訴訟法の定める手続によらなければ，訴訟を提起することができない」という部分が誤り。

オ◯ **行政主体間でも契約を締結することができる。**

妥当である（地自法252条の14）。行政契約は私人と行政主体の間だけでなく，行政主体間でも締結されうる。

　以上から妥当なものは**ウ**および**オ**であり，**4**が正答となる。

No.2 の解説　行政指導

→問題はP.189　**正答5**

　　本問は基本的に行政指導に関する条文知識を問うものである。行政指導については行手法制定前の判例が同法の成立に大きな影響を及ぼしているので，現行法の条文解釈にあたっては従前の判例知識も一定程度必要である。

1✕　**行政指導への不服従が表明されたら，行政指導を継続してはいけない。**

　　行政手続法は「**行政指導**に携わる者は，申請者が当該行政指導に従う意思がない旨を表明したにもかかわらず当該行政指導を継続すること等により当該申請者の権利の行使を妨げるようなことをしてはならない」と定めているが（行手法33条），判例によれば，行政指導に従う意思がない旨，表明されても，特段の事情が存在すれば，行政指導を継続する余地がある（最判昭60・7・16）。ただし，判例の立場にたったとしても，本肢のように「当該行政指導を継続しなければならない」とまではいえない。

2✕　**行政指導は口頭で行うこともできる。**

　　行政指導は必ずしも書面を交付して行う必要はない。口頭で行政指導を行うこともできる。ただし，相手方から書面の交付を求められたときは，当該行政指導に携わる者は，行政上特別の支障がない限り，これを交付しなければならない（同35条3項）。

3✕　**処分に該当する行為は行政指導ではない。**

　　行手法によれば，行政指導とは，「行政機関がその任務又は所掌事務の範囲内において一定の行政目的を実現するため特定の者に一定の作為又は不作為を求める指導，勧告，助言その他の行為であって処分に該当しないものをいう」（同2条6号）。行政指導は**非権力的作用**である点および**事実行為**である点で処分とは異なるため，「処分に該当しないもの」とされている。

4✕　**行政指導は所掌事務の範囲内で行わなければならない。**

　　所掌事務の範囲外の事項について行政指導を行うことはできない（同32条1項）。

5◎　**行政機関は一定の場合に行政指導指針を定め，公表しなければならない。**

　　正しい（同36条）。**行政指導指針**とは，「同一の行政目的を実現するため一定の条件に該当する複数の者に対し行政指導をしようとするときにこれらの行政指導に共通してその内容となるべき事項をいう」（同2条8号ニ）。

No.3 の解説 行政指導

→問題はP.189 **正答3**

1 ✕ 行手法は行政指導の法律の根拠の有無を基準にして対象を決していない。

行手法の対象となる**行政指導**は法律の根拠に基づかずに行われるものに限られない。

2 ✕ 行政指導指針を定める場合には原則として意見公募手続が必要である。

行政指導指針も**意見公募手続**が原則として必要になる「命令等」に含まれるので（行手法2条8号ニ），意見公募手続が必要である。

3 ◎ 行政指導の相手方から求められたら，書面を交付しなければならない。

正しい。行政指導の相手方から書面の公布を求められたら，行政指導に携わる者は，これを交布しなければならない（同35条3項）。

4 ✕ 歓告という形で行政指導を行うことは許されている。

歓告という形で行政指導を行うことが個別法上，許されている場合がある。このことは，行手法も前提にしているといってよい（同2条6号）。

5 ✕ 行政指導は国家賠償法1条1項の公権力の行使に該当する。

通説・判例によれば，国賠法1条1項の公権力の行使とは，国または公共団体が行う作用のうち，私経済作用と国賠法2条の公営造物の設置管理作用を除くすべての作用のことをさす（広義説）。このような理解を前提にすると，行政指導のような**非権力的作用**や**事実行為**であっても，**国賠法1条1項の公権力の行使**には該当する（最判昭60・7・16）。したがって，行政指導も国家賠償請求訴訟の対象になる。

No.4 の解説　行政指導
→問題はP.190　**正答5**

ア✕　行政指導には原則として法律の具体的根拠は要求されない。

妥当でない。**行政指導**には原則として法律の具体的根拠が要求される，と判示した判例はない。また一般的にも，そのような理解はされていない。むしろ，行政指導には原則として法律の具体的根拠は必要ないとの立場が一般的であり，石油カルテル事件では，石油業法に直接の根拠をもたない行政指導を適法とみる見方が示されている（最判昭59・2・24）。

イ✕　事実上，寄付金の納付を強制することになる行政指導は違法である。

妥当でない。判例によれば，寄付金の納付を求めることが，たとえ乱開発から市民の生活環境を守るという目的を持っていたとしても，事業主に対して寄付金の納付を事実上強制することになれば，当該**行政指導**は違法である（最判平5・2・18）。

ウ✕　政策の変更により地方公共団体の不法行為責任は生じうる。

妥当でない。判例によれば，本肢のようなときであっても，地方公共団体が「損害を補償するなどの代償的措置を講ずることなく施策を変更することは，それがやむをえない客観的事情によるのでない限り，当事者間に形成された信頼関係を不当に破壊するものとして違法性を帯び，地方公共団体の不法行為責任を生ぜしめる」（最判昭56・1・27）。

エ〇　行政指導が行われていることを理由とする建築確認の留保は違法になりうる。

妥当である。判例によれば，建築主が自己の申請に対する確認処分を留保されたままでの**行政指導**には応じられないとの意思を明確に表明している場合には，特段の事情がない限り，行政指導が行われているとの理由だけで確認処分を留保することは違法である（最判昭60・7・16）

オ〇　行政指導は取消訴訟の対象にならない。

妥当である。一般的に，行政指導は**事実行為**であるがゆえに**処分性**を否定される。そのため，行政指導は基本的に取消訴訟の対象にならない。ただし，医療法上の勧告は例外的に行政指導でありながら，取消訴訟の対象になる（最判平17・7・15）。

　以上から妥当なものは**エ**および**オ**であり，**5**が正答となる。

1✕ 課税処分が信義則の適用により，違法として取り消されることはありうる。
本肢のような場合であっても，「租税法規の適用における納税者間の平等，
公平という要請を犠牲にしてもなお当該課税処分に係る課税を免れしめて納
税者の信頼を保護しなければ正義に反するといえるような特別の事情が存す
る場合」には，信義則の法理の適用により，処分が違法として取り消される
可能性がある（最判昭62・10・30）。

2✕ 制定法の趣旨・目的に抵触する行政指導は違法である。
行政指導は制定法の趣旨・目的に反して行われてはならないが，これは，**法
律による行政の原理**の一内容である**法律の優位の原則**から導かれるものとい
えよう。

3✕ 行政指導を継続するために給水契約の締結を留保することは許されない。
判例によれば，事業者が市の宅地開発に関する**指導要綱**に基づく**行政指導**に
は従わない意思を明確に表明し，マンションの購入者も，入居に当たり給水
を現実に必要としていた時期に至ったときは，水道法上給水契約の締結を義
務づけられている水道事業者としては，たとえ指導要綱を事業主に遵守させ
るため行政指導を継続する必要があったとしても，これを理由として事業主
らとの給水契約の締結を留保することは許されない（最判平元・11・8）。

4✕ 申請者が行政指導への不服従を表明していても，返戻は許されない。
行手法によれば，「行政指導に携わる者は，申請者が当該行政指導に従う意
思がない旨を表明したにもかかわらず当該行政指導を継続すること等により
当該申請者の権利の行使を妨げるようなことをしてはならない」（行手法33
条）。したがって，申請者が行政指導に従う意思がない旨を表明した場合，
申請書を受理せず返戻することは認められない。

5◎ 行政指導が行われていることを理由とする建築確認の留保は違法になりうる。
妥当である。判例によれば，建築主が行政指導に不協力・不服従の意思を表
明している場合には，当該建築主が受ける不利益と行政指導の目的とする公
益上の必要性とを比較衡量して，行政指導に対する建築主の不協力が社会通
念上正義の観念に反するものといえるような特段の事情が存在しない限り，
行政指導が行われているとの理由だけで確認処分を留保することは，違法で
ある（最判昭60・7・16）。

実戦問題❷ 応用レベル

No.6 *** 行政指導に関する次の記述のうち，判例に照らし，妥当なのはどれか。

【国家一般職・令和3年度】

1 行政指導は，相手方に対する直接の強制力を有するものではないが，相手方にその意に反して従うことを要請するものであり，私人の権利又は利益を侵害するものであるから，法律の具体的根拠に基づいて行われなければならない。

2 地方公共団体が継続的な施策を決定した後に社会情勢の変動等により当該施策が変更された場合，当該決定が特定の者に対し特定内容の活動を促す勧告・勧誘を伴い，その活動が相当長期にわたる当該施策の継続を前提としてはじめてこれに投入する資金等に相応する効果を生じ得る性質のものであるなどの事情があったとしても，その者との間に当該施策の維持を内容とする契約が締結されていないときは，地方公共団体の不法行為責任は生じない。

3 水道法上，水道事業者である市は，給水契約の申込みを受けた場合，正当の理由がなければこれを拒むことができないが，申込者が行政指導に従わない意思を明確に表明しているときは，正当の理由が存在するとして，給水契約の締結を拒むことができる。

4 市が行政指導として教育施設の充実に充てるためにマンションを建築する事業主に対して寄付金の納付を求めることは，その寄付金の納付が強制にわたるなど事業主の任意性を損なうものであっても，その目的が市民の生活環境を乱開発から守ることにある場合には，行政指導の限界を超えるものではなく，違法とはいえない。

5 地方公共団体が，地域の生活環境の維持，向上を図るため，建築主に対し，建築物の建築計画につき一定の譲歩・協力を求める行政指導を行った場合において，建築主が，建築主事に対し，建築確認処分を留保されたままでは行政指導に協力できないという意思を真摯かつ明確に表明し，建築確認申請に対し直ちに応答すべきことを求めたときは，特段の事情が存在しない限り，それ以後の，当該行政指導が行われていることのみを理由とする建築確認処分の留保は違法となる。

No.7 行政上の契約に関するア～オの記述のうち，判例に照らし，妥当なもののみをすべて挙げているのはどれか。ただし，以下に示す法令は，その事件当時のものである。【国家総合職・平成24年度】

ア：廃棄物の処理および清掃に関する法律における産業廃棄物処分業等の許可・処理施設の設置許可等を定める規定は，知事が，処分業者としての適格性や処分施設の要件該当性を判断し，同法の目的に沿うものとなるように適切に規制できるようにするために設けられたものであり，知事の許可は，処分業者に対し，許可が効力を有する限り事業や処理施設の使用を継続すべき義務を課すものであるから，処分業者が，公害防止協定において，協定の相手方に対し，その事業や処理施設を将来廃止する旨を約束することは，処分業者自身の自由な判断ではできない。

イ：普通地方公共団体が経営する簡易水道事業の施設は地方自治法第244条第1項所定の公の施設に該当するところ，同条第3項は，普通地方公共団体は住民が公の施設を利用することについて不当な差別的取扱いをしてはならない旨規定している。したがって，簡易水道事業給水条例の改正により基本料金が改定された場合において，条例の当該部分が地方自治法第244条第3項にいう不当な差別的取扱いに当たると解釈されるときには，当該部分は同項に違反するものとして無効である。

ウ：水が限られた資源であることを考慮すれば，水道事業を経営する市町村が正常な企業努力を尽くしてもなお水の供給に一定の限界がありうることも否定することはできないのであって，市町村が給水契約の申込者に対して負う給水義務は絶対的なものということはできず，給水契約の申込みが適正かつ合理的な供給計画によっては対応することができないものである場合には，水道法第15条第1項にいう「正当の理由」があるものとして，これを拒むことが許される。

エ：地方自治法施行令第167条の2第1項第1号にいう「その性質又は目的が競争入札に適しないものをするとき」には，競争入札の方法によること自体が不可能または著しく困難とはいえないが，不特定多数の者の参加を求め競争原理に基づいて契約の相手方を決定することが必ずしも適当ではなく，当該契約自体では多少とも価格の有利性を犠牲にする結果になるとしても，普通地方公共団体において当該契約の目的，内容に照らしそれに相応する資力，信用，技術，経験等を有する相手方を選定しその者との間で契約の締結をするという方法をとるのが当該契約の性質に照らしまたはその目的を究極的に達成するうえでより妥当であり，ひいては当該普通地方公共団体の利益の増進につながると合理的に判断される場合も該当する。

オ：普通地方公共団体による随意契約の制限に関する法令の規定は，普通地方公共団体が契約を締結しようとする場合の機会均等の理念に照らして公正であり，かつ，納税者の利益のために価格の有利性を確保するという趣旨で設けられたものである。したがって，普通地方公共団体が随意契約の制限に関する法令の規定に違反して契約を締結した場合，当該契約は，私法上も当然に無効である。

1 ア，ウ
2 イ，エ
3 ウ，オ
4 イ，ウ，エ
5 ア，イ，エ，オ

（参考）

地方自治法

（公の施設）

第244条　普通地方公共団体は，住民の福祉を増進する目的をもつてその利用に供するための施設（これを公の施設という。）を設けるものとする。

　　（第2項略）

3　普通地方公共団体は，住民が公の施設を利用することについて，不当な差別的取扱いをしてはならない。

水道法

第15条　水道事業者は，事業計画に定める給水区域内の需要者から給水契約の申込みを受けたときは，正当の理由がなければ，これを拒んではならない。（以下略）

地方自治法施行令

第167条の2　地方自治法第234条第2項の規定により随意契約によることができる場合は，次に掲げる場合とする。

　　一　不動産の買入れ又は借入れ，普通地方公共団体が必要とする物品の製造，修理，加工又は納入に使用させるため必要な物品の売払いその他の契約でその性質又は目的が競争入札に適しないものをするとき。（以下略）

第3章
行政作用法
(2)

No.8 行政指導に関する次の記述のうち，妥当なのはどれか。

【国家総合職・令和2年度】

1 行政指導が口頭でされた場合において，その相手方から当該行政指導の趣旨及び内容並びに責任者について記載した書面の交付を求められたときは，当該行政指導に携わる者は，当該行政指導が，相手方に対しその場において完了する行為を求めるものや，すでに文書又は電磁的記録によりその相手方に通知されている事項と同一の内容を求めるものであっても，行政上特別の支障がない限り，これを交付しなければならない。

2 同一の行政目的を実現するため一定の条件に該当する複数の者に対し行政指導をしようとするときは，行政機関は，あらかじめ，事案に応じ，行政指導指針を定め，かつ，行政上特別の支障がない限り，これを公表するよう努めなければならない。

3 法令に違反する行為の是正を求める行政指導（その根拠となる規定が法律に置かれているものに限る）の相手方は，当該行政指導が当該法律に規定する要件に適合しないと思料するときは，当該行政指導がその相手方について弁明その他意見陳述のための手続を経てされたものであるか否かにかかわらず，当該行政指導をした行政機関に申し出て，当該行政指導の中止その他必要な措置をとることを求めることができる。

4 何人も，法令に違反する事実がある場合において，その是正のためにされるべき行政指導（その根拠となる規定が法律に置かれているものに限る）がされていないと思料するときは，当該行政指導をする権限を有する行政機関に申し出て，当該行政指導をすることを求めることができるが，この申出は行政手続法上の「申請」に当たるため，当該申出を受けた行政機関は，調査義務だけでなく，申出人に対して，当該行政指導を行ったか否かについての通知義務も負う。

5 行政指導について，行政手続法は，一般原則として行政指導の内容が相手方の任意の協力によってのみ実現されるものであることを定め，申請に関連する行政指導については，行政指導に携わる者は，申請者が当該行政指導に従う意思がない旨を表明したにもかかわらず当該行政指導を継続すること等により当該申請者の権利の行使を妨げるようなことをしてはならないと定めている。

実戦問題 ❷ の解説

No.6 の解説　行政指導

→問題はP.197　**正答5**

1 ✕ **行政指導は法律の具体的根拠に基づいて行わなければならないわけではない。**
判例によれば，法律の根拠をもたない**行政指導**であっても，これを必要とする事情がある場合に，これに対処するため社会通念上相当と認められる方法で行われ，法律の目的に実質的に抵触しなければ，違法にはならない（最判昭59・2・24）。

2 ✕ **地方公共団体が信頼保護の原則に違反し，不法行為責任を負う場合がある。**
判例によれば，本肢のような事情がある場合には，勧告等に動機づけられて当該活動に入った者がその信頼に反して所期の活動を妨げられ，社会観念上看過することのできない程度の積極的損害を被る場合に，地方公共団体の側で損害を補償するなどの代償的措置を講ずることなく施策を変更することは，それがやむをえない客観的事情によるのでない限り，当事者間に形成された**信頼関係**を不当に破壊するものとして違法性を帯び，地方公共団体の不法行為責任が発生する（最判昭56・1・27）。

3 ✕ **行政指導を継続するために給水契約の締結を留保することは許されない。**
判例によれば，マンション事業者が行政指導に従わない意思を明確に表明し，マンションの購入者も，入居に当たり給水を現実に必要としていた場合，水道法上給水契約の締結を義務づけられている水道事業者としては，たとえ行政指導を継続する必要があったとしても，これを理由として事業主らとの給水契約の締結を留保することは許されない（最決平元・11・8）。

4 ✕ **事実上，寄付金の納付を強制することになる行政指導は違法である。**
判例によれば，寄付金の納付を求めることが，たとえ乱開発から市民の生活環境を守るという目的をもっていたとしても，事業主に対して寄付金の納付を事実上強制することになれば，当該行政指導は違法である（最判平5・2・18）。

5 ◎ **行政指導が行われていることを理由とする建築確認の留保は違法になりうる。**
正しい。判例によれば，建築主が自己の申請に対する建築確認処分を留保されたままでの行政指導には応じられないとの意思を明確に表明している場合には，特段の事情がない限り，行政指導が行われているとの理由だけで建築確認処分を留保することは違法である（最判昭60・7・16）。

ア× 前半は妥当である。後半が妥当でない。判例によれば，廃棄物処理法の規定は「知事が，処分業者としての適格性や処理施設の要件適合性を判断し，産業廃棄物の処分事業が廃棄物処理法の目的に沿うものとなるように適切に規制できるようにするために設けられたものであり，……知事の許可が，処分業者に対し，許可が効力を有する限り事業や処理施設の使用を継続すべき義務を課すものではないことは明らかである」。したがって，「処分業者が，**公害防止協定**において，協定の相手方に対し，その事業や処理施設を将来廃止する旨を約束することは，処分業者自身の自由な判断で行えることであり，その結果，許可が効力を有する期間内に事業や処理施設が廃止されることがあったとしても，同法に何ら抵触するものではない」（最判平21・7・10）。

イ◯ 妥当である。判例によれば，改正条例による別荘給水契約者の料金改定は地自法244条3項にいう不当な差別的取扱いに当たるので，当該部分は同条項に違反するものとして無効である（最判平18・7・14）。

ウ◯ 妥当である。判例は本肢のような見方を前提にしたうえで，新たな給水申込みのうち，需要量が特に大きく，現に居住している住民の生活用水を得るためではなく住宅を供給する事業を営む者が住宅分譲目的でしたものについて，給水契約の締結を拒むことにより，急激な需要の増加を抑制することには，水道法15条1項にいう「正当の理由」があるということができる，と判示している（最判平11・1・21）。

エ◯ 妥当である。判例は，本肢のような場合に該当するかは，「個々具体的な契約ごとに，当該契約の種類，内容，性質，目的等諸般の事情を考慮して当該普通地方公共団体の契約担当者の合理的な裁量判断により決定される」と判示している（最判昭62・3・20）。

オ× 妥当でない。判例によれば，随意契約の制限に関する法令に違反して締結された違法な契約であっても，私法上当然に無効になるものではなく，随意契約によることができる場合として法令の規定の掲げる事由のいずれにも当たらないことが何人の目にも明らかである場合や，契約の相手方において随意契約の方法による当該契約の締結が許されないことを知りまたは知りうべかりし場合のように，当該契約の効力を無効としなければ随意契約の締結に制限を加える法令の規定の趣旨を没却する結果となる特段の事情が認められる場合に限り，私法上無効になる（最判昭62・5・19）。

　以上から妥当なものはイ，ウ，エであり，**4**が正答となる。

No.8 の解説　行政指導

→問題はP.200　**正答5**

1 ✕　**口頭による行政指導の場合，書面を交付しなくてよい場合がある。**

行政指導が口頭でされた場合，その相手方から書面の交付を求められたときは，当該行政指導に携わる者は，行政上特別の支障がない限り，これを交付しなければならないが（行手法35条3項），①相手方に対しその場において完了する行為を求めるものや，②すでに文書又は電磁的記録によりその相手方に通知されている事項と同一の内容を求めるものの場合は，書面の交付は不要である（同35条4項1号，2号）。

2 ✕　**行政機関は，一定の場合に行政指導指針を定め，公表しなければならない。**

行政指導指針とは，同一の行政目的を実現するため一定の条件に該当する複数の者に対し行政指導をしようとするときにこれらの行政指導に共通してその内容となるべき事項のことをさす（同2条8号ニ）。この行政指導指針の設定および公表は「しなければならない」のであって（同36条），努力義務ではない。

3 ✕　**意見陳述を経て行われた行政指導の場合，中止等を求めることができない。**

法令に違反する行為の是正を求める行政指導の相手方は，当該行政指導が当該法律に規定する要件に適合しないと思料するときは，当該行政指導をした行政機関に対し，その旨を申し出て，当該行政指導の中止その他必要な措置をとることを求めることができる。ただし，当該行政指導がその相手方について弁明その他意見陳述のための手続を経てされたものであるときは，その相手方は当該行政指導の中止等を求めることができない（同36条の2第1項）。

4 ✕　**一定の行政指導をすることを求める申出は行手法上の申請ではない。**

前半は妥当である。後半が妥当でない。何人も一定の行政指導をすることを求めることができるが，この申出は行手法上の**申請**ではない。なぜなら，行手法上の申請であるためには行政機関の**応答義務**が認められなければならないが（同2条3号），当該申出に対する行政機関の応答義務は認められないからである。行政機関が一定の行政指導をすることを求められた場合，行政機関は調査義務と同時に，必要に応じて行政指導をしなければならない義務を負うが，法的義務はこれに止まり，申出をした者に対する応答義務まで負うことにはなっていない（同36条の3第3項）。

5 ◎　**行政指導を継続すること等により申請者の権利の行使を妨げてはならない。**

行政指導は相手方の任意の協力によってのみ実現されることになっており（同32条1項），この行政指導の任意性を確保するために，行手法は複数の規律を設けている。申請に関連する行政指導に関する規律も，そのような規律のうちの一つであり，これによれば，申請の取下げ又は内容の変更を求める行政指導の場合，行政指導に携わる者は，申請者が当該行政指導に従う意思がない旨を表明したにもかかわらず当該行政指導を継続すること等により当該申請者の権利の行使を妨げるようなことをしてはならない（同33条）。

必修問題

「行政機関の保有する情報の公開に関する法律」（情報公開法）に関する次の記述のうち，妥当なものはどれか。　【地方上級（全国型）・平成28年度】

1 **開示請求**ができるのは，日本国民および日本に居住している者に限られるので，外国に居住している外国人は開示請求をすることができない。

2 開示請求をする際には，開示請求をする者の氏名，住所，**行政文書**を特定するに足りる事項だけでなく，請求の理由や目的についても記載した書面を**行政機関**の長に提出しなければならない。

3 職務を行う公務員の氏名は，個人に関する情報であり，**不開示情報**に当たるため，一切開示されない。

4 行政機関の長は，不開示情報が記録されている場合であっても，公益上特に必要があると認めるときは，当該文書を開示することができる。

5 不開示決定における**取消訴訟**においては，**インカメラ審理**を採用することができる。

難易度　＊＊

必修問題の解説

本問では，主に「行政機関の保有する情報の公開に関する法律」（行政情報公開法）の条文知識が問われている。いずれの記述においても，基本的な条文に係る正確な理解が問われているといってよい。

頻出度　国家総合職 ★★★　地上特別区 ★　　　　⓭行政情報の収集と管理
B　国家一般職 ★　　　市 役 所 Ｃ ★
　　　国税専門官 ★
　　　地上全国型 ★

1 ✕ 外国に居住している外国人も開示請求をすることができる。

　　行政文書の**開示請求**は「何人も」することができる（行政法３条）。したがって，日本国民および日本に居住している者しか開示請求できないというわけではなく，外国に居住している外国人も開示請求をすることができる。

2 ✕ 開示請求の際にその理由や目的について記した書面を提出しなくてもよい。

　　開示請求をする際には，①「開示請求をする者の氏名又は名称及び住所又は居所並びに法人その他の団体にあっては代表者の氏名」と②「行政文書の名称その他の開示請求に係る行政文書を特定するに足りる事項」を記載した書面を行政機関に提出する必要があるが（同４条１項１号，２号），開示請求の理由や目的について記載した書面を提出する必要はない。

3 ✕ 公務員の氏名は一切開示されないわけではない。

　　公務員の氏名は個人に関する情報であって基本的に**不開示情報**に該当するが，公務員の氏名が「法令の規定により又は慣行として公にされ，又は公にすることが予定されている情報」といえる場合には，公務員の氏名であっても，開示されることになる（同５条イ）。

4 ◎ 公益上特に必要があると認めるときは，不開示情報であっても開示できる。

　　正しい。**行政機関**の長は公益上特に必要があると認めるときは，不開示情報が記録されていても，裁量により行政文書を開示することができる（同７条）。

5 ✕ 不開示決定の取消訴訟におけるインカメラ審理は認められていない。

　　インカメラ審理とは実際に不開示された行政文書を見て不開示決定の是非を審理することをさす。判例によれば，このインカメラ審理は，明文の規定がない限り許されない（最決平21・1・15）。現行法下では，これを認める明文規定はないので，不開示決定の取消訴訟においてインカメラ審理を採用することはできない。

正答 **4**

FOCUS

　行政情報に関する行政法上の問題として最も重要なのは，情報公開法制度である。この法制度については，判例知識よりも条文知識が問われることが多いので，行情法の内容を正確に理解しておくようにしよう。これに対し，行政調査に関しては，判例知識を問われることが多いので，判例を中心にその法理を整理しておくようにしよう。

第3章 行政作用法(2)

POINT

重要ポイント **1** 行政調査の意義と種類

　行政調査とは，行政目的を達成するために行政機関によって行われる調査のことである。このことから，行政目的以外の目的（たとえば犯罪捜査の目的）で行政調査を行うことは許されない。

判例 犯則調査資料の利用（最判昭63・3・31）

　　収税官吏が犯則嫌疑律に対し国税犯則取締法に基づく調査を行った場合，課税庁は課税処分および青色申告承認の取消処分を行うため，調査により収集された資料を利用することができる。

　この行政調査は多種多様であるが，次の3つに大別することができる。
（1）任意調査：相手方の任意の協力を得て行われる調査。
（2）強制調査：相手方に義務を課したり，相手方の抵抗を排除して行われる調査。
（3）間接的に強制を伴う調査：罰則により担保された調査。

重要ポイント **2** 行政調査と法的規律

　行政調査について定めた法律は複数存在するが，行政調査の一般法は存在しない。
　この点に関連し，法律の根拠なくして行政調査を行うことができるのかどうかが問題となる。一般的には，任意調査については法律の根拠なくしても行うことができ，強制調査および間接的に強制を伴う調査については法律の根拠なくして行うことができない，と考えられている。

判例 川崎民商事件（最判昭47・11・22）

　　行政調査が刑事責任追及の目的を有していないという理由のみで令状主義が一切排除されるわけではない。しかし，所得税法上の質問検査については，裁判官の発する令状を要件としていなくても憲法35条に違反しない。

行政調査と法律の根拠（最判昭48・7・10）

　　質問検査の範囲，程度，時期，場所など実定法上特段の定めのない実施の細目については，質問検査の必要があり，かつ，これと相手方の私的利益との衡量において社会通念上相当な程度にとどまる限り，権限ある税務職員の合理的な選択にゆだねられている。

警職法に基づく所持品検査（最判昭53・9・7）

　　警察官職務執行法に基づく職務質問に付随する所持品検査は，所持人の承諾を得てその限度でこれを行うのが原則である。しかし，所持人の承諾のない限り所持品検査は一切許容されないと解するのは相当ではなく，具体的状況の下で相当と認められる限度において許容される場合があると解すべきである。

自動車の一斉検問（最決昭55・9・22）

　　自動車の一斉検問については，それが相手方の任意の協力を求める形で行われ，自動車の利用者の自由を不当に制約することにならない方法，態様で行われる限り，適法なものと解すべきである。

重要ポイント 3　行政情報公開法の基礎

　情報の公開について定めた法律は複数存在する。その中で最も重要な法律が「行政機関の保有する情報の公開に関する法律」（行政情報公開法）である。

(1) 目的：この法律は**国民主権**および**説明する責務**（説明責任，アカウンタビリティ）の観点から制定された（行情法1条）。なお，同法は「知る権利」について明記していないという点に注意する必要がある。

(2) 対象となる機関：対象とされている機関は基本的に**国の行政機関**である（同2条1項）。したがって，行政機関ではない国会や裁判所および国の機関ではない地方公共団体や特殊法人は，同法が対象とする機関ではない。なお，地方公共団体については各地方公共団体の情報公開条例が適用され，独立行政法人については，「独立行政法人等の保有する情報の公開に関する法律」が適用される。

(3) 対象となる情報：対象とされているのは行政文書である。この行政文書は，基本的に文書・図画・電磁記録のうち，①行政機関の職員が職務上作成し，または取得したもので，かつ，②組織的に用いられるために保有されているものでなければならない（同2条2項）。

```
─────文書・図画・電磁記録─────
行政機関の職員が職務上作成・取得したものではないもの

組織的に用いられるために保有されているものではないもの


         行政文書
```

重要ポイント 4　情報開示の仕組み

(1) 開示請求者：行政文書の開示請求権は何人にも認められる（行情法3条）。したがって，外国人も情報公開の請求をすることができる。

(2) 行政文書の開示義務：行政機関の長は，行政文書の開示請求があったときは，原則として当該文書を開示しなければならない。ただし，当該文書に個人情報等の不開示情報が含まれているときは，基本的に不開示となる（同5条）。

(3) 部分開示：行政機関の長は，開示請求に係る行政文書の一部に不開示情報が記録されている場合において，不開示情報が記録されている部分を容易に区分して除くことができるときは，開示請求者に対し，当該部分を除いた部分につき開示しなければならない。ただし，当該部分を除いた部分に有意の情報が記録されていないと認められるときは，この限りでない（同6条）。

(4) 公益上の理由による裁量的開示：行政機関の長は，開示請求に係る行政文書に不開示情報が記録されている場合であっても，公益上特に必要があると認めるときは，開示請求者に対し，当該行政文書を開示することができる（同7条）。

(5) 行政文書の存否に関する情報：開示請求に対し，当該開示請求に係る行政文書が存在しているか否かを答えるだけで，不開示情報を開示することとなるときは，行政機関の長は，当該行政文書の存否を明らかにしないで，当該開示請求を拒否することができる（同8条）。これを**グローマー拒否**と呼ぶことがある。

重要ポイント 5 情報公開争訟

(1) 争訟手段：行政機関の長による開示決定または不開示決定は，**処分**である。そのため，行政機関の長による決定に不服がある場合等は，開示請求者は①**行政不服申立て**または②**抗告訴訟**（行訴法3条）を提起することができる。不服申立前置の規定はないため，開示請求者は，いきなり抗告訴訟を提起することもできる（同8条）。

(2) 行政不服申立て：開示決定等または開示請求に係る不作為について審査請求があった場合，審査庁たる行政機関の長は，原則として，**情報公開・個人情報保護審査会**に諮問しなければならない（行情法19条1項）。なお，行政不服審査法に定められている審理員による審理や，行政不服審査会への諮問に関する規定は，開示決定等または開示請求に係る不作為についての審査請求では適用除外とされている（同18条1項）。

(3) 抗告訴訟：開示請求に対する決定に不服がある場合や，審査請求に対する裁決に不服がある場合等，開示請求者は，抗告訴訟を提起することができる。たとえば，不開示決定の取消訴訟（行訴法3条2項）や，不開示決定がされた場合に，行政文書の開示の義務付けを求めて申請満足型義務付け訴訟（同3条6項2号）およびそれに併合提起する取消訴訟または無効等確認訴訟を提起する（同37条の3第3項2号）ことが考えられる。

行政機関の保有する情報の公開に関する法的仕組み

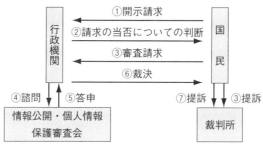

重要ポイント **6** 個人情報の保護に関する法律

個人情報を保護するために定められたのが「個人情報の保護に関する法律」であり，同法の中で，行政機関が保有する個人情報の保護に関するルールも整備されている。

- **(1) 個人情報**：個人に関する情報が全て同法の「個人情報」に該当するわけではない。すなわち，個人情報とは，生存する個人に関する情報であって，①特定の個人を識別することができるものか，②個人識別符号が含まれるものをいう（個情法2条1項）。
- **(2) 保有の制限**：行政機関等は，個人情報を保有するに当たっては，法令の定める所掌事務又は業務を遂行するため必要な場合に限り，かつ，その利用目的をできる限り特定しなければならず（同61条1項），特定された利用目的の達成に必要な範囲を超えて，個人情報を保有してはならない（同61条2項）。また，行政機関等は，利用目的を変更する場合には，変更前の利用目的と相当の関連性を有すると合理的に認められる範囲を超えて行ってはならない（同61条3項）。
- **(3) 利用・提供の制限**：行政機関の長等は原則として利用目的以外の目的のために保有個人情報を自ら利用し，又は提供してはならない（同69条1項）。
- **(4) 個人情報の開示・訂正・利用停止**：何人も行政機関の長に対して自己の個人情報の開示，訂正，利用停止を請求することができる（同76条1項，90条1項，98条1項）。
- **(5) 争訟**：個人情報の開示・訂正・利用停止に不服のある者は，決定の取消しを求めて不服申立てや訴訟を提起することができる。このうち不服申立てが行われた場合には，行政機関の長は基本的に情報公開・個人情報保護審査会に諮問しなければならない（同105条1項）。

行政機関の保有する個人情報の保護に関する法的仕組み

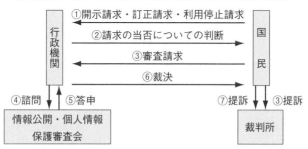

実戦問題 1 　基本レベル

No.1 　行政調査に関する記述として，妥当なのはどれか。

【地方上級（東京都）・平成16年度】

1 　行政調査は，行政機関が行政目的を達成するために必要な情報を収集する活動
であり，調査方法として，報告の徴収，立入検査，質問が含まれるが，物件の収
去は含まれない。

2 　行政調査のうち強制調査は，法律または条例の定めに基づいて実施されるが，
その要件の認定や実施の決定，時期や方法といった実施細目についても明文の規
定が必要であり，行政機関の裁量は認められない。

3 　行政調査において，調査を拒否した者に対する罰則規定が定められている場合
であっても，緊急を要するときは相手の抵抗を排除するための実力行使が認めら
れる。

4 　最高裁判所は，川崎民商事件判決において，旧所得税法に基づく質問検査は，
刑事責任の追及に直接結びつくものでなく，実効性のある検査制度として，不合
理とはいえず，合憲であると判示した。

5 　最高裁判所は，行政調査は当該行政目的に限定して利用されなければならない
として，国税犯則取締法に基づく調査によって得られた資料を青色申告承認の取
消処分を行うために利用することは許されないと判示した。

No.2 　行政機関の保有する情報の公開に関する法律に関するア～エの記述のう
ち，妥当なもののみをすべて挙げているのはどれか。　【国家一般職・平成29年度】

ア：行政機関の保有する行政文書の開示請求をする場合，開示請求書には，当該
　　　行政文書を特定する事項のほか，請求の理由や目的を記載する必要がある。

イ：公にすることにより，犯罪の予防，鎮圧又は捜査，公訴の維持，刑の執行そ
　　　の他の公共の安全と秩序の維持に支障を及ぼすおそれがあると行政機関の長
　　　が認めることにつき相当の理由がある情報は，不開示情報とされている。

ウ：行政機関の長は，開示請求がなされた場合で請求対象文書の全部を開示しな
　　　いときは，請求者に対して不開示理由を通知するため，当該文書の存否を必
　　　ず明らかにする必要がある。

エ：行政機関の長が行った開示決定や不開示決定に対して不服がある場合は，裁
　　　判所に対して開示決定等の取消訴訟を提起する前に，行政不服審査法に基づ
　　　く不服申立てをする必要がある。

1 　イ 　　　　**2** 　エ 　　　　**3** 　ア，イ

4 　ア，ウ 　　**5** 　ウ，エ

210

No.3 行政機関の保有する情報の公開に関する法律（以下「情報公開法」という。）に関する次の記述のうち，妥当なのはどれか。　【国家一般職・令和2年度】

1　行政機関の長は，開示請求に係る行政文書に不開示情報（行政機関非識別加工情報など情報公開法で定められている情報を除く。）が記録されている場合であっても，公益上特に必要があると認めるときは，開示請求者に対し，当該行政文書を開示することができる。

2　開示請求に対し，当該開示請求に係る行政文書が存在しているか否かを答えるだけで，不開示情報を開示することとなるときは，行政機関の長は，当該行政文書の存否を明らかにしないで，当該開示請求を拒否することができ，その理由を提示する必要もない。

3　開示請求に係る行政文書の開示又は不開示の決定は，開示請求があった日から30日以内にしなければならないが，行政機関の長は，正当な理由があるときは，この期間を30日以内に限り延長することができる。この場合，事情のいかんにかかわらず，当該延長期間内に開示請求に係る全ての行政文書の開示又は不開示の決定を行わなければならない。

4　情報公開法は，行政文書の開示を請求する者に対しては，開示請求に係る手数料を徴収することとしているが，行政文書の開示を受ける者に対しては，情報公開制度の利用を促進する政策的配慮から，開示の実施に係る手数料を徴収してはならないこととしている。

5　情報公開法は，その対象機関に地方公共団体を含めていないが，全ての地方公共団体に対し，同法の趣旨にのっとり，その保有する情報の公開に関する条例の制定を義務付けている。

No.4 行政機関の保有する情報の公開に関する法律（以下「情報公開法」という）に関するア～オの記述のうち，妥当なもののみをすべて挙げているのはどれか。

【財務専門官・平成25年度】

ア：情報公開法は，国会，裁判所を対象機関としていないが，国家安全保障や公共の安全に関する事務を所掌する外務省，防衛省，警察庁や，内閣から独立した地位を有する会計検査院は対象機関に含めている。

イ：情報公開法の対象となる「行政文書」は，「行政機関の職員が組織的に用いるもの」で，決裁または供覧の手続きを経たものに限られるため，意思決定の終了していない検討段階の文書については開示請求の対象とならない。

ウ：情報公開法は，国民主権の理念にのっとり制定されているものであり，日本に在住する外国人は，行政機関の保有する行政文書の開示を請求することができるが，外国に在住する外国人はその開示を請求することができない。

エ：行政機関の長は，開示請求に係る行政文書に不開示情報が記録されている場合であっても，公益上特に必要があると認めるときは，開示請求者に対して，当該行政文書を開示することができる。

オ：行政機関の長は，開示請求がなされた場合，請求対象文書が存在すれば，当該文書について開示決定するか，当該文書が不開示情報に該当する理由を付して不開示決定するかの措置をとらなければならず，当該文書の存否を明らかにしないで開示請求を拒否することはできない。

1 ア．ウ
2 ア．エ
3 イ．ウ
4 イ．オ
5 エ．オ

実戦問題 1 の解説

No.1 の解説　行政調査
→問題はP.210　**正答4**

1 ✕ **行政調査には物件の収去も含まれる。**

前半は正しい。後半が誤り。すなわち，**行政調査**の方法には様々なものがあり，物件の収去も行政調査に含まれる（たとえば食品衛生法28条1項）。

2 ✕ **強制調査の場合に，行政機関の裁量は認められる。**

前半は正しい。後半が誤り。**強制調査**の場合にも，一定の**行政裁量**は認められる。最高裁は，罰則による間接的な強制を伴う所得税法上の調査につき，「質問検査の範囲，程度，時期，場所等実定法上特段の定めのない実施の細目については，……権限ある税務職員の合理的な選択に委ねられている」と判示している（最判昭48・7・10）。

3 ✕ **罰則規定がある場合，行政調査に際して実力行使は認められない。**

罰則規定が設けられている場合には，法は調査の実効性を罰則により担保しようとしているものと解される。したがって，相手の抵抗を排除するための実力行使は認められないと解される。

4 ◎ **最高裁は旧所得税法上の質問検査を合憲と判断している。**

正しい（最判昭47・11・22）。判例によれば，ある手続きが刑事責任追及を目的とするものでないとの理由のみで，その手続きにおける一切の強制が当然に憲法35条の保障の枠外にあるわけではないが，だからといって旧所得税法上の検査が憲法35条の法意に反するとはいえない。

5 ✕ **犯則調査によって得られた資料は行政処分を行うために利用できる。**

国税犯則取締法に基づく調査によって得られた資料を青色申告承認の取消処分のために利用することは可能である（最判昭63・3・31）。

No.2 の解説　情報公開法
→問題はP.210　**正答1**

ア ✕ **開示請求書には請求の理由や目的を記載する必要はない。**

妥当でない。開示請求書には，①「開示請求をする者の氏名又は名称及び住所又は居所並びに法人その他の団体にあっては代表者の氏名」および②「行政文書の名称その他の開示請求に係る行政文書を特定するに足りる事項」を記載することになっているが，請求の理由や目的を記載することにはなっていない（行情法4条1項）。

イ ◎ **公共の安全等に支障を及ぼすおそれがある情報は不開示情報になりうる。**

妥当である（同5条4号）。注意を要するのは，公共の安全等に支障を及ぼすおそれがある情報であれば，直ちに不開示情報に該当するのではなく，公共の安全等に支障を及ぼすおそれがあると「行政機関の長が認めることにつき相当の理由がある」情報が不開示情報に該当することになるという点である。

ウ ✕ **行政機関の長は行政文書の存否を明らかにしないで開示請求を拒否できる。**

妥当でない。開示請求に対し，当該開示請求に係る行政文書が存在している

か否かを答えるだけで，不開示情報を開示することとなるときは，行政機関の長は，当該行政文書の存否を明らかにしないで，当該開示請求を拒否することができる（同8条）。これを**グローマー拒否**と呼ぶことがある。たとえば，国家公務員試験の問題作成後，試験実施前に「行政調査に関連する試験問題に関する文書」というように分野を特定した開示請求が行われた場合，当該文書が存在しないと回答すれば，それは行政調査に関する出題がないということを意味するし，他方，当該文書が存在するけれども不開示情報に該当するから，開示しないと回答すれば，それは行政調査に関する出題があるということを意味する。いずれにせよ，このような場合は，行政文書の存否を明らかにすることによって，不適切な結果がもたらされることは明らかであるから，そのような不都合を回避するために，行情法8条が設けられた。

エ✗ 行情法では不服申立て前置の仕組みは定められていない。
　妥当でない。処分の効力を争う場合，**不服申立て**によることも，また，**取消訴訟**によることも，原則としてできる（行訴法8条1項本文）。これを**自由選択主義**という。しかし，法律が特別に不服申立て前置の制度を採用している場合には，不服申立てをしてからでないと，取消訴訟を適法に提起することができない（行訴法8条1項但書）。これを**不服申立て前置主義**という。この点，行情法は不服申立て前置を定めていないので，行政機関の長が行った開示決定や不開示決定に対して不服がある場合は，不服申立てをすることなく，取消訴訟を提起することができる。

　以上から妥当なものは**イ**のみであり，**1**が正答となる。

No.3 の解説 情報公開法　　　　　　　　　　　　→問題はP.211　**正答1**

1◎ 公益上特に必要があると認めるときは，不開示情報であっても，開示できる。
　行政機関の長は，開示請求に係る行政文書に不開示情報が記録されている場合であっても，公益上特に必要があると認めるときは，開示請求者に対し，当該行政文書を開示することができる（情報公開法7条）。このように，行情法では，**公益上の理由による裁量的開示**が認められている。

2✗ 行政文書の開示請求に対して拒否処分を行う場合は理由の提示が必要である。
　前半は正しい。後半が誤り。開示請求に対し，当該開示請求に係る行政文書が存在しているか否かを答えるだけで，不開示情報を開示することとなるときは，行政機関の長は，当該行政文書の存否を明らかにしないで，当該開示請求を拒否することができる（同8条）。これを**グローマー拒否**と呼ぶことがある。ただし，拒否処分は行手法上の申請に対する処分に該当するため，行手法8条により**理由の提示**が必要である。

3✗ 開示請求があった日から60日を過ぎて開示決定等を行うことも許されうる。
　前半は正しい。後半が誤り。開示請求に対する行政庁の開示決定等は，原則として開示請求があった日から30日以内にしなければならないが（情報公開

法10条1項），事務処理上の困難その他正当な理由があるときは，その期間を30日以内に限り延長することができる（同10条2項）。ただし，事務の遂行に著しい支障が生ずるおそれがある場合には，開示請求に係る行政文書のうちの相当の部分につき当該期間内に開示決定等をし，残りの行政文書については相当の期間内に開示決定等をすれば足りる（同11条）。

4× 開示請求をする者も，開示を受ける者も，手数料を納めなければならない。

情報公開法によれば，開示請求をする者又は行政文書の開示を受ける者は，それぞれ，実費の範囲内において政令で定める額の開示請求に係る手数料又は開示の実施に係る手数料を納めなければならない（同16条1項）。したがって，行政文書の開示を受ける者からも手数料を徴収することになっている。

5× 情報公開法は地方公共団体に対し情報公開条例の制定を義務付けていない。

情報公開法は「地方公共団体は，この法律の趣旨にのっとり，その保有する情報の公開に関し必要な施策を策定し，及びこれを実施するよう努めなければならない」と定めるに止まり，地方公共団体に**情報公開条例**の制定まで義務付けているわけではない（同25条）。

No.4 の解説　情報公開法
→問題はP.212　**正答2**

ア○ 妥当である。外務省や防衛省は国家行政組織法3条2項に規定する機関として情報公開法の対象機関になる（行情法2条1項3号）。また，警察庁は内閣府設置法56条の特別の機関で，政令（行政機関の保有する情報の公開に関する法律施行令1条1項）で定める機関として，情報公開法の対象機関になる（行情法2条1項2号）。さらに，会計検査院は内閣の統轄の下にも，また所轄の下にも置かれていない国の特別な機関であるが，情報公開法上，対象機関とされている（同2条1項6号）。

イ× 妥当でない。情報公開の対象となる**行政文書**とは，基本的に，行政機関の職員が職務上作成し，または取得した文書，図画および電磁的記録であって，当該行政機関の職員が組織的に用いるものとして，当該行政機関が保有しているものをいう（同2条2項）。したがって，決裁または供覧の手続きを経ていなくても，この定義に該当すれば，情報公開の対象となる。

ウ× 後半が妥当でない。情報公開法は，何人に対しても情報公開請求権を認めているため（同3条），外国に居住する外国人も開示請求をすることができる。

エ○ 妥当である。現行法上，**公益上の理由による裁量的開示**が認められている（同7条）。

オ× 妥当でない。開示請求に対し，当該開示請求に係る行政文書が存在しているか否かを答えるだけで，不開示情報を開示することとなるときは，行政機関の長は，当該行政文書の存否を明らかにしないで，当該開示請求を拒否することができる（同8条）。これを**グローマー拒否**と呼ぶことがある。

　以上から妥当なものは**ア**および**エ**であり，**2**が正答となる。

💎 **No.5** 　行政機関の保有する情報の公開に関する法律に関するア～オの記述のうち，妥当なもののみをすべて挙げているのはどれか。

【国家一般職・平成26年度】

ア：我が国に居住する外国人は，行政機関の長に対し，当該行政機関の保有する行政文書の開示を請求することができる。他方，外国に居住する外国人は，我が国の行政機関の保有する行政文書の開示を請求することができない。

イ：行政機関の長は，開示請求に係る行政文書に不開示情報が記録されている場合であっても，公益上特に必要があると認めるときは，開示請求者に対し，当該行政文書を開示することができる。

ウ：開示決定等について行政不服審査法による不服申立てがあったときは，当該不服申立てに対する裁決又は決定をすべき行政機関の長は，原則として，情報公開・個人情報保護審査会に諮問しなければならない。同審査会は，開示決定等に係る行政文書の提示を諮問庁に求めることができ，当該諮問庁はこれを拒んではならない。

エ：開示請求に対し，当該開示請求に係る行政文書が存在しているか否かを答えるだけで，不開示情報を開示することとなるときは，行政機関の長は，当該行政文書の存否を明らかにしないで，当該開示請求を拒否することができ，その理由を提示する必要もない。

オ：行政機関の長は，開示請求に係る行政文書に第三者に関する情報が記録されているときは，当該第三者に対して意見書を提出する機会を必ず与えなければならないが，当該第三者が当該行政文書の開示に反対する意見書を提出した場合であっても，当該行政文書の開示決定をすることができる。

1　ア，エ

2　ア，オ

3　イ，ウ

4　イ，エ

5　ウ，オ

No.6 行政機関の保有する情報の公開に関する法律（以下「情報公開法」という）に関するア～オの記述のうち，妥当なもののみをすべて挙げているのはどれか。

【国家総合職・平成22年度】

ア：行政機関の長は，開示請求に係る行政文書に不開示情報が記録されている場合であっても，公益上特に必要があると認めるときは，当該行政文書を開示することができる旨の規定があるが，この規定は，情報公開法第5条第1号（個人に関する情報）および同条第2号（法人等に関する情報）に定める不開示情報には適用されない。

イ：開示請求に係る行政文書が存在しているか否かを答えるだけで，不開示情報を開示することとなるときは，行政機関の長は，当該行政文書の存否を明らかにしないで，当該開示請求を拒否することができる旨の規定があるが，この規定は，情報公開法第5条第5号（審議，検討または協議に関する情報）に定める不開示情報には適用されない。

ウ：開示請求に係る行政文書が存在しているか否かを答えるだけで，不開示情報を開示することとなるときは，行政機関の長は，当該行政文書の存否を明らかにしないで，当該開示請求を拒否することができる旨の規定があるが，開示請求を拒否する場合，当該処分の理由を示さなければならない。

エ：開示の対象となる行政文書については，行政機関の職員が組織的に用いる文書であって，当該行政機関の長またはその委任を受けた者の決裁を経たものである旨の規定があるため，職員の個人的な検討段階のメモや，職員が自己の執務の便宜のために保有している正式文書の写しは，開示の対象とはならない。

オ：行政機関の長は，開示請求に係る行政文書の一部に不開示情報が記録されている場合，不開示情報が記録されている部分を容易に区分して除くことができるときは，当該部分を除いた部分に有意の情報が記録されていないと認められるときであっても，当該部分を除いた部分につき開示しなければならない。

1 ウ
2 オ
3 ア，エ
4 イ，エ
5 ウ，オ

No.7 行政調査に関するア～エの記述のうち，判例に照らし，妥当なもののみを全て挙げているのはどれか。 【国家総合職・平成27年度】

ア：警察官職務執行法2条1項に基づく職務質問に付随して行う所持品検査について，捜索に至らない程度の行為は，強制にわたらない限り，たとえ所持人の承諾がなくても，所持品検査の必要性，緊急性，これによって侵害される個人の法益と保護されるべき公共の利益との権衡などを考慮し，具体的状況の下で相当と認められる限度において許容される場合があると解すべきである。

イ：警察官による自動車の一斉検問は，警察法2条1項が「交通の取締」を警察の責務として定めていることに照らすと，交通の安全及び交通秩序の維持などに必要な活動として，一般的に許容されるべきものであり，それが相手方の任意の協力を求める形で行われたものではなく，強制力を伴うものであっても，自動車の利用者の自由を不当に制約することにならない方法，態様で行われる限り，適法なものと解すべきである。

ウ：住居の不可侵に関する憲法35条1項の規定は，本来，主として刑事責任追及の手続における強制について，それが司法権による事前の抑制の下におかれるべきことを保障した趣旨であるが，刑事責任の追及を目的としない手続において，当該手続が刑事責任追及を目的とするものでないとの理由のみで，その手続における一切の強制が当然に同項の規定による保障の枠外にあると判断することは相当ではない。

エ：行政調査は一般に罰則によって担保された間接強制調査にとどまるのに対して，犯則調査においては刑事訴訟手続に準じて直接強制を行うことが可能であるから，犯則調査によって収集された資料を基礎に行政処分を行うことを認めると，実質的には，行政調査における調査方法の制約を潜脱することになる。したがって，収税官吏が犯則嫌疑者に対し国税犯則取締法に基づく調査を行った場合に，課税庁が当該調査により収集された資料をその者に対する課税処分又は青色申告承認の取消処分を行うために利用することは許されない。

1　ア
2　イ
3　ア，ウ
4　イ，エ
5　ウ，エ

実戦問題 **2** の 解説

No.5 の解説　情報公開法

→問題はP.216　**正答3**

ア✕ 居住地に関係なく，外国人も開示請求できる。

「何人も」行政文書の開示請求をすることができる（行情法3条）。したがって，どこに居住しているかに関係なく，外国人も**行政文書**の開示請求をすることができる。

イ○ 公益上特に必要があると認めるときは，不開示情報であっても，開示できる。

行政機関の長は公益上特に必要があると認めるときは，**不開示情報**が記録されていても，裁量により行政文書を開示することができる（同7条）。

ウ○ 審査請求が行われたら，原則的に審査会への諮問が必要である。

開示決定等について**審査請求**が行われたら，裁決庁は，**却下**する場合などを除いて，原則として**情報公開・個人情報保護審査会**に諮問しなければならない（同19条1項）。

エ✕ 開示請求を拒否する場合には理由を提示する必要がある。

開示請求に対し，当該開示請求に係る行政文書が存在しているか否かを答えるだけで，不開示情報を開示することとなるときは，行政機関の長は，当該行政文書の存否を明らかにしないで，当該開示請求を拒否することができる（同8条）。ただし，この場合であっても，当該拒否処分は行手法でいう「**申請に対する処分**」に該当するから，行手法8条1項の規律がおよび，その結果，理由の提示が必要となる。

オ✕ 第三者に対する意見書提出の機会は与えなければならないものではない。

開示請求に係る行政文書に第三者に関する情報が記録されているときは，行政機関の長は，第三者に対し意見書を提出する機会を与えることが「できる」のであって（同13条1項），「必ず与えなければならない」ものではない。

以上から妥当なものは**イ**および**ウ**であり，**3**が正答となる。

No.6 の解説　情報公開法

→問題はP.217　**正答1**

ア✕ 妥当でない。行政機関の長は，開示請求に係る**行政文書**に不開示情報が記録されている場合であっても，公益上特に必要があると認めるときは，開示請求者に対し，当該行政文書を開示することができ，その範囲に限定は付されていない（行情法7条）。したがって，個人に関する情報や，法人等に関する情報であっても，**公益上の理由による裁量的開示**が行われる余地がある。

イ✕ 妥当でない。確かに，開示請求に対し，当該開示請求に係る行政文書が存在しているか否かを答えるだけで，不開示情報を開示することとなるときは，行政機関の長は，当該行政文書の存否を明らかにしないで，当該開示請求を拒否することができる（同8条）。しかし，審議，検討または協議に関する不開示情報が，その対象にならないとは行情法上，書かれていない。したが

って，審議，検討または協議に関する不開示情報であっても，その存在につき応答を拒否することができる。

ウ○ 妥当である。前半は行情法8条により，妥当である。また，後半につき，開示請求の拒否は，行手法上の申請に対する拒否処分ととらえることができる。そのため，同法上の**申請に対する処分**に関する規律が及び，開示請求を拒否する場合には，理由の提示が必要となる（行手法8条1項）。

エ✕ 妥当でない。行情法によれば，開示請求の対象となる「**行政文書**」とは，基本的に「行政機関の職員が職務上作成し，又は取得した文書，図画及び電磁的記録……であって，当該行政機関の職員が組織的に用いるものとして，当該行政機関が保有しているもの」である（行情法2条2項）。したがって，決裁を経たものとの要件は課されていないので，決裁を経ていない文書であっても，行政文書に該当する可能性がある。

オ✕ 妥当でない。行政機関の長は，開示請求に係る行政文書の一部に不開示情報が記録されている場合において，不開示情報が記録されている部分を容易に区分して除くことができるときは，開示請求者に対し，当該部分を除いた部分につき開示しなければならないが，当該部分を除いた部分に有意の情報が記録されていないと認められるときは，開示する必要はない（同6条1項）。
以上から妥当なものは**ウ**のみであり，**1**が正答となる。

No.7 の解説 　行政調査　　　　　　　　　　　　　　→問題はP.218　**正答3**

ア○ 所持人の承諾がなくても，所持品検査を行うことができる場合がある。
妥当である。判例によれば，職務質問に付随して行う所持品検査は，たとえ所持人の承諾がなくても，許される場合がある（最判昭53・9・7）。

イ✕ 自動車の一斉検問は任意の協力を求める形で行われる限り適法である。
妥当でない。判例によれば，自動車の一斉検問は相手方の任意の協力を求める形で行われる限りにおいて適法となる（最決昭55・9・22）。

ウ○ 刑事責任の追及を目的としない手続にも憲法35条の保障は及びうる。
妥当である。判例によれば，刑事責任の追及を目的とするものではないとの理由のみで，当該手続における一切の強制が当然に憲法35条1項の規定による保障の枠外にあるわけではない（最判昭47・11・22）。

エ✕ 犯則調査を通じて得た資料は行政処分を行うために利用しうる。
妥当でない。判例によれば，収税官史が犯則嫌疑者に対し国税犯則取締法に基づく調査を行った場合に，課税庁が当該調査により収集された資料を課税処分及び青色申告承認の取消処分を行うために利用することは許される（最判昭63・3・31）。
以上から妥当なものは**ア**および**ウ**であり，**3**が正答となる。

行政争訟法

第4章

テーマ⑭ 行政事件訴訟の類型
テーマ⑮ 取消訴訟の訴訟要件
テーマ⑯ 取消訴訟の審理過程と判決
テーマ⑰ 行政不服申立て

第4章 行政争訟法

試験別出題傾向と対策

頻出度	試験名 / テーマ	国家総合職 21-23	24-26	27-29	30-2	3-5	国家一般職 21-23	24-26	27-29	30-2	3-5	国家専門職 21-23	24-26	27-29	30-2	3-5
	出題数	10	12	12	12	12	6	6	6	6	6	3	3	6	5	8
A	14 行政事件訴訟の類型	3	4	2	4	5	2	2	2	2				1		2	1
A	15 取消訴訟の訴訟要件	4	3	6	3	4	3	4	3	1	3	2	2	6	2	3
B	16 取消訴訟の審理過程と判決	2	3	3	2	2	1			1	1	1				1
B	17 行政不服申立て	1	2	1	3	1			1	2	2				1	3

本章で取り上げるいわゆる行政争訟法は, 行政事件訴訟と行政不服申立てからなる。いずれも公務員試験で頻出のテーマである。

このうち行政事件訴訟については, 抗告訴訟からの出題が最も多く, 条文知識・重要判例の要旨・通説の立場が繰り返し問われている。また, いわゆる訴訟要件に関する出題が伝統的に多く, この傾向は基本的に変わっていない。

もっとも, 行政事件訴訟法の改正によって導入された義務付け訴訟や差止め訴訟の理解を問うものが一定程度みられる。これらの取消訴訟以外の抗告訴訟については, いまだ十分な判例の蓄積がないので, 条文知識が主に問われているといえよう。

他方, 行政不服申立てについては, 平成26年に行政不服審査法が大きく改正され, 行政不服申立ての仕組みが大きく変わった。ただ, 改正後も条文知識を問う問題が多いという傾向は変わらない。そのため, 条文知識の獲得を意識して準備する必要がある。

● 国家総合職（法律）

伝統的な単純正誤型の問題と異なり, ここ数年で「妥当なもののみをすべて挙げているのはどれか」という形での出題形式になっている。

中には会話文形式の問題が出され, 妥当な内容を含む会話をすべて挙げている選択肢を選ばせるといった形式の問題が含まれている。このような会話形式の問題は, 過去複数回にわたって出題されており, 今後も同様の形式で出題される可能性がある。

● 国家一般職

出題形式に着目すると, 国家一般職の問題は, その多くが「妥当なもののみをすべて挙げているのはどれか」という形での出題である。そのため, より正確な知識

地方上級 （全国型）					地方上級 （特別区）					市役所 （C日程）					
21 | 23	24 | 26	27 | 29	30 | 2	3 | 5	21 | 23	24 | 26	27 | 29	30 | 2	3 | 5	21 | 23	24 | 26	27 | 29	30 | 2	3 | 4	
4	3	1	2	2	1	3	3	3	3	3	3	0	0	0	
2	1	1		1		1	1	1	1	2					テーマ14
	1		1				2	1	2	1	2				テーマ15
1					1	1	1				1				テーマ16
1	1		1	1		1	1		1						テーマ17

や理解が必要となる。

● 国家専門職（国税専門官）

　従来と異なり，近年の国税専門官の問題は，その多くが「妥当なもののみをすべて挙げているのはどれか」という形での出題である。

　出題内容については，近年の問題を見る限り大きな変化はなく，基本的事項が繰り返し問われているといってよい。もっとも，あまり見慣れない形式の問題が出されることがあるが，内容的には基本的な理解を問う問題である。

● 地方上級（全国型）

　多くの問題は，条文知識・重要判例の要旨・通説の立場を素直に問う単純正誤形式の問題である。そこでは基本的事項が繰り返し問われている。特にテーマの偏りはないといってよい。

● 地方上級（特別区）

　本章のテーマから継続して出題されている。単純な択一形式で基礎的な事項を素直に問う問題が多い。

● 市役所（C日程）

　本章のテーマから出題されることはなくなりつつあるが，重要なテーマであることにかわりはないので，出題されても対応できるように準備しておく必要がある。

行政事件訴訟の類型

必修問題

　行政事件訴訟法の定める行政事件訴訟に関するア～オの記述のうち，妥当なもののみをすべて挙げているのはどれか。　【国家専門職・平成30年度】

ア：**機関訴訟**は，国又は公共団体の機関相互間における権限の存否又はその行使に関する紛争についての訴訟であり，地方公共団体の長と議会が議会の議決に瑕疵があるかを争う訴訟はこれに当たる。

イ：**不作為の違法確認訴訟**は，処分又は裁決についての申請をした者に限らず，行政庁が当該処分又は裁決をすることにつき**法律上の利益**を有する者であれば，提起することができる。

ウ：**差止訴訟**は，行政庁に対し一定の処分又は裁決をしてはならない旨を命ずることを求める訴訟であり，一定の処分又は裁決がされることにより重大な損害を生ずるおそれがある場合には，その損害を避けるため他に適当な方法があるときであっても，提起することができる。

エ：**民衆訴訟**は，国又は公共団体の機関の法規に適合しない行為の是正を求める訴訟で，選挙人たる資格その他自己の法律上の利益に関わらない資格で提起するものであり，**住民訴訟**や選挙の効力に関する訴訟はこれに当たる。

オ：**当事者訴訟**には，**実質的当事者訴訟**と呼ばれる，公法上の法律関係に関する確認の訴えその他の公法上の法律関係に関する訴訟と，**形式的当事者訴訟**と呼ばれる，当事者間の法律関係を確認し又は形成する処分又は裁決に関する訴訟で法令の規定によりその法律関係の当事者の一方を被告とするものがある。

1　ア，イ，エ

2　ア，ウ，オ

3　ア，エ，オ

4　イ，ウ，エ

5　イ，ウ，オ

難易度　＊＊＊

必修問題の解説

　本問は，行政事件訴訟法が定める行政事件訴訟の各類型とそれぞれの具体例について問うものである。行政事件訴訟法上，行政事件訴訟には複数の類型が定められているので，混同しないように整理しておく必要がある。

ア◯ 地方公共団体の長と議会が議会の議決について争う訴訟は機関訴訟である。

妥当である。**機関訴訟**とは，国又は公共団体の機関相互間における権限の存否又はその行使に関する紛争についての訴訟をいう（行訴法6条）。この訴訟は法律の特別な定めがある場合のみ，認められており（同42条），地方公共団体の長と議会が議会の議決に瑕疵があるかを争う訴訟は地方自治法176条7項で定められている。

イ× 申請をした者のみが不作為の違法確認訴訟を提起することができる。

妥当でない。**不作為の違法確認訴訟**は，処分又は裁決についての申請をした者に限り，提起することができる（同37条）。したがって，本肢のように「**法律上の利益を有する者**であれば，提起することができる」ようにはなっていない。

ウ× 差止訴訟には補充性の要件がある。

前半は妥当である（同3条7項）。後半が妥当でない。**差止め訴訟**には**補充性**の要件があり，損害を避けるため他に適当な方法があるときには，差止め訴訟を適法に提起することはできない（同37条の4第1項）。

エ◯ 住民訴訟および選挙訴訟は民衆訴訟の例である。

妥当である。**民衆訴訟**とは，国又は公共団体の機関の法規に適合しない行為の是正を求める訴訟で，選挙人たる資格その他自己の法律上の利益にかかわらない資格で提起するものをいう（同5条）。この訴訟も，機関訴訟と同様に，法律の特別な定めがある場合にしか認められないが（同42条），**住民訴訟**も，**選挙訴訟**も，特別な法律上の根拠がある（地自法242条の2，公職選挙法203，204条）。

オ◯ 当事者訴訟には形式的当事者訴訟と実質的当事者訴訟の2種類がある。

妥当である。**当事者訴訟**には**形式的当事者訴訟**（同4条前段）と**実質的当事者訴訟**（同4条後段）の2種類がある。前者の例として，土地収用法における**損失補償**に関する訴えがあり，また，後者の例として，公務員としての地位があることの確認を求める訴訟がある。

　以上から妥当なものは**ア，エ，オ**であり，**3**が正答となる。

正答 3

第4章　行政争訟法

FOCUS

　行政事件訴訟にはさまざまな類型の訴訟が含まれている。そこで，行政訴訟の種類としてどのようなものがあり，それらの間にはどのような異同があるのか，また，どのような要件の下でどのような訴訟を提起することができるのか，整理しておく必要がある。

POINT

重要ポイント **1** 行政訴訟の全体像

　行政訴訟にはさまざまなタイプの訴訟がある。そこで，まずは行政訴訟の全体像を示すことにする。

行政訴訟の全体像

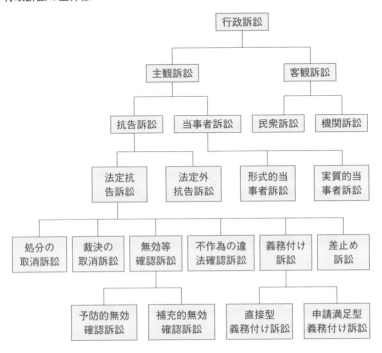

重要ポイント **2** 主観訴訟と客観訴訟

　行訴法上，行政事件訴訟とは「抗告訴訟，当事者訴訟，民衆訴訟及び機関訴訟をいう」とされているが（行訴法2条），これら4つの訴訟類型の上位概念として，主観訴訟と客観訴訟という理論上の概念がある（したがって主観訴訟・客観訴訟という用語は法令用語ではない）。両者は，その目的が異なることから，区別されている。

(1) 主観訴訟：個人の具体的な権利保護を主な目的とする訴訟。

(2) 客観訴訟：適法な公務遂行を確保し，それによって（個人の具体的権利ではなく）**一般公共の利益を保護**することを目的とする訴訟。

重要ポイント 3 抗告訴訟と当事者訴訟

　主観訴訟は，さらに抗告訴訟と当事者訴訟に分かれる。

(1) 抗告訴訟：これは「行政庁の公権力の行使に関する不服の訴訟」である（行訴法3条1項）。

(2) 当事者訴訟：これは「当事者間の法律関係を確認し又は形成する処分又は裁決に関する訴訟で法令の規定によりその法律関係の当事者の一方を被告とするもの及び公法上の法律関係に関する確認の訴えその他の公法上の法律関係に関する訴訟」である（同4条）。

　抗告訴訟は行政主体の一機関である行政庁と国民の関係が権力的な関係（上下の関係）にある場合に用いられる訴訟として，他方，当事者訴訟は両者の関係が非権力的な関係（対等平等な関係）にある場合に用いられる訴訟として構想されている。

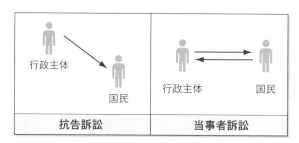

重要ポイント 4 民衆訴訟と機関訴訟

　客観訴訟は，さらに民衆訴訟と機関訴訟に分かれる。これらの訴訟は，法律に定める場合において，法律に定める者に限り，提起することができる（行訴法42条）。

(1) 民衆訴訟：これは，「国又は公共団体の機関の法規に適合しない行為の是正を求める訴訟で，選挙人たる資格その他自己の法律上の利益にかかわらない資格で提起する訴訟」である（行訴法5条）。具体的には，住民訴訟（地自法242条の2）などがこれに該当する。

(2) 機関訴訟：これは，「国又は公共団体の機関相互間における権限の存否又はその行使に関する紛争についての訴訟」である（行訴法6条）。具体的には，地方公共団体の議会と長の間の訴訟（地自法176条7項）などがこれに該当する。

重要ポイント 5 形式的当事者訴訟と実質的当事者訴訟

当事者訴訟は，さらに形式的当事者訴訟と実質的当事者訴訟に分かれる。

(1) 形式的当事者訴訟：これは「当事者間の法律関係を確認し又は形成する処分又は裁決に関する訴訟で法令の規定によりその法律関係の当事者の一方を被告とするもの」をさす（行訴法4条）。この訴訟は，本来であれば，抗告訴訟によるべき訴訟である。なぜなら，そこで問題とされているのは公権力の行使たる「処分又は裁決」だからである。しかし，行訴法は，公権力の行使たる「処分又は裁決」に関する訴訟であっても，それが，法形式上，対等当事者間の訴訟として構成されている場合には，これを当事者訴訟によって争わせることにした（たとえば土地収用法133条）。これを形式的当事者訴訟と呼ぶ。

(2) 実質的当事者訴訟：これは「公法上の法律関係に関する確認の訴えその他の公法上の法律関係に関する訴訟」である（行訴法4条）。この訴訟は，形式的に見ると対等当事者間の訴訟であり，かつ，実質的に見ても公権力の行使に関する訴訟ではない。したがって，これを実質的当事者訴訟と呼ぶ。たとえば，公務員の地位確認請求や損失補償請求などがこれに該当する。

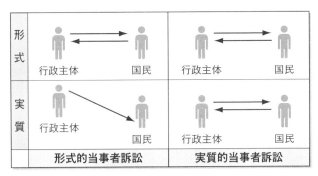

重要ポイント 6 法定抗告訴訟と法定外抗告訴訟

抗告訴訟は，さらに法定抗告訴訟と法定外抗告訴訟に分かれる。

(1) 法定抗告訴訟：これは，法律（行訴法）によって名前が付されている抗告訴訟のことである。**有名抗告訴訟**と呼ばれることもある。

(2) 法定外抗告訴訟：これは，法律によって名前が付されていない抗告訴訟のことである。**無名抗告訴訟**と呼ばれることもある。

重要ポイント 7　法定外抗告訴訟

　法定外抗告訴訟は法定されていない訴訟であるだけに，これまでさまざまなタイプの訴訟が各論者によって主張されてきた。たとえば，**抽象的規範統制訴訟**（具体的な事件性なくして法令の憲法適合性を争う訴訟）などが考えられてきた。

重要ポイント 8　法定抗告訴訟

　行訴法の中で抗告訴訟が法定されているが，同法によれば抗告訴訟とは「行政庁の公権力の行使に関する不服の訴訟」である（行訴法3条1項）。この意味での抗告訴訟は，さらに以下の6つに分かれる。

(1)　処分の取消訴訟：これは，「行政庁の処分その他公権力の行使に当たる行為の取消しを求める訴訟」である（同3条2項）。

(2)　裁決の取消訴訟：これは，「審査請求その他の不服申立てに対する行政庁の裁決，決定その他の行為の取消しを求める訴訟」である（同3条3項）。

(3)　無効等確認訴訟：これは，「処分若しくは裁決の存否又はその効力の有無の確認を求める訴訟」である（同3条4項）。これには2つのタイプがある（同36条）。いずれの場合も，出訴期間に制限はない（同14条，38条参照）。

　①**予防的無効確認訴訟**：「処分又は裁決に続く処分により損害を受けるおそれのある者」が提起する訴訟。

　②**補充的無効確認訴訟**：「処分又は裁決の無効等の確認を求めるにつき法律上の利益を有する者で，当該処分若しくは裁決の存否又はその効力の有無を前提とする現在の法律関係に関する訴えによって目的を達することができないもの」が提起する訴訟。

(4)　不作為の違法確認訴訟：これは，「行政庁が法令に基づく申請に対し，相当の期間内に何らかの処分又は裁決をすべきであるにかかわらず，これをしないことについての違法の確認を求める訴訟」である（同3条5項）。この訴訟は，法令に基づく申請をした者に限り，提起することができ（同3条5項，37条），申請後，不作為状態が続いている限り，原則として，いつまででも提起することができる（同14条，38条参照）。

(5)　義務付け訴訟：これには2つのタイプがある。

　①**直接型義務付け訴訟**：「行政庁が一定の処分をすべきであるにかかわらずこれがされないとき」に「行政庁がその処分又は裁決をすべき旨を命ずることを求める訴訟」（同3条6項1号）。たとえば，この訴訟は，第三者に対する行政庁の規制権限の発動を求める場合に用いられる。

　②**申請満足型義務付け訴訟**：「行政庁に対し一定の処分又は裁決を求める旨の法令に基づく申請又は審査請求がされた場合において，当該行政庁がその処分又は裁決をすべきであるにかかわらずこれがされないとき」に「行政庁がその処分又は裁決をすべき旨を命ずることを求める訴訟」（同3条6項2号）。たとえば，この訴訟は，許可の申請に対して拒否処分が行われたとき，裁判所が行政庁に対し許可するよう命じることを求める場合に用いられる。

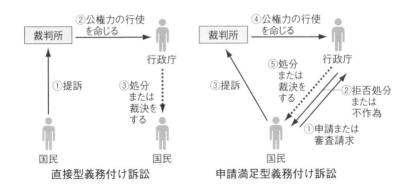

直接型義務付け訴訟　　　申請満足型義務付け訴訟

　義務付け訴訟のうち直接型義務付け訴訟は，一定の処分がされないことにより重大な損害を生ずるおそれがあり，かつ，その損害を避けるため他に適当な方法がないときに限り，提起することができる（同37条の２第１項）。

　他方，義務付け訴訟のうち申請満足型義務付け訴訟は，申請または審査請求がされた場合に限り，提起できるが（同３条６項２号，37条の３第１項），一定の抗告訴訟を併合提起しなければならない（同37条の３第３項）。

(6) 差止め訴訟：これは「行政庁が一定の処分又は裁決をすべきでないにかかわらずこれがされようとしている場合において，行政庁がその処分又は裁決をしてはならない旨を命ずることを求める訴訟」である（同３条７項）。たとえば，この訴訟は，自己に対する不利益処分が行われないようにするため，あるいは，第三者に対する行政庁の許認可（電力会社に対する原発の設置許可など）が出されないようにするために用いられる。

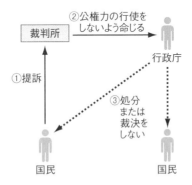

　この差止めの訴えは，一定の処分または裁決がされることにより重大な損害を生ずるおそれがある場合に限り，提起することができる（同37条の４第１項）。ただし，その損害を避けるため他に適当な方法があるときは，差止め訴訟は許されない（同37条の４第１項但書）。

実戦問題❶　基本レベル

No.1 行政事件訴訟法に規定する行政事件訴訟に関する記述として，通説に照らして，妥当なのはどれか。　【地方上級（特別区）・平成28年度】

1　行政事件訴訟法は，抗告訴訟について，処分の取消しの訴え，裁決の取消しの訴え，無効等確認の訴え，不作為の違法確認の訴え，義務付けの訴え，差止めの訴えの6つの類型を規定しており，これ以外に法定されていない無名抗告訴訟を認める余地はない。

2　処分の取消しの訴えとその処分についての審査請求を棄却した裁決の取消しの訴えとを提起することができる場合には，裁決の取消しの訴えにおいては，処分の違法を理由として取消しを求めることができない。

3　無効等確認の訴えは，処分若しくは裁決の存否又はその効力の有無の確認を求める訴訟をいい，行政事件訴訟法に抗告訴訟として位置付けられており，取消訴訟と同様に出訴期間の制約がある。

4　当事者訴訟には，2つの類型があり，公法上の法律関係に関する確認の訴えその他の公法上の法律関係に関する訴訟を形式的当事者訴訟といい，当事者間の法律関係を確認し又は形成する処分又は裁決に関する訴訟で法令の規定によりその法律関係の当事者の一方を被告とするものを実質的当事者訴訟という。

5　民衆訴訟は，国又は公共団体の機関の法規に適合しない行為の是正を求める訴訟で，選挙人たる資格その他自己の法律上の利益にかかわらない資格で提起するものであり，法律に定める者に限らず，誰でも訴えを提起することができる。

No.2 客観訴訟に関する次の記述のうち，妥当なものはどれか。
　【地方上級（全国型）・平成27年度】

1　行政事件訴訟法に法定されている4つの行政訴訟のうち，客観訴訟に該当するものは「当事者訴訟」と「民衆訴訟」である。

2　客観訴訟は，当然に裁判所法でいう「法律上の争訟」に該当するわけではない。

3　客観訴訟は，主観訴訟と異なり，原告適格に制限がなく誰でも提起することができる。

4　客観訴訟は，法律に基づかなくても提起することができる。

5　客観訴訟には行政事件訴訟法上の主観訴訟の規定が適用されることはない。

No.3 差止め訴訟に関する次の記述のうち，妥当なものはどれか。

【地方上級（全国型）・平成21年度】

1 　処分の取消訴訟は，行政庁の処分によって侵害された私人の法律上の利益の救済を目的としているが，差止め訴訟においてはいまだ処分は行われていないので，訴訟提起のためには法律上の利益があることを要しない。

2 　差止め訴訟の提起には，一定の処分または裁決がされることにより重大な損害を生ずるおそれがあることを要するが，処分の取消訴訟において執行停止を求めるための要件である「回復困難な損害を避ける」ことが必要とされるのに比べて，要件が緩和されている。

3 　処分の取消訴訟には出訴期間の制限があるが，差止め訴訟の場合は処分がなされるまではいつでも出訴が可能である。

4 　処分の取消訴訟では自由選択主義がとられ，不服申立てを経ることなく，あるいは不服申立てと並行して訴訟提起ができるが，このことは差止め訴訟の場合も同様である。

5 　差止め訴訟は処分が行われるのを事前に阻止するためのものであるから，それを提起できるのは，行政庁が処分の内容を具体的に確定した段階以降に限られる。

No.4 不作為の違法確認の訴えに関する次の記述のうち，妥当なものはどれか。ただし，争いのあるものは判例・通説の見解による。

【地方上級（全国型）・平成22年度】

1 　不作為の違法確認の訴えは，処分または裁決についての申請をした者に限らず，不作為の違法の確認を求めるにつき法律上の利害関係を有する者であれば提起することができる。

2 　法令に基づく申請に対し相当の期間内になんらの処分がされない場合に不作為の違法確認の訴えをするときには，対象となる処分についての義務付けの訴えを併せて提起しなければならない。

3 　不作為の違法確認訴訟とは，行政庁が法令に基づく申請に対し，相当の期間内になんらかの処分または裁決をすべきであるにもかかわらず，これをしないことについての違法の確認を求める公法上の当事者訴訟である。

4 　不作為の違法確認訴訟において，行政庁が処分をしないことについての違法を確認する判決が確定した場合には，この判決の効力により当該行政庁は当該申請を認めるべき義務を負うことになる。

5 　不作為の違法確認訴訟の訴訟係属中に，行政庁がなんらかの処分を行った場合には，当該訴訟は，訴えの利益が消滅するため却下される。

No.5 行政事件訴訟法の定める抗告訴訟に関するア～オの記述のうち，妥当なもののみをすべて挙げているのはどれか。　【国家総合職・平成23年度】

ア：行政庁に対し一定の処分を求める旨の法令に基づく申請がされた場合における「義務付けの訴え」は，当該申請をした者に限り，提起することができる。

イ：行政庁に対し一定の処分を求める旨の法令に基づく申請がされた場合における「義務付けの訴え」は，一定の処分がされないことにより重大な損害を生ずるおそれがあり，かつ，その損害を避けるため他に適当な方法がないときに限り，提起することができる。

ウ：行政庁に対する法令に基づく申請を前提としない「義務付けの訴え」は，行政庁が一定の処分をすべき旨を命ずることを求めるにつき法律上の利益を有する者に限り，提起することができる。

エ：「不作為の違法確認の訴え」は，処分または裁決についての申請をした者に限らず，行政庁が当該処分または裁決をすることにつき法律上の利益を有する者であれば，提起することができる。

オ：「差止めの訴え」は，一定の処分または裁決がされることにより重大な損害を生ずるおそれがある場合であれば，その損害を避けるため他に適当な方法があるときであっても，提起することができる。

1　ア，ウ
2　ア，オ
3　イ，ウ
4　イ，エ
5　エ，オ

実戦問題 **1** の 解説

→問題はP.231

No.1 の解説　行政事件訴訟　　　　　　　　　　　　　正答2

1 ✕ 抗告訴訟として無名抗告訴訟が一般に認められている。

抗告訴訟の類型として，行政事件訴訟法に定められた**有名抗告訴訟（法定抗告訴訟）**のほかに（行訴法3条2項〜7項），行政事件訴訟法に定められていない**無名抗告訴訟（法定外抗告訴訟）**が一般に認められている。

2 ◎ 裁決の取消訴訟では原処分の違法を理由とした取消請求はできない。

正しい。**裁決の取消訴訟**では，原告は**裁決固有の瑕疵**を理由に裁決の取消しを求めることができると解されている。仮に原告が原処分の違法を理由に当該処分の取消しを求めたいのであれば，裁決の取消訴訟（同3条3項）ではなく，**処分の取消訴訟**（同3条4項）を提起すべきである（同10条2項）。

3 ✕ 無効等確認訴訟には出訴期間の制限はない。

取消訴訟の場合，**出訴期間**の制限について定めた規定があるが（同14条），当該規定は**無効等確認訴訟**に準用されていない（同38条）。また，無効等確認訴訟固有の出訴期間の制限に関する規定もない。もともと無効等確認訴訟は取消訴訟の出訴期間を徒過した場合の救済手段として構想された訴訟である。これらのことから，無効等確認訴訟に「出訴期間の制約がある」とする本肢の記述は誤りである。

4 ✕ 公法上の法律関係に関する訴訟は実質的当事者訴訟である。

実質的当事者訴訟と**形式的当事者訴訟**の説明が逆である。公法上の法律関係に関する確認の訴えその他の公法上の法律関係に関する訴訟を実質的当事者訴訟といい，当事者間の法律関係を確認し又は形成する処分又は裁決に関する訴訟で法令の規定によりその法律関係の当事者の一方を被告とするものを形式的当事者訴訟という（同4条）。

5 ✕ 民衆訴訟は法律に定める者だけが訴えを提起することができる。

民衆訴訟は誰でも訴えを提起できるわけではない。民衆訴訟（同5条）は**客観訴訟**としての性格を有し，例外的な訴訟形態として理解されているので，特別に法律で定められた者のみが訴えを提起できる（同42条）。

No.2 の解説 客観訴訟 →問題はP.231 **正答2**

1 ✕ **客観訴訟に該当するのは民衆訴訟と機関訴訟である。**
　　行政事件訴訟法に法定されている4つの行政訴訟とは，**抗告訴訟，当事者訴訟，民衆訴訟，機関訴訟**である（行訴法2条）。このうち，**客観訴訟**に該当するものは民衆訴訟（同5条）と機関訴訟（同6条）である。これに対し，抗告訴訟（同3条）と当事者訴訟（同4条）は**主観訴訟**に該当する。

2 ◎ **客観訴訟は当然に「法律上の争訟」に該当するわけではない。**
　　一般に**法律上の争訟**とは，当事者間の具体的な権利義務ないし法律関係の存否に関する紛争であって，かつ，法令の適用によって終局的に解決しうるものをいう。客観訴訟は当事者間の具体的な権利義務ないし法律関係の存否に関する紛争ではないので，当然に法律上の争訟に該当するわけではない。

3 ✕ **客観訴訟は法律に定められた者だけが提起できる。**
　　客観訴訟は誰でも提起できるわけではなく，特別に法律で定められた者だけが提起できる（同42条）。これは，客観訴訟が例外的な訴訟として理解されているためである。

4 ✕ **客観訴訟は特別な法律の定めがある場合にのみ提起できる。**
　　客観訴訟は法律に基づいてのみ提起することができる（同42条）。これも，客観訴訟が例外的な訴訟として理解されていることに起因する。

5 ✕ **客観訴訟には主観訴訟の規定が準用される。**
　　行訴法上，客観訴訟である民衆訴訟および機関訴訟には，主観訴訟である取消訴訟，無効等確認訴訟および当事者訴訟の規定が部分的に準用されることになっている（同43条）。

第4章

行政争訟法

1 ✕ 差止め訴訟を適法に提起するためには，法律上の利益が必要である。
前半は正しい。後半が誤り。**差止め訴訟**の場合も，取消訴訟の場合と同様
に，**法律上の利益**が必要である（行訴法37条の4第3項）。

2 ✕ 損害要件は取消訴訟の執行停止の場合も，差止め訴訟の場合も同じである。
取消訴訟の執行停止の場合も，差止め訴訟の場合と同様，「重大な損害」を
要件としている（同25条2項，37条の4第1項）。

3 ◎ 差止め訴訟に出訴期間の制限はない。
正しい。**取消訴訟**の**出訴期間**に関する規定（同14条）は，差止め訴訟に準用
されない（同38条参照）。また，差止め訴訟に固有の出訴期間の制限に関す
る規定もない。そのため，差止め訴訟には出訴期間の制限はない。

4 ✕ 差止め訴訟に**自由選択主義**は妥当しない。
前半は正しい。後半が誤り。**自由選択主義**について定めた行訴法8条の規定
は，差止め訴訟に準用されていない（同38条参照）。これは，処分が行われ
ていない段階での不服申立てがそもそも考えられないからである。

5 ✕ 差止め訴訟は一定の処分がされようとしていれば，適法に提起できる。
前半は正しい。後半が誤り。処分の内容が具体的になっていなくても，一定
の処分がされようとしていれば（同3条7項），**差止め訴訟**の提起は可能で
ある。

No.4 の解説　不作為の違法確認の訴え

→問題はP.232 **正答5**

1 ✕ **不作為の違法確認訴訟は申請をした者だけが訴訟提起できる。**
不作為の違法確認の訴え（行訴法3条5項）は，処分または裁決についての申請をした者に限り，提起することができる（同37条）。

2 ✕ **不作為の違法確認の場合，義務付け訴訟を併合提起する必要はない。**
不作為の違法確認の訴えを提起する場合は，他の**抗告訴訟**を併合提起する必要はない。これに対し，**申請満足型義務付け訴訟**を提起する場合には，一定の抗告訴訟を併合提起しなければならない（同37条の3第3項）。とりわけ，本肢のような場合には，**不作為の違法確認訴訟**を併合提起することになる（同37条の3第3項1号）。

3 ✕ **不作為の違法確認訴訟は公法上の当事者訴訟ではなく，抗告訴訟である。**
不作為の違法確認訴訟は，**公法上の当事者訴訟**（同4条）とは異なる。確かに公法上の当事者訴訟には一定の確認の訴えが含まれるが，不作為の違法確認訴訟は処分または裁決に関する訴訟であって，「行政庁の公権力の行使に関する不服の訴訟」（同3条1項）であるから，抗告訴訟である。

4 ✕ **不作為の違法確認判決が出ても，行政庁は申請認容の義務を負わない。**
不作為の違法確認判決が出たら，行政庁は不作為状態を解消すればよいだけである。行政庁が申請を拒否するということも，不作為状態の解消になるので，判決の効力によって行政庁は申請を認めるべき義務を負うわけではない。

5 ◎ **不作為状態が解消されれば，不作為の違法確認訴訟の訴えの利益は消滅する。**
正しい。すでに不作為状態が解消されてしまっているのであれば，不作為の違法を確認してもらったところで，意味がない。そのため，本肢のような場合には，**訴えの利益**が消滅し，当該訴えは**却下**されるものと解されている。

第4章

行政争訟法

No.5 の解説 抗告訴訟 →問題はP.233 **正答 1**

ア◯ 申請満足型義務付け訴訟は申請をした者だけが訴訟提起できる。

妥当である（行訴法37条の3第2項）。**申請満足型義務付け訴訟**（同3条6項2号）の場合は，**直接型義務付け訴訟**（同3条6項1号）と異なり，申請をしていることが，訴訟要件となる。したがって申請をしていない者が申請満足型義務付け訴訟を提起すると，当該訴えは却下されることになる。

イ✕ 申請満足型義務付け訴訟の場合，重大性の要件および補充性の要件はない。

妥当でない。「一定の処分がされないことにより重大な損害を生ずるおそれがあり，かつ，その損害を避けるため他に適当な方法がないときに限り，提起することができる」のは，直接型義務付け訴訟であって（同37条の2第1項），申請満足型義務付け訴訟の場合は，同様の要件は課されていない。

ウ◯ 直接型義務付け訴訟は法律上の利益を有する者だけが訴訟提起できる。

妥当である（同37条の2第3項）。行政庁に対する法令に基づく申請を前提としない「義務付けの訴え」とは，直接型義務付け訴訟のことである。直接型義務付け訴訟の場合，**法律上の利益**の有無については**取消訴訟**の規定が準用されることになっている（同37条の2第4項）。

エ✕ 不作為の違法確認訴訟は申請をした者だけが訴訟提起できる。

妥当でない。**不作為の違法確認訴訟**（同3条5項）は，申請満足型義務付け訴訟と同様，処分または裁決についての申請をした者に限り，提起することができる（同37条）。

オ✕ 差止めの訴えの場合，補充性要件がある。

妥当でない。**差止め訴訟**（同3条7項）には補充性の要件があり，他に適当な方法がある場合には，差止め訴訟を提起できない（同37条の4第1項）。

　以上から妥当なものは**ア**および**ウ**であり，**1**が正答となる。

実戦問題 ❷   応用レベル

* *
◆ **No.6** 行政事件訴訟法の定める行政事件訴訟に関するア～オの記述のうち，妥当なもののみをすべて挙げているのはどれか。　　【国家総合職・平成21年度】

ア：「無効等確認の訴え」とは，処分もしくは裁決の存否またはその効力の有無の確認を求める訴訟をいい，当該処分または裁決に続く処分により損害を受けるおそれのある者で，当該処分もしくは裁決の存否またはその効力の有無を前提とする現在の法律関係に関する訴えによって目的を達成することができないものに限り，提起することができる。

イ：「不作為の違法確認の訴え」とは，行政庁が法令に基づく申請に対し，相当の期間内になんらかの処分または裁決をすべきであるにかかわらず，これをしないことについての違法の確認を求める訴訟をいい，処分または裁決についての申請をした者に限り，提起することができる。

ウ：「当事者訴訟」とは，国または公共団体の機関の法規に適合しない行為の是正を求めるための訴訟をいい，選挙人たる資格その他自己の法律上の利益にかかわらない資格で提起することができる。

エ：「機関訴訟」とは，国または公共団体の機関相互間における権限の存否またはその行使に関する紛争についての訴訟をいい，法律に定める場合において，法律の定める者に限り，提起することができる。

オ：「差止めの訴え」とは，行政庁が一定の処分または裁決をすべきでないにかかわらずこれがされようとしている場合において，行政庁がその処分または裁決をしてはならない旨を命ずることを求める訴訟をいい，当該処分または裁決がされることにより重大な損害を生ずるおそれがある場合であっても，その損害を避けるため他に適当な方法があるときは提起することができない。

1 ア，イ，ウ
2 ア，ウ，エ
3 イ，エ，オ
4 イ，オ
5 エ，オ

無効等確認訴訟及び不作為の違法確認訴訟に関するア～オの記述のう ち，妥当なもののみをすべて挙げているのはどれか。 【国家一般職・平成28年度】

ア：行政事件訴訟法において，取消訴訟とは別に無効等確認訴訟の訴訟類型が特に定められていることから，無効等確認訴訟で無効原因に当たる瑕疵を主張する必要があり，取消訴訟で当該瑕疵を主張したとしても，当該取消訴訟では審理することができない。

イ：行政処分が無効であれば，その法的効力は当初から存在しないことになるから，行政事件訴訟法において，無効等確認判決については，取消判決の第三者効の規定が準用されている。

ウ：無効等確認訴訟と取消訴訟とは，行政処分の瑕疵が無効原因に当たるか取消原因に当たるかの違いにすぎないことから，行政事件訴訟法において，無効等確認訴訟の原告適格については，取消訴訟の原告適格の規定が準用されている。

エ：不作為の違法確認訴訟の原告適格は，行政事件訴訟法上，処分又は裁決についての申請をした者とされており，同訴訟は法令に基づく申請制度の存在が前提とされ，当該申請制度は法令の明文上の定めがあることが必要である。

オ：行政事件訴訟法において，取消訴訟は出訴期間の定めがあるが，不作為の違法確認訴訟は出訴期間の定めはない。

1　エ
2　オ
3　ア，イ
4　イ，オ
5　ウ，エ

No.8 行政事件訴訟法の規定する「義務付けの訴え」に関するア～オの記述のうち，妥当なもののみをすべて挙げているのはどれか。【国家総合職・平成27年度】

ア：義務付け請求を認容する判決（義務付け判決）は，判決の主文において，裁判所が被告の作為義務につき行政庁を特定する形で明らかにする以上，被告がこれに従うのは当然のことであり，行政事件訴訟法は，「義務付けの訴え」について，取消判決等の拘束力に関する規定（同法第33条）を準用していない。

イ：行政事件訴訟法は，審査請求に対する行政庁の裁決について，当該審査請求をしていない者が原告となって行政庁に対して一定の裁決をすべきことを求める訴えを，「義務付けの訴え」の一類型として規定している。

ウ：行政事件訴訟法の規定する「義務付けの訴え」は，行政庁が一定の処分又は裁決をすべき旨を命じることを求める訴訟であり，処分性を有しない行政指導をすべきことを求めるものではないため，平成26年の行政手続法の改正により，行政手続法において，当該行政指導をする権限を有する行政機関に対して，一定の行政指導をすべきことを請求する申請制度が法定された。

エ：「義務付けの訴え」のうち，行政庁に対して法令に基づく申請又は審査請求をしたにもかかわらず相当の期間内に何らの処分又は裁決がされない場合に提起するものについては，訴えが提起された時点で何らの処分又は裁決も存在しないのであるから，当該「義務付けの訴え」に併合して提起しなければならない抗告訴訟も存在しない。

オ：行政事件訴訟法は，「義務付けの訴え」に関する仮の救済として「仮の義務付け」を規定しているが，「仮の義務付け」については，当事者からの申立てによることが必要であり，裁判所が職権により「仮の義務付け」を決定することはできない。

1 オ

2 ア，ウ

3 ウ，オ

4 ア，イ，エ

5 イ，ウ，エ，オ

実戦問題❷の解説

No.6 の解説　行政事件訴訟

→問題はP.239　**正答3**

ア×　無効等確認訴訟の原告適格の要件として法律上の利益がある。

妥当でない。本肢では「その他当該処分又は裁決の無効等の確認を求めるにつき法律上の利益を有する者」という要件が欠落している（行訴法36条）。

イ◎　不作為の違法確認訴訟は申請をした者のみが訴訟提起できる。

妥当である（同3条5項，37条）。**不作為の違法確認訴訟**を提起できるのは，**申請満足型義務付け訴訟**と同様，申請した者に限られる。

ウ×　自己の法律上の利益にかかわらない資格で提起するのは当事者訴訟ではない。

妥当でない。**当事者訴訟**とは，①「当事者間の法律関係を確認し又は形成する処分又は裁決に関する訴訟で法令の規定によりその法律関係の当事者の一方を被告とするもの」（**形式的当事者訴訟**）および②「公法上の法律関係に関する確認の訴えその他の公法上の法律関係に関する訴訟」（**実質的当事者訴訟**）をいう（同4条）。本肢の説明は，**民衆訴訟**の説明である（同5条）。

エ◎　機関訴訟は法律の定めがある場合に法律の定める者のみが提起できる。

妥当である（同6条，42条）。**機関訴訟は民衆訴訟**とともに，**客観訴訟**であるため，特別な法律の定めが必要である。

オ◎　差止め訴訟には訴訟要件として損害要件と補充性要件がある。

妥当である（同3条7項，37条の4第1項）。**差止め訴訟**の場合，訴訟要件として，重大な損害要件と補充性の要件が課されている

　　以上から妥当なものは**イ，エ，オ**であり，**3**が正答となる。

No.7 の解説　無効等確認訴訟・不作為の違法確認訴訟　　→問題はP.240　正答2

ア✕ **取消訴訟では無効原因に当たる瑕疵を審理することができる。**

妥当でない。**取消訴訟**で無効原因に当たる瑕疵を主張したとしても，当該取消訴訟で審理がされないということはない。**無効確認訴訟**における無効原因たる瑕疵は，通説判例によれば，**重大かつ明白な違法**である。取消訴訟では，処分の違法性が審理されることになっているから，原告が重大かつ明白な違法を主張したとしても，当該主張が違法の主張であることにかわりはないから，取消訴訟では審理が行われることになる。

イ✕ **無効等確認判決に第三者効の規定は準用されていない。**

妥当でない。行政事件訴訟法32条は取消判決の**第三者効**を認めている。しかし，この規定は無効等確認訴訟には準用されていない（行訴法38条）。

ウ✕ **無効等確認訴訟に固有の原告適格について定めた規定が存在する。**

妥当でない。取消訴訟の**原告適格**は行政事件訴訟法9条で定められているが，この規定は無効等確認訴訟には準用されていない。むしろ同法は36条で無効等確認訴訟に固有の原告適格について規律している。

エ✕ **申請制度は法令の明文の定めによらなくてもよい。**

妥当でない。実効的な権利救済を図る見地から，申請制度は法令の明文上の定めがなくてもよいと解されている。

オ◯ **不作為の違法確認訴訟に出訴期間の制限はない。**

妥当である。行政事件訴訟法14条は取消訴訟の**出訴期間**について定めているが，当該規定は**不作為の違法確認訴訟**に準用されていない。また，不作為の違法確認訴訟に固有の出訴期間の制限に関する規定もない。その結果，不作為の違法確認訴訟は，不作為状態が継続する限り，適法に訴訟提起できると解される。

　　以上から妥当なのは**オ**のみであり，**2**が正答となる。

ア✕ 取消判決等の拘束力に関する規定は義務付け訴訟に準用される。

妥当でない。行政事件訴訟法33条1項は取消判決が処分庁その他の行政庁を拘束する旨、定めており（これを取消判決の**拘束力**という）、当該規定は**義務付け訴訟**に準用されている（行訴法38条1項）。

イ✕ 行訴法は審査請求をしていない者による裁決の義務付け訴訟を認めていない。

妥当でない。行訴法は一定の**裁決**を求める旨の義務付け訴訟を**申請満足型義務付け訴訟**の一類型として認めている（同3条6項2号）。申請満足型義務付け訴訟の場合は、**申請**または**審査請求**をした者のみが適法に訴えを提起できる（同37条の3第2項）。したがって、審査請求をしていない者が裁決の義務付け訴訟を提起すれば、当該訴訟は不適法な訴えとして**却下**される。なお、**直接型義務付け訴訟**の場合は、申請または審査請求をしていない者でも訴えを提起できるが、この場合、裁決の義務付けを求めることはできず、処分の義務付けのみを求めることができる（同3条6項1号）。

ウ✕ 行政指導をすべきことは、行手法に基づいても請求できない。

妥当でない。平成26年の行手法改正により、**行政指導**をすることを求めることができるようになった（行手法36条の3第1項）。注意を要するのは、同法によって認められたのは、あくまで「行政指導をすることを求めること」であって、「行政指導をすべきことを請求する」ことではない。したがって、行政指導をすることを求めた場合に、その求めどおりの行政指導が実際に行われなくても、そのことによって行政側の対応が違法になるわけではない。このように行手法に基づく行政指導の求めは請求権として認められたわけではないということに注意を払う必要がある。

エ✕ 申請満足型義務付け訴訟の場合、一定の抗告訴訟を併合提起すべきである。

妥当でない。申請満足型義務付け訴訟には不作為型（行訴法37条の3第1項1号）と拒否処分型（同2号）がある。このうち不作為型の事例の場合、**不作為の違法確認訴訟**を**併合提起**すべきである（同37条の3第3項1号）。

オ◯ 裁判所が職権に基づいて仮の義務付けの決定をすることは認められていない。

妥当である。**仮の義務付け**の決定は申立人（原告）からの申立てにより行うことになっており（同37条5第1項）、裁判所が職権により仮の義務付けを決定することはできない。

　以上から妥当なのは**オ**のみであり、**1**が正答となる。

実戦問題❸　難問レベル

No.9 行政事件訴訟法の定める行政事件訴訟に関するア～オの記述のうち，妥当なもののみをすべて挙げているのはどれか。ただし，争いのあるものは判例の見解による。　【国家総合職・令和3年度】

ア：抗告訴訟の類型の一つである無効等確認の訴えは，処分若しくは裁決の存否又はその効力の有無を前提とする現在の法律関係に関する訴えによって目的を達成することができない場合に限り提起することができる。例えば，内閣総理大臣が原子炉設置許可処分をした場合，原子炉の周辺に居住する原告らは，人格権等に基づき原子炉施設の設置者を被告として原子炉の建設・運転の差止めを求める民事訴訟を提起することができるため，国を被告とする当該処分の無効確認訴訟を提起することはできない。

イ：抗告訴訟の類型の一つである不作為の違法確認の訴えは，行政庁が法令に基づく申請に対し，相当の期間内に何らかの処分又は裁決をすべきであるにもかかわらず，これをしないことについての違法の確認を求める訴えである。この訴えは，当該申請を行う権利が法律上認められている者であれば，現実に申請を行った者でなくても提起することができる。

ウ：抗告訴訟の類型の一つである義務付けの訴えは，非申請型義務付け訴訟と申請型義務付け訴訟に分類されるが，後者のうち，行政庁が一定の裁決をすべき旨を命ずることを求めるものは，処分についての審査請求がされた場合において，当該処分に係る処分の取消しの訴え又は無効等確認の訴えを提起することができないときに限り，提起することができる。

エ：当事者訴訟の類型の一つとして，当事者間の法律関係を確認し又は形成する処分又は裁決に関する訴えで法令の規定によりその法律関係の当事者の一方を被告とするものがあり，これを形式的当事者訴訟と呼ぶ。例えば，土地収用法133条に定める損失の補償に関する訴えがこれに当たる。

オ：民衆訴訟とは，国又は公共団体の機関の法規に適合しない行為の是正を求める訴訟で，選挙人たる資格等で提起するものである。例えば，在外国民が今後直近に実施されることになる衆議院議員の総選挙における小選挙区選出議員の選挙及び参議院議員の通常選挙における選挙区選出議員の選挙につき選挙権を行使する権利を有することの確認をあらかじめ求めた訴えはこれに当たる。

1　ア，イ
2　ア，ウ
3　イ，オ
4　ウ，エ
5　エ，オ

（参考）土地収用法

（訴訟）

第133条 （略）

2 収用委員会の裁決のうち損失の補償に関する訴えは，裁決書の正本の送達を受けた日から6月以内に提起しなければならない。

3 前項の規定による訴えは，これを提起した者が起業者であるときは土地所有者又は関係人を，土地所有者又は関係人であるときは起業者を，それぞれ被告としなければならない。

No.10

*** No.10 無効確認訴訟に関する次の記述のうち，判例に照らし，妥当なのはどれか。【国家総合職・平成25年度】

1 行政庁の裁量に任された行政処分の無効確認を求める訴訟においては，その無効確認を求める者が，行政庁が当該行政処分をするに当たってした裁量権の行使がその範囲を超えまたは濫用にわたり，したがって，当該行政処分が違法であり，かつ，その違法が重大かつ明白であることを主張および立証しなければならない。

2 納税者が，課税処分を受け，当該課税処分に係る税金をいまだ納付していないため滞納処分を受けるおそれがある場合において，当該課税処分の無効を主張してこれを争おうとするときは，当該課税処分の無効を前提とする現在の法律関係に関する訴えである公法上の当事者訴訟としての租税債務不存在確認訴訟によってその目的を達することができるから，納税者は，当該課税処分の無効確認を求める訴えを提起することができない。

3 土地改良事業の施行に伴い土地改良区から換地処分を受けた者が，当該換地処分は照応の原則に違反し無効であると主張してこれを争おうとする場合には，従前の土地の所有権者として，当該土地について換地による現在の所有者とされている者を相手方として当該土地の所有権の確認，所有権に基づく明渡し，あるいは登記抹消手続請求等の訴えを提起することができ，これによってその目的を達することができるから，当該換地処分を受けた者は，当該換地処分の無効確認を求める訴えを提起することができない。

4 処分の無効確認訴訟を提起しうるための要件の一つである，当該処分の効力の有無を前提とする現在の法律関係に関する訴えによって目的を達することができない場合とは，当該処分に基づいて生ずる法律関係に関し，処分の無効を前提とする当事者訴訟または民事訴訟によっては，その処分のため被っている不利益を排除することができない場合を意味し，当該処分に起因する紛争を解決するための争訟形態として，当該処分の無効を前提とする当事者訴訟または民事訴訟との

比較において，当該処分の無効確認を求める訴えのほうがより直截的で適切な争訟形態であるとみるべき場合は含まれない。

5　設置許可申請に係る原子炉の周辺に居住する住民が，当該原子炉の設置者に対し，人格権等に基づきその建設ないし運転の差止めを求める民事訴訟を提起している場合には，当該民事差止め訴訟は行政事件訴訟法第36条所定の「当該処分もしくは裁決の存否またはその効力の有無を前提とする現在の法律関係に関する訴え」に該当し，当該民事差止め訴訟によってその目的を達することができるから，当該住民が提起した当該原子炉の設置許可処分の無効確認の訴えは，不適法である。

（参考）　行政事件訴訟法
（無効等確認の訴えの原告適格）
第36条　無効等確認の訴えは，当該処分又は裁決に続く処分により損害を受けるおそれのある者その他当該処分又は裁決の無効等の確認を求めるにつき法律上の利益を有する者で，当該処分若しくは裁決の存否又はその効力の有無を前提とする現在の法律関係に関する訴えによって目的を達することができないものに限り，提起することができる。

第4章

行政争訟法

実戦問題❸の解説

No.9 の解説　行政事件訴訟法

→問題はP.245
正答4

ア✕ **民事訴訟が提起されていても，処分の無効確認訴訟を適法に提起できる。**
前半は妥当である。後半が妥当でない。判例によれば，原子炉施設の設置者を被告とする民事訴訟は，原子炉設置許可処分の効力の有無を前提とする現在の法律関係に関する訴えに該当するものとみることはできず，また，**無効確認訴訟**と比較して，設置許可処分に起因する紛争を解決するための争訟形態としてより直截的かつ適切なものであるともいえないから，民事訴訟の提起が可能であるからといって無効確認訴訟が行訴法36条の要件を欠くことの根拠にはならない（最判平4・9・22）。

イ✕ **不作為の違法確認訴訟を適法に提起できるのは現実に申請を行った者である。**
前半は妥当である（行訴法3条5項）。後半が妥当でない。**不作為の違法確認の訴え**は，処分又は裁決についての申請をした者に限り，提起することができる（同37条）。

ウ◯ **裁決の申請型義務付け訴訟は救済の必要性がないと適法に提起できない。**
妥当である。行政庁が一定の**裁決**をすべき旨を命ずることを求める**申請型義務付け訴訟**は，処分についての**審査請求**がされた場合において，当該処分の**取消訴訟**又は無効等確認訴訟を提起できないときに限り，提起することができる（同37条の3第7項）。このように裁決の義務付け訴訟を提起できる場合が限定されているのは，原処分の取消訴訟や無効等確認訴訟によって救済が可能ならば，裁決の義務付け訴訟によって救済する必要性がないと考えられたからである。

エ◯ **土地収用法上の損失補償に関する訴えは形式的当事者訴訟の例である。**
妥当である。**当事者訴訟**には2種類のものがある。当事者間の法律関係を確認し又は形成する処分又は裁決に関する訴えで法令の規定によりその法律関係の当事者の一方を被告とする訴訟が**形式的当事者訴訟**であり（同4条前段），公法上の法律関係に関する確認の訴えその他の公法上の法律関係に関する訴訟が**実質的当事者訴訟**である（同4条後段）。

オ✕ **在外邦人の選挙権に関する地位の確認の訴えは当事者訴訟である。**
前半は妥当である（同5条）。後半が妥当でない。在外邦人の選挙権に関する訴えのうち，選挙権を行使する権利を有することの地位の確認の訴えは当事者訴訟である（最判平17・9・14）。

　　以上から妥当なものは**ウ**と**エ**であり，**4**が正答となる。

248

No.10 の解説　無効確認訴訟

→問題はP.246　**正答 1**

1◎ **行政処分の重大かつ明白な違法は原告が主張立証しなければならない。**
正しい。判例によれば，**無効確認訴訟**では，処分が重大かつ明白な違法を有することの主張・立証責任は原告が負う（最判昭42・4・7）。

2✕ **滞納処分を予防するため課税処分の無効確認訴訟を提起できる。**
判例によれば，「納税者が，課税処分を受け，当該課税処分にかかる税金をいまだ納付していないため滞納処分を受けるおそれがある場合において，右課税処分の無効を主張してこれを争おうとするときは，納税者は，行政事件訴訟法36条により，右課税処分の無効確認を求める訴えを提起することができる」（最判昭51・4・27）。

3✕ **換地処分を受けた者は換地処分の無効確認訴訟を提起できる。**
判例によれば，本肢のような場合，換地処分を受けた者は無効確認訴訟を提起することができる。なぜなら，第1に，施行地域内の土地所有者等多数の権利者に対して行われる換地処分は通常相互に連鎖し関連し合っているとみられるのであるから，このような換地処分の効力をめぐる紛争を私人間の法律関係に関する個別の訴えによって解決しなければならないとするのは換地処分の性質に照らして必ずしも適当とはいい難いからであり，第2に，換地処分を受けた者が照応の原則に違反することを主張してこれを争う場合には，自己に対してより有利な換地が交付されるべきことを主張していることにほかならないのであって，換地処分がされる前の従前の土地に関する所有権等の権利の保全確保を目的とするものではないからである（最判昭62・4・17）。

4✕ **より直截的で適切な争訟形態といえれば，無効確認訴訟を提起できる。**
前半は正しい。後半が誤り。判例によれば，行訴法36条にいう処分の効力の有無を前提とする現在の法律関係に関する訴えによって目的を達することができない場合とは，「当該処分に起因する紛争を解決するための争訟形態として，当該処分の無効を前提とする**当事者訴訟**又は**民事訴訟**との比較において，当該処分の無効確認を求める訴えのほうがより直截的で適切な争訟形態であるとみるべき場合をも意味する」（最判平4・9・22）。

5✕ **民事の差止め訴訟が提起されても，処分の無効確認訴訟は提起できる。**
住民による設置許可処分の無効確認訴訟は適法である。判例によれば，原子炉の建設ないし運転の差止めを求める民事訴訟は，「行政事件訴訟法36条にいう当該処分の効力の有無を前提とする現在の法律関係に関する訴えに該当するものと見ることはできず」，また，無効確認訴訟と比較して，より直截的で適切な争訟形態ともいえないから，無効確認訴訟が不適法とはいえない（最判平4・9・22）。

第4章　行政争訟法

取消訴訟の訴訟要件

必修問題

　訴えの利益に関するア～エの記述のうち，判例に照らし，妥当なもののみをすべて挙げているのはどれか。　　　　　【国家専門職・平成29年度】

ア：税務署長の更正処分の取消しを求める訴訟の係属中に，税務署長によって，当初の更正処分の瑕疵を是正するため，係争年度の所得金額を確定申告書記載の金額に減額する旨の再更正処分と，更正の具体的根拠を明示して申告に係る課税標準及び税額を当初の更正処分のとおりに更正する旨の再々更正処分が行われた場合であっても，当初の更正処分の取消しを求める**訴えの利益**は失われない。

イ：自動車等運転免許証の有効期間の更新に当たり，一般運転者として扱われ，優良運転者である旨の記載のない免許証を交付されて更新処分を受けた者は，客観的に優良運転者の要件を満たす者であれば優良運転者である旨の記載のある免許証を交付して行う更新処分を受ける法律上の地位を有することが肯定される以上，当該法律上の地位を否定されたことを理由として，これを回復するため，当該更新処分の取消しを求める訴えの利益を有する。

ウ：土地改良法に基づく土地改良事業施行の認可処分の取消しを求める訴訟の係属中に，当該事業に係る工事及び換地処分が全て完了したため，当該事業施行地域を当該事業施行以前の原状に回復することが，社会的，経済的損失の観点から見て，社会通念上，不可能となった場合には，当該認可処分の取消しを求める訴えの利益は失われる。

エ：建築基準法に基づく建築確認は，それを受けなければ建築工事をすることができないという法的効果を付与されているにすぎないものというべきであるから，当該工事が完了した場合には，当該建築確認の取消しを求める訴えの利益は失われる。

1　イ
2　ウ
3　ア，ウ
4　ア，エ
5　イ，エ

難易度　＊＊＊

頻出度
A
国家総合職 ★★★
国家一般職 ★★★
国税専門官 ★★★
地上全国型 ★

地上特別区 ★
市役所C ★

必修問題の 解説

　本問は，取消訴訟の訴訟要件のうち，いわゆる狭義の訴えの利益について，判例知識を問うものである。

ア ✕　再更正処分が行われると，更正処分を取り消す利益は失われる。

　妥当でない。判例によれば，本肢の場合，「第一次更正処分（更正処分）は第二次更正処分（再更正処分）によって取り消され，第三次更正処分（再々更正処分）は，第一次更正処分（更正処分）とは別個になされた新たな行政処分である」から，第一次更正処分（更正処分）の取消しを求めるにすぎない取消訴訟では，第二次更正処分（再更正処分）が行われた時以降，第一次更正処分（更正処分）の取消しを求める**法律上の利益**は失われたことになる（最判昭42・9・19）。

イ ◯　優良運転者の記載のない免許証の交付を受けた者には訴えの利益がある。

　妥当である。判例によれば，道路交通法は「客観的に優良運転者の要件を満たす者に対しては優良運転者である旨の記載のある免許証を交付して更新処分を行うということを，単なる事実上の措置にとどめず，その者の法律上の地位として保障するとの立法政策を……特に採用したもの」であるから，優良運転者である旨が記載されていない免許証を交付された者に，更新処分の取消しを求める**訴えの利益**が認められる（最判平21・2・27）。

ウ ✕　土地改良事業認可の取消訴訟では工事完了後も訴えの利益は消滅しない。

　妥当でない。判例によれば，「認可処分が取り消された場合に，本件事業施行地域を本件事業施行以前の原状に回復することが，本件訴訟係属中に本件事業計画に係る工事及び換地処分がすべて完了したため，社会的，経済的損失の観点からみて，社会通念上，不可能であるとしても，右のような事情は，行政事件訴訟法31条〔**事情判決**〕の適用に関して考慮されるべき事柄であって，本件認可処分の取消しを求める上告人の法律上の利益を消滅させるものではない」（最判平4・1・24）。

エ ◯　工事完了後は建築確認の取消しを求める訴えの利益は失われる。

　妥当である。判例によれば，工事完了後は建築確認の取消しを求める訴えの利益は失われる（最判昭59・10・26）。

　　以上から妥当なものはイとエであり，**5**が正答となる。　　　**正答 5**

FOCUS

　訴訟要件の中でよく問題となるのは，処分性，原告適格，狭義の訴えの利益である。これらの論点については判例知識を問われるので，重要判例の判旨を押さえておこう。

重要ポイント 1 　取消訴訟の流れ

　取消訴訟は，原告が裁判所に訴えを提起することによって始まる。原告からの訴状を受け取った裁判所は，審理をして，最終的に結論（判決）を出す。これが裁判の基本的な流れである。しかし，ここで注意をしなければならないのは，裁判所が行う審理には2段階あるという点である。このうち最初に行われる審理を**要件審理**という。この要件審理では，裁判所は訴えの提起が適法に行われているかどうかを審理する。このような審理は，法律が訴えの提起それ自体に一定の条件（この条件を**訴訟要件**という）を課しているために行われる。次に，要件審理の段階がクリアされると，**本案審理**の段階に進む。この本案審理では，裁判所は原告の請求に理由があるかないかを審理する。

　なお，要件審理の段階をクリアできなかった場合に下される判決を**却下判決**という。この判決は**門前払い判決**とも呼ばれる。また，本案審理を経て出される判決には，**請求認容判決**，**事情判決**，**請求棄却判決**がある。

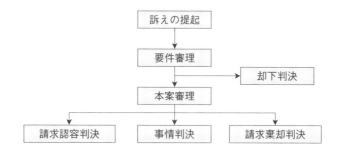

重要ポイント 2 　取消訴訟の訴訟要件

　取消訴訟の訴訟要件として，以下のものがある。
①訴えの対象が適当であること（**処分性**）
②訴えの提起を行った人（原告）が適当な人であること（**原告適格**）
③取消訴訟で勝訴することによって，現実に利益の回復が行われること（**狭義の訴えの利益**）
④訴えの相手方（被告）が適当な人であること（**被告適格**）
⑤訴えを提起した裁判所が適当な裁判所であること（**管轄裁判所**）
⑥訴えの提起が一定の期限内に行われていること（**出訴期間**）
⑦一定の場合に訴訟提起の前に不服申立てを行っていること（**不服申立前置**）
⑧訴えの形式が適当であること

　以上の訴訟要件が一つでも充足されていない取消訴訟は，不適法な訴えと評価され，**却下**される。

重要ポイント **3** 取消訴訟の対象～処分性

　法律上，取消訴訟とは「行政庁の処分その他公権力の行使に当たる行為」の取消しを求める訴訟であるとされているので（行訴法3条2項），取消訴訟の対象は「行政庁の処分その他公権力の行使に当たる行為」に限定される。もっとも，どのような行為がそのような行為に該当するのかという点については，解釈上問題となる。

（1）伝統的な立場

　この点，従来の判例によれば，処分とは「**公権力の主体たる国または公共団体が行う行為のうち，その行為によって，直接国民の権利義務を形成しまたはその範囲を確定することが法律上認められているもの**」と解されてきた。これによれば，①公権力性，②国民の権利義務に対する直接具体的な法的規律が認められるか否かによって，処分性の有無が判定される。その結果，行政行為は取消訴訟の対象としてふさわしいが，行政契約は①の要素を欠くため，また，行政指導，通達，行政計画，行政立法は②の要素を欠くため，取消訴訟の対象にならないと解されてきた。

 判例

ごみ焼却場設置行為（最判昭39・10・29）
- -
　　ごみ焼却場の設置を計画し，その計画案を議会に提出した行為は内部手続行為にとどまるので，処分性を有しない。

墓地・埋葬等に関する通達（最判昭43・12・24）
- -
　　墓地の管理者に異教徒の埋葬拒否を認めないこととした通達は，上級行政機関の下級行政機関に対する行政組織内部の命令にすぎないから処分性を有しない。

日本鉄道建設公団の実施計画に対する認可（最判昭53・12・8）
- -
　　日本鉄道建設公団が作成した新幹線建設工事の実施計画に対して大臣が行った認可は，「行政機関相互の行為と同視すべきものであり，行政行為として外部に対する効力を有するものではなく，また，これによって直接国民の権利義務を形成し，又はその範囲を確定する効果を伴うものではないから，抗告訴訟の対象となる行政処分にあたらない」。

写真集が輸入禁制品に該当する旨の通知（最判昭54・12・25）
- -
　　関税定率法に基づく税関長からの輸入禁制品該当の通知は，これにより個人に対し貨物を適法に輸入することができなくなるという法律上の効果をもたらすことになるので，処分性を有する。

都市計画法上の工業地域の指定（最判昭57・4・22）
- -
　　都市計画法に基づく工業地域指定の決定は，不特定多数の者に対する一般的抽象的な効果をもたらすにすぎないから，処分性を有しない。

公共施設管理者の同意を拒否する行為（最判平7・3・23）
- -
　　都市計画法に基づく同意を公共施設の管理者が拒否する行為は，開発行為を禁止または制限する効果を持たず，開発行為を行おうとする者の権利ないし法的地位を侵害しないので，処分性を有しない。

(2) 新しい立場

　もっとも，以上の立場とは別に，取消訴訟の提起を認めなければ他に訴訟（たとえば民事訴訟）の可能性がなく，他の訴訟の可能性があってもそれが権利保護の観点から十分でない場合には，救済の必要性から，取消訴訟の対象として扱うべきだという立場もある。また，近年の判例の中にも，伝統的な処分概念を維持しつつ，個別の事例に柔軟に対応し，積極的に処分性を認めていこうとするものがある。

判例　第二種市街地再開発事業計画（最判平4・11・26）

　都市再開発法に基づく第二種市街地再開発事業計画の決定は，「施行地区内の土地の所有者等の法的地位に直接的な影響を及ぼすものであって，抗告訴訟の対象となる行政処分に当たる」。

二項道路の一括指定（最判平14・1・17）

　二項道路の指定は，それが一括指定の方法でされた場合であっても，個別の土地について，その本来的な効果として具体的な私権制限を発生させ，個人の権利義務に直接影響を与えるので，行政処分である。

病院開設中止の勧告（最判平17・7・15）

　医療法に基づく病院開設中止の勧告は行政指導であるが，当該勧告に従わない場合には，実際上病院の開設自体を断念せざるをえないことになるため，処分性が認められる。

土地区画整理事業計画（最判平20・9・10）

　「土地区画整理事業の事業計画の決定は，施行地区内の宅地所有者等の法的地位に変動をもたらすもの」であり，「実効的な権利救済を図るという観点から見ても，これを対象とした抗告訴訟の提起を認めるのが合理的である」。

保育所廃止条例（最判平21・11・26）

　本件条例の施行により各保育所廃止の効果が発生し，当該保育所に現に入所中の児童およびその保護者という限られた特定の者らに対して，直接，当該保育所において保育を受けることを期待しうる法的地位が奪われるので，本件条例の制定行為に処分性が認められる。

重要ポイント 4　原告適格

　原告適格とは，原告となるのにふさわしい資格のことをいう。取消訴訟において，この原告適格を有するのは「取消しを求めるにつき**法律上の利益**を有する者」である（行訴法9条1項）。問題となるのは，「法律上の利益」の有無をどのようにして判断するのかという点である。この点に関し，従来，異なる2つの考え方が提唱されてきた（なお，いずれの考え方においても，「法律上の利益」として認められない利益は**反射的利益**と呼ばれる）。

①法律上保護された利益説	「法律上の利益」とは法律が保護している利益をさす。したがって，ある者が取消訴訟の原告適格を有するか否かは，基本的に法律がその者の利益を保護しているか否かという観点から判断される。
②法的保護に値する利益説	「法律上の利益」とは裁判上救済される必要性のある利益のことをさす。したがって，ある者が取消訴訟の原告適格を有するか否かの判断は，基本的に前説と異なり，法律に着目して行われるのではなく，救済の必要性があるか否かという観点から行われる。

　判例は，このうち法律上保護された利益説に立つ。

判例 **既設公衆浴場経営者**（最判昭37・1・19）

　　公衆浴場法による許可を受けた既設公衆浴場経営者の営業上の利益は，単なる事実上の反射的利益ではなく，公衆浴場法によって保護される法的利益であるから，既設公衆浴場経営者には原告適格が認められる。

　保安林の付近住民～長沼ナイキ訴訟（最判昭57・9・9）

　　森林法は「森林の存続によって不特定多数者の受ける生活利益のうち一定範囲のものを公益と並んで保護すべき個人の個別的利益としてとらえ，かかる利益の帰属者に対し保安林の指定につき『直接の利害関係を有する者』としてその利益主張をすることができる地位を法律上付与している」から，直接の利害関係を有する者には原告適格が認められる。

　学術研究者の原告適格～伊場遺跡訴訟（最判平元・6・20）

　　文化財保護に関する法の諸規定の中に「県民あるいは国民が史跡等の文化財の保存・活用から受ける利益をそれら個々人の個別的利益として保護すべきものとする趣旨を明記しているものはなく」，解釈によってもそのような趣旨を導くことはできないから，学術研究者には史跡指定解除処分の取消しを求める法律上の利益がなく，原告適格は認められない。

　開発区域の周辺住民～川崎市開発許可事件（最判平9・1・28）

　　都市計画法の条文は「がけ崩れ等のおそれのない良好な都市環境の保持・形成を図るとともに，がけ崩れ等による被害が直接的に及ぶことが想定される開発区域内外の一定範囲の地域の住民の生命，身体の安全等を，個々人の個別的利益としても保護すべきものとする趣旨を含む」ので，それらの住民には開発許可の取消しを求める原告適格が認められる。

　もっとも，「法律上保護された利益説」に依拠する場合であっても，法律が個人の利益を保護しているということをどのようにして解釈上導き出すのか，という点は問題となる。この点に関して，従来，裁判所は実質的に原告適格の範囲を拡大する解釈方法を提示してきた。

空港の周辺住民~新潟空港訴訟（最判平元・2・17）

行政法規が個人の個別利益を保護しているかどうかは「当該行政法規及びそれと目的を共通する関連法規の関係規定によって形成される法体系の中において，当該処分の根拠規定が，当該処分を通して右のような個々人の個別的利益をも保護すべきものとして位置付けられているとみることができるかどうかによって決すべき」であり，航空法その他関連法規からすると，空港周辺の一部住民には原告適格が認められる。

原子力発電所の周辺住民~もんじゅ訴訟（最判平4・9・22）

行政法規が個々人の個別的利益を保護しているか否かは「当該法規の趣旨・目的，当該法規が当該処分を通して保護しようとしている利益の内容・性質等を考慮して判断する」のであり，このような観点からすると原子炉から一定距離の範囲に居住している住民には原告適格が認められる。

　これらの判例で展開された見解は，平成16年の改正によって行訴法の中に新たに取り込まれた（同9条2項）。

 都市計画事業の事業地の周辺住民~小田急高架化訴訟（最判平17・12・7）

都市計画事業の事業地の周辺に居住する住民のうち当該事業が実施されることによる騒音，振動等による健康または生活環境に係る著しい被害を直接的に受けるおそれのある者は，都市計画事業認可の取消しを求める原告適格を有する。

重要ポイント 5　狭義の訴えの利益

　取消訴訟を通じて勝訴判決が得られるとしても，それによって原告の法律上の利益が救済されないとしたら，当該訴訟は意味がない。そこで，そのような場合には，（狭義の）訴えの利益がないとして却下される。

　同様にして処分の効力が失われたような場合も，基本的に（狭義の）訴えの利益は消滅する。なぜなら，そのような場合，原告が取消訴訟を提起して除去すべき処分の効力が存在しないからである。ただし，処分の失効後であっても，当該処分の取消しを求めなければ回復できないような法律上の利益が存する場合には，（狭義の）訴えの利益は消滅しない（行訴法9条1項カッコ書き）。

 議員の除名処分（最判昭40・4・28）

除名された議員が除名処分の取消しを求めて争っているうちに任期が経過したとしても，歳費を請求するためには除名処分の取消しが必要であるから，訴えの利益は消滅しない。

放送局免許拒否処分（最判昭43・12・24）

テレビ放送局の免許が競願者に付与され，その後，免許を拒否された者が異議申立てを行い，その異議申立てが棄却されたとしても，再審査の結果によっては競願者に対する免許が取り消され，逆に免許を拒否された者に対して新たに免許が付与されることもありうるのであるから，棄却決定の取消しを求める訴えの利益は消滅しない。

運転免許停止処分（最判昭55・11・25）

運転免許停止処分が記載された免許証を所持することにより，名誉，感情，信用等が損なわれうるとしても，それは当該処分の事実上の効果にすぎないのであるから，運転免許停止処分が失効した後は当該処分の取消しを求める訴えの利益は消滅する。

保安林の指定解除～長沼ナイキ訴訟（最判昭57・9・9）

代替施設の設置によって洪水や渇水の危険が解消されるに至ったときは，保安林の指定を解除する処分の取消しを求める訴えの利益は消滅する。

建築確認（最判昭59・10・26）

工事が完了した場合は，建築確認の取消しを求める訴えの利益は消滅する。

土地改良事業施行認可（最判平4・1・24）

土地改良法に基づく土地改良事業施行認可処分がなされた後，工事の完了等によって事業施行以前の原状に回復することが困難な場合であっても，認可処分の取消しを求める法律上の利益は消滅しない。

優良運転免許証の交付（最判平21・2・27）

客観的に優良運転者の要件を満たす者であれば，優良運転者である旨の記載のある免許証を交付して行う更新処分を受ける法律上の地位を有するので，一般運転者として扱われ優良運転者の記載のない免許証を交付されて免許証の更新処分を受けた者は，法律上の地位を否定されたことを理由として，これを回復するため，更新処分の取消しを求める訴えの利益を有する。

重要ポイント 6 　その他の訴訟要件

(1) **被告適格**：取消訴訟の被告となるのにふさわしい資格（被告適格）を有するのは，原則として**行政主体**であり，行政庁ではない（行訴法11条）。

(2) **管轄裁判所**：取消訴訟の場合，原則として被告の普通裁判籍の所在地を管轄する裁判所または処分もしくは裁決をした行政庁の所在地を管轄する裁判所が管轄する（同12条1項）。

(3) **出訴期間**：取消訴訟は，原則として，処分または裁決があったことを知った日から**6か月**を経過したときは，提起することができない（同14条1項）。

(4) **不服申立前置**：国民が処分の取消しを求める場合，行政不服申立てによる方法と行政訴訟（取消訴訟）による方法がある。処分の取消しを求める国民は，基本的に，どちらの方法をとってもかまわない。これを**自由選択主義**という。しかし，個別の法律が，取消訴訟の前に行政不服申立ての提起を求めている場合がある。これを**不服申立前置**という（同8条）。

(5) **訴えの形式**：取消訴訟の提起が適法であるためには，訴えの形式（訴状の書き方など）が適当でなければならないが，これは民事訴訟の例による（同7条）。

🔷 No.1　**行政事件訴訟の訴訟要件に関する次の記述のうち，判例に照らし，妥当なのはどれか。**　　　　　　　　　　　　　　　　　　　　　　　【財務専門官・平成27年度】

1　公衆浴場法に基づく営業許可の無効確認を求めた既存の公衆浴場営業者には，適正な許可制度の運用によって保護されるべき業者の営業上の利益があるところ，当該利益は，公益として保護されるものではあるが，単なる事実上の反射的利益にすぎないため，同法によって保護される法的利益とはいえず，原告適格が認められない。

2　自動車等運転免許証の有効期間の更新に当たり，一般運転者として扱われ，優良運転者である旨の記載のない免許証を交付されて更新処分を受けた者は，そのような記載のある免許証を交付して行う更新処分を受けることは，単なる事実上の利益にすぎないことから，これを回復するため，当該更新処分の取消しを求める訴えの利益を有しない。

3　場外車券発売施設の設置許可申請者に対し，自転車競技法施行規則は，その敷地の周辺から1,000メートル以内の地域にある医療施設等の位置及び名称を記載した場外車券発売施設付近の見取図を添付することを求めていることから，当該場外車券発売施設の敷地の周辺から1,000メートル以内の地域において居住し又は事業を営む者は全て，当該許可の取消訴訟の原告適格を有する。

4　文化財保護法に基づき制定された県文化財保護条例による史跡指定解除について，その取消しを求めた遺跡研究者は，文化財の学術研究者の学問研究上の利益の保護について特段の配慮をしている規定が同法及び同条例に存するため，本件訴訟における原告適格が認められる。

5　建築確認の取消しを求める訴えにつき，建築確認は，それを受けなければ建築工事をすることができないという法的効果を付与されているにすぎないものというべきであるから，当該工事が完了した場合においては，建築確認の取消しを求める訴えの利益は失われる。

No.2 次の文章は，取消訴訟の原告適格について述べたものである。空欄Ａ～Ｄに入るものをア～オから選んだ組合せとして最も妥当なのはどれか。

【国家一般職・平成22年度】

　行政処分の取消しを求めて出訴することのできる者について，行政事件訴訟法第9条第1項は，「当該処分（中略）の取消しを求めるにつき法律上の利益を有する者（中略）に限り，提起することができる」と定めている。そして，「法律上の利益」の範囲について，学説では，「法律上保護された利益説」（以下「Ａ説」という）（注1）と「法律上保護に値する利益説」（以下「Ｂ説」という）（注2）が対立している。

　Ａ説は，法律上保護された利益を行政処分により侵害された場合に出訴することができるとする説である。「法律上の利益」の有無の判定は，| A |から考察を始めることになる。

　これに対し，Ｂ説は，法律上保護された利益ではない事実上の利益でも，それが法的救済に値する利益であれば，これを侵害された場合に出訴することができるとする説であり，この説によると，「法律上の利益」の有無の判定は，| B |に着眼して行うことになる。

　両説の相違は，取消訴訟の本質の理解の違いに由来しているとされる。すなわち，Ａ説は，取消訴訟の目的を| C |にあるとみる。これに対し，Ｂ説は，取消訴訟の目的を| D |にあるとみる。

（注1）「法律上保護された利益説」は，「法的に保護された利益説」，「法の保護する利益説」などともいう。

（注2）「法律上保護に値する利益説」は，「裁判上保護に値する利益説」，「保護に値する利益説」，「法的な保護に値する利益説」などともいう。

　　　　ア：当該行政処分によって原告が受けた不利益の性質，程度など利害の実態
　　　　イ：当該行政処分の根拠となる実定法の規定を解釈すること
　　　　ウ：当該利害関係に対する原告の従来からの関心と関与状況
　　　　エ：行政処分の適法性をめぐる紛争の解決を通じた国民の利益の救済
　　　　オ：実定法の予定する権利ないし法益の保護

	A	B	C	D
1	ア	イ	エ	オ
2	ア	イ	オ	エ
3	イ	ア	エ	オ
4	イ	ア	オ	エ
5	ウ	イ	エ	オ

1 建築基準法に基づく建築確認は，それを受けなければ建築物の建築等の工事を することができないという法的効果を付与されているにすぎないものであり，当 該工事が完了した場合においては，当該建築確認の取消しを求める訴えの利益は 失われる。

2 道路交通法に基づく運転免許証の更新処分において，一般運転者として扱われ 優良運転者であることの記載のない免許証を交付された者は，交付された免許証 が優良運転者であるか否かによって当該免許証の有効期間等が左右されるもので はないから，優良運転者としての法律上の地位を否定されたことを理由として， 当該更新処分の取消しを求める訴えの利益を有しない。

3 同一の放送用周波の競願者に対する免許処分の取消訴訟において，当該免許の 期間満了後直ちに再免許が与えられ，継続して事業が維持されている場合であっ ても，再免許といえども取消訴訟の対象となっていた免許が失効したのであるか ら，当該免許処分の取消しを求める訴えの利益は失われる。

4 免職された公務員が免職処分の取消訴訟の係属中に死亡した場合には，もはや 公務員としての地位を回復することはできず，また，免職処分の取消しによって 回復される給料請求権は一身専属的な権利であるから，当該免職処分の取消しを 求める訴えの利益は失われ，当該公務員の相続人の訴訟承継は認められない。

5 土地改良法に基づく土地改良事業施行の認可処分の取消しを求める訴訟の係属 中に，当該事業に係る工事および換地処分がすべて完了したため，当該事業施行 地域を当該事業施行以前の原状に回復することが，社会的，経済的損失の観点か ら見て，社会通念上，不可能となった場合には，当該認可処分の取消しを求める 訴えの利益は失われる。

💎 **No.4** 　**行政事件訴訟の処分性に関するア～オの記述のうち，判例に照らし，妥当なもののみをすべて挙げているのはどれか。** 【国税専門官・平成21年度】

ア：森林法に基づく保安林指定および保安林指定の解除は，名あて人が具体的に特定されておらず，直接国民の権利義務を形成し，またはその範囲を確定するものとはいえないから，抗告訴訟の対象となる行政処分に当たらない。

イ：土地区画整理法に基づく土地区画整理組合の設立の認可は，単に設立認可申請に係る組合の事業計画を確定させるだけのものではなく，その組合の事業施行地区内の宅地について所有権または借地権を有する者をすべて強制的にその組合員とする公法上の法人たる土地区画整理組合を成立せしめ，これに土地区画整理事業を施行する権限を付与する効力を有するものであるから，抗告訴訟の対象となる行政処分に当たる。

ウ：市町村の施行に係る土地区画整理事業の事業計画の決定は，施行地区内の宅地所有者等の法的地位に変動をもたらすものであって，抗告訴訟の対象とするに足りる法的効果を有するものということができ，実効的な権利救済を図るという観点から見ても，これを対象とした抗告訴訟の提起を認めるのが合理的であるから，抗告訴訟の対象となる行政処分に当たる。

エ：供託関係が民法上の寄託契約の性質を有することにかんがみると，供託事務を取り扱う行政機関である供託官のする行為は，もっぱら私法上の法律行為と解するのが相当であるから，供託官が弁済供託における供託金取戻請求を理由がないと認めて却下した行為は，抗告訴訟の対象となる行政処分に当たらない。

オ：国有財産法上の国有財産の払下げは，売渡申請書の提出，これに対する払下許可という行政手続きを経て行われる場合は，行政庁が優越的地位に基づいて行う公権力の行使ということができ，抗告訴訟の対象となる行政処分に当たる。

1　ア，イ
2　ア，オ
3　イ，ウ
4　ウ，エ
5　エ，オ

実戦問題 ① の 解説

No.1 の解説　行政事件訴訟法の訴訟要件

→問題はP.258　**正答5**

1✕ 既存の公衆浴場業者の営業上の利益は反射的利益ではなく，法的利益である。
判例によれば，公衆浴場業者の営業上の利益は単なる事実上の**反射的利益**
（＝法が保護していない利益）ではなく，公衆浴場法によって保護されてい
る**法的利益**であるため，既存業者の**原告適格**が認められる（最判昭37・1・
19）。

2✕ 優良運転者の記載のない免許証を交付された者には訴えの利益が認められる。
判例によれば，客観的に優良運転者の要件を満たす者であれば，優良運転者
である旨の記載のある免許証を交付してもらう更新処分を受ける法律上の地
位を有する。そうすると，優良運転者の記載のない免許証を交付されて免許
証の更新処分を受けた者には，法律上の地位を否定されたことを理由とし
て，当該更新処分の取消しを求める**訴えの利益**が認められる（最判平21・
2・27）。

3✕ 場外車券発売施設設置許可の取消訴訟の原告適格は周辺住民に認められない。
判例によれば，法および規則が位置基準によって保護しようとしているの
は，一般的公益に属する利益であるから，場外施設の周辺において居住し又
は事業（医療施設等に係る事業を除く。）を営むにすぎない者や，医療施設
等の利用者は原告適格を有しない。ただし，位置基準は，一般的公益を保護
する趣旨に加えて，業務上の支障が具体的に生ずるおそれのある医療施設等
の開設者において，健全で静穏な環境の下で円滑に業務を行うことのできる
利益を，個々の開設者の個別的利益として保護する趣旨をも含む規定である
から，当該場外施設の設置，運営に伴い著しい業務上の支障が生ずるおそれ
があると位置的に認められる区域に医療施設等を開設する者には原告適格が
認められる（最判平21・10・15）。

4✕ 遺跡研究者は史跡指定解除の取消しを求める原告適格を有しない。
判例によれば，条例及び法は文化財の保存・活用から個々の県民あるいは国
民が受ける利益を公益の中に吸収解消させており，個々人の利益保護を，も
っぱら公益の実現を通じて図ろうとしている。また，文化財の学術研究者の
学問研究上の利益の保護について特段の配慮をしていると解しうる規定もな
い。そのため，遺跡研究者には史跡指定解除の取消しを求める原告適格は認
められない（最判平元・6・20）。

5◎ 工事完了後は建築確認の取消しを求める訴えの利益は失われる。
妥当である。判例によれば，工事完了後は建築確認の取消しを求める訴えの
利益は失われる（最判昭59・10・26）。

262

No.2 の解説 取消訴訟の原告適格 →問題はP.259 **正答4**

原告適格の学説の対立は取消訴訟の本質の理解の相違に由来する。

　取消訴訟の**原告適格**は，「**法律上の利益を有する者**」に認められる（行訴法9条1項）。平成16年の行訴法改正によって，この「法律上の利益」の有無を判定する場合の要考慮事項が定められることになった（同9条2項）。そのため，従来の**法律上保護された利益説**と**法律上保護に値する利益説**の対立は，それほど大きな意味を持たなくなったといえなくはない。しかし，この学説の対立は，取消訴訟の本質をどのように理解するかということともかかわり，その意義は決して小さくない。

　「法律上保護された利益説」の特徴は，まずもって法律の規定に着目し，当該法律が原告を保護する趣旨を含んでいるか否かという観点から，法律上の利益の有無を判定する点にある。このような立場は，法律という客観的な基準に依拠して原告適格の有無を判定できるので，裁判官の恣意的判断を防ぐことができるという点で優れている。また，この説は，取消訴訟の本質を，法律によって保護されている国民の権利・利益が侵害された場合に，原因行為（処分）を除去するという点に求める。逆にいえば，法律が保護していない利益が問題となる場合には，取消訴訟による保護は考える必要がない，ということになる。

　他方，「法律上保護に値する利益説」は，まずもって法律の規定に着目するのではなく，原告の被侵害利益や不利益の程度に着目する。このような理解の背景には，侵害された国民の利益（法律上の利益に限定されない）を救済するために，取消訴訟制度が存在する，との理解がある。

　以上からAには**イ**，Bには**ア**，Cには**オ**，Dには**エ**が入るので，**4**が正答となる。

第4章 行政争訟法

1 ◎ **工事完了後は建築確認の取消しを求める訴えの利益は失われる。**

正しい。判例によれば，工事完了後は建築確認の取消しを求める**訴えの利益**は失われる（最判昭59・10・26）。

2 ✕ **優良運転者の記載のない免許証を交付された者には訴えの利益が認められる。**

判例によれば，客観的に優良運転者の要件を満たす者であれば，優良運転者である旨の記載のある免許証を交付してもらう更新処分を受ける法律上の地位を有する。そうすると，優良運転者の記載のない免許証を交付されて免許証の更新処分を受けた者には，法律上の地位を否定されたことを理由として，当該更新処分の取消しを求める訴えの利益が認められる（最判平21・2・27）。

3 ✕ **放送用周波の免許失効後も，免許の取消しを求める訴えの利益は失われない。**

判例によれば，免許期間満了後ただちに再免許が与えられ，継続して事業が維持されている場合に，免許失効の場合と同視して，免許処分の取消訴訟において訴えの利益を否定することは相当でない。なぜなら，当初の免許期間の満了と再免許は，単なる形式にすぎず，免許期間の更新とその実質において異なるところはないからである（最判昭43・12・24）。

4 ✕ **本人の死亡後でも，免職処分の取消しを求める訴えの利益は失われない。**

判例によれば，免職処分後，本人が死亡しても，給料請求権等に関して回復すべき法律上の利益が認められるので，免職処分の取消しを求める法律上の利益は失われない。この場合，給料請求権は一身専属的な権利ではなく，相続の対象となりうる性質のものである。したがって，公務員の相続人の訴訟承継は認められる（最判昭49・12・10）。

5 ✕ **工事完了後も，土地改良事業認可の取消しを求める訴えの利益は失われない。**

判例によれば，事業計画に係る工事および換地処分がすべて完了したため，処分の取消しにより事業施行以前の原状に回復することが，社会的・経済的損失の観点から見て不可能であるとしても，そのような事情は行訴法31条（**事情判決**）の適用に関して考慮されるべき事柄であって，土地改良事業施行認可処分の取消しを求める**法律上の利益**を消滅させるものではない（最判平4・1・24）。

No.4 の解説　処分性　　　　　　　　　　　　　　　→問題はP.261　**正答3**

ア✕　**保安林指定と保安林指定解除は抗告訴訟の対象となる行政処分に当たる。**
妥当でない。判例では，保安林指定行為および保安林指定解除行為がいずれも**処分性**を有することを前提にして，**原告適格**及び**狭義の訴えの利益**が問題にされている（最判昭57・9・9）。

イ◯　**土地区画整理組合の設立認可は抗告訴訟の対象となる行政処分に当たる。**
妥当である。判例によれば，土地区画整理組合の設立の認可は，単に設立認可申請に係る組合の事業計画を確定させるだけのものではなく，その組合の事業施行地区内の宅地の所有権者又は借地権者をすべて強制的に組合員とする公法上の法人たる土地区画整理組合を成立せしめ，これに土地区画整理事業施行権限を付与することになるのであるから，抗告訴訟の対象となる行政処分である（最判昭60・12・17）。

ウ◯　**土地区画整理事業計画の決定は抗告訴訟の対象となる行政処分に当たる。**
妥当である（最判平20・9・10）。最高裁は，当初，いわゆる**青写真論**により土地区画整理事業計画の決定に処分性を認めていなかったが（最大判昭41・2・23），後に判例変更をし，実効的な権利救済を図る見地から処分性を認めるに至った。

エ✕　**供託官の供託金取戻請求の却下は抗告訴訟の対象となる行政処分に当たる。**
妥当でない。判例によれば，供託官が弁済者から供託物取戻の請求を受けたときには，単に民法上の寄託契約の当事者的地位にとどまらず，行政機関としての立場から当該請求につき理由があるかどうかを判断する権限が供託官には与えられているから，供託金取戻請求の却下は抗告訴訟の対象となる行政処分に当たる（最大判昭45・7・15）。

オ✕　**国有財産の払下げは抗告訴訟の対象となる行政処分に当たらない。**
妥当でない。判例によれば，国有普通財産の払下は私法上の売買と解すべきであり，たとえ払下が売渡申請書の提出と，これに対する払下許可の形式をとっているとしても，このことは払下行為の法律上の性質に影響を及ぼすものではない（最判昭35・7・12）。

　以上から妥当なものは**イ**および**ウ**であり，**3**が正答となる。

No.5 処分性に関するア～オの記述のうち，判例に照らし，妥当なもののみを
すべて挙げているのはどれか。　　　　　　　　　　　【国家総合職・平成28年度】

ア：供託官が供託金取戻請求を理由がないと認めて却下した行為は，金銭債務の
　　弁済供託事務が大量で，確実かつ迅速な処理を要する関係上，法律秩序の維
　　持のため国家機関である供託官に供託事務を取り扱わせることとしているこ
　　とに鑑みると，当該却下行為について特別の不服審査手続を設けているかど
　　うかにかかわらず，抗告訴訟の対象となる行政処分に当たる。

イ：特定行政庁の指定により幅員が狭い一定の道を道路とみなす建築基準法第42
　　条第2項の規定に基づき，告示により一定の条件に合致する道を一括して指
　　定する行為は，特定の土地について個別具体的に指定をするものではなく，
　　当該指定自体によって直ちに私権制限が生じるものではないため，抗告訴訟
　　の対象となる行政処分に当たらない。

ウ：市町村が施行する第2種市街地再開発事業計画の決定は，その公告の日か
　　ら，土地収用法上の事業の認定と同一の法律効果を生ずるものであり，ま
　　た，都市再開発法上，施行地区内の宅地所有者は，契約又は収用により市町
　　村に取得される当該宅地につき，一定期間内にその対償の払渡しを受けるか
　　又はこれに代えて建築施設の部分の譲受け希望の申出をするかの選択を余儀
　　なくされることから，抗告訴訟の対象となる行政処分に当たる。

エ：市町村が経営する簡易水道事業に係る条例所定の水道料金を改定する条例の
　　制定行為は，同条例が当該水道料金を一般的に改定するものであって，限ら
　　れた特定の者に対してのみ適用されるものではなく，当該制定行為をもって
　　行政庁が法の執行として行う処分と実質的に同視することはできないという
　　事情の下では，抗告訴訟の対象となる行政処分に当たらない。

オ：食品衛生法（平成15年法律第55号による改正前のもの）の規定に基づき，検
　　疫所長が同法所定の食品等の輸入の届出をした者に対して行う当該食品等が
　　同法に違反する旨の通知は，食品等を輸入しようとする者の採るべき措置を
　　事実上指導するものにすぎず，当該食品等につき，税関長による輸入許可が
　　与えられないという法的効果を有するものではないから，抗告訴訟の対象と
　　なる行政処分に当たらない。

1　ア，イ
2　ア，エ
3　イ，オ
4　ウ，エ
5　ウ，オ

◆ No.6 抗告訴訟の原告適格等に関する次の記述のうち，判例に照らし，妥当な
のはどれか。 【国税専門官／財務専門官／労働基準監督官・平成25年度】

1 原子炉設置許可申請に係る原子炉の周辺に居住する住民が，当該許可を受けた
者に対する原子炉の建設・運転の民事差止め訴訟とともに，原子炉設置許可処分
の無効確認訴訟を提起している場合，民事差止め訴訟のほうがより有効かつ適切
な紛争解決方法であると認められることから，当該周辺住民には，無効確認訴訟
の原告適格は認められない。

2 都市計画事業の認可の取消訴訟において，都市計画法は，騒音，振動等によっ
て健康または生活環境に係る著しい被害を直接的に受けるおそれのある個々の住
民に対して，そのような被害を受けないという利益を個々人の個別的利益として
も保護すべきものとする趣旨を含むと解されることから，都市計画事業の事業地
の周辺に居住する住民のうち，同事業の実施により騒音，振動等による健康また
は生活環境に係る著しい被害を直接的に受けるおそれのある者は，当該認可の取
消しを求めるにつき法律上の利益を有し，原告適格が認められる。

3 県が行った史跡指定解除処分の取消訴訟において，文化財享有権を憲法第13条
等に基づく法律上の具体的権利とは認めることはできないものの，当該史跡を研
究対象としてきた学術研究者は，文化財保護法の趣旨および目的に照らせば，
個々の県民あるいは国民から文化財の保護を信託されたものとして，当該解除処
分の取消しを求めるにつき法律上の利益を有し，原告適格が認められる。

4 風俗営業の許可について，風俗営業等の規制及び業務の適正化等に関する法律
は，善良の風俗と清浄な風俗環境を保持し，および少年の健全な育成に障害を及
ぼす行為を防止することを目的としており，風俗営業の許可に関する規定は一般
的公益の保護に加えて個々人の個別的利益をも保護していると解されることか
ら，住居集合地域として風俗営業制限地域に指定されている地域に居住する者
は，同地域における風俗営業の許可の取消しを求めるにつき法律上の利益を有
し，原告適格が認められる。

5 不当景品類及び不当表示防止法に基づく，商品表示に関する公正競争規約の認
定について，一般消費者の個々の利益は，同法による公益の保護の結果として保
護されるべきものであり，原則として一般消費者に不服申立人適格は認められな
いが，著しく誤認を招きやすい認定については，自己の権利もしくは法律上保護
された利益を侵害されまたは必然的に侵害されるおそれがあることから，一般消
費者にも不服申立人適格が認められる。

No.7 訴えの利益に関するア～オの記述のうち，判例に照らし，妥当なもののみをすべて挙げているのはどれか。　　　　　　　　　【国家一般職・令和３年度】

ア：建築基準法に基づく建築確認は，それを受けなければ建築物の建築等の工事をすることができないという法的効果を付与されているにすぎないものであるから，当該工事が完了した場合には，建築確認の取消しを求める訴えの利益は失われる。

イ：風俗営業者に対する営業停止処分が営業停止期間の経過により効力を失った場合，行政手続法に基づいて定められ公にされている処分基準に，先行の営業停止処分の存在を理由として将来の営業停止処分を加重する旨が定められているとしても，風俗営業法その他の法令において，過去に同法に基づく営業停止処分を受けた事実があることをもって将来別の処分をする場合の加重要件とすることや，不利益な事由として考慮し得ることを定める規定は存在しないから，当該風俗営業者には，当該営業停止処分の取消しを求める訴えの利益は認められない。

ウ：再入国の許可申請に対する不許可処分を受けた本邦に在留する外国人が，再入国の許可を受けないまま本邦から出国した場合には，同人がそれまで有していた在留資格は消滅するところ，同人は，法務大臣が適法に再入国許可をしていれば出国によっても在留資格を喪失しなかったのであるから，法務大臣が，当該不許可処分が取り消されても現に在留資格を有していない者に対し再入国許可をする余地はないと主張することは，信義誠実の原則に反するため，同人には，当該不許可処分の取消しを求める訴えの利益が認められる。

エ：土地改良法に基づく土地改良事業施行の認可処分の取消しを求める訴訟の係属中に，当該事業に係る工事及び換地処分がすべて完了したため，当該事業施行地域を当該事業施行以前の原状に回復することが，社会的，経済的損失の観点からみて，社会通念上，不可能となった場合には，当該認可処分の取消しを求める訴えの利益は失われる。

オ：自動車運転免許証の有効期間の更新に当たり，一般運転者として扱われ，優良運転者である旨の記載のない免許証を交付されて更新処分を受けた者は，優良運転者である旨の記載のある免許証を交付して行う更新処分を受ける法律上の地位を否定されたことを理由として，これを回復するため，当該更新処分の取消しを求める訴えの利益を有する。

1 ア，エ　　**2** ア，オ　　**3** イ，ウ

4 イ，エ　　**5** ウ，オ

実戦問題 ❷ の解説

No.5 の解説 処分性　　　　　　　　　　　　　　→問題はP.266　**正答4**

ア✕ **供託官の却下行為に対する不服審査手続の存在が処分性肯定の根拠である。**
妥当でない。判例によれば，実定法が供託官の行為につき，「却下」および「処分」という字句を用い，さらに供託官の却下処分に対して特別の不服審査手続を設けているのであるから，このような「実定法が存するかぎりにおいては」，供託官による却下行為は**行政処分**である（最大判昭45・7・15）。このような判例の立場を前提にすると，本肢の中で「特別の不服審査手続を設けているかどうかにかかわらず」，供託官による却下行為が抗告訴訟の対象となる行政処分に当たるとしている部分は妥当でないことになる。

イ✕ **いわゆる二項道路の一括指定行為は抗告訴訟の対象となる行政処分である。**
妥当でない。判例によれば，一括指定行為によって敷地所有者は当該道路につき道路内の建築等が制限され，私道の変更又は廃止が制限される等の具体的な私権の制限を受けることになるから，一括指定行為は個別の土地についてその本来的な効果として具体的な私権制限を発生させるものであり，個人の権利義務に対して直接影響を与えるものということができる（最判平14・1・17）。したがって，一括指定行為は**抗告訴訟**の対象となる行政処分である。

ウ◯ **第2種市街地再開発事業計画の決定は抗告訴訟の対象となる行政処分である。**
妥当である。一般に**行政計画**の決定は個人の権利義務に対して直接影響を与えないため処分性が否定されるが，判例は，関係法令の仕組みを読み解いたうえで，第2種市街地再開発事業計画の決定の処分性を肯定している（最判平4・11・26）。

エ◯ **水道料金改定の条例制定行為は抗告訴訟の対象となる行政処分ではない。**
妥当である。一般に条例制定行為は個人の権利義務に対して直接影響を与えないため処分性が否定されるが，本肢で問題となっている条例制定行為は，そのような一般的な場合に該当するというのが判例の立場である（最判平18・7・14）。

オ✕ **食品衛生法上の通知は抗告訴訟の対象となる行政処分である。**
妥当でない。判例によれば，当該食品等が食品衛生法に違反する旨，通知されることで，当該食品等について，関税法で求められている「検査の完了又は条件の具備」を税関に証明し，その確認を受けることができなくなり，その結果，輸入の許可も受けられなくなるという法効果が発生するから，当該通知は抗告訴訟の対象となる行政処分である（最判平16・4・26）。

　以上から妥当なものは**ウ**および**エ**であり，**4**が正答となる。

No.6 の解説　抗告訴訟の原告適格等

1✕　民事訴訟が提起されていても，無効確認訴訟の原告適格は認められる。

原子炉の周辺住民が原子炉の建設・運転の差止めを求めて民事差止訴訟を提起していたとしても，そのことによって，原子炉設置許可処分の**無効確認訴訟**の**原告適格**が周辺住民に認められなくなるわけではない。判例によれば，原子炉の建設ないし運転の差止めを求める民事訴訟は，「行政事件訴訟法36条にいう当該処分の効力の有無を前提とする現在の法律関係に関する訴えに該当するものと見ることはできず」，また，無効確認訴訟と比較して，より直截的で適切な争訟形態ともいえないから，民事訴訟が提起されていることをもって無効確認訴訟の原告適格を認めないことの根拠にすることはできない（最判平4・9・22）。

2◎　都市計画事業認可の取消訴訟において一定の住民には原告適格が認められる。

正しい。都市計画事業の事業地の周辺住民のうち，事業の実施により騒音，振動等による健康または生活環境に係る著しい被害を直接的に受けるおそれのある者には，都市計画事業認可の取消しを求める原告適格が認められる（最判平17・12・7）。

3✕　遺跡研究者には史跡指定解除の取消しを求める原告適格は認められない。

判例によれば，条例及び法は文化財の保存・活用から個々の県民あるいは国民が受ける利益を公益の中に吸収解消させており，個々人の利益保護を，もっぱら公益の実現を通じて図ろうとしている。また，文化財の学術研究者の学問研究上の利益の保護について特段の配慮をしていると解しうる規定もない。そのため，遺跡研究者には史跡指定解除の取消しを求める原告適格は認められない（最判平元・6・20）。

4✕　風俗営業制限地域の居住者に取消訴訟の原告適格は認められない。

判例によれば，風俗営業等の規制及び業務の適正化等に関する法律の目的規定から，一般的公益の保護に加えて個々の個別的利益をも保護すべきものとする趣旨を読み取ることは，困難であるし，また，風俗営業の許可に関する規定は風俗営業制限地域に居住する住民の個別的利益を保護する趣旨を含んでいないから，風俗営業制限地域に居住する者は，同地域内における風俗営業許可処分の取消しを求める原告適格を有しない（最判平10・12・17）。

5✕　一般消費者に不服申立て適格は認められない。

判例は，一般消費者に不服申立て適格を認めていない。また，判例は規約の認定が著しく誤認を招きやすいことを根拠に一般消費者に不服申立て適格を認めていない（最判昭53・3・14）。

No.7 の解説　訴えの利益

→問題はP.268　**正答2**

ア○ 工事完了後は建築確認の取消しを求める訴えの利益は失われる。

妥当である。判例によれば，建築物の工事完了後は建築確認の取消しを求める**訴えの利益**は失われる（最判昭59・10・26）。

イ✕ 処分基準の規定を根拠に訴えの利益を認めることができる場合がある。

妥当でない。判例によれば，**処分基準**の中に，先行処分を受けたことを理由として後行処分に係る量定を加重する旨の不利益な取扱いを定めた規定がある場合，先行処分を受けた者は，先行処分の効果が期間の経過によりなくなった後においても，処分基準の定めにより不利益な取扱いを受けるべき期間内はなお当該処分の取消しによって回復すべき法律上の利益を有する（最判平27・3・3）。

ウ✕ 出国をしたら，再入国の不許可処分の取消しを求める訴えの利益は消滅する。

妥当でない。判例によると，「再入国の許可は，本邦に在留する外国人に対し，新たな在留資格を付与するものではなく，同人が有していた在留資格を出国にもかかわらず存続させ，右在留資格のままで本邦に再び入国することを認める処分であると解される。そうすると，再入国の許可申請に対する不許可処分を受けた者が再入国の許可を受けないまま本邦から出国した場合には，同人がそれまで有していた在留資格が消滅することにより，右不許可処分が取り消されても，同人に対して右在留資格のままで再入国することを認める余地はなくなるから，同人は，右不許可処分の取消しによって回復すべき法律上の利益を失うに至るものと解すべきである」（最判平10・4・10）。

エ✕ 工事完了後も，土地改良事業認可の取消しを求める訴えの利益は消滅しない。

妥当でない。判例によれば，事業計画に係る工事および換地処分がすべて完了したため，処分の取消しにより事業施行以前の原状に回復することが，社会的・経済的損失の観点から見て不可能であるとしても，そのような事情は，**事情判決**について定めた行政事件訴訟法31条の適用に関して考慮されるべき事柄であって，認可処分の取消しを求める原告の**法律上の利益**を消滅させるものではない（最判平4・1・24）。

オ○ 優良運転者の記載のない免許証を交付された者には訴えの利益が認められる。

妥当である。判例によれば，道路交通法は，客観的に優良運転者の要件を満たす者に対しては優良運転者である旨の記載のある免許証を交付して更新処分を行うということを，単なる事実上の措置にとどめず，その者の法律上の地位として保障する立法政策を採用していると解されるから，一般運転者として扱われ優良運転者の記載のない免許証を交付されて免許証の更新処分を受けた者は，更新処分の取消しを求める訴えの利益を有する（最判平21・2・27）。

　以上から妥当なものは**ア**と**オ**であり，**2**が正答となる。

実戦問題 ❸ 難問レベル

No.8 抗告訴訟の対象性に関するア〜オの記述のうち，判例に照らし，妥当なもののみをすべて挙げているのはどれか。ただし，以下に示す法令は，その事件当時のものである。　　　　　　　　　　　　　　　　　　【国家総合職・平成25年度】

ア：都市計画区域内において工業地域を指定する決定が告示されて効力を生ずると，当該地域内の土地所有者等に建築基準法上新たな制約を課し，その限度で一定の法状態の変動を生ぜしめるものであることは否定できないが，かかる効果は，あたかも新たにそのような制約を課する法令が制定された場合におけると同様の当該地域内の不特定多数の者に対する一般的抽象的なそれにすぎず，このような効果を生ずるということだけから直ちに当該地域内の個人に対する具体的な権利侵害を伴う処分があったものとして，これに対する抗告訴訟を肯定することはできない。

イ：父がその子について住民票の記載をすることを求める申出は，住民票の記載に係る職権の発動を促す住民基本台帳法第14条第2項所定の申出と見ることができ，当該申出に対する応答は，法令に根拠のない事実上の応答にすぎないものということはできない。したがって，当該応答は，それにより当該父または子の権利義務ないし法律上の地位に直接影響を及ぼすものではないが，法令上の申請に対する応答行為として，抗告訴訟の対象となる行政処分に当たる。

ウ：特定の地方裁判所支部および特定の家庭裁判所支部を廃止することを定めた最高裁判所規則の改正は，廃止される当該支部の管轄区域内に居住する不特定多数の者に対して一般的抽象的な法状態の変動を生じさせるものにすぎないため，その取消しを求める訴訟は法律上の争訟に当たるものの，当該規則の改正は抗告訴訟の対象となる行政処分に該当するということはできない。

エ：登録免許税法第31条第1項は，同項各号のいずれかに該当する事実があるときは，登記機関が職権で遅滞なく所轄税務署長に登録免許税に係る過誤納金の還付に関する通知をしなければならないことを規定し，同条第2項は，登記等を受けた者が登記機関に申し出て当該通知をすべき旨の請求をすることができる旨を定めている。同項は，登録免許税の還付を請求するにはもっぱらこの請求の手続きによるべきであるとする手続きの排他性を規定するものであり，国税通則法第56条に基づいて登録免許税の過誤納金の還付を請求することを排除する趣旨と解される。したがって，登録免許税法第31条第2項に基づく還付通知をすべき旨の請求に対して登記機関がした拒否通知は，国税通則法所定の還付請求手続きを排除するという法的効果を有するものであり，抗告訴訟の対象となる行政処分に当たる。

　オ：普通地方公共団体が営む水道事業に係る条例所定の水道料金を改定する条
　　　例の制定行為は，同条例が当該水道料金を一般的に改定するものであって，
　　　限られた特定の者に対してのみ適用されるものではなく，同条例の制定行
　　　為をもって行政庁が法の執行として行う処分と実質的に同視することはで
　　　きないという事情の下では，抗告訴訟の対象となる行政処分に当たらない。

1　ア，ウ

2　ア，オ

3　イ，エ

4　ウ，エ，オ

5　ア，イ，ウ，エ

（参考）

住民基本台帳法

（住民基本台帳の正確な記録を確保するための措置）

第14条　（第1項略）

2　住民基本台帳に記録されている者は，自己又は自己と同一の世帯に属する者に
　係る住民票に誤記又は記載漏れがあることを知つたときは，その者が記録されて
　いる住民基本台帳を備える市町村の市町村長に対してその旨を申し出ることがで
　きる。

登録免許税法

（過誤納金の還付等）

第31条　登記機関は，次の各号のいずれかに該当する事実があるときは，遅滞な
　く，当該各号に掲げる登録免許税の額その他政令で定める事項を登記等の申請を
　した者又は登記等を受けた者（中略）の当該登録免許税に係る（中略）納税地の
　所轄税務署長に通知しなければならない。

　　一　（略）

　　二　（略）

　　三　過大に登録免許税を納付して登記等を受けたとき（中略）。当該過大に納
　　　　付した登録免許税の額

2　登記等を受けた者は，当該登記等の申請書（中略）に記載した登録免許税の課
　税標準又は税額の計算が国税に関する法律の規定に従つていなかつたこと又は当
　該計算に誤りがあつたことにより，登録免許税の過誤納があるときは，当該登記
　等を受けた日（中略）から1年を経過する日までに，政令で定めるところによ
　り，その旨を登記機関に申し出て，前項の通知をすべき旨の請求をすることがで
　きる。

国税通則法

（還付）

第56条　国税局長，税務署長又は税関長は，還付金又は国税に係る過誤納金（中略）があるときは，遅滞なく，金銭で還付しなければならない。（第2項略）

***
No.9　取消訴訟の訴えの利益に関するア～オの記述のうち，判例に照らし，妥当なもののみをすべて挙げているのはどれか。　【国家総合職・平成27年度】

ア：法人税に関する更正（第一次更正処分）の取消訴訟の係属中に，所得金額を確定申告書記載の金額に減額する旨の再更正（第二次更正処分）と，第一次更正処分の瑕疵を是正した上で当該申告に係る課税標準及び税額を第一次更正処分のとおりに更正する旨の再々更正（第三次更正処分）がなされた場合，第二次更正処分は第三次更正処分を適法に行うための前提行為にすぎず，第三次更正処分も実質的に第一次更正処分の瑕疵を追完したものである。そのため，第一次更正処分のみの取消しを求める取消訴訟においても，第二次更正処分により第一次更正処分の法的効果が失われたと解することはできず，第一次更正処分の取消しを求める法律上の利益は失われない。

イ：市町村営土地改良事業施行認可の取消訴訟の係属中に，当該事業計画に係る工事及び換地処分が全て完了したため，社会的，経済的損失の観点からみて，社会通念上，当該事業施行地域を事業施行以前の原状に回復することが不可能であるとしても，そのような事情は，行政事件訴訟法第31条の適用に関して考慮されるべき事柄であって，当該認可処分の取消しを求める法律上の利益を消滅させるものではない。

ウ：市町村が設置する保育所を廃止する旨の条例の制定行為について，当該保育所で保育を受けている児童又はその保護者が取消しを求める訴えを適法と解釈する場合には，たとえ当該児童らに係る保育の実施期間が全て満了しても，処分の取消判決や執行停止の決定に第三者効（行政事件訴訟法第32条）が認められている趣旨に照らし，当該条例制定行為の取消しを求める訴えの利益は消滅しない。

エ：自動車の運転免許については，客観的に優良運転者の要件を満たす者であれば優良運転者である旨の記載のある免許証を交付して行う更新処分を受ける法律上の地位を有することが肯定され，優良運転者である旨の記載のない免許証を交付されて免許証の更新処分を受けた者は，この法律上の地位を否定されたことを理由として，これを回復するため，当該更新処分の取消しを求める訴えの利益を有する。

オ：本邦に在留する外国人が自らに対する再入国不許可処分につき取消訴訟を提
　起し，当該取消訴訟の係属中に同人が再入国許可を受けないまま本邦から出
　国した場合，同人がそれまで有していた在留資格が消滅するところ，再入国
　の許可は本邦に在留する外国人に対して新たな在留資格を付与するものでは
　ないため，当該不許可処分が取り消されても，同人に対してそれまで有して
　いた在留資格のままで再入国することを認める余地がなくなり，同人は当該
　不許可処分の取消しによって回復すべき法律上の利益を失う。

1　ア，イ，ウ
2　ア，エ，オ
3　イ，ウ，エ
4　イ，エ，オ
5　ア，ウ，エ，オ

実戦問題❸の解説

No.8 の解説　抗告訴訟の対象性

→問題はP.272　**正答2**

ア◯　都市計画区域内の地域指定の決定は抗告訴訟の対象ではない。

　妥当である。地域指定の決定は，**抗告訴訟**の対象にならない。判例によれば，用途地域指定の決定が告示された場合の当該地域内における建築物制限の効果は，「あたかも右のような制約を課する法令が制定された場合におけると同様の当該地域内の不特定多数の者に対する一般的抽象的なそれにすぎず，このような効果を生ずるということだけから直ちに右地域内の個人に対する具体的な権利侵害を伴う**処分**があったものとして，これに対する抗告訴訟を肯定することはできない」（最判昭57・4・22）。

イ✕　住民票の記載を求める申出に対する応答は行政処分ではない。

　妥当でない。判例によれば，子について住民票の記載をすることを求める父の申出は，行政庁に応答義務がないので，住民票の記載に係る職権の発動を促す住民基本台帳法14条2項所定の申出と見るほかない。したがって，当該申出に対する応答は法令に根拠のない事実上の応答にすぎず，これにより子または父の権利義務ないし法律上の地位が直接影響を受けるものではないから，抗告訴訟の対象となる**行政処分**に当たらない（最判平21・4・17）。

ウ✕　最高裁判所規則の改正の取消しを求める訴訟は法律上の争訟ではない。

　妥当でない。判例によれば，特定の地方裁判所支部および特定の家庭裁判所支部を廃止することを定めた最高裁判所規則の改正につき，その取消しを求める訴訟は具体性を欠くため，**法律上の争訟**に当たらない（最判平3・4・19）。

エ✕　登録免許税法31条2項は還付請求手続の排他性を定めるものではない。

　妥当でない。登録免許税法31条2項は，登録免許税の還付を請求するには専ら同項所定の請求手続によるべきであるとする手続の排他性を規定するものではない。なお，判例によれば，「登録免許税法31条2項は，登記等を受けた者に対し，簡易迅速に還付を受けることができる手続を利用することができる地位を保障しているものと解するのが相当である。そして，同項に基づく還付通知をすべき旨の請求に対してされた拒否通知は，登記機関が還付通知を行わず，還付手続を執らないことを明らかにするものであって，これにより，登記等を受けた者は，簡易迅速に還付を受けることができる手続を利用することができなくなる。そうすると，上記の拒否通知は，登記等を受けた者に対して上記の手続上の地位を否定する法的効果を有するものとして，抗告訴訟の対象となる行政処分に当たる」（最判平17・4・14）。

オ◯　条例制定行為は抗告訴訟の対象となる行政処分ではない。

　妥当である。通常，条例制定行為は直接性（具体性）を欠くので，抗告訴訟の対象となる行政処分には当たらない。本肢で問題となっている条例制定行為は，そのような一般的な場合に該当するというのが判例の立場である（最判平18・7・14）。

以上から妥当なものは**ア**および**オ**であり，**2**が正答となる。

No.9 の解説　取消訴訟の訴えの利益
→問題はP.274　**正答4**

ア✕ 第二次更正処分により第一次更正処分の取消しを求める利益は失われる。
妥当でない。判例によれば，本肢の場合，「第一次更正処分は第二次更正処分によって取り消され，第三次更正処分は，第一次更正処分とは別個になされた新たな行政処分である」から，第一次更正処分の取消しを求めるにすぎない取消訴訟では，第二次更正処分が行われた時以降，第一次更正処分の取消しを求める**法律上の利益**は失われたことになる（最判昭42・9・19）。

イ◯ 土地改良の工事が完了しても，処分の取消しを求める利益は失われない。
妥当である。判例によれば，事業計画に係る工事及び換地処分が完了した後も，土地改良事業施行認可処分の取消しを求める**訴えの利益**は失われない（最判平4・1・24）。

ウ✕ 保育の終了により，保育所廃止条例の取消しを求める利益は失われる。
妥当でない。最高裁は保育所廃止条例の制定行為に**処分性**を認めたものの，「現時点においては，上告人らに係る保育の実施期間がすべて満了していることが明らかであるから，本件改正条例の制定行為の取消しを求める訴えの利益は失われたものというべきである」として，訴えを却下した原審の判断を支持している（最判平21・11・26）。

エ◯ 優良運転者の記載のない免許証を交付された者には訴えの利益が認められる。
妥当である。判例によれば，道路交通法は，客観的に優良運転者の要件を満たす者に対しては優良運転者である旨の記載のある免許証を交付して更新処分を行うということを，単なる事実上の措置にとどめず，その者の法律上の地位として保障する立法政策を採用していると解されるから，一般運転者として扱われ優良運転者の記載のない免許証を交付されて免許証の更新処分を受けた者は，更新処分の取消しを求める訴えの利益を有する（最判平21・2・27）。

オ◯ 出国をしたら，再入国の不許可処分の取消しを求める訴えの利益は消滅する。
妥当である。判例によれば，「再入国の許可は，本邦に在留する外国人に対し，新たな在留資格を付与するものではなく，同人が有していた在留資格を出国にもかかわらず存続させ，右在留資格のままで本邦に再び入国することを認める処分である」から，再入国不許可処分の効力が否認されない状態で，出国すれば，同人がそれまで有していた在留資格が消滅することにより，在留資格のままで再入国することを認める余地はなくなる。そのため，不許可処分の取消しによって回復すべき法律上の利益は失われることになる（最判平10・4・10）。

以上から妥当なのは**イ，エ，オ**であり，**4**が正答となる。

必修問題

行政法学上の仮の救済に関する記述として，妥当なのはどれか。

1　**執行停止**が認められるには，公共の福祉に重大な影響を及ぼすおそれがないとき，又は本案について理由がないとみえないときという積極的要件を満たす必要はあるが，**取消訴訟**や**無効等確認訴訟**が係属している必要はない。

2　裁判所は，**処分**の執行又は手続の続行の停止によって，仮の救済の目的を達することができる場合であっても，申立人の権利利益保護のために，処分の効力の停止をすることができる。

3　内閣総理大臣は，執行停止の申立てがあった場合だけでなく，執行停止の決定があった後においても，裁判所に対し，異議を述べることができるが，いずれにおいても，理由を付さなければならない。

4　裁判所は，**義務付けの訴え**の提起があった場合において，その義務付けの訴えに係る処分又は裁決がされないことにより生ずる償うことのできない損害を避けるため緊急の必要があれば，本案について理由があるとみえないときも，申立てにより，決定をもって，行政庁に**仮の義務付け**を命ずることができる。

5　裁判所は，**差止めの訴え**の提起があった場合において，その差止めの訴えに係る処分又は裁決がされることにより生ずる償うことのできない損害を避けるため緊急の必要がない場合でも，本案について理由があるとみえるときは，申立てにより，決定をもって，行政庁に**仮の差止め**を命ずることができる。

難易度　＊＊

頻出度 B
国家総合職 ★★
国家一般職 ★★
国税専門官 ★
地上全国型 ★

地上特別区 ★★
市 役 所 C ★

16 取消訴訟の審理過程と判決

必修問題の解説

　行政事件訴訟法上，抗告訴訟の仮の権利保護制度としては，執行停止制度のほか，仮の義務付け，仮の差止めの制度がある。本問は，これらの制度に関する条文知識を問うものである。

1 ✕ 取消訴訟や無効等確認訴訟が係属していなければ，執行停止は認められない。
　　行訴法25条2項は「処分の取消しの訴えの提起があった場合において」**執行停止**ができる旨，定めている。また，同条は**無効等確認訴訟**に準用されることになっている（行訴法38条3項）。したがって，これらの規定から，**取消訴訟や無効等確認訴訟が係属していなければ，執行停止は認められない**といえる。

2 ✕ 他の方法で目的を達することができる場合，処分の効力の停止はできない。
　　行訴法上，処分の効力の停止は，処分の執行又は手続の続行の停止によって目的を達することができる場合には，することができないとされている（同25条2項但書）。

3 ◎ 内閣総理大臣が異議を述べる場合には理由を付さなければならない。
　　妥当である。**内閣総理大臣の異議**は行政による司法への不当な介入と見る余地がないわけではないが，行訴法は異議の理由を明らかにさせることで，手続的見地から内閣総理大臣の異議の適正さを担保しようとしている。

4 ✕ 本案について理由があるとみえなければ，仮の義務付けはできない。
　　裁判所が**仮の義務付け**を命じるには，①処分又は裁決がされないことにより生ずる償うことのできない損害を避けるため緊急の必要があること，および，②本案について理由があるとみえることが必要である（同37条の5第1項）。

5 ✕ 緊急の必要がなければ，仮の差止めはできない。
　　裁判所が**仮の差止め**を命じるには，①処分又は裁決がされることにより生ずる償うことのできない損害を避けるため緊急の必要があること，および，②本案について理由があるとみえることが必要である（同37条の5第2項）。

正答 3

第4章 行政争訟法

FOCUS

　取消訴訟の審理過程と判決に関する規律の多くが，他の抗告訴訟にも準用されることになっている。そのため，まずは取消訴訟の関連規定を押さえるようにしよう。

重要ポイント **1** 仮の権利保護

行訴法は，国民の仮の権利保護について定めている。取消訴訟の場合の仮の権利保護制度については，以下の3つの段階に分けて整理することができる。

（1）執行不停止の原則

処分の取消訴訟を提起しても，原則として処分の効力および処分の執行は停止されず，手続きが続行される（行訴法25条1項）。これを執行不停止の原則という。このような制度は，行政法関係の早期の安定および円滑な行政運営の確保を目的にして設けられた。

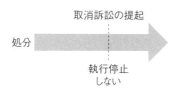

（2）執行不停止の原則に対する例外

もっとも，取消訴訟に多くの時間がかかるわが国において，執行不停止の原則が例外なく当てはまるとなると，取消訴訟の提起から終局判決が下されるまでの間に，原告たる国民の権利利益が侵害されることもありうる。そこで，行訴法は，個人の権利利益の保全という見地から，一定の要件が充足された場合には，執行が停止されるとした。それらの要件は，積極要件（同25条2項）と消極要件（同25条4項）に分けて整理することができる。

積極要件	①取消訴訟が適法に係属していること。 ②処分，処分の執行または手続きの続行により生ずる重大な損害を避けるため緊急の必要があること。
消極要件	①公共の福祉に重大な影響を及ぼすおそれがないこと。 ②本案について理由がないとみえないこと。

以上の要件のうち「重大な損害」について，裁判所は，損害の回復の困難の程度を考慮するほか，損害の性質および程度ならびに処分の内容および性質をも勘案しなければならない（同25条3項）。

なお，執行停止は申立人からの申立てがあって初めて可能となるのであり，裁判所が職権で行えるものではない（同25条2項）。

（3）内閣総理大臣の異議

　以上の積極・消極要件が満たされていれば，基本的に執行は停止される。しかし，必ず執行停止がされるわけでもない。なぜなら，内閣総理大臣の異議という制度があるからである。つまり，内閣総理大臣の異議があると，「裁判所は，執行停止をすることができず，また，すでに執行停止の決定をしているときは，これを取り消さなければならない」（同27条４項）。この内閣総理大臣の異議は，内閣総理大臣が理由を付し（同27条２項），その理由の中で「処分の効力を存続し，処分を執行し，又は手続を続行しなければ，公共の福祉に重大な影響を及ぼすおそれのある事情を示す」ことによって認められる（同27条３項）。ただし，その異議はやむをえない場合に限って許され，異議を述べたときは国会にこれを報告しなければならない（同27条５項）。

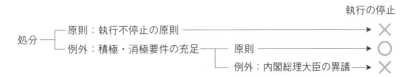

　なお，仮の権利保護の仕組みとして仮処分も考えられるところであるが，同法は，明文でもって，これを否定している（同44条）。

　そのほか，行訴法上の仮の権利保護制度としては，**仮の義務付け**および**仮の差止め**がある（同37条の５）。いずれも平成16年の行訴法改正によって導入された制度である。

重要ポイント❷　職権証拠調べ

　行政訴訟も民事訴訟と同様，審理においては**弁論主義**（当事者が提示する主張および証拠に基づいて事案の解明を行う考え方）が基本となる。もっとも，行政事件訴訟法は，これに一定の修正を加えている。すなわち，「裁判所は，必要があると認めるときは，職権で，証拠調べをすることができる」（行訴法24条）。これを職権証拠調べという。この職権証拠調べと区別しなければならない考え方として，**職権探知主義**がある。この職権探知主義によれば，裁判所は当事者が主張していない事項であっても職権で調査し，その内容を斟酌できる。しかし，行訴法は，このような職権探知主義まで採用していない。

 十分な心証を得た場合の職権証拠調べ（最判昭28・12・24）

　　　　証拠につき充分の心証を得られない場合に職権証拠調べができるのであり，証拠につき十分の心証を得られる場合には職権によってさらに証拠を調べる必要はない。

重要ポイント 3 　関連請求の移送と併合

　取消訴訟に関連する訴訟が別に存在する場合，訴訟経済の観点からすると，まとめて審理をしたほうがよい。そこで，行訴法は，処分または裁決に関連する損害賠償請求など一定の請求（これを関連請求という）が取消訴訟と別の裁判所に係属する場合，裁判所が申立てによりまたは職権で，その訴訟を取消訴訟の係属する裁判所に移送することができるとした（行訴法13条）。

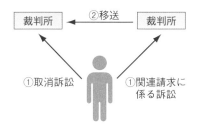

　また，関連請求に係る訴えについては，取消訴訟に併合することができる（同16〜19条）。

重要ポイント 4 　訴訟参加

　取消訴訟の当事者は，基本的に原告たる国民と被告たる行政主体である。しかし，行訴法は，これ以外の者も訴訟に参加できるとしている。法律上，訴訟参加が認められているのは，①訴訟の結果により権利を害される第三者（行訴法22条1項），②処分または裁決をした行政庁以外の行政庁（同23条）である。

 訴訟参加人の法的地位（最判昭40・6・24）

　　　　取消訴訟に参加した利害関係人は，「あたかも共同訴訟人のごとく訴訟行為をなし得べき地位を有するもの」であるから，「被参加人だけで控訴を取り下げたとしても，これによって同控訴が当然効力を失うものではない」。

重要ポイント 5 　処分理由の追加・差替え

　処分をした際に提示した理由とは異なる理由を取消訴訟の中で追加したり，差し替えたりすることが許されるか，問題となる。これを安易に認めると，処分理由の提示に認められる①不服申立て便宜機能（処分理由が提示されることで国民の側は何を争えばよいのか理解できる）および②行政の恣意抑制機能（行政側は処分理由を示すために恣意的な判断を行わなくなる）を害することになる。他方で，一切これを認めないと，紛争の一回的解決が困難となり，訴訟経済に反する。

　この点，判例では，原則として処分理由の追加・差替えが許されている。

重要ポイント 6 **違法判断の基準時**

　行政処分が行われた時点では違法であったものの，その後の事実状態または法状態の変化によって，判決を下す時点で当該行政処分が適法になってしまっている場合，あるいは，逆に，行政処分が行われた時点では適法であったものの，その後の事実状態または法状態の変化によって，判決を下す時点で当該行政処分が違法になってしまっている場合，処分時を基準にして違法性の判断をするのか（**処分時説**），それとも判決時を基準にして判断を下すのか（**判決時説**）が問題となる。この点，通説・判例は，処分時説をとる。

 違法判断の基準時（最判昭27・1・25）
　　　　　　「行政処分の行われた後法律が改正されたからと言って，行政庁は改正法律によって行政処分をしたのではないから裁判所が改正後の法律によって行政処分の当否を判断することはできない」。

重要ポイント 7 **取消訴訟における判決の種類**

(1) 却下判決：これは，要件審理の結果，訴えが不適法であると判断された場合に下される判決である。この場合，本案の審理，すなわち原告の請求に理由があるかどうかの判断は基本的に行われない。

(2) 請求認容判決：これは，要件審理の段階がクリアされ，本案審理に入った後，原告の請求に理由があると判断される場合に下される判決である。

(3) 請求棄却判決：これは，本案審理に入った後，原告の請求に理由がないと判断される場合に下される判決である。

(4) 事情判決：これは，処分または裁決が違法ではあるが，それを取り消すことにより公の利益に著しい障害が生じる場合において，原告の受ける損害の程度，その損害の賠償または防止の程度および方法その他一切の事情を考慮したうえ，処分または裁決を取り消すことが公共の福祉に適合しないと認めるとき下される判決である。この判決の中で裁判所は請求を棄却することができるものの，主文において処分または裁決が違法であるということを宣言しなければならない（行訴法31条1項）。

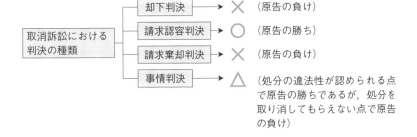

取消訴訟の判決の効力として次の3つがある。

(1) 形成力：取消訴訟において請求認容判決（取消判決）が下された場合，行政処分の効力は，処分時に遡及して失われる。これを取消判決の形成力という。このような形成力は，取消訴訟の却下判決・請求棄却判決・事情判決には認められない。

　　形成力は訴訟当事者のみならず，訴外の利害関係者にも及ぶ。この点，行訴法は「処分又は裁決を取り消す判決は，第三者に対しても効力を有する」と定めており（行訴法32条1項），これを**第三者効**と呼ぶ。この第三者効は，執行停止の決定にも認められている（同32条2項）。

(2) 既判力：紛争の蒸し返しを防ぐため，当事者および裁判所は同一事項について後の裁判で矛盾する主張や判断をすることができない。これを既判力という。既判力は取消訴訟の判決一般に認められる。

(3) 拘束力：「処分又は裁決を取り消す判決は，その事件について，処分又は裁決をした行政庁その他の関係行政庁を拘束する」（行訴法33条1項）。これを取消判決の拘束力と呼ぶ。すでにその文言から明らかなように，拘束力は取消訴訟における請求認容判決，すなわち取消判決に認められる。

　　この拘束力に関連し，行訴法は，「申請を却下し若しくは棄却した処分又は審査請求を却下し若しくは棄却した裁決が判決により取り消されたときは，その処分又は裁決をした行政庁は，判決の趣旨に従い，改めて申請に対する処分又は審査請求に対する裁決をしなければならない」としている（同33条2項）。このことは，取消判決によって行政庁が同一事情の下で同一理由に基づく同一内容の処分をすることは禁止される，ということを意味する。このような取消判決の効力を**反復禁止効**という。

　行訴法は，取消訴訟を利用しやすくする制度の一つとして教示制度を設けた。同法によれば，行政庁が取消訴訟を提起することができる処分または裁決をする場合には，相手方に対し，①被告とすべき者，②出訴期間，③審査請求前置の法規定がある場合にはその旨を書面で教え示さなければならない（行訴法46条1項）。ただし，このような教示義務は，処分または裁決が書面で行われる場合に限って，生じることとされている。したがって，処分または裁決が口頭で行われる場合には，教示義務は発生しない（同46条1項但書）。

　なお，行政不服審査法にも教示に関する類似の規定が設けられている（行審法82条）。もっとも，行審法には教示がなされなかった場合の救済方法が規定されているなど（同83条），両者の間には差異が認められる。

実戦問題 ❶　基本レベル

❖ **No.1** 処分の取消訴訟の判決の効力に関する次の記述のうち，妥当なのはどれか。　　　　　　　　　　　　　　　【市役所（C日程）・平成26年度】

1 取消判決が確定しても処分の効力は消滅せず，処分庁が，判決の趣旨に従って当該処分を取り消さなければならない。

2 取消判決が確定すると，処分の効力は当事者間では消滅するが，その効力は第三者には及ばない。

3 行政事件訴訟法は民事訴訟法を準用しているので，取消判決に既判力が生じることが明文で明らかにされている。

4 取消判決が確定すると，同一の事情で同一の理由に基づき同一内容の処分をすることが禁止され，これを反復禁止効という。

5 取消判決は，当該処分をした行政庁を拘束するが，それ以外の関係する行政庁や下級行政庁まで拘束することはない。

❖ **No.2** 行政事件訴訟法に関するア～オの記述のうち，妥当なもののみをすべて挙げているのはどれか。　　　　　　　　　　　【財務専門官・平成25年度】

ア：取消訴訟については，裁判所は，処分または裁決が違法であっても，これを取り消すことにより公の利益に著しい障害を生ずる場合において，一切の事情を考慮したうえ，その取消しが公共の福祉に適合しないと認めるときは，いわゆる事情判決により原告の請求を棄却することができる。

イ：執行停止の申立てを認める決定がなされた場合に，この決定に不服のある者は，即時抗告をすることができ，即時抗告によって一時的に執行停止の決定の執行を停止させることができる。

ウ：取消訴訟では，民事訴訟と同様，原則として弁論主義がとられているが，公益実現のための行政行為が対象となっていることから，裁判所は必要に応じて職権で証拠調べをすることができる。

エ：執行停止の申立てがあった場合に，内閣総理大臣は，裁判所に対し異議を述べることができるが，異議があったとしても，裁判所は，公共の福祉に重大な影響を及ぼすと認める場合には執行停止をすることができる。

オ：取消訴訟の請求認容判決が確定すると，行政処分の効力は遡及的に消滅するとともに，その判決の効力は第三者にも及ぶこととなる。

1 ア，イ
2 イ，エ
3 ウ，オ
4 ア，ウ，オ
5 イ，ウ，エ

No.3 行政事件訴訟法における仮の権利保護に関するア～オの記述のうち，妥当なもののみをすべて挙げているのはどれか。 【国家総合職・平成21年度】

ア：処分の執行停止の要件は，重大な損害を避けるため緊急の必要があることであり，この要件を満たす限り，裁判所が他の理由により処分の執行停止をしないことは認められない。

イ：執行停止を申し立てる者は，執行停止の要件に当てはまる事実の存在について証明する必要はなく，疎明すれば足りる。

ウ：処分の取消しの訴えが提起された場合には，原則として処分の効力，処分の執行または手続きの続行の全部または一部が停止される。

エ：行政事件訴訟法は，義務付け訴訟を，申請を前提とする申請満足型（行政事件訴訟法第3条第6項第2号）と申請を前提としない直接型（同法第3条第6項第1号）とに分けて規定しているが，仮の義務付けは，申請満足型についてのみ認めている。

オ：仮の差止めについては，執行停止と同様に，消極要件として，「本案について理由がないとみえるとき」との要件が規定されている。

1 ア

2 イ

3 イ，エ

4 ウ

5 エ，オ

（参考）行政事件訴訟法
（抗告訴訟）
第3条
6 この法律において「義務付けの訴え」とは，次に掲げる場合において，行政庁がその処分又は裁決をすべき旨を命ずることを求める訴訟をいう。

一　行政庁が一定の処分をすべきであるにかかわらずこれがされないとき（次号に掲げる場合を除く。）。

二　行政庁に対し一定の処分又は裁決を求める旨の法令に基づく申請又は審査請求がされた場合において，当該行政庁がその処分又は裁決をすべきであるにかかわらずこれがされないとき。

実戦問題 ■ の解説

No.1 の解説　取消訴訟の判決の効力
→問題はP.285　**正答4**

1 ×　取消判決が確定すると，処分の効力は消滅する。
取消判決には新たな法律関係を形成する効力が認められる。これを取消判決の**形成力**という。処分は取消判決が確定するまでは効力を有するが，取消判決の確定後は過去に遡って最初から効力が無かったことになる（**遡及効**）。このように，取消判決それ自体が，効力が有った状態から無い状態へと法状態を新しく形成する。そのため，取消判決確定後，処分庁が改めて判決の趣旨に従って処分を取り消す必要はない。

2 ×　取消判決が確定すると，その効力は第三者にも及ぶ。
一般に判決の効力は当事者にしか及ばないのが原則であるが，**取消訴訟**の対象である**処分**は一定の公益性を有しており，画一的な紛争解決が求められるため，行訴法上，取消判決の効力は第三者にも及ぶこととされている（行訴法32条1項）。これを**第三者効**という。

3 ×　取消判決の既判力は明文で明らかにされていない。
行訴法7条は同法に定めのない事項について「民事訴訟の例による」と定めており，一般的な理解によれば，これは民事訴訟を準用するという意味ではない。なお，行訴法は取消判決の**既判力**について明文規定を置いていない。

4 ○　取消判決には反復禁止効が認められる。
正しい。取消判決には**反復禁止効**が認められるが，このことは処分時の理由と異なる理由であれば，同じ内容の処分をすることができるということを意味する。

5 ×　取消判決は処分庁以外の関係行政庁も拘束する。
処分又は裁決の取消判決は，その事件について，処分又は裁決をした行政庁その他の関係行政庁を拘束する（同33条1項）。これを**拘束力**という。

No.2 の解説　行政事件訴訟法
→問題はP.285　**正答4**

ア ○　処分は違法でも処分を取り消さない事情判決という判決類型がある。
妥当である（行訴法31条）。**事情判決**の主文では，処分または裁決が違法であることを宣言しなければならない。

イ ×　即時抗告により一時的に執行停止の決定の執行を停止させることはできない。
妥当でない。執行停止の申立てに対する決定に対して**即時抗告**をすることはできる（同25条7項）。しかし，即時抗告は当該決定の執行を停止する効力を有しない（同25条8項）。

ウ ○　取消訴訟では職権証拠調べが認められている。
妥当である。裁判所は，必要があると認めるときは，職権で，証拠調べをすることができる（同24条）。これを**職権証拠調べ**という。

エ ×　内閣総理大臣の異議があると，裁判所は執行停止をすることができない。

妥当でない。**内閣総理大臣の異議**があったときは，裁判所は，執行停止をすることができず，また，すでに執行停止の決定をしているときは，これを取り消さなければならない（同27条4項）。

オ〇 取消判決は遡及効を有するとともに，第三者効を有する。

妥当である。取消訴訟における請求認容判決（取消判決）は処分の効力を遡及的に消滅させ，新たな法状態を形成する。これを取消判決の**形成効**という。また，取消判決は**第三者効**を有する（同32条1項）。

以上から妥当なものはア，ウ，オであり，**4**が正答となる。

No.3 の解説　行政事件訴訟法の判決等の効果　　　→問題はP.286　**正答2**

ア✕ 執行停止の要件は損害要件と緊急性要件だけではない。

妥当でない。処分の**執行停止**が行われるためには，積極要件のほかに（行訴法25条2項），消極要件もクリアしなければならない。具体的には，公共の福祉に重大な影響を及ぼすおそれがある場合，本案について理由がないとみえる場合には，執行停止は認められない（同25条4項）。したがって，「重大な損害を避けるため緊急の必要があること」という積極要件が充足されていたとしても，消極要件がクリアされていなければ，裁判所は処分の執行停止を認めない。

イ〇 執行停止の申立てをする者は事実の存在について疎明すれば足りる。

妥当である。処分の執行停止の決定は**疎明**（一応確からしいという程度の心証を得させる作用）に基づいてすることとされている（同25条5項）。

ウ✕ 執行不停止が原則である。

妥当でない。行訴法上，「処分の取消しの訴えの提起は，処分の効力，処分の執行又は手続の続行を妨げない」とされている（同25条1項）。これを**執行不停止の原則**という。

エ✕ 直接型でも，申請満足型でも仮の義務付けは認められている。

妥当でない。行訴法は，仮の権利保護について，**申請満足型義務付け訴訟**と**直接型義務付け訴訟**を区別していない（同37条の5第1項）。すなわち，**仮の義務付け**は，申請満足型義務付け訴訟についても，また直接型義務付け訴訟についても認められる。

オ✕ 仮の差止めには「本案について理由があるとみえるとき」という要件がある。

妥当でない。仮の差止めについては，執行停止と異なり，「本案について理由がないとみえるとき」との消極要件は定められていない。仮の差止めの場合は，「本案について理由があるとみえるとき」という積極要件が課されている（同37条の5第1項）。

以上から妥当なものは**イ**のみであり，**2**が正答となる。

実戦問題 ❷　応用レベル

No.4 行政事件訴訟法に規定する取消訴訟に関する記述として，通説に照らして，妥当なのはどれか。　　　　　　　　　　【地方上級（特別区）・平成24年度】

1　処分の執行停止の申立てがあった場合には，内閣総理大臣は，裁判所に対し，理由を付して異議を述べることができ，この場合，裁判所は，当該異議の内容上の当否を実質的に審査することができず，執行停止をすることができない。

2　国を被告とする取消訴訟は，原告の負担を軽減し訴訟を利用しやすくするため，行政処分を行った行政庁の所在地を管轄する裁判所ではなく，原告の普通裁判籍の所在地を管轄する高等裁判所へ提起することとされている。

3　裁判所は，取消訴訟の審理において必要があると認めるときは，職権で証拠調べをすることができ，この証拠調べには，当事者が主張しない事実まで裁判所が職権で証拠の収集を行う職権探知が認められている。

4　裁判所は，取消訴訟の結果により権利を害される第三者があるときは，当事者の申立てによりその第三者を訴訟に参加させることができるが，その第三者自身の申立てによりその第三者を訴訟に参加させることはできない。

5　取消訴訟は，処分または裁決があったことを知った日から6か月を経過したとしても，正当な理由があれば提起することができるが，処分または裁決があった日から1年を経過したときは，正当な理由があっても提起することができない。

No.5 取消訴訟における判決に関するア～オの記述のうち，妥当なもののみをすべて挙げているのはどれか。　　　　　　　　　　【国家一般職・平成23年度】

ア：行政処分の取消判決がなされた場合に生じる取消しの効力は，将来に向かってのみ生じる。

イ：行政処分の取消判決がなされた場合に生じる取消しの効力は，取消訴訟の当事者である原告と被告との関係においてのみ生じるものであり，当事者以外の第三者には及ばない。

ウ：申請の拒否処分の取消訴訟において，当該処分の理由付記が不備であるとして取消判決がなされた場合であっても，当該処分をした行政庁は，判決の趣旨に従い，適法かつ十分な理由を付記して，当該申請について再び拒否処分をすることができる。

エ：申請の拒否処分の取消訴訟を提起して取消判決を得た場合には，当該訴訟を提起した申請者は，改めて申請することなく，当該申請に対する応答を受けることができる。

オ：行政処分の取消訴訟において，裁判所は，いわゆる事情判決により原告の請求を棄却する場合には，判決の主文において当該処分が違法であることを宣言しなければならない。

1 ア，オ

2 イ，エ

3 ウ，オ

4 ア，イ，ウ

5 ウ，エ，オ

No.6 行政事件訴訟法の取消訴訟における処分または裁決を取り消す判決の効果に関するア～エの記述のうち，妥当なもののみをすべて挙げているのはどれか。

【国家総合職・平成25年度】

ア：取消訴訟において，処分が違法として取り消された場合は，その処分の効力は，行政庁による取消しを要せずして，処分当時に遡って消滅する。

イ：取消訴訟において，処分が違法として取り消された場合は，その判決の効力は，第三者に対しても及ぶ。

ウ：換地処分の違法を理由とする国家賠償請求訴訟において主張する違法と，すでに請求棄却の確定判決を受けた当該換地処分の取消訴訟において主張された違法とが，その内容において異なるものではないことが認められるときは，当該確定判決によって，当該換地処分につき取消原因となる違法の存在が否定された以上，その既判力により，当該国家賠償請求訴訟においても当該換地処分が違法であるとの判断はできないとするのが判例である。

エ：取消判決は，行政庁に対し取消判決の趣旨に従って行動することを義務づける効力を有するが，申請拒否処分の取消判決がなされると，取消判決の形成力により申請が当初からなかったことになるため，申請者が判決の趣旨に従った新たな処分を受けるためには，改めて申請を行う必要がある。

1 ア，イ

2 ア，エ

3 イ，ウ

4 ウ，エ

5 ア，イ，ウ

No.7 行政事件訴訟法に規定する執行停止に関するア～オの記述のうち，妥当なもののみをすべて挙げているのはどれか。　【国家総合職・平成28年度】

ア：行政事件訴訟法は，執行停止の内容として，処分の効力の停止，処分の執行の停止及び手続の続行の停止の3種類を定めている。執行停止の決定は，取消判決と同様，処分をした行政庁その他の関係行政庁を拘束し，かつ，第三者効を有する。

イ：執行停止決定の効果は処分時に遡って生じるため，公務員に対する懲戒免職処分の取消訴訟において，申立てにより当該処分の効力が停止された場合，当該公務員は，当該処分があった時から執行停止決定に至るまでの俸給に相当する額を請求することができると一般に解されている。

ウ：執行停止が認められるためには，本案訴訟が適法に係属していることのほか，「処分，処分の執行又は手続の続行により生ずる重大な損害を避けるため緊急の必要がある」ことが必要であり，この「重大な損害」とは，原状回復不能又は金銭賠償不能の損害のみに限られると一般に解されている。

エ：執行停止は，公共の福祉に重大な影響を及ぼすおそれがあるとき，又は本案について理由がないとみえるときは，することができない。行政事件訴訟法は，本案に理由がないとみえることを消極要件としているため，その主張・疎明の責任を負うのは被申立人側であると一般に解されている。

オ：内閣総理大臣が裁判所に対し異議を述べた場合には，裁判所は，執行停止をすることができず，既に執行停止の決定をしているときは，これを取り消さなければならない。また，内閣総理大臣は，やむを得ない場合でなければ当該異議を述べてはならず，当該異議を述べたときは，次の常会で国会にこれを報告しなければならない。

1　ア，ウ
2　イ，エ
3　ウ，オ
4　ア，エ，オ
5　イ，ウ，エ

第4章

行政争訟法

実戦問題❷の解説

No.4 の解説 取消訴訟

→問題はP.289 **正答 1**

1 ◎ 正しい。**執行停止**の申立てがあった場合，内閣総理大臣は理由を附して異議を申し立てることができる（行訴法27条1項，2項）。**内閣総理大臣の異議**があったときは，裁判所は，執行停止をすることができない（同27条4項）。一般に，裁判所は内閣総理大臣の異議の内容について審査することはできないと解されている。

2 ✕ 国を被告とする**取消訴訟**は，「原告の普通裁判籍の所在地を管轄する高等裁判所の所在地を管轄する地方裁判所に提起することができる」。このような地方裁判所のことを**特定管轄裁判所**という（同12条4項）。本肢は，この特定管轄裁判所の制度を説明しようとするものであろうが，単に「高等裁判所」としており，「高等裁判所の所在地を管轄する地方裁判所」と記載していないので，この点に誤りがある。

3 ✕ 前半は正しい（同24条）。後半が誤り。現行法は取消訴訟における**職権探知主義**を認めていないし，解釈によっても職権探知主義は認められていない。

4 ✕ 裁判所は，訴訟の結果により権利を害される第三者があるときは，当事者もしくはその第三者の申立てによりまたは職権で，決定をもって，その第三者を訴訟に参加させることができる（同22条1項）。したがって，第三者自身の申立てにより，その第三者を訴訟に参加させることができる。

5 ✕ 前半は正しい（同14条1項）。後半が誤り。取消訴訟は，処分または裁決の日から1年を経過したときは，提起することができないが，正当な理由があるときは，提起することができる（同14条2項）。

No.5 の解説 取消訴訟における判決

→問題はP.289 **正答 5**

ア ✕ 妥当でない。取消判決による取消しの効果は過去に遡って生じる（**遡及効**）。したがって，将来に向かってのみ生じるわけではない。

イ ✕ 妥当でない。取消判決は**第三者効**を有する（行訴法32条1項）。

ウ ◎ 妥当である。行政庁は判決の趣旨に従う必要があるが，判決の趣旨に従っていれば，再度の拒否処分をすることもできる（同33条2項）。

エ ◎ 妥当である。拒否処分の取消判決によって拒否処分が最初からなかったことになるが，当該判決によって申請までなかったことになるわけではない。したがって，原告は取消判決後，改めて申請をしなくても，行政庁から応答を受けることができる。

オ ◎ 妥当である。裁判所は**事情判決**をする場合には，判決の中で処分の違法を宣言しなければならない（同31条1項）。

　以上から妥当なものは**ウ，エ，オ**であり，**5**が正答となる。

No.6 の解説　取消判決の効果
→問題はP.290　**正答5**

ア◯ 妥当である。処分は，直接，裁判所の取消判決によって消滅する。行政庁による取消しを必要としない。

イ◯ 妥当である。取消判決は**第三者効**を有する（行訴法32条1項）。

ウ◯ 妥当である。取消違法と国賠違法が同一であるとすると，取消訴訟において処分の違法が否定されたら，既判力により，国賠訴訟において処分の違法を肯定できない（最判昭48・3・27）。

エ✕ 妥当でない。申請拒否処分の取消判決によって申請拒否処分が最初からなかったことになるが，当該判決によって申請まで最初からなかったことになるわけではない。したがって，原告は取消判決後，改めて申請をしなくても，行政庁から新たな処分を受けることができる。

　　以上から妥当なものはア，イ，ウであり，**5**が正答となる。

No.7 の解説　仮の救済
→問題はP.291　**正答4**

ア◯ 妥当である。行訴法は**執行停止**の内容として3つの種類を定めている（行訴法25条2項）。また，執行停止の決定は**拘束力**を有するとともに（同33条1項，4項），**第三者効**が認められる（同32条1項，2項）。

イ✕ 妥当でない。一般的な理解によれば，執行停止の決定は**将来効**（決定時から将来に向かってのみ生じる効力）が認められるのみで，**遡及効**（決定時から過去に遡って生じる効力）は認められない。そのため，懲戒免職処分の効力が停止されたとしても，当該公務員は処分時から執行停止決定時までの俸給に相当する額を請求することはできない。

ウ✕ 妥当でない。執行停止の要件である**重大な損害**は（同25条2項），原状回復不能又は金銭賠償不能の損害のみに限られない。たとえ金銭賠償可能であっても，社会通念上，それによっては回復が困難とみられる場合も，重大な損害が認められる。

エ◯ 妥当である（同25条4項）。**消極要件**の主張・疎明の責任を負うのは，一般的に被申立人である行政側にあると解されている。

オ◯ 妥当である。裁判所による執行停止の決定の前後を問わず，**内閣総理大臣の異議**があれば，執行停止はされない（同27条4項）。内閣総理大臣の異議の制度については，三権分立の原則に違反するとの指摘もされていたことから，行訴法は実体的見地および手続的見地から内閣総理大臣の異議を統制しようとしている（同27条6項）。

　　以上から妥当なものはア，エ，オであり，**4**が正答となる。

行政不服申立て

必修問題

行政不服審査法に関する次の記述のうち，妥当なものはどれか。

【地方上級（中部・北陸）・平成28年度】

1 財務大臣が主任の大臣である場合には，別段の法律の定めがない限り，財務大臣に対して**再調査の請求**を行う。

2 再調査の請求と**審査請求**がともにできる場合には，再調査の請求における決定を受けてからでなければ，審査請求をすることができない。

3 再審査請求は，処分に関する法律に再審査請求ができる旨の定めがある場合に限り，することができる。

4 **審査庁**となるべき**行政庁**は，審査請求がその事務所に到達してから裁決をするまでに通常要すべき標準的な期間を定め，これを公にしておかなければならない。

5 審査庁となるべき行政庁は，**審理員**となるべき者の名簿を作成し，これを公にしておかなければならない。

難易度　＊

必修問題の解説

　行政不服審査法は①公正性の向上，②使いやすさの向上，③国民の救済手段の充実・拡大の観点から，制定後50年ぶりに抜本的な改正が行われ，平成26年6月に公布された（この改正行政不服審査法は既に施行されている）。本問は，この平成26年改正を前提にして，条文知識を問う問題である。

頻出度
B
国家総合職 ★★★　　地上特別区 ★
国家一般職 ★　　　　市 役 所 C ―
国税専門官 ★
地上全国型 ★

17 行政不服申立て

1 ✕ **主任の大臣に対して行うのは審査請求である。**

処分庁等が主任の大臣である場合，特別の法律の定めがある場合を除き，当該処分庁に対して行うのは，**再調査の請求**ではなく，**審査請求**である（行審法4条1号）。したがって，財務大臣が主任の大臣である場合は，原則として財務大臣に対して審査請求を行う。

2 ✕ **再調査の請求か，審査請求かは自由に選択できる。**

行審法上，再調査の請求は特別に法律に定められている場合に限って「することができる」と定められているに過ぎず，法律で再調査の請求ができることが定められているからといって，必ず再調査の請求をしなければならないわけではない（同5条1項）。したがって，再調査の請求と審査請求がともに可能な場合には，どちらの請求をしてもかまわない。ただし，再調査の請求をしたときは，原則として再調査の請求についての決定を経た後でなければ，審査請求をすることができない（同5条2項）。

3 ◎ **再審査請求は法律に特別の定めがない限り適法に提起できない。**

正しい。**再審査請求**は，再調査の請求と同様，法律に特別の定めがない限り適法に提起できない（同6条1項）。これに対し，審査請求は法律に特別の定めがなくても適法に提起できる。このような違いは，立法者が審査請求を原則とし，再調査の請求および再審査請求を例外として構想したからである。

4 ✕ **標準審理期間の設定は努力義務である。**

審査請求がその事務所に到達してから裁決をするまでに通常要すべき標準的な期間を**標準審理期間**と呼ぶが，この標準審理期間の設定は努力義務である（同16条）。なお，標準審理期間を定めた際には，これを公にしておかなければならない。公にしておくことは努力義務ではなく，義務である（同16条）。

5 ✕ **審理員となるべき者の名簿の作成は努力義務である。**

審査庁となるべき行政庁は**審理員**となるべき者の名簿を作成することとされているが，これは努力義務に止まる（同17条）。ただし，当該名簿を作成した場合には，これを公にしておかなければならない。公にしておくことは努力義務ではなく，義務である（同17条）。

正答 3

第4章
行政争訟法

FOCUS

　行政不服申立てに関する出題では行審法の条文知識が必ず問われるので，不服申立てに関する基本的な仕組みとともに細かな条文知識も押さえておきたい。特に同法は平成26年に全面的に改正されたので，大きな変更点については要チェックである。

重要ポイント 1 行政不服申立てと行政訴訟の関係

行政活動から国民の権利利益を守る方法として，行政不服申立てと行政訴訟による救済方法がある。通常，両者を合わせて**行政争訟**と呼ぶ。この両者の間には，次のような違いがある。

	行政不服申立て	行政訴訟
審理の主体	行政府に属する機関	司法府に属する機関（＝裁判所）
審査の対象	違法性＋不当性	違法性のみ
根拠法	一般法としての「行政不服審査法」および個別法	「行政事件訴訟法」

行政不服申立てを利用するか，行政訴訟を利用するかは，原則として自由であるが，例外的に個別法が行政不服申立てを経た後でなければ，行政訴訟を提起できない旨，定めている場合がある（行訴法8条1項参照）。これを**不服申立前置**と呼ぶ（審査請求の前置が求められている場合は**審査請求前置**と呼ぶことがある）。このような不服申立前置の制度は，平成26年の行政不服審査法改正に伴い，その数が大幅に縮小された。

重要ポイント 2 行政不服審査法における争いの対象

国民は，あらゆる行政作用について，不服を申し立てることができるわけではない。すなわち，不服申立ての対象は一定の行政作用に限られる。この点，行政不服審査法によれば，争いの対象になるのは**処分**（＝行政庁の処分その他公権力の行使に当たる行為，行審法1条2項）と**不作為**（＝法令に基づく申請に対してなんらの処分もしないこと，同3条）の2つである。

なお，処分および不作為に該当すれば，適用除外の場合（同7条）に該当しない限り，不服申立てによって争うことができる。このような法的仕組みを**概括主義**という。これに対し，法律上，列記されている事項だけが不服申立てによって争えるとする法的仕組みを**列記主義**という。

重要ポイント 3 救済手段の種類と行政側の回答

(1) 救済手段

行政不服審査法は処分または不作為に不服がある者のために，複数の救済手段を用意しているが，原則となるのは**審査請求**という手段である（行審法2条，3条）。

もっとも，処分に不服がある者は，一定の要件の下で**再調査の請求**をすることができるし（同5条1項），また，一定の要件の下で**再審査請求**という手段を利用することもできる（同6条1項）。

なお，平成26年の行政不服審査法改正によって，異議申立ては廃止された。

（2）不服申立てに対する行政側の回答

　行政不服審査法上，審査請求に対する行政側の回答を**裁決**（同45条，46条，47条，49条），再調査の請求に対する行政側の回答を**決定**（同58条，59条），再審査請求に対する行政側の回答を**裁決**という（同64条，65条）。

救済手段の種類	回答の名称
再調査の請求	決　定
審査請求	裁　決
再審査請求	

重要ポイント **4** 審査請求の基本的な流れ

　審査請求は基本的に処分または不作為に不服を有する者が審査請求の意思を表明し（行審法19条1項参照），審査庁が裁決することによって終結する。この審査請求の一連の手続きには，通常，**審理員**および**行政不服審査会**が関わる。

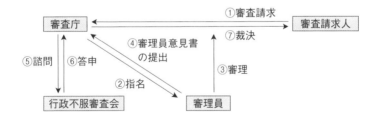

　なお，実際に審査請求が行われる前に，審査庁となるべき行政庁は**標準審理期間**（審査請求が事務所に到達してから裁決をするまでに通常要すべき標準的な期間）を定めるよう努めるとともに（同16条），審理員となるべき者の名簿を作成するよう努めなければならない（同17条）。このように審査庁には一定の努力義務が課されている。

重要ポイント **5** 審査請求人の不服申立適格

　審査請求はだれが行ってもよいというわけではない。一定の要件を満たした者だけが審査請求を適法にすることができる。この点について，行政不服審査法は処分を争う場合につき，「行政庁の処分に不服がある者」（行審法2条）と定め，他方，

不作為を争う場合につき,「法令に基づき行政庁に対して処分についての申請をした者」と定めている（同3条）。いずれの場合も,審査請求人には「法律上の利益」が認められなければならないと解されている。

 主婦連ジュース事件（最判昭53・3・14）

不当景品類及び不当表示防止法の規定により一般消費者が受ける利益は,「同法の規定の目的である公益の保護の結果として生ずる反射的な利益ないし事実上の利益であって,**本来私人等権利主体の個人的な利益を保護することを目的とする法規により保障される法律上保護された利益とはいえないものである**」。

重要ポイント 6 ▶ 請求の期間

行政不服審査法に基づく各種の請求は一定の期間内に行わなければならない。この一定の期間を徒過して請求を行った場合,当該請求は**却下**される（行審法45条1項,58条1項,64条1項）。

請求の種類	原則となる請求期間
審査請求	処分があったことを知った日の翌日から起算して3か月（行審法18条1項）
再調査の請求	処分があったことを知った日の翌日から起算して3か月（同54条1項）
再審査請求	原裁決があったことを知った日の翌日から起算して1か月（同62条1項）

 起算日（最判平14・10・24）

行政処分が告示をもって多数人に告知される場合,行政不服審査法上の「処分があったことを知った日」とは,処分の効力を受ける者が現実に処分の存在を知った日ではなく,告示があった日をさす。

重要ポイント 7 ▶ 審理員と審理手続き

審査請求の一連の手続きの中で審理員による審理は重要な部分を構成する。審理員に関する規律として,以下のものがある。

(1) 審理員の指名：審査請求がされたら,審査庁は審査庁に所属する職員の中から審理手続きを行う者（**審理員**）を指名しなければならない（行審法9条1項）。

(2) 審理手続きの計画的遂行：審査請求の当事者および審理員は簡易迅速かつ公正な審理の実現のため,審理において,相互に協力するとともに,審理手続きの計画的な進行を図らなければならない（同28条）。また,審理員は,迅速かつ公正な審理を行うため,審理手続きを計画的に遂行する必要があると認める場合には,期日および場所を指定して,審理関係人を招集し,あらかじ

め意見の聴取を行うことができる（同37条1項）。

(3) 提出書類等の閲覧権等：審査請求人は，審理員に対し，提出書類の閲覧のみ
ならず，当該書類の写しを求めることができる（同38条1項）。

(4) 審理員意見書の提出：審理員は審理手続きを終結したら，**審理員意見書**（審
査庁がすべき裁決に関する意見書）を作成し，事件記録とともに審査庁に提
出しなければならない（同42条1項，2項）。

重要ポイント 8 　行政不服審査会と審議手続き

審理員による審理が終結したら，直ちに審査請求人に裁決が示されるわけではな
い。通常は，審理員による審理の後，さらに第三者機関が審査請求にかかわる。こ
の第三者機関として国レベルで設置されるのが**行政不服審査会**である（行審法67条
1項）。

(1) 諮問の範囲：審査庁は審理員意見書の提出を受けたら，原則として行政不服
審査会に諮問しなければならないが，審議会等の審議を経て処分がされてい
る場合，審査請求人から諮問を希望しない旨の申出がされている場合，審査
請求が不適法であって却下する場合などは，行政不服審査会に諮問しなくて
もよい（同43条1項）。

(2) 調査権限：行政不服審査会は，必要があると認める場合には，必要な調査を
することができる（同74条）。

(3) 提出書類の閲覧：審査関係人は行政不服審査会に対し，審査会に提出された
主張書面もしくは資料の閲覧を求めることができるほか，当該主張書面もし
くは当該資料の写しを求めることができる（同78条）。

重要ポイント 9 　審査請求に対する裁決

審査請求に対する審査庁の回答は**裁決**というが，これには3つの種類がある（再
調査の請求および再審査請求に対する回答も，基本的に同様である）。

(1) 却下

審査請求が不適法な場合には，審査庁は審査請求を却下する（行審法45条1項，
49条1項）。

(2) 請求棄却

審査請求に理由がない場合には，審査庁は審査請求を棄却する（同45条2項，49
条2項）。

ただし，請求を棄却する場合の特殊な形態として事情裁決がある。これは，処分
が違法または不当であるが，処分を取り消し，または撤廃することが公共の福祉に
適合しないと認めるときに，審査請求を棄却する裁決のことである（同45条3項）。

(3) 請求認容

審査請求に理由がある場合には，審査庁は審査請求を認容する。

第4章

行政争訟法

取消訴訟の場合と同様，審査請求は原則として処分の効力，処分の執行または手続きの続行を妨げない（行審法25条1項）。

ただし，一定の要件が充足されると，審査庁は**執行停止**をすることができる（同25条2項以下）。執行停止をするかどうか決定される前に，審理員は審査庁に対し執行停止をすべき旨の意見書を提出することができる（同25条7項，40条）。

なお，執行停止の後，執行停止が公共の福祉に重大な影響を及ぼすことが明らかになったとき，その他事情が変更したときは，審査庁は執行停止を取り消すことができる（同26条）。

行政不服審査法は，同法が定める救済手段を周知せしめるために，**教示**の制度を設けた。すなわち，口頭で処分を行う場合を除き，行政庁は，審査請求もしくは再調査の請求または他の法令に基づく不服申立てをすることができる処分をする場合には，処分の相手方に対し，当該処分につき不服申立てをすることができる旨ならびに不服申立てをすべき行政庁および不服申立てをすることができる期間を書面で教示しなければならない（必要的教示，行審法82条1項）。これと趣旨を同じくする制度は，行政事件訴訟法においても定められている（行訴法46条）。

また，行政庁は，利害関係人から，当該処分が不服申立てをすることができる処分であるかどうかならびに当該処分が不服申立てをすることができるものである場合における不服申立てをすべき行政庁および不服申立てをすることができる期間につき教示を求められたときは，当該事項を教示しなければならない（請求による教示，行審法82条2項）。

仮に行政庁が教示をしなかった場合には，当該処分について不服がある者は，処分庁に不服申立書を提出することができる（同83条1項）。

この場合，当該処分が処分庁以外の行政庁に対し審査請求をすることができる処分であるときは，処分庁は速やかに不服申立書を当該行政庁に送付しなければならず（同83条3項），実際に送付されれば，初めから当該行政庁に審査請求または法令に基づく不服申立てがされたものとみなされる（同83条4項）。

実戦問題 ❶ 基本レベル

No.1 行政不服審査法に規定する審査請求に関する記述として，妥当なのはどれか。　　　　　　　　　　　　　　　　　　　【地方上級（特別区）・平成29年度】

1 審査請求がされた行政庁は，審査庁に所属する職員のうちから審理手続を行う者である審理員を指名しなければならず，審査請求が不適法であって補正することができないことが明らかで，当該審査請求を却下する場合にも審理員を指名しなければならない。

2 審査庁となるべき行政庁には，審理員となるべき者の名簿の作成が義務付けられており，この名簿は，当該審査庁となるべき行政庁及び関係処分庁の事務所における備付けにより公にしておかなければならない。

3 審査請求をすることができる処分につき，処分庁が誤って審査請求をすべき行政庁でない行政庁を審査請求をすべき行政庁として教示した場合，その教示された行政庁に書面で審査請求がされたときは，当該行政庁は審査請求書を審査請求人に送付し，その旨を処分庁に通知しなければならない。

4 処分庁の上級行政庁又は処分庁である審査庁は，必要があると認める場合には，審査請求人の申立てにより執行停止をすることができるが，職権で執行停止をすることはできない。

5 審査請求人，参加人及び処分庁等並びに審理員は，簡易迅速かつ公正な審理の実現のため，審理において，相互に協力するとともに，審理手続の計画的な進行を図らなければならない。

No.2 行政不服審査法に関するア～オの記述のうち，妥当なもののみをすべて挙げているのはどれか。　　　　　　　　　　　　　　　　　　【国家一般職・平成30年度】

ア：行政不服審査法は，一般概括主義を採用し，処分，不作為，行政立法，行政指導等の態様を問わず，広く行政作用全般について審査請求を認めている。

イ：地方公共団体に対する処分のうち，地方公共団体がその固有の資格において相手方となる処分には行政不服審査法の規定は適用されない。しかし，地方公共団体が一般私人と同様の立場で相手方となる処分には同法の規定は適用されると一般に解されている。

ウ：行政不服審査法は，国民の権利利益の救済に加えて，行政の適正な運営の確保も目的としていることから，審査請求をすることができる「行政庁の処分に不服がある者」について，必ずしも審査請求をする法律上の利益を有している必要はない旨を規定している。

エ：行政不服審査法の適用除外とされている処分等は，議会の議決によってされる処分等，その性質に照らしておよそ行政上の不服申立てを認めるべきでないと考えられたものであり，別の法令においても不服申立ての制度は設けら

れていない。

オ：地方公共団体の機関が行う処分のうち，法律に基づく処分については行政不
　服審査法の規定が適用されるが，根拠規定が条例に置かれている処分につい
　ては同法の規定が適用されない。

1　イ

2　ア，オ

3　イ，エ

4　ア，イ，ウ

5　イ，ウ，オ

　No.3　行政不服審査法に関する次の記述のうち，妥当なのはどれか。

【国家専門職・平成30年度】

1　平成26年に全部改正された行政不服審査法は，異議申立てを廃止し，不服申立
類型を原則として審査請求に一元化した。また，審査請求は，原則として，処分
庁又は不作為庁に対して行うこととされた。

2　処分についての審査請求は，処分の法的効果の早期安定を図る見地から，やむ
を得ない理由がある場合を除き，処分があったことを知った日の翌日から3か月
以内又は処分があった日の翌日から6か月以内に審査請求期間が制限されてい
る。

3　再調査の請求は，処分庁以外の行政庁に対して審査請求をすることができる場
合において，個別法に再調査の請求をすることができる旨の規定があるときにす
ることができるが，原則として，再調査の請求をすることができる場合には審査
請求をすることができない。

4　行政庁は，不服申立てをすることができる処分を書面又は口頭でする場合は，
処分の相手方に対し，当該処分につき不服申立てをすることができる旨並びに不
服申立てをすべき行政庁及び不服申立てをすることができる期間を書面で教示し
なければならない。

5　審査請求は，他の法律(条例に基づく処分については，条例)に口頭ですること
ができる旨の定めがある場合を除き，審査請求書を提出してしなければならな
い。

実戦問題 **1** の 解説

→問題はP.301 **正答5**

No.1 の解説 審査請求

1 ☒ **審査請求を却下する場合，審理員を指名する必要はない。**
前半は妥当である。後半が妥当ではない。**審査請求**がされた行政庁は**審理員**を指名しなければならないが（行審法9条1項），審査請求が不適法であって補正することができないときは，審査庁は審理手続を経ないで**却下**することができる（同24条1項，2項）。このようなときは審理員を指名する必要はない（同9条1項但書）。

2 ☒ **審理員となるべき者の名簿を作成することは努力義務に止まる。**
審理員となるべき者の名簿の作成義務は努力義務である（同17条）。したがって，名簿の作成が義務付けられているとはいえない。

3 ☒ **誤った教示がされた場合，審査請求書は審査庁に送付しなければならない。**
審査請求の送付と通知が逆である。審査請求された行政庁は審査請求書を処分庁または審査庁となるべき行政庁に送付し，その旨を審査請求人に通知しなければならない（同22条1項）。

4 ☒ **審査庁は職権による執行停止もすることができる。**
審査庁は審査請求人による申立てのほか，職権によっても，**執行停止**をすることができる（同25条2項）。

5 ◎ **審理関係人および審理員には審理手続の計画的進行が求められる。**
妥当である。審査請求人，参加人及び処分庁等は行審法上，審理関係人と呼ばれているが，これら審理関係人と審理員には審理手続の計画的進行が求められている（同28条）。

第4章 行政争訟法

No.2 の解説 行政不服審査法 →問題はP.301 **正答 1**

ア✕ 行審法は，あらゆる行政の行為形式を審査対象にしているわけではない。
前半は妥当である。後半が妥当ではない。行審法が**審査請求**の対象にしているのは**処分**と**不作為**であり（行審法2条，3条），それ以外の行政作用は審査請求の対象ではない。行審法が採用している**一般概括主義**は，あくまで審査請求の対象が処分または不作為であることを前提にしたものでる。したがって，処分または不作為であれば，適用除外規定がない限り，審査請求ができるが，処分および不作為以外の行政作用は審査請求できない。

イ◯ 地方公共団体が固有の資格において受ける処分には行審法は適用されない。
行審法は，明文でもって，地方公共団体が**固有の資格**において処分の相手方となるものについては，適用されない旨，定めている（同7条2項）。ここで，固有の資格とは一般私人が立ちえない立場にある状態を意味する。そのため，地方公共団体が一般私人と同様の立場で受ける処分の場合は，行審法が適用されると解釈されている。

ウ✕ 審査請求は，法律上の利益を有する者が行わなければならない。
前半は妥当である（同1条1項）。後半が妥当ではない。確かに行審法上，「行政庁の処分に不服がある者」が審査請求できると規定されているが（同2条），審査請求を適法に提起するためには，審査請求人が**法律上の利益を**有している必要があると解釈されている。

エ✕ 行審法が適用されない処分の不服申立ては別の法令で設けられている。
行審法の適用除外とされた処分等であっても，他の法令で不服申立て制度を設けることは禁じられていない（同8条）。実際に，たとえば議会の議決によってされる処分の中でも地方議会議員の除名処分については，地自法上，「審決の申請」という形で不服申立てができるようになっている（地自法255条の4）。

オ✕ 条例に基づく処分も行審法に基づいて審査請求をすることができる。
審査請求は，法律に基づく処分のほか，条例に基づく処分についても，することができる（行審法4条）。
　　以上から妥当なのは**イ**のみであり，**1**が正答となる。

No.3 の解説 行政不服審査法　　　　　　　　　　　　→問題はP.302　**正答5**

1 × 審査請求は基本的に処分庁等の最上級行政庁に対して行う。

前半は妥当である。後半は妥当でない。**審査請求**は基本的に処分庁または不作為庁の最上級行政庁に対して行うことになっており，原則として処分庁または不作為庁に対して行うことになっていない（行審法4条4号）。

2 × 処分があった日の翌日から1年を経過したら，審査請求できない。

審査請求は，処分があったことを知った日の翌日から3カ月以内でなければ，することができないが（同18条1項），処分があったことを知らなくても，処分があった日の翌日から1年を経過すると，することができない（同18条2項）。

3 × 再調査の請求ができる場合でも，審査請求をすることは可能である。

前半は妥当である。後半が妥当でない。**再調査の請求**は法律に根拠がなければできないが，そのような法律上の根拠があるからといって，再調査の請求をしなければならないわけではない。再調査の請求をすることができる旨の法律上の規定があったとしても，審査請求をすることはできる（同5条1項）。

4 × 口頭による処分の場合，書面による教示は不要である。

不服申立てが可能な処分をする場合には，行政庁は書面で不服申立てが可能であること等を**教示**しなければならないが，処分を口頭で行う場合には，その必要はない（同82条1項）。

5 ◎ 審査請求は原則として審査請求書を提出して行わなければならない。

妥当である。審査請求は，口頭ですることができる旨を定めた法律がある場合を除いて，**審査請求書**を提出して行わなければならない（同19条1項）。

第4章 行政争訟法

***
No.4 行政上の不服申立てに関するア〜オの記述のうち，妥当なもののみをすべて挙げているのはどれか。 【国家総合職・令和２年度】

ア：行政不服審査法は，審査請求をすべき行政庁について，処分庁等（処分をした行政庁又は不作為に係る行政庁をいう。以下同じ）に上級行政庁がある場合には，原則として，当該処分庁等の最上級行政庁としている。

イ：審査請求をすることができる処分につき，処分庁が誤って審査請求をすべき行政庁でない行政庁を審査請求をすべき行政庁として教示した場合において，その教示された行政庁に書面で審査請求がされたときは，当該行政庁は，速やかに，審査請求書を処分庁又は審査庁となるべき行政庁に送付し，かつ，その旨を審査請求人に通知しなければならない。

ウ：行政不服審査法は，独立行政法人が処分庁等となる処分又は不作為に係る審査請求について，原則として，当該独立行政法人を所管する上級行政庁である各省大臣に対して行うこととしている。

エ：処分庁等が，主任の大臣，宮内庁長官，外局として置かれる庁の長又は外局として置かれる委員会に置かれる庁の長である場合には，処分庁等に上級行政庁があるということができるが，当該処分庁等に審査請求をすることとされている。

オ：審査請求をすべき行政庁について，行政不服審査法に定めがあるほか，法律に特別の定めを置くことができるが，条例に特別の定めを置くことはできない。

1 ア，イ，エ
2 ア，ウ，エ
3 ア，ウ，オ
4 イ，ウ，オ
5 イ，エ，オ

No.5 ***　行政不服審査法の定める審査請求に関する次の記述のうち，妥当なのはどれか。** 【国家総合職・平成30年度】

1　審査請求は，法律又は条例に特別の定めがある場合を除き，原則として，処分庁又は不作為庁の最上級行政庁にすることとされている。したがって，処分庁又は不作為庁が主任の大臣又は外局若しくはこれに置かれる庁の長である場合には，審査請求をすべき行政庁は内閣総理大臣である。

2　処分についての審査請求は，やむを得ない理由がある場合を除き，処分があったことを知った日の翌日から起算して60日を経過したとき又は処分があった日の翌日から起算して1年を経過したときは，することができない。また，やむを得ない理由の有無の立証責任は審査請求人が負う。

3　不作為についての審査請求には審査請求期間の制限はなく，不作為の状態が続く限り審査請求が可能であるが，不作為についての審査請求が当該不作為に係る処分についての申請から相当の期間が経過しないでされた場合には，当該審査請求は却下される。

4　審理手続の公正性を確保するため，審査庁は，原則として，審査庁となるべき行政庁以外の行政庁が作成した審理員となるべき者の名簿の中から審理員を指名しなければならない。また，審査請求に係る処分や審査請求に係る不作為に係る処分等に関与し又は関与することとなる者は審理員となることができない。

5　審査庁は，審理員意見書の提出を受けたときは，審査請求人から諮問を希望しない旨の申出がされている場合，行政不服審査会等により諮問を要しないと認められた場合及び審査請求が不適法であり却下する場合のいずれかに該当する場合を除き，行政不服審査会又は地方公共団体設置の機関に諮問しなければならない。

No.6 ***　行政不服審査法に関する教授の質問に対して，学生A～Eのうち，妥当な発言をしているのは誰か。** 【国家総合職・平成29年度】

　教　授：行政不服審査法は，昭和37年に制定された旧法が平成26年に全部改正され，平成28年4月1日をもって施行されています。行政不服審査法の目的は，どのように定められていますか。

　学生A：行政不服審査法第1条第1項は，その目的として，行政運営における公正の確保と透明性の向上を図り，もって国民の権利利益の保護に資することを規定しています。

　教　授：行政不服審査法は，不服申立ての中でも，審査請求について多くの規定を置いていますね。審査請求は，どの行政庁に対してすればよいのですか。

学生B：処分についての審査請求は，法律又は条例に特別の定めがある場合を除き，原則として，処分庁の最上級行政庁に対してすることになります。他方，不作為についての審査請求は，不作為に係る行政庁（不作為庁）に上級行政庁がある場合であっても，不作為庁に対してするのが原則です。

教　授：審査請求をした場合に，審査請求人の権利利益を迅速に救済するためには，審理の遅延があっては困りますね。行政不服審査法には，審理期間について，何か規定が置かれていますか。

学生C：標準審理期間に関する定めがあります。審査庁となるべき行政庁は，審査請求が事務所に到達してから当該審査請求に対する裁決をするまでに通常要すべき標準的な期間を定めるよう努めること，さらに，標準審理期間を定めた場合には適当な方法により公にしておかなければならないことが，規定されています。

教　授：審査請求では，審理員による審理手続が導入されました。審理員とは，どのような人のことをいうのでしょうか。

学生D：審理員は，審査庁による裁決の公正性を向上させるため，争点整理に関する専門性を有し，審査庁とは独立した人材から登用されます。国の場合は，9名の審理員が，両議院の同意を得て，総務大臣により任命されます。

教　授：現代型の紛争では，行政庁が一定の処分をすべきであるにもかかわらずこれがされないとき，国民の側からその処分の義務付けを求めて争うことが考えられます。行政不服審査法は，一定の処分の義務付けを求める手続を規定していますか。

学生E：はい。行政事件訴訟法において義務付けの訴えが法定されたことを踏まえて，行政不服審査法は，処分についての審査請求において，何人も，法令違反の事実を是正するための処分をすることを求めることができる旨を定めました。

1 A　　**2** B　　**3** C
4 D　　**5** E

実戦問題 ❷ の 解説

→問題はP.306　正答 **1**

No.4 の解説　行政上の不服申立て

ア◯　上級行政庁がある場合の審査請求先は原則として最上級行政庁である。

審査請求をすべき行政庁について行審法4条が定めている。その1号前段は上級行政庁がない場合を定め，1号後段，2号および3号は上級行政庁がある場合の特殊なケースについて定めている。そのうえで4号は「前三号に掲げる場合以外の場合」を前提にしているから，上級行政庁がある場合の原則的な形態を定めていることになる。それによれば，上級行政庁がある場合，審査請求先となる行政庁は**最上級行政庁**である。

イ◯　誤った教示に従い審査請求がされても，一定の救済は行われる。

処分庁が誤って審査請求をすべき行政庁でない行政庁を審査請求をすべき行政庁として**教示**した場合，その教示された行政庁に審査請求がされたときは，当該行政庁は，審査庁となるべき行政庁への送付と審査請求人への通知をしなければならない（行審法22条1項）。

ウ✕　独立行政法人による処分等に係る審査請求は独立行政法人に対して行う。

独立行政法人は法的に国や地方公共団体から独立しているので，行審法4条1号前段の「上級行政庁がない場合」に該当する。したがって，独立行政法人が処分庁等になる処分又は不作為に係る審査請求は，当該独立行政法人に対して行うことになる。なお，特別法により，独立行政法人を所管する主務大臣が審査請求先になっていることもある。

エ◯　上級行政庁があっても，一定の場合には処分庁等に審査請求すべきである。

行審法4条1号後段は，処分庁等が①主任の大臣，②宮内庁長官，③内閣府設置法49条1項に規定する庁の長，④同条2項に規定する庁の長，⑤国家行政組織法3条2項に規定する庁の長である場合に，当該処分庁等に対して審査請求をする旨，定めている。このうち上記③は内閣府の**外局**として置かれる庁の長をさす。また，上記④は国務大臣が長である委員会に置かれる庁の長をさす。さらに，上記⑤は各省の外局として置かれる庁の長をさす。そうすると，本肢にある「外局として置かれる庁の長」は上記③および⑤をさし，「委員会に置かれる庁の長」は上記④をさすといえる。残る上記①と②は本肢の中でそのまま「主任の大臣」「宮内庁長官」と記されている。これらの処分庁等はそれぞれ上級行政庁がある。以上から，本肢は行審法4条1号後段に関する説明として妥当である。

オ✕　審査請求をすべき行政庁について，条例に特別の定めを置くこともできる。

審査請求をすべき行政庁について，行審法は，条例に特別の定めがあることを前提にして規律している（行審法4条）。したがって，審査請求をすべき行政庁について，条例に特別の定めを置くことができる。このような理解は，地方公共団体の判断を尊重するために設けられた上記条文の趣旨と合致する。

　以上から妥当なのは**ア**，**イ**，**エ**なので，**1**が正答となる。

No.5 の解説　審査請求

1 ✕ 処分庁が主任の大臣である場合，当該大臣が審査請求先となる。

前半は妥当である（行審法4条4号）。後半が妥当でない。審査請求先が処分庁または不作為庁であるべき場合があり，それは①処分庁または不作為庁に上級行政庁がない場合，②処分庁または不作為庁が主任の大臣，宮内庁長官，内閣府設置法3条2項に規定する庁の長である場合である（同4条1号）。

2 ✕ 審査請求を適法にすることができる期間（審査請求期間）は3カ月である。

処分についての審査請求は処分があったことを知った日の翌日から起算して3カ月を経過したとき又は処分があった日の翌日から起算して1年を経過したときはすることができない（同18条1項）。さらに，**審査請求期間**が経過した後であっても，適法に審査請求できる場合はあるが，それは「やむを得ない理由」ではなく，「**正当な理由**」がある場合である（同18条1項但書）。なお，「正当な理由」の有無の**立証責任**（＝真偽不明の場合に当事者の一方が負う不利益のこと）は審査請求人が負うと解されている。

3 ◎ 申請から相当の期間を経過しないでされた不作為の審査請求は却下される。

前半は妥当である。後半が妥当でない。不作為の審査請求の場合，申請から**相当の期間**を経過していなければ，適法な審査請求とはいえない（同3条）。このような場合，審査請求は**却下**される（同49条1項）。

4 ✕ 審理員となるべき者の名簿は審査庁となるべき行政庁が作成する。

前半は妥当でない。後半は妥当である（同9条2項1号）。**審理員**となるべき者の名簿を作成するのは，審査庁となるべき行政庁以外の行政庁ではなく，審査庁となる行政庁である（同17条）。なお，審理員を指名する権限は審査庁が有する（同9条1項）。

5 ✕ 行政不服審査会等への諮問が不要な場合として，8つの場合がある。

審査庁は**審理員意見書**の提出を受けたら，原則として**行政不服審査会**等に諮問しなければならない。ただし，例外的に諮問が不要とされている場合があり，それらは本肢で列挙されている3つの場合のほか，他の機関の議を経て処分がされた場合などであり，合計8つの場合に諮問が不要とされている（同43条1項1号～8号）。

No.6 の解説　行政不服審査法
→問題はP.307　**正答3**

A × 行政運営の公正性の確保と透明性の向上を目的にするのは行手法である。

妥当でない。行政運営における公正の確保と透明性の向上を図り，もって国民の権利利益の保護に資することを目的にしている法律は行政手続法である。行政不服審査法は，「行政庁の違法又は不当な処分その他公権力の行使に当たる行為に関し，国民が簡易迅速かつ公正な手続の下で広く行政庁に対する不服申立てをすることができるための制度を定めることにより，国民の権利利益の救済を図るとともに，行政の適正な運営を確保することを目的とする」（行審法1条1項）。

B × 上級行政庁がある場合，不作為庁に対する審査請求は認められない。

妥当でない。処分庁の最上級行政庁に対して処分の**審査請求**を行うことは認められている（同4条4号）。他方，不作為庁に対して審査請求を行うことが許されているのは上級行政庁がない場合であって（同4条1号），上級行政庁がある場合には不作為庁に対する審査請求は認められない。

C ○ 行政庁は標準審理期間を設定し，公にしておかなければならない。

妥当である。行政不服審査法は審理の迅速化に資する制度として**標準審理期間**の制度を設けている（同16条）。

D × 審理員は審査庁の所属職員の中から指名され，両議院の同意は必要ない。

妥当でない。**審理員**は審査庁に所属する職員の中から指名されることになっているため（同9条1項），審理員が審査庁とは独立した人材から登用されるとはいえない。また，両議院の同意を得て，総務大臣により任命されるのは国の**行政不服審査会**の委員であって（同69条1項），審理員ではない。なお，国の行政不服審査会の委員は9人である（同68条1項）。

E × 行審法上，誰でも特定の処分を求めることができるようにはなっていない。

妥当でない。行政不服審査法は行政事件訴訟法上の**義務付け訴訟**を踏まえた制度を設けているが（行審法46条2項），「何人も，法令違反の事実を是正するための処分をすることを求めることができる」旨の制度は定めていない。そのような制度は，行政不服審査法ではなく，行政手続法で定められている（行手法36条の3第1項）。

　以上から妥当な発言はCの発言であり，**3**が正答となる。

第4章　行政争訟法

国家補償法

第5章

テーマ⑱ 国家賠償法1条
テーマ⑲ 国家賠償法2条
テーマ⑳ 損失補償

新スーパー過去問ゼミ7
行政法

試験別出題傾向と対策

試験名	国家総合職					国家一般職					国家専門職				
年度	21〜23	24〜26	27〜29	30〜2	3〜5	21〜23	24〜26	27〜29	30〜2	3〜5	21〜23	24〜26	27〜29	30〜2	3〜5
頻出度 テーマ　　出題数	6	6	6	6	6	3	3	3	3	3	3	3	3	3	3
A ⒅ 国家賠償法1条	2	3	3	2	3	1	2	2	2	1	3	3	2	1	1
B ⒆ 国家賠償法2条	2	2	2	3	1	1	1			2			1	2	
B ⒇ 損失補償	2	1	1	1	2	1		1	1						2

　本章で取り上げる国家補償法の分野は，国家賠償と損失補償からなる。いずれも公務員試験で頻出のテーマである。

　国家賠償については主として国家賠償法が規律しており，同法は6か条からなる。そのうち，公務員試験で頻出の条文は1条と2条である。いずれの条文についても，法律要件について解釈上の問題があるので，試験ではそれらについて判示した重要判例の要旨が繰り返し問われている。

　また，国賠法1条については民法715条との対比において，国賠法2条については民法717条との対比において，その理解が問われることもある。

　そのほか，国賠法3条以下の条文知識や，理論的な知識を問われることがある。

　他方，損失補償については，一般法が存在しないため，条文知識が問われることはほとんどない。もっとも，憲法29条3項の理解が問われることは頻繁にあるし，また，まれに土地収用法など損失補償に関する個別法の条文知識が問われることもある。

　ただ，多くの問題は重要判例の要旨を問うものであり，そこでは基本的事項が繰り返し問われているといってよい。

● 国家総合職（法律）

　伝統的な単純正誤型の問題と異なり，「妥当なもののみをすべて挙げているのはどれか」という形での出題形式になっている。

　他方，出題内容については，基本的に重要判例の要旨が繰り返し問われており，従来と大きな変化はないといってよい。もっとも，やや細かい判例知識を求められることが少なからずある。

● 国家一般職

　出題形式に着目すると，国家一般職の問題は，その多くが「妥当なもののみをすべて挙げているのはどれか」という形での出題である。

地方上級 (全国型)					地方上級 (特別区)					市役所 (C日程)					
21 | 23	24 | 26	27 | 29	30 | 2	3 | 5	21 | 23	24 | 26	27 | 29	30 | 2	3 | 5	21 | 23	24 | 26	27 | 29	30 | 2	3 | 4	
3	3	1	2	2	2	3	3	3	3	3	3	1	0	0	
1	1		2	2		2	1	1	1	2	3	1			テーマ 18
1	2	1			1	1		1	1	1					テーマ 19
1					1		2	1	1						テーマ 20

もっとも，中には空欄補充型の問題もあるが，このような出題形式はまれである。問われている内容は決して難易度の高いものではなく，重要判例の要旨が繰り返し問われているといってよい。

● 国家専門職（国税専門官）

従来と同様，重要判例の要旨や通説の立場を素直に問う単純正誤型の問題もあるが，「妥当なもののみをすべて挙げているのはどれか」という形での問題も定着してきた。

出題内容については，基本的に重要判例の要旨が繰り返し問われており，従来と大きな変化はないといってよい。もっとも，問題文の中で個別行政法規の条文を示したうえで，判例の理解を問うているものがあり，正確な知識が要求されている。

● 地方上級（全国型）

特に目新しい形式の問題はなく，重要判例の要旨および通説の立場を素直に問う単純正誤形式の問題が中心である。内容的には基本的事項が繰り返し問われている。テーマについては，損失補償より国家賠償の分野からの出題が多い傾向にある。

● 地方上級（特別区）

本章のテーマからも継続して出題されているが，国家賠償(特に国賠法1条)の分野からの出題が多いといえよう。いずれも基礎的な事項を素直に問う問題が多い。

● 市役所（C日程）

本章のテーマから出題されることはなくなりつつあるが，重要なテーマであることにかわりはないので，出題されても対応できるように準備しておく必要がある。

第5章

国家補償法

国家賠償法1条

必修問題

　国家賠償法1条1項の要件に関する次の記述のうち，判例に照らし，妥当なものはどれか。　　　　　　　　　　　　　　　【地方上級（全国型）・平成30年度】

1 「**公務員**」とは，国家公務員法または地方公務員法上の公務員である必要がある。

2 「**公権力の行使**」とは，国または公共団体の統治活動のうち，行政活動のみをさし，立法行為や裁判はこれに当たらない。

3 「**公権力の行使**」には，規制権限を行使しないなど，公権力の行使の不作為は含まれない。

4 「**職務を行うについて**」とは，公務員が主観的に権限行使の意思をもってする職務遂行をさし，警官が非番の日に強盗目的で制服を着用して他人に損害を加えた場合には，この要件に該当しない。

5 所得税の更正処分について「**違法**」と評価されるには，税務署長が所得金額を過大に認定しているのみならず，職務上通常尽くすべき注意義務を尽くすことなく漫然と更正をしたと認めうる事情が必要だとされている。

（参照条文）国家賠償法

1条1項　国又は公共団体の公権力の行使に当る公務員が，その職務を行うについて，故意又は過失によつて違法に他人に損害を加えたときは，国又は公共団体が，これを賠償する責に任ずる。

難易度　＊

必修問題の解説

　本問では，国賠法1条1項の要件に関する条文の意味および判例知識が問われている。いずれも基本的な事項が問われているといってよい。

1 ✕ 国賠法1条の「公務員」は公務員法上の公務員である必要はない。

　国賠法上，「**公務員**」の定義はない。そのため，国賠法における公務員とは何か，解釈上の問題が生じる。この点，一般的には，国賠法上の公務員とは「**公権力の行使**」を委ねられた者と理解されている。そのため，公務員法上の公務員でなくても，公権力の行使を委ねられた者であれば，国賠法上の公務員に該当する。判例においても，公務員法上の公務員でない者の行為が国賠法上の公務員の行為として扱われている（最判平19・1・25）。

2 ✕ 国賠法1条の「公権力の行使」には立法作用や司法作用も含まれる。

国賠法上,「**公権力の行使**」の定義はない。そのため,国賠法における公権力の行使とは何か,解釈上の問題が生じる。この点,通説は,公権力の行使を,国または公共団体の作用のうち純粋な私経済作用と国賠法2条の営造物の設置管理作用を除いたすべての作用と解している。判例においても,このような理解を前提にした判断が示されており,立法作用や司法作用は私経済作用でもなければ営造物の設置管理作用でもないから,国賠法の公権力の行使に該当する(最判昭60・11・21,最判昭57・3・12)。

3 ✕ 国賠法1条の「公権力の行使」には不作為も含まれる。

国賠法1条の「公権力の行使」には不作為が含まれることについて異論はない。判例も,不作為が同法の公権力の行使に含まれることを前提にして判断を行っている(最判平元・11・24など)。

4 ✕ 職務執行の外形が整っていれば,「職務を行うについて」の要件を満たす。

国賠法1条の「職務を行うについて」という要件に関し,判例は,「公務員が主観的に権限行使の意思をもってする場合にかぎらず自己の利をはかる意図をもってする場合でも,客観的に職務執行の外形をそなえる行為」については当該要件を満たす旨,判示している(最判昭31・11・30)。このような見方を**外形主義**又は**外形標準説**という。

5 ◎ 職務上尽くすべき注意義務を尽くさないで行われた更正処分は違法である。

妥当である。判例によれば,税務署長のする所得税の更正は,所得金額を過大に認定していたとしても,そのことから直ちに国家賠償法1条1項にいう違法があったとの評価を受けるものではなく,税務署長が資料を収集し,これに基づき課税要件事実を認定,判断する上において,職務上通常尽くすべき注意義務を尽くすことなく漫然と更正をしたと認め得るような事情がある場合に限り,同項にいう違法があったとの評価を受ける(最判平5・3・11)。このような見方を**職務行為基準説**という。

正答 5

FOCUS

国賠法1条については,各法律要件に関係する重要判例の要旨を整理し,その内容を正確に押さえておく必要がある。とりわけ違法性に関する判例については,重点的に押さえておきたい。

重要ポイント 1　国家賠償法1条1項の法律要件と法律効果

　国賠法1条1項によれば，7つの条件（法律要件）が満たされた場合に，国また
は公共団体は賠償責任を負う。

法律要件

①国又は公共団体の
②公権力の行使に当る
③公務員が
④その職務を行うについて　　　充足
⑤故意又は過失によって
⑥違法に
⑦他人に損害を加えた

法律効果

国又は公共団体の賠償責任の発生

重要ポイント 2　国家賠償法1条の基本構造

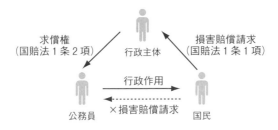

求償権
（国賠法1条2項）　　行政主体　　損害賠償請求
（国賠法1条1項）

行政作用

公務員　　×損害賠償請求　　国民

　国賠法1条の基本構造を理解するうえで重要な点は，以下の2点である。
(1) 損害を被った国民は，行為を行った公務員に賠償請求するのではなく，その公
　　務員が属する行政主体（国または公共団体）に賠償請求をする（同1条1項）。
　　つまり，**公務員は直接国民に対して損害賠償責任を負わない。**

判例　公務員の個人責任（最判昭30・4・19）

- -
　　　公務員の職務行為を理由とする国家賠償請求については，国または公共団体が
　　　賠償の責に任ずるのであって，公務員が行政機関としての地位において賠償の
　　　責任を負うものではなく，また公務員個人もその責任を負うものではない。

(2) 加害公務員に**故意または重過失**があった場合，加害公務員は国民との関係にお
　　いてではなく，行政主体との関係において責任を負う（同1条2項）。この場
　　合，行政主体が当該公務員に対して行使する権能を**求償権**という。

重要ポイント 3 代位責任説と自己責任説

国賠法1条1項によれば，国民に対して直接賠償責任を負うのは，違法行為を行った公務員ではなく，公務員が属する行政主体である。このような法的仕組みをどのように理解するのかという点については2通りの見方がある。

(1) 代位責任説：この考え方は，本来は公務員個人が責任を負うべきであるとする。しかし，そのような法的仕組みを作ると，①公務員個人の財産に限りがあるので，被害者の救済が十分になされない可能性がある，②公務員が責任を取りたくないがために事なかれ主義に陥り，結果として公務の停滞を招く可能性があるので，国または公共団体が公務員の責任を肩代わり（すなわち代位）するという制度が設けられたのである，とする（通説）。

(2) 自己責任説：この考え方は，本来は公務員個人が責任を負うべきではないとする。なぜなら，公務員は国または公共団体の一機関として公務を遂行しているのであり，その公務に伴う責任については，国または公共団体自らが一種の危険責任としてその責任を負わなければならないと考えるからである。

重要ポイント 4 「公権力の行使」の意味

（1）3つの解釈

国賠法1条1項の「公権力の行使」の意味については，3通りの解釈がある。

①狭義説	権力的作用（行政行為）
②広義説	権力的作用＋非権力的作用（行政指導や行政計画など）
③最広義説	権力的作用＋非権力的作用＋私経済作用（民法上の契約など）

上記の権力的作用とは，行政と国民の関係が上下の関係で行われる作用をさす。この作用は公目的を有する。非権力的作用は，行政と国民の関係が対等の関係で行われる作用であり，公目的を有する。私経済作用は，行政と国民の関係が対等の関係で行われる作用であり，私目的を有する。

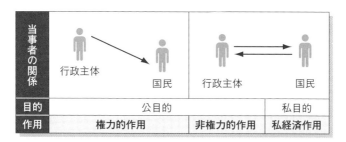

当事者の関係	行政主体 → 国民	行政主体 ⇄ 国民	
目的	公目的		私目的
作用	権力的作用	非権力的作用	私経済作用

上記3説のうち，通説・判例は②広義説をとる。その理由は，公目的を有する行政活動に起因して生じた損害を救済する場合の一般法として，国賠法1条をとらえる点にある。

第5章 国家補償法

なお，近年では，広義説は，国または公共団体の作用から，私経済作用とともに，国賠法2条の営造物の設置管理作用を除いた作用としてとらえられるのが一般的になってきている。

 公立学校における教師の教育活動（最判昭62・2・6）

　国家賠償法1条1項にいう「公権力の行使」には，公立学校における教師の教育活動も含まれる。

（2）民法との関係

　上記の②広義説を前提にすると，私経済作用によって国民の側が損害を被った場合は国賠法による救済はされない。しかし，このことは何の救済も受けられないということを意味しない。つまり，民法715条による救済の可能性が残されている。同様のことは，①狭義説の場合にも妥当する。この場合，非権力的作用および私経済作用による損害は国賠法によって救済されないが，民法715条によって救済される可能性がある。

　もっとも，国賠法による救済と民法による救済には違いがある。主要な相違点として，①条文上，**民法による場合は使用者が免責される可能性があるが**（民法715条1項但書），国賠法による場合は同様の規定がないので行政主体の免責の可能性はない，②**民法による場合は公務員個人に対する責任追及をすることができるの**に対し（民法709条），国賠法による場合は公務員個人の責任を追及することができない，という点を指摘できる。

 国立病院における医療事故（最判昭36・2・16）

　国立病院における医療事故には，民法が適用される。

■重要ポイント**5** 立法権および司法権と「公権力の行使」

　国賠法1条の「公権力の行使」には，行政権の行使だけでなく，立法権および司法権の行使も含まれる。

 在宅投票制度訴訟（最判昭60・11・21）

　立法に関して国会議員は，原則として，「個別の国民の権利に対応した関係での法的義務を負うものではないというべきであって，国会議員の立法行為は，立法の内容が憲法の一義的な文言に違反しているにもかかわらず国会があえて当該立法行為を行うごとき，容易に想定し難いような例外的な場合でない限り，国家賠償法1条1項の規定の適用上，違法の評価を受けない」。在宅投票制度を廃止し，それを復活させなかった立法行為は，例外的な場合に該当しないので，違法ではない。

在外邦人選挙訴訟 (最判平17・9・14)

立法不作為により国民の憲法上の権利が違法に侵害されることが明白な場合や，国民に憲法上保障されている権利行使の機会を確保するために国会において立法措置をとることが必要不可欠であり，それが明白であるにもかかわらず，国会が長期にわたりこれを怠った場合には，立法不作為は違法である。

検察官の公訴提起 (最判昭53・10・20)

「刑事事件において無罪の判決が確定したというだけで直ちに起訴前の逮捕・勾留，公訴の提起・追行，起訴後の勾留が違法となるということはない」。なぜなら，「逮捕・勾留はその時点において犯罪の嫌疑について相当な理由があり，かつ，必要性が認められるかぎりは適法であり」，公訴の提起は「起訴時あるいは公訴追行時における各種の証拠資料を総合勘案して合理的な判断過程により有罪と認められる嫌疑があれば足りる」からである。

裁判官の職務行為 (最判昭57・3・12)

裁判官の職務行為に違法があったとして国の損害賠償責任が生じるのは，裁判官が違法または不当な目的をもって裁判をしたなど，裁判官がその付与された権限の趣旨に明らかに背いてこれを行使したものと認めうるような特別の事情があることを必要とする。

重要ポイント 6 不作為と「公権力の行使」

国賠法1条の「公権力の行使」には，作為だけでなく，不作為も含まれる。もっとも，不作為があれば直ちに違法となるわけではない。

 判例 **新島砲弾漂着事件** (最判昭59・3・23)

海浜に打ち上げられた旧陸軍の砲弾により人身事故が発生した場合，警察官においてその回収等の措置をとらなかったことは違法である。

宅建業者に対する規制権限の不行使 (最判平元・11・24)

宅地建物取引業法に基づく「知事等による免許の付与ないし更新それ自体は，法所定の免許基準に適合しない場合であっても，当該業者との個々の取引関係者に対する関係において直ちに国家賠償法1条1項にいう違法な行為に当たるものではないというべきで」あり，さらに知事等による監督処分権限の不行使についても，それが著しく不合理でない限り，取引関係者との関係で国家賠償法1条の違法の評価を受けることはない。

薬害と規制権限の不行使 (最判平7・6・23)

医薬品の副作用による被害が発生した場合であっても，副作用による被害の発生を防止するために大臣が規制権限を行使しないことが直ちに国家賠償法1条の違法になるわけではなく，権限の不行使が許容される限度を逸脱して著しく合理性を欠く場合に違法となる。

重要ポイント **7** 「公務員」の意味

国賠法1条の「公務員」は，公権力行使の権限を与えられた一切の者を意味する。したがって，国賠法1条の「公務員」は，必ずしも公務員法（国家公務員法および地方公務員法）上の公務員に限定されない。私人であっても，公権力行使の権限をゆだねられていれば，当該私人は国賠法上の「公務員」である。

重要ポイント **8** 「その職務を行うについて」の意味

国賠法1条1項でいう「その職務を行うについて」の中には，①職務行為自体，②職務行為と一体不可分の関係にある行為が含まれる。これに加えてさらに，③客観的・外形的に見て社会通念上職務の範囲に属すると見られる行為もまた含まれる。このような見方を**外形主義**または**外形標準説**という（通説・判例）。

> 📖 **判例** 非番の警察官による殺人 （最判昭31・11・30）
> --
> 国家賠償法1条の職務執行は，主観的に権限行使の意思をもってした行為に限定されるのではなく，職務執行の外形を備えていればよい。

重要ポイント **9** 「故意又は過失」の意味

「故意」と「過失」はともに人間の内心にかかわる主観的要件としてとらえることができる。このうち，よく問題となるのは過失である。

過失は，主観的要件であるから，本来，行為者である個々の公務員の内面に着目して，その有無が判断される。このようにして判断される過失を**具体的過失**と呼ぶことがある。もっとも，このような判断方法では不合理な結果が招来される。なぜなら，個人の能力には差があるからである。そこで，支配的な見解は，通常の公務員に要求される標準的な注意義務に違反して行われた行為については，そこに過失があったとする。このような過失の有無の判断方法を**過失の客観化**といい，そのようにして認められる過失を**抽象的過失**と呼ぶことがある。

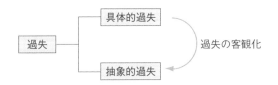

> 📖 **判例** クラブ活動顧問教諭の監視指導義務 （最判昭58・2・18）
> --
> なんらかの事故の発生する危険性を具体的に予見することが可能であるような特段の事情のある場合は格別，そうでない限り，顧問の教諭としては，個々の活動に常時立ち会い，監視指導すべき義務までを負うものではない。

なお，過失の有無の判断に際しては，基本的に，だれのいかなる行為についての過失なのかを明らかにする必要がある。ところが，公務員個人を特定することな

く，行政組織の活動全般に着目して過失の有無が判断されることもある。このようにして認められる過失を**組織過失**と呼ぶことがある。ただし，このような過失のとらえ方については，「行政組織」ではなく，「公務員」の故意または過失を要件としている国賠法1条の文言に反するとの批判がある。

重要ポイント 10 「違法」の意味

（1）基本的な考え方

国賠法1条1項の違法の意味を巡って，2つの基本的な考え方がある。

①**行為不法説**：公務員の加害行為（行為）に着目し，法が許さない行為をしたことを違法と見る。

②**結果不法説**：加害行為によって生じた損害（結果）に着目し，法が許さない結果を発生させたことを違法と見る。

（2）判例の立場

判例は，行為不法説に依拠しつつ，いわゆる**職務行為基準説**をとる。これによれば，公務員が職務上通常尽くすべき注意義務を尽くすことなく，漫然と公権力の行使を行った場合に違法の評価を受ける。

判例 パトカーによる追跡の違法性（最判昭61・2・27）

パトカーで追跡した逃走車両が第三者に損害を与えた場合，パトカーによる追跡が「職務目的を遂行する上で不必要であるか，または逃走車両の逃走の態様及び道路交通状況等から予測される被害発生の具体的危険性の有無及び内容に照らし，追跡の開始・継続若しくは追跡の方法が不相当である」ならば，追跡行為は違法となる。

申請処理の遅延の違法性（最判平3・4・26）

違法性判断の前提となる処分庁の作為義務違反に関し，「作為義務に違反したといえるためには，客観的に処分庁がその処分のために手続上必要と考えられる期間内に処分できなかったことだけでは足りず，その期間に比して更に長期間にわたり遅延が続き，かつ，その間，処分庁として通常期待される努力によって遅延を解消できたのに，これを回避するための努力を尽くさなかったことが必要である」。

所得税更正処分の違法性（最判平5・3・11）

税務署長が行う所得税の更正は，所得金額を過大に認定していたとしても，そのことから直ちに国家賠償法1条1項にいう違法があったとの評価を受けるものではなく，税務署長が職務上通常尽くすべき注意義務を尽くすことなく漫然と更正をしたと認めうるような事情がある場合に違法となる。

No.1 国家賠償法に規定する公務員の公権力の行使に係る損害賠償責任に関する記述として，最高裁判所の判例に照らして，妥当なのはどれか。

【地方上級（特別区）・平成24年度】

1 国または公共団体が損害賠償の責を負うのは，公務員が主観的に権限行使の意思をもってした職務執行につき，違法に他人に損害を加えた場合に限られ，公務員が自己の利を図る意図で，客観的に職務執行の外形を備える行為をし，これにより違法に他人に損害を加えた場合には，損害賠償の責を負うことはない。

2 加害行為および加害行為者の特定は，損害賠償責任発生の根幹となるので，公務員による一連の職務上の行為の過程において他人に被害を生ぜしめた場合に，それが具体的にどの公務員のどのような違法行為によるものであるかを特定できないときは，国または公共団体は，損害賠償の責を負うことはない。

3 行政処分が違法であることを理由として国家賠償の請求をするについては，まず係争処分が取消されることを要するため，あらかじめ当該行政処分につき取消または無効確認の判決を得なければならない。

4 国家賠償法にいう公権力の行使とは，国家統治権の優越的意思の発動たる行政作用に限定され，公立学校における教師の教育活動は，当該行政作用に当たらないので，国家賠償法にいう公権力の行使には含まれない。

5 裁判官がした争訟の裁判につき国の損害賠償責任が肯定されるためには，その裁判に上訴等の訴訟法上の救済方法によって是正されるべき瑕疵が存在するだけでは足りず，当該裁判官がその付与された権限の趣旨に明らかに背いてこれを行使したものと認めうるような特別の事情があることを必要とする。

No.2 国家賠償法1条に関する次の記述のうち，妥当なのはどれか。

【市役所（C日程）・平成27年度】

1 本条にいう公務員とは正規の公務員のみをいい，委託に基づいて事務の一部を引き受けている私人は含まれない。

2 公務員が，もっぱら自己の利を図る目的で職務執行を装って加害行為を行った場合でも，本条は適用される。

3 公務員の行為が，食中毒の防止のための食品の開示などのように公共の利益のためになされたものであれば，私人に損害が生じても違法とはならない。

4 損害が，公務員による一連の職務上の行為の過程において生じた場合には，どの公務員の違法行為かが特定されなければ，国家賠償責任は生じない。

5 国または公共団体が被害者に賠償する場合において，国または公共団体は，加害公務員に故意または重大な過失があっても，その者に求償はできない。

No.3 国家賠償法に関する次の記述のうち，判例に照らし，妥当なのはどれか。

【国税専門官・平成22年度】

1 予防接種の結果，被接種者に後遺症が生じた場合であっても，被接種者が接種を実施するに適しているかどうかを接種前に判断することは困難であるから，国家賠償法上の賠償責任が生ずることはない。

2 警察官が，交通法規等に違反して車両で逃走する者をパトカーで追跡する職務の執行中に，逃走車両の走行により第三者が損害を被った場合，当該追跡の目的が正当かつ合理的であれば，国家賠償法上の賠償責任が生ずることはない。

3 税務署長が職務上通常尽くすべき注意義務を尽くして所得税の更正処分を行った場合であっても，当該更正処分が裁判等において取り消されたときは，当該更正処分は，国家賠償法第1条第1項にいう違法な行為に当たる。

4 宅地建物取引業を営む者の不正な行為によりその取引関係者が損害を被った場合，知事等による当該業者に対する免許の付与ないし更新それ自体は，法所定の免許基準に適合しないときであっても，当該業者との個々の取引関係者に対する関係において，直ちに国家賠償法第1条第1項にいう違法な行為に当たるものではない。

5 国会議員の立法行為は，本質的に政治的なものであって，その性質上法的規制の対象になじまず，特定個人に対する損害賠償責任の有無という観点から，あるべき立法行為を措定して具体的立法行為の適否を法的に評価するということは許されないから，国家賠償法第1条第1項にいう違法な行為に当たることはない。

第5章

国家補償法

No.4 次の文章は，国家賠償法第1条第1項の違法について述べたものである。空欄A～Dに入るものをア～カから選んだ組合せとして妥当なのはどれか。

【国家一般職・平成23年度】

　国家賠償法第1条第1項は，公務員の行為の違法および故意・過失を国家賠償責任の主要な成立要件としている。ここでいう違法の概念についてはさまざまな議論があるが，判例の中には，　　A　　かどうかにより違法性を判断するものがある。そしてそのような考え方によれば，行政処分に関する損害賠償請求事件において，国家賠償法上の違法が認められるのは，　　A　　ときであるから，取消訴訟において処分が違法とされても国家賠償訴訟における違法は認められないことがありうる。

　これに対して通説は，行政行為のように処分の根拠となる法規範が明確なものについて，国家賠償訴訟における違法性の判断に公務員の過失として評価される要素を含めるべきではないとする。また，国家賠償訴訟は，　　B　　機能とともに　　C　　機能を有しているとされるが，後者の機能は，取消訴訟などの行政訴訟と同じく法律による行政の原理（法治主義）を制度的に支える制度であるという視点と整合的であり，行政行為は法律に適合していることが要請され，それが適法であれば国家賠償法上の責任を負うこともないと考える。したがって，通説によると，国家賠償訴訟における違法と取消訴訟における違法は　　D　　ということになる。

　ア：公務員が行った行政活動が法規範に違反している

　イ：行政活動を行った公務員が職務上通常尽くすべき注意義務を懈怠した

　ウ：被害者を救済する

　エ：違法な行政行為に対して損害賠償責任を認めることによって違法な行政行為を抑止する

　オ：同じである

　カ：別である

1　A—ア，B—ウ，C—エ，D—オ

2　A—ア，B—エ，C—ウ，D—カ

3　A—イ，B—ウ，C—エ，D—オ

4　A—イ，B—エ，C—ウ，D—オ

5　A—イ，B—エ，C—ウ，D—カ

実戦問題 **1** の解説

No.1 の解説　公権力の行使に係る損害賠償責任　→問題はP.324　正答5

1 ✕　**職務執行の外形があれば，国または公共団体は損賠賠償責任を負いうる。**
加害公務員の職務執行の外形があれば，国賠法1条1項に基づく国または公共団体の賠償責任が生じうる（**外形主義**または**外形標準説**）。つまり，公務員の主観的意思は，同法1条1項に基づく国または公共団体の賠償責任の成立に関係がない（最判昭31・11・30）。

2 ✕　**どの公務員のどのような違法行為かが特定されなくても賠償責任は生じうる。**
判例によれば，国又は公共団体の公務員による一連の職務上の行為の過程において他人に被害が発生した場合，それが具体的にどの公務員のどのような違法行為によるものであるかを特定することができなくても，一連の行為のうちのいずれかに行為者の故意又は過失による違法行為があったのでなければ被害が生ずることはなかったであろうと認められ，かつ，それがどの行為であるにせよ，これによる被害につき行為者の属する国又は公共団体が法律上賠償の責任を負うべき関係が存在するときは，国又は公共団体は，損害賠償責任を免れることができない（最判昭57・4・1）。

3 ✕　**賠償請求にあたって，処分の取消または無効確認の判決を取得しなくてよい。**
判例によれば，行政処分が違法であることを理由に国家賠償の請求をする場合，あらかじめ当該行政処分について取消しまたは無効確認の判決を得ておく必要はない（最判昭36・4・21）。

4 ✕　**公立学校における教師の教育活動は国賠法1条の「公権力の行使」に当たる。**
判例によれば，国賠法にいう公権力の行使には，国家統治権の優越的意思の発動たる行政作用のほかに，非権力的な行政作用も含まれるので（**広義説**），公立学校における教師の教育活動も，国賠法にいう公権力の行使に該当する（最判昭62・2・6）。

5 ◎　**特別な事情があれば，裁判官の行為を原因とした国の賠償責任が認められる。**
正しい。判例によれば，国の損害賠償責任が肯定されるためには，裁判官が違法又は不当な目的をもって裁判をしたなど，裁判官がその付与された権限の趣旨に明らかに背いてこれを行使したものと認めうるような特別の事情があることを必要とする（最判昭57・3・12）。

No.2 の解説　国家賠償法1条　→問題はP.324　正答2

1 ✕　**私人であっても，国家賠償法1条1項の公務員に該当しうる。**
国家賠償法1条1項でいう「公務員」とは同条項の「**公権力の行使**」を委ねられた者のことをさす。したがって，委託に基づいていても，私人に同条項の「公権力の行使」が委ねられたのであれば，当該私人は同条項の公務員たりうる。このように，同条項の「公務員」は正規の公務員に限定されない。

2 ◎　**職務執行を装った加害行為には国賠法1条が適用される。**

正しい（最判昭31・11・30）。加害公務員の職務執行の外形があれば，国賠法1条は適用される（**外形主義**または**外形標準説**）。当該行為の目的は国賠法1条の適用の有無に関係がない。

3 ✕ 行為の違法性は公共の利益に適合しているか否かで判断されるわけではない。
公務員の行為が公共の利益のためになされたか否かで，当該行為の違法の有無が判断されるわけではない。

4 ✕ どの公務員の違法行為かが特定されなくても，国家賠償責任は生じうる。
公務員による一連の職務上の行為の過程において他人に被害が発生した場合，それが具体的にどの公務員のどのような違法行為によるものであるかを特定できなくても，国家賠償責任は生じうる（最判昭57・4・1）。

5 ✕ 国または公共団体は，加害公務員に故意または重過失があれば，求償できる。
国または公共団体が国家賠償法1条1項に基づいて賠償責任を負う場合，公務員に故意又は重大な過失が認められれば，国又は公共団体は当該公務員に対して求償権を有する（国賠法1条2項）。

No.3 の解説 　国家賠償法

→問題はP.325 **正答 4**

1 ✕ 予防接種により被接種者に後遺症が生じた場合，賠償責任が生じうる。
判例によれば，予防接種によって後遺障害が発生した場合には，特段の事情が認められない限り，被接種者は禁忌者に該当していたと推定することになる（最判平3・4・19）。禁忌者に該当していたにもかかわらず，予防接種が行われたということであれば，国賠法上の賠償責任が生じる余地はある。

2 ✕ 追跡の目的が正当かつ合理的であっても，賠償責任は生じうる。
判例によれば，追跡が職務目的を遂行する上で不必要であるか，あるいは，逃走車両の逃走の態様及び道路交通状況等から予測される被害発生の具体的危険性の有無及び内容に照らし，追跡の開始・継続若しくは追跡の方法が不相当である場合には，違法となる（最判昭61・2・27）。したがって，追跡の目的が正当かつ合理的であっても，上記のような違法事由が認められれば，違法と判断されるのであるから，その場合には国家賠償法上の賠償責任が生じうることになる。

3 ✕ 職務上通常尽くすべき注意義務が尽くされていれば，違法は認められない。
判例によれば，税務署長が**職務上通常尽くすべき注意義務**を尽くすことなく漫然と更正をしたと認め得るような事情がある場合は，違法の評価を受ける（最判平5・3・11）。本肢の場合，職務上通常尽くすべき注意義務が尽くされているのだから，違法の評価を受けない。

4 ◎ 免許の付与または更新は個々の取引関係者との関係では違法ではない。
正しい（最判平元・11・24）。判例を前提にすると，宅地建物取引業法は，個々の取引関係者を保護していないということになる。

5 ✕ 国会議員の立法行為であっても，国賠法1条1項の違法になりうる。

前半は正しい。後半が誤り。国会議員の立法行為といえども，立法の内容が憲法の一義的な文言に違反しているにもかかわらず国会があえて当該立法を行うといった例外的な場合には，国賠法1条1項の規定の適用上，違法の評価を受ける（最判昭60・11・21）。

No.4 の解説　国家賠償法1条1項の違法　　→問題はP.326　正答3

　国賠法1条1項の違法の意味については，判例の立場である**職務行為基準説**と学説の立場である**公権力発動要件欠如説**の対立がある。本問は，この対立に関する理解を問うものである。

STEP❶　Aについて

第1段落の最後に「取消訴訟において処分が違法とされても国家賠償訴訟における違法は認められないことがありうる」との記述がある。このような帰結は，いわゆる職務行為基準説の立場からもたらされる。したがって，**A**には職務行為基準説の内容を説明している**イ**が入る。

STEP❷　BおよびCについて

第2段落では**B**と**C**のうち「後者の機能は，取消訴訟などの行政訴訟と同じく法律による行政の原理（法治主義）を制度的に支える制度であるという視点と整合的」であると指摘されている。このような指摘は，国家賠償請求訴訟において行為の違法が認められれば，行政機関の行為が間接的に統制され（判決の中で行為が法律違反であると宣言されれば，通常，行政の現場では行為が法律違反と判断されないようにするための是正策が講じられる），これによって法律による行政原理が担保されるという点に着目したものといえる。したがって，**C**には**エ**が入る。また，5つの選択肢はすべて**B**には**ウ**か，**エ**が入ることになっているから，**C**に**エ**が入ると，自動的に**B**には**ウ**が入ることになる。

STEP❸　Dについて

第2段落の最後の文章では，「通説」の理解が問われている。通説は国家賠償訴訟における違法と取消訴訟における違法は同じであると考えるので，**D**には**オ**が入る。

STEP❹　結論

以上から，**A**=**イ**，**B**=**ウ**，**C**=**エ**，**D**=**オ**となるので，正答は**3**となる。

No.5 国家賠償法に関するＡ～Ｄの記述のうち，最高裁判所の判例に照らして，妥当なものを選んだ組合せはどれか。　　【地方上級（特別区）・令和２年度】

Ａ：町立中学校の生徒が課外のクラブ活動中の生徒とした喧嘩により左眼を失明した事故について，課外のクラブ活動が本来生徒の自主性を尊重すべきものであることに鑑みれば，何らかの事故の発生する危険性を具体的に予見することが可能であるような特段の事情のある場合は格別，そうでない限り，顧問の教諭としては，個々の活動に常時立会い，監視指導すべき義務までを負うものではないとした。

Ｂ：公立図書館の職員である公務員が，閲覧に供されている図書の廃棄について，著作者又は著作物に対する独断的な評価や個人的な好みによって不公正な取扱いをしたとしても，当該図書の著作者は，自らの著作物が図書館に収蔵され閲覧に供されることにつき，何ら法的な権利利益を有するものではないから，本件廃棄について国家賠償法上違法となるということはできないとした。

Ｃ：在留資格を有しない外国人に対する国民健康保険の適用について，ある事項に関する法律解釈につき異なる見解が対立し，実務上の取扱いも分かれていて，そのいずれについても相当の根拠が認められる場合に，公務員がその一方の見解を正当と解しこれに立脚して公務を遂行したときは，後にその執行が違法と判断されたからといって，直ちに上記公務員に過失があったものとすることは相当ではないとした。

Ｄ：都道府県による児童福祉法の措置に基づき社会福祉法人の設置運営する児童養護施設において，国又は公共団体以外の者の被用者が第三者に損害を加えた場合，当該被用者の行為が公権力の行使に当たるとして国又は公共団体が国家賠償法に基づく損害賠償責任を負うときは，被用者個人は民法に基づく損害賠償責任を負わないが，使用者は民法に基づく損害賠償責任を負うとした。

1 Ａ Ｂ　　**2** Ａ Ｃ　　**3** Ａ Ｄ
4 Ｂ Ｃ　　**5** Ｂ Ｄ

No.6 国家賠償法に関するア～オの記述のうち，判例に照らし，妥当なもののみをすべて挙げているのはどれか。　　【国家専門職・令和３年度】

ア：国会議員は，立法に関しては，国民全体に対する関係で政治的責任を負っており，また，立法行為を通して個別の国民の権利に対応した関係での法的義務も負っているから，国会議員の立法行為は，立法の内容が憲法の一義的な文言に違反している場合には，国家賠償法１条１項の規定の適用上，違法の評価を受ける。

イ：税務署長が行う所得税の更正は，課税要件事実を認定・判断する上におい

て，必要な資料を収集せず，職務上通常尽くすべき注意義務を尽くすことなく漫然と更正をしたと認め得るような場合は当然のこと，所得金額を過大に認定し更正処分を行った場合においては，そのことを理由として直ちに国家賠償法1条1項にいう違法の評価を受ける。

ウ：宅地建物取引業法における免許制度は，宅地建物取引業者の不正な行為により個々の取引関係者が被る具体的な損害の防止等を直接的な目的とするものではなく，こうした損害の救済は一般の不法行為規範等に委ねられているというべきであるから，知事等による免許の付与ないし更新それ自体は，法所定の免許基準に適合しない場合であっても，当該業者の不正な行為により損害を被った取引関係者に対する関係において直ちに国家賠償法1条1項にいう違法な行為に当たるものではない。

エ：国又は公共団体の公務員による一連の職務上の行為の過程において他人に被害を生ぜしめた場合において，それが具体的にどの公務員のどのような違法行為によるものであるかを特定することができなくても，一連の行為のうちのいずれかに行為者の故意又は過失による違法行為が存在しなければ，被害が生じることはなかったであろうと認められ，かつ，それがどの行為であるにせよ，これによる被害につき行為者の属する国又は公共団体が法律上賠償の責任を負うべき関係が存在するときは，国又は公共団体は，加害行為の不特定を理由に国家賠償法上の損害賠償責任を免れることができない。

オ：およそ警察官は，異常な挙動その他周囲の事情から合理的に判断して何らかの犯罪を犯したと疑うに足りる相当な理由のある者を停止させて質問し，現行犯人を現認した場合には速やかにその検挙又は逮捕に当たる職責を負っていることから，警察官のパトカーによる追跡を受けて車両で逃走する者が惹起した事故により第三者が損害を被った場合において，当該追跡行為の違法性を判断するに当たっては，その目的が正当かつ合理的なものであるか否かについてのみ判断すれば足りる。

1 ア，オ　　　　**2** イ，ウ　　　　**3** ウ，エ
4 ア，エ，オ　　**5** イ，ウ，エ

No.7 国家賠償法に関するア～オの記述のうち，判決に照らし，妥当なもののみをすべて挙げているのはどれか。

【国税専門官／財務専門官／労働基準監督官・平成25年度】

ア：国家賠償法第1条第1項にいう「公権力の行使」とは，国家統治権の優越的な意思の発動たる作用をさすため，非権力的行為である行政指導や公立

学校における教師の教育活動は「公権力の行使」に当たらない。

イ：国または公共団体以外の者の被用者が第三者に損害を加えた場合であって
も，当該被用者の行為が国または公共団体の公権力の行使に当たるとして，
国または公共団体が，被害者に対して国家賠償法第1条第1項に基づく損
害賠償責任を負うときには，被用者個人が民法第709条に基づく損害賠償責
任を負わないのみならず，その使用者も同法第715条に基づく損害賠償責任
を負わない。

ウ：国または公共団体の公務員らによる一連の職務上の行為の過程において他
人に被害を生ぜしめた場合において，その一連の行為のうちいずれかに行
為者の故意または過失による違法行為があったのでなければ当該被害が生
ずることはなかったであろうと認められるときは，その一連の行為の一部
に国または公共団体の公務員の職務上の行為に該当しない行為が含まれる
場合であっても，国または公共団体は，加害行為の不特定を理由に国家賠
償法上の損害賠償責任を免れることはできない。

エ：税務署長のする所得税の更正は，所得金額を過大に認定していたとしても，
そのことから直ちに国家賠償法第1条第1項にいう違法があったとの評価
を受けるものではなく，税務署長が資料を収集し，これに基づき課税要件
事実を認定，判断するうえにおいて，職務上通常尽くすべき注意義務を尽
くすことなく漫然と更正をしたと認めうるような事情がある場合に限り，
同項にいう違法があったとの評価を受ける。

オ：国家賠償法第1条第1項は，公権力の行使によって私人の身体・財産に作
為的に危害が加えられる場合にのみ適用され，いわゆる規制権限の不行使
については，その権限を定めた法令の趣旨・目的等に照らし，その不行使
が著しく合理性を欠くと認められる場合であっても，同項は適用されない。

1 ア，エ　　　**2** ア，オ　　　**3** イ，ウ

4 イ，エ　　　**5** ウ，オ

***

No.8 **国家賠償法1条に関するア～エの記述のうち，判例に照らし，妥当なも
ののみをすべて挙げているのはどれか。** 【国家総合職・令和3年度】

ア：宅地建物取引業法に基づいて知事が宅地建物取引業者に対して行う業務の
停止ないし免許の取消しは，当該業者に対する不利益処分であり，その営
業継続を不能にする事態を招き，既存の取引関係者の利害にも大きく影響
することから，これらの監督処分権限の行使は，知事の専門的判断に基づ
く広範な裁量に委ねられている。したがって，当該業者の不正な行為によ
り個々の取引関係者が損害を被った場合であっても，知事が，当該監督処

分権限を行使すれば当該業者が営業を継続することができなくなることが確実であると判断し，当該権限を行使しなかったときは，国家賠償法1条1項の適用上違法の評価を受けることはない。

イ：日本薬局方に収載され，又は製造の承認がされた医薬品が，その効能，効果を著しく上回る有害な副作用を有することが判明し，医薬品としての有用性がないと認められるに至った場合には，旧薬事法に製造の承認の取消しに関する明文の規定がなくても，厚生大臣（当時）は，当該医薬品を日本薬局方から削除し，又はその製造の承認を取り消すことができると解すべきである。したがって，医薬品の副作用による被害が発生した場合には，厚生大臣には当該医薬品の副作用による被害の拡大を防止するためにかかる権限を遅滞なく行使すべき作為義務が当然に認められ，当該権限の不行使は国家賠償法1条1項の適用上直ちに違法となる。

ウ：県知事が水俣病による健康被害の拡大防止のために県漁業調整規則に基づく規制権限を行使しなかったことについて，同規則は水産動植物の繁殖保護等を直接の目的とするものではあるが，それを摂取する者の健康の保持等をもその究極の目的とするものであると解されることからすると，同知事には，現に多数の水俣病患者が発生し，死亡者も相当数に上っていることを認識していたなどの事情が認められる場合には，同規則に基づく規制権限を行使すべき作為義務があり，当該権限を行使しなかったことは著しく合理性を欠くものであり，国家賠償法1条1項の適用上違法である。

エ：石綿製品の製造等を行う工場又は作業場の労働者が石綿の粉じんにばく露したことにより石綿肺等の石綿関連疾患にり患した場合において，労働大臣（当時）が労働基準法（当時）に基づく省令制定権限を行使するに当たっては，石綿製品の社会的必要性及び工業的有用性の評価と労働者の健康被害等の危険の重大性や防止方法の有無及び有効性等を政策的な見地から総合的に判断すべきであり，かかる判断の結果として，労働大臣が当該省令制定権限を行使して罰則をもって工場等に局所排気装置の設置を義務付けなかったことは，著しく合理性を欠くものであって，国家賠償法1条1項の適用上違法である。

1 ア　　　　**2** ウ　　　**3** ア，イ
4 イ，エ　　　**5** ウ，エ

実戦問題 ❷ の 解説

No.5 の解説　国家賠償
→問題はP.330　**正答2**

A ◯ 顧問はクラブ活動に常時立会い，監視指導すべき義務まで負わない。
妥当である（最判昭58・2・18）。顧問の教員には，原則としてクラブ活動に常時立会い，監視指導すべき義務はない。

B ✕ 著作物が閲覧に供される利益は著作者の法的保護に値する人格的利益である。
妥当でない。判例によれば，公立図書館が「住民に図書館資料を提供するための公的な場であるということは，そこで閲覧に供された図書の著作者にとって，その思想，意見等を公衆に伝達する公的な場でもあるということができる。したがって，公立図書館の図書館職員が閲覧に供されている図書を著作者の思想や信条を理由とするなど不公正な取扱いによって廃棄することは，当該著作者が著作物によってその思想，意見等を公衆に伝達する利益を不当に損なうものといわなければならない。そして，著作者の思想の自由，表現の自由が憲法により保障された基本的人権であることにもかんがみると，公立図書館において，その著作物が閲覧に供されている著作者が有する上記利益は，法的保護に値する人格的利益であると解するのが相当であり，公立図書館の図書館職員である公務員が，図書の廃棄について，基本的な職務上の義務に反し，著作者又は著作物に対する独断的な評価や個人的な好みによって不公正な取扱いをしたときは，当該図書の著作者の上記人格的利益を侵害するものとして国家賠償法上違法となるというべきである」（最判平17・7・14）。

C ◯ 違法な公務執行であったとしても，一定の場合には公務員に過失はない。
妥当である（最判平16・1・15）。法律の解釈について見解の対立がある場合，一方の立場にたって公務執行をしたからといって直ちに公務員に過失があることにはならない。

D ✕ 国賠法の趣旨から，使用者も被用者も民法上の賠償責任は負わない。
妥当でない。判例によれば，国賠法1条1項は公務員個人の民事上の損害賠償責任を否定したものと解され，「この趣旨からすれば，国又は公共団体以外の者の被用者が第三者に損害を加えた場合であっても，当該被用者の行為が国又は公共団体の公権力の行使に当たるとして国又は公共団体が被害者に対して同項に基づく損害賠償責任を負う場合には，被用者個人が民法709条に基づく損害賠償責任を負わないのみならず，使用者も同法715条に基づく損害賠償責任を負わない」（最判平19・1・25）。

　以上から妥当なものはAとCであり，**2**が正答となる。

No.6 の解説　国家賠償法

→問題はP.330　**正答3**

ア✕　国会議員は個別の国民の権利に対応した関係で法的義務を負っていない。

妥当でない。判例によれば，国会議員は，立法に関しては，原則として，国民全体に対する関係で政治的責任を負うにとどまり，個別の国民の権利に対応した関係での法的義務を負うものではない（最判昭60・11・21）。

イ✕　所得金額を過大に認定し更正処分を行っても直ちに違法になるわけではない。

妥当でない。判例によれば，税務署長のする所得税の更正は，所得金額を過大に認定していたとしても，そのことから直ちに国家賠償法1条1項にいう違法があったとの評価を受けるものではなく，税務署長が資料を収集し，これに基づき課税要件事実を認定，判断する上において，職務上通常尽くすべき注意義務を尽くすことなく漫然と更正をしたと認め得るような事情がある場合に限り，違法の評価を受ける（最判平5・3・11）。したがって，本肢の後半が妥当でない。

ウ◯　基準に適合しない免許の付与でも取引関係者との関係では違法ではない。

妥当である（最判平元・11・24）。知事等による免許の付与ないし更新が法所定の免許基準に適合しなかったとしても，当該業者の不正行為により損害を被った取引関係者との関係では国家賠償法1条1項の違法にはならない。

エ◯　違法行為が特定できなくても，国又は公共団体が賠償責任を負うことがある。

妥当である（最判昭57・4・1）。通常，違法行為を特定できなければ，損害賠償責任は生じないが，一定の条件の下では，違法行為を特定できなくても，国又は公共団体の損害賠償責任が生じる。

オ✕　目的の正当性や合理性だけで追跡行為の違法性を判断してはならない。

妥当でない。判例によれば，交通法規等に違反して車両で逃走する者をパトカーで追跡する職務の執行中に，逃走車両の走行により第三者が損害を被った場合，追跡行為が違法であるというためには，当該追跡が職務目的を遂行する上で不必要であるか，又は逃走車両の逃走の態様及び道路交通状況等から予測される被害発生の具体的危険性の有無及び内容に照らし，追跡の開始・継続若しくは追跡の方法が不相当であることを要する（最判昭61・2・27）。そのため，追跡行為の違法性判断にあたっては，目的の正当性や合理性のみ判断すればよいわけではない。

　　以上から妥当なものは**ウ**と**エ**であり，**3**が正答となる。

ア× 非権力的行為でも，国賠法１条の「公権力の行使」に当たる。

妥当でない。判例によれば，国賠法にいう公権力の行使には，国家統治権の優越的意思の発動たる行政作用のほかに，非権力的な行政作用も含まれるので（**広義説**），公立学校における教師の教育活動も，国賠法にいう公権力の行使に該当する（最判昭62・2・6）。

イ○ 行政主体が国賠責任を負う場合，被用者も使用者も民法上の責任を負わない。

妥当である。判例によれば，国または公共団体以外の者の被用者の行為が**公権力の行使**に当たり，国または公共団体が国賠法１条１項に基づいて損害賠償責任を負う場合は，使用者も，被用者も民法上の損害賠償責任を負わない（最判平19・1・25）。

ウ× 一連の行為のいずれもが同一の公共団体の公務員の行為でなければならない。

妥当でない。判例によれば，具体的にどの公務員のどのような違法行為によるものであるかを特定できなくても，国又は公共団体は，国家賠償法又は民法上の損害賠償責任を負いうるが，それが肯定されるのは，それらの一連の行為を組成する各行為のいずれもが国又は同一の公共団体の公務員の職務上の行為にあたる場合に限られる（最判昭57・4・1）。

エ○ 職務上通常尽くすべき注意義務が尽くされていないと，違法になる。

妥当である。本肢は，いわゆる**職務行為基準説**の立場である（最判平5・3・11）。

オ× 作為の場合のみならず，不作為の場合も，国賠法上，違法となりうる。

妥当でない。判例によれば，国又は公共団体の公務員による規制権限の不行使は，その権限を定めた法令の趣旨，目的や，その権限の性質等に照らし，具体的事情の下において，その不行使が許容される限度を逸脱して著しく合理性を欠くと認められるときは，その不行使により被害を受けた者との関係において，国家賠償法１条１項の適用上違法となる（最判平16・4・27）。

　以上から妥当なものは**イ**および**エ**であり，**4**が正答となる。

No.8 の解説　国家賠償法 1 条

→問題はP.332　**正答 2**

ア ✗ **権限の不行使は著しく不合理と認められるときに国賠法の適用上違法になる。**
妥当でない。監督処分権限の行使は広い裁量に委ねられているが，判例によれば，権限の不行使が国賠法 1 条 1 項の適用上違法になるのは，権限の不行使が著しく不合理と認められるときである（最判元・11・24）。そのため，本肢の後半が妥当でない。

イ ✗ **権限の不行使が国賠法 1 条 1 項の適用上直ちに違法になるわけではない。**
妥当でない。判例によれば，薬事法の目的及び厚生大臣に付与された権限の性質等に照らし，権限の不行使がその許容される限度を逸脱して著しく合理性を欠くと認められるときは，その不行使は，副作用による被害を受けた者との関係において国賠法 1 条 1 項の適用上違法となる（最判平 7・6・23）。この判示を反対解釈すれば，権限の不行使が著しく合理性を欠くとまではいえない場合は，国賠法 1 条 1 項の適用上違法にならない。そのため，権限の不行使が国賠法 1 条 1 項の適用上直ちに違法になるとしている本肢は妥当ではない。

ウ ○ **一定の場合には規制権限を行使すべき義務があり，これを怠ると違法になる。**
妥当である（最判平16・10・15）。規制権限の不行使が国賠法 1 条 1 項の適用上違法になることがある。

エ ✗ **省令制定権限の不行使は国家賠償法 1 条 1 項の適用上違法となりうる。**
妥当でない。労働大臣の総合的な判断の結果として省令制定権限を行使しなかったことが国賠法 1 条 1 項の適用上違法と評価されるのではない。判例によれば，石綿工場に局所排気装置を設置することの義務付けが可能となったにもかかわらず，省令制定権限を行使しなかったことが国賠法 1 条 1 項の適用上違法と評価される（最判平26・10・9）。

　以上から妥当なものは**ウ**のみであり，**2**が正答となる。

第5章

国家補償法

実戦問題③　難問レベル

No.9 　国家賠償法1条に関するア～オの記述のうち，妥当なもののみをすべて挙げているのはどれか。　　　　　　　　　　　　　　　【国家総合職・平成24年度】

ア：わが国では行政活動に対する救済に当たり，取消訴訟と国家賠償請求訴訟の自由選択主義を採用しており，ある行政処分により不利益を受けているとしてその救済を求める者は，行政事件訴訟法に基づく取消訴訟を提起して処分の取消しを求めることや，国家賠償法1条1項に基づく損害賠償請求訴訟を提起してその損害の賠償を求めることができるが，それらの双方を請求することはできない。

イ：国家賠償法1条1項にいう「公務員」は，身分上の公務員に限られず，公権力の行使をゆだねられた者も含まれると解されているが，公権力の行使をゆだねられているわけではない私人が公務員に扮した上で職務行為を装って犯罪を行い，相手方が公務員としての外形を信頼して被害にあったとしても，国または公共団体は同項に基づく責任を負わない。

ウ：国家賠償法1条1項における違法について，行政活動によって生じる被害に着目し，法の許さない結果を発生させたことにつき違法を認定するとの立場から，パトカーの追跡行為を受けて逃走する車両が起こした事故により損害を被った第三者が提起した国家賠償請求訴訟においては，追跡行為の必要性・相当性が認められても，当該第三者に対する法益侵害があれば，公共団体は同項に基づく責任を負うとするのが判例である。

エ：医薬品の副作用により被害が生じた場合の国家賠償責任について，副作用のために，国民の生命・健康が侵害される危険が生じ，これを回避するためには行政庁による直接の規制のほかに方途がないような場合は，当該医薬品の製造承認を取り消す作為義務が行政庁に生じるとの立場から，クロロキン製剤の副作用による被害者が提起した国家賠償請求訴訟においては，行政庁が直接規制するほかに事態を回避する方途がなかったとはいえず，作為義務は生じていなかったとして，国は国家賠償法1条1項に基づく責任を負わないとするのが判例である。

オ：国または公共団体以外の者の被用者が第三者に損害を与えた行為が，国または公共団体の公権力の行使に当たり，国または公共団体が被害者に対し国家賠償法1条1項に基づく損害賠償責任を負う場合の被用者およびその使用者の責任については，被用者個人が民法709条に基づく損害賠償責任を負わないのみならず，使用者も同法715条に基づく損害賠償責任を負わないとするのが判例である。

1　エ　　　　　　　**2**　オ　　　　　　　**3**　ア，ウ
4　イ，オ　　　　　**5**　イ，ウ，エ

No.10 国家賠償法 1 条に関するア～オの記述のうち，判例に照らし，妥当なもののみをすべて挙げているのはどれか。　【国家総合職・平成25年度】

ア：宅地建物取引業法は，免許を付与した宅地建物取引業者の人格・資質等を一般的に保証し，ひいては当該業者の不正な行為により個々の取引関係者が被る具体的な損害の防止，救済を制度の直接的な目的とするものであるから，知事による宅地建物取引業者への免許の付与・更新が，同法所定の免許基準に適合しない場合は，県は，当該業者の不正行為により損害を被った取引関係者に対して，国家賠償法 1 条 1 項に基づく損害賠償責任を負う。

イ：国会議員の立法行為が国家賠償法 1 条 1 項の適用上違法となるかどうかは，国会議員の立法過程における行動が個別の国民に対して負う職務上の法的義務に違反したかどうかの問題であって，当該立法の内容の違憲性の問題とは区別されるべきである。

ウ：国家賠償法 1 条 1 項は，国家賠償責任の成立要件として違法行為を行った公務員の故意・過失を要求していることに鑑みれば，同項にいう職務執行とは，公務員が，主観的に権限行使の意思をもってした職務行為のことをさし，自己の利をはかる意図をもってした行為は含まれない。

エ：児童福祉法27条1項3号の措置に基づき児童養護施設に入所した児童に対する当該施設の職員による養育監護行為は，当該施設が社会福祉法人により設置・運営されるものであっても，都道府県の公権力の行使に当たる公務員の職務行為に当たる。

オ：国または公共団体の公務員による規制権限の不行使は，具体的事情の下において，規制権限の不行使と発生した被害との間に社会通念上相当な因果関係が認められるときは，当該規制権限の不行使により被害を受けた者との関係において，国家賠償法 1 条 1 項の適用上違法となる。

1 エ　　　　**2** オ　　　**3** ア，イ
4 ア，ウ　　**5** イ，エ

（参考）　児童福祉法
第27条　都道府県は，前条第 1 項第 1 号の規定による報告又は少年法第18条第 2 項の規定による送致のあつた児童につき，次の各号のいずれかの措置を採らなければならない。
　　（第 1 号～第 2 号略）
　　三　児童を小規模住居型児童養育事業を行う者若しくは里親に委託し，又は乳児院，児童養護施設，知的障害児施設，知的障害児通園施設，盲ろうあ児施設，肢体不自由児施設，重症心身障害児施設，情緒障害児短期治療施設若しくは児童自立支援施設に入所させること。（以下略）

国家賠償法に関するア〜オの記述のうち，判例に照らし，妥当なものの みをすべて挙げているのはどれか。　　　　　　【国家総合職・平成27年度】

ア：都道府県による児童福祉法27条1項3号の措置に基づき，社会福祉法人の設
　　置運営する児童養護施設に入所した児童に対する当該施設の職員等による養
　　育監護行為は，私経済作用であり，国家賠償法1条1項にいう公権力の行使
　　に当たる公務員の職務行為には当たらない。

イ：逮捕・勾留は，その時点において犯罪の嫌疑について相当な理由があり，か
　　つ，必要性が認められる限りは適法であり，公訴の提起は，検察官が裁判所
　　に対して犯罪の成否，刑罰権の存否につき審判を求める意思表示にほかなら
　　ないのであるから，起訴時あるいは公訴追行時における検察官の心証は，そ
　　の性質上，判決時における裁判官の心証と異なり，起訴時あるいは公訴追行
　　時における各種の証拠資料を総合勘案して合理的な判断過程により有罪と認
　　められる嫌疑があれば足りるものと解するのが相当であり，刑事事件におい
　　て無罪の判決が確定したというだけで直ちに起訴前の逮捕・勾留，公訴の提
　　起・追行，起訴後の勾留が国家賠償法1条1項にいう違法となるということ
　　はない。

ウ：宅地建物取引業法は，免許を付与した宅地建物取引業者の人格・資質等を一
　　般的に保証し，ひいては当該業者の不正な行為により個々の取引関係者が被
　　る具体的な損害の防止，救済を制度の直接的な目的とするものとはにわかに
　　解し難く，かかる損害の救済は一般の不法行為規範等に委ねられているとい
　　うべきであるから，知事等による免許の付与ないし更新それ自体は，同法所
　　定の免許基準に適合しない場合であっても，当該業者との個々の取引関係者
　　に対する関係において直ちに国家賠償法1条1項にいう違法な行為に当たる
　　ものではない。

エ：公権力の行使に当たる国の公務員が，その職務を行うについて，故意又は過
　　失によって違法に他人に損害を与えた場合には，国がその被害者に対して賠
　　償の責めに任ずるのであって，公務員個人はその責めを負うものではない。

オ：市町村が設置する中学校の教諭がその職務を行うについて故意又は過失によ
　　って違法に生徒に損害を与えた場合において，当該教諭の給料その他の給与
　　を負担する都道府県が国家賠償法1条1項，3条1項に従い当該生徒に対し
　　て損害を賠償したときは，当該都道府県は，同条2項に基づき，賠償した損
　　害の全額を当該中学校を設置する市町村に対して求償することができる。

1　ア，イ　　　　　　**2**　ウ，エ　　　　　　**3**　ア，ウ，エ
4　イ，エ，オ　　　　**5**　イ，ウ，エ，オ

実戦問題 ❸ の 解説

No.9 の解説　国家賠償法１条　　　　　　　　→問題はP.338　**正答4**

ア✕ 処分の取消しと損害賠償の双方を請求することは可能である。

妥当でない。行政処分によって不利益を受けているとして救済を求める者は，取消訴訟を提起して処分の取消しを求めることも，また国家賠償法１条１項に基づいて損害賠償を求めることもできる。いずれか一方による救済を受けたら，他方の救済は許されないという関係にはない。行政事件訴訟法も，取消訴訟と損害賠償請求訴訟の両方を提起することを前提とした規定を置いている（行訴法13条１号）。

イ○ 私人が公権力行使の権限を有しない場合，国又は公共団体の責任は生じない。

妥当である。いわゆる**外形主義**または**外形標準説**（最判昭31・11・30）は正規の公務員の場合にのみ妥当し，私人が公務員でない場合には，たとえ職務執行の外形が備わっていたとしても，国または公共団体の損害賠償責任は生じないと解されている。

ウ✕ 追跡行為の必要性・相当性が認められれば，公共団体は責任を負わない。

妥当でない。判例によれば，「追跡行為が違法であるというためには，右追跡が当該職務目的を遂行する上で不必要であるか，又は逃走車両の逃走の態様及び道路交通状況等から予測される被害発生の具体的危険性の有無及び内容に照らし，追跡の開始・継続若しくは追跡の方法が不相当であることを要する」（最判昭61・2・27）。したがって，追跡方法の必要性・相当性が認められれば，第三者に対する法益侵害があっても，公共団体は賠償責任を負わない。

エ✕ 判例は作為義務論ではなく，裁量権の消極的濫用論の立場で判断している。

妥当でない。クロロキン製剤事件において，判例は作為義務を観念して国の賠償責任を否定したのではない。判例によれば，「医薬品の副作用による被害が発生した場合であっても，厚生大臣が当該医薬品の副作用による被害の発生を防止するために…各権限を行使しなかったことが直ちに国家賠償法１条１項の適用上違法と評価されるものではなく，副作用を含めた当該医薬品に関するその時点における医学的，薬学的知見の下において，…薬事法の目的及び厚生大臣に付与された権限の性質等に照らし，右権限の不行使がその許容される限度を逸脱して著しく合理性を欠くと認められるときは，その不行使は，副作用による被害を受けた者との関係において同項の適用上違法となる」（最判平7・6・23）。つまり，判例は作為義務による判断枠組みではなく，**裁量権の消極的濫用論**による判断枠組みに依拠して判断している。

オ○ 公権力の行使を行った被用者も，その使用者も民法上の賠償責任を負わない。

妥当である。判例によれば，国または公共団体以外の者の被用者の行為が**公権力の行使**に当たり，国または公共団体が国家賠償法１条１項に基づいて損害賠償責任を負う場合は，使用者も，被用者も民法上の損害賠償責任を負わない（最判平19・1・25）。

以上から妥当なものは**イ**および**オ**であり，**4**が正答となる。

ア ✕ 宅地建物取引業者によって損害を被った者に対し,県は賠償責任を負わない。

妥当でない。判例によれば,宅地建物取引業法における免許制度は「免許を付与した宅建業者の人格・資質等を一般的に保証し,ひいては当該業者の不正な行為により個々の取引関係者が被る具体的な損害の防止,救済を制度の直接的な目的とするものとはにわかに解し難く,……知事等による免許の付与ないし更新それ自体は,法所定の免許基準に適合しない場合であっても,当該業者との個々の取引関係者に対する関係において直ちに国家賠償法1条1項にいう違法な行為に当たるものではない」。したがって,県は損害を被った取引関係者に対して損害賠償責任を負わない(最判平元・11・24)。

イ ◯ 国賠法上の違法は立法内容の違憲性の問題とは区別されるべきである。

妥当である。判例によれば,国会議員の立法行為(立法不作為を含む)が国賠法1条1項の適用上違法となるかどうかは,「国会議員の立法過程における行動が個別の国民に対して負う職務上の法的義務に違背したかどうかの問題であって,当該立法の内容の違憲性の問題とは区別されるべきであり,仮に当該立法の内容が憲法の規定に違反する廉があるとしても,その故に国会議員の立法行為が直ちに違法の評価を受けるものではない」(最判昭60・11・21)。

ウ ✕ 職務執行といえるか否かの判断に際し,公務員の主観的意思は関係ない。

妥当でない。国賠法1条1項にいう職務執行とは,公務員が主観的に権限行使の意思をもってした職務行為のことをさすのではない。公務員の主観的意思とは無関係に職務執行の外形が備わっていれば,同条項の職務執行があったことになるというのが判例の立場である(**外形主義**または**外形標準説**,最判昭31・11・30)。

エ ◯ 社会福祉法人の職員による養育看護行為も公務員の職務行為に当たる。

妥当である。児童養護施設に入所した児童に対する当該施設の職員による養育監護行為は,当該施設が社会福祉法人によって設置運営されていても,公務員の職務行為である(最判平19・1・25)。

オ ✕ 規制権限の不行使は著しく不合理であるときに国賠法の適用上違法になる。

妥当でない。判例は,本肢のような判断枠組みに依拠していない。判例によれば,「国又は公共団体の公務員による規制権限の不行使は,その権限を定めた法令の趣旨,目的や,その権限の性質等に照らし,具体的事情の下において,その不行使が許容される限度を逸脱して著しく合理性を欠くと認められるときは,その不行使により被害を受けた者との関係において,国家賠償法1条1項の適用上違法となる」(最判平16・4・27)。

以上から妥当なものは**イ**および**エ**であり,**5**が正答となる。

No.11 の解説 国家賠償法　　　　　　　　→問題はP.340　**正答5**

ア✕ **社会福祉法人の職員による養育看護行為も公務員の職務行為に当たる。**

妥当でない。判例は，国賠法1条1項の「公権力の行使」につき，いわゆる**広義説**にたつことを前提にしたうえで，入所後の施設における養育監護は本来都道府県が行うべき事務であり，児童の養育監護に当たる児童養護施設の長は本来都道府県が有する公的な権限を委譲されてこれを都道府県のために行使するのであるから，社会福祉法人の設置運営する児童養護施設に入所した児童に対する当該施設の職員等による養育監護行為は国家賠償法1条1項にいう**公権力の行使**に当たる公務員の職務行為に当たるとしている（最判平19・1・25）。

イ〇 **無罪判決が確定しただけで直ちに逮捕・勾留等が違法になるわけではない。**

妥当である。判例によれば，刑事事件において無罪の判決が確定したというだけで直ちに起訴前の逮捕・勾留，公訴の提起・追行，起訴後の勾留が違法になることはない（最判昭53・10・20）。

ウ〇 **基準に適合しない免許の付与・更新は取引関係者との関係では違法ではない。**

妥当である。宅地建物取引業を営む者の不正な行為によりその取引関係者が損害を被った場合，知事等による当該業者に対する免許の付与ないし更新それ自体は，法所定の免許基準に適合しないときであっても，当該業者との個々の取引関係者に対する関係において，直ちに国家賠償法第1条第1項にいう違法な行為に当たるものではない（最判元・11・24）。

エ〇 **違法行為を行った公務員個人は被害者との関係では賠償責任を負わない。**

妥当である。加害公務員が被害者との関係で個人責任を負うか否かについて，明文規定はない。そのため，解釈上の問題が生じる。この問題につき，判例は，被害者との関係では，加害公務員は賠償責任を負わないとしている（最判昭30・4・19）。被害者との関係で加害公務員が個人責任を負うとすると，そのことが公務員に対して萎縮効果をもたらし，公務が停滞するおそれがあるからである。

オ〇 **都道府県は市町村立学校の生徒に賠償した場合，市町村に求償できる。**

妥当である。判例によれば，損害賠償費用については，法令上，中学校を設置する市町村がその全額を負担すべきものとされていると解されるので，当該市町村が国家賠償法3条2項にいう内部関係でその損害を賠償する責任ある者として，損害を賠償した者からの求償に応ずべき義務を負う（最判平21・10・23）。

　　以上から妥当なものは**イ，ウ，エ，オ**であり，**5**が正答となる。

必修問題

　国家賠償法に規定する公の営造物の設置または管理の瑕疵に基づく損害賠償責任に関するA～Dの記述のうち，最高裁判所の判例に照らして，妥当なものを選んだ組合せはどれか。　【地方上級（特別区）・平成25年度】

A：道路の安全性を著しく欠如する状態で，道路上に故障車が約87時間放置されていたのに，道路管理者がこれを知らず，道路の安全保持のために必要な措置をまったく講じていなかったというような状況の下においても，道路交通法上，道路における危険を防止するために，違法駐車に対して規制を行うのは警察官であるから，当該道路管理者は損害賠償責任を負わない。

B：国家賠償法にいう公の**営造物**の管理者は，必ずしも当該営造物について法律上の管理権ないしは所有権，賃借権等の権原を有している者に限られるものではなく，事実上の管理をしているにすぎない国または公共団体も同法にいう公の営造物の管理者に含まれる。

C：未改修である河川の管理についての**瑕疵**の有無は，河川管理における財政的，技術的および社会的諸制約の下でも，過渡的な安全性をもって足りるものではなく，通常予測される災害に対応する安全性を備えていると認められるかどうかを基準として判断すべきである。

D：幼児が，公立中学校の校庭内のテニスコートの審判台に昇り，その後部から降りようとしたために転倒した審判台の下敷きになって死亡した場合において，当該審判台には，**本来の用法**に従って使用する限り，転倒の危険がなく，当該幼児の行動が当該審判台の設置管理者の通常予測しえない異常なものであったという事実関係の下では，設置管理者は損害賠償責任を負わない。

1　A，B
2　A，C
3　A，D
4　B，C
5　B，D

難易度　＊＊

必修問題の 解説

本問では，いわゆる営造物責任に関する条文の理解と判例知識が問われている。いずれも国賠法2条に関する基本的事項を問うものといえよう。

A ✕ 道路上に故障車を長時間放置すれば，道路管理者の賠償責任が生じうる。

妥当でない。判例によれば，大型貨物自動車が87時間にわたって放置され，道路の安全性が著しく欠如する状態であったにもかかわらず，道路管理者が道路の安全性を保持するために必要とされる措置を全く講じていなかったため，道路管理者は損害賠償責任を負うこととされた。この損害賠償責任は，道路交通法上，警察官が道路における危険を防止し，その他交通の安全と円滑を図り，道路の交通に起因する障害の防止に資するために，違法駐車に対して駐車の方法の変更・場所の移動などの規制を行うべきものとされていることを理由に，免れることはできない（最判昭50・7・25）。

B ◯ 公の営造物の事実上の管理者も損害賠償責任の主体たりうる。

妥当である。判例によれば，国家賠償法2条にいう**公の営造物**の管理者は，必ずしも当該営造物について法律上の管理権ないしは所有権，賃借権等の権原を有している者に限られるものではなく，事実上の管理をしているにすぎない国又は公共団体も同条にいう管理者に含まれる（最判昭59・11・29）。

C ✕ 未改修河川の管理は過渡的安全性をもって足りる。

妥当でない。判例によれば，未改修河川または改修の不十分な河川の安全性としては，財政的，技術的および社会的諸制約の下で「一般に施行されてきた治水事業による河川の改修，整備の過程に対応するいわば過渡的な安全性をもって足りるものとせざるをえない」（最判昭59・1・26）。

D ◯ 営造物の本来の用法に反する利用によって被った損害は賠償されない。

妥当である。判例によれば，利用者が**本来の用法**に反し，通常予測しえない方法で営造物を利用したことによって生じた損害についてまで，国または地方公共団体が賠償責任を負うことはない（最判平5・3・30）。

以上から妥当なものはBおよびDであり，**5**が正答となる。

正答 5

FOCUS

国賠法2条に基づく賠償責任については，その要件である設置管理の瑕疵の意味が最も重要な問題となる。この点に関する判例の要旨を正確に把握しておくようにしよう。とりわけ道路の設置管理の瑕疵および河川の設置管理の瑕疵は比較的よく問われるので，関連する判例を押さえておく必要がある。

重要ポイント 1 　国家賠償法2条1項の法律要件と法律効果

　国賠法2条1項によれば，3つの条件（法律要件）が満たされた場合に，国または公共団体は賠償責任を負う。

法律要件		法律効果
①道路，河川その他の公の営造物の ②設置又は管理に瑕疵があったために ③他人に損害が生じた	充足 →	国又は公共団体の 賠償責任の発生

重要ポイント 2 　国家賠償法1条と2条の責任

　国賠法1条と2条はいずれも国または公共団体が賠償責任を負う場合の法律要件を定めているが，それらの要件から次の2点を両者の差異として指摘できる。
(1) 国賠法1条は人（公務員）に関して，同2条は物（公の営造物）に関して定めている。
(2) 国賠法1条は過失を要件としているのに対し，同2条は過失を要件としていない（このことから，2条による責任を**無過失責任**と呼ぶ）。

重要ポイント 3 　「公の営造物」の意味

　講学上，公の営造物とは，公目的に供される人的手段および物的手段の総合体をさす（たとえば，人的手段たる「先生」と，物的手段たる「校舎」が一体となった「学校」）。しかし，国賠法2条でいう公の営造物は，この意味での公の営造物ではない。一般的な理解によれば，同条の公の営造物とは，国または公共団体によって特定の公目的に供されている有体物および物的施設である。したがって，講学上の公の営造物から人的要素を除いたものが，国賠法2条における公の営造物である。この意味での公の営造物は，講学上の**公物**（国または公共団体が直接に公の目的のために供用する有体物）とほぼ一致する。

講学上の「公の営造物」	＝	公物（物的要素）	＋	人（人的要素）
国賠法2条でいう「公の営造物」	＝	公物（物的要素）のみ		

　国賠法2条の「公の営造物」には，以下の物も含まれる。
（1）不動産だけでなく，動産も含まれる。
（2）**人工公物**だけでなく，**自然公物**も含まれる。前者は，人の手が加わることによって直接公用に供される物をさし，後者は，人の手が加わることなく，自然の状態で直接公用に供されている物をさす。
（3）法律上管理されている物だけでなく，事実上管理されている物も含まれる。

重要ポイント 4 ▶ 「設置又は管理に瑕疵があった」の意味

国賠法2条でいう設置または管理の瑕疵とは，一般に「**通常有すべき安全性を欠く状態**」のことをさすと解されているが，その有無の判断方法については，主として以下の3つの考え方がある。

(1) 客観説：物自体が客観的に見て安全性に欠ける状態であれば，設置管理の瑕疵があるとする説。

(2) 主観説：管理者の安全確保義務違反があれば，設置管理の瑕疵があるとする説。

(3) 折衷説：物自体の物的欠陥に管理者の安全確保義務違反を加えて，設置管理の瑕疵の有無を判断する説。

もっとも，判例は上記の考え方のうちいずれかに依拠しているわけではない。むしろ判例の基本的立場は，「**瑕疵の存否については，当該営造物の構造，用法，場所的環境及び利用状況等諸般の事情を総合考慮して具体的個別的に判断すべき**」というものである。そのため，個別の判例の理解が重要となる。

 点字ブロックの不存在（最判昭61・3・25）

設置または管理の瑕疵の存否については「営造物の構造，用法，場所的環境及び利用状況等諸般の事情を総合考慮して具体的個別的に判断すべき」である。

テニスコート審判台事件（最判平5・3・30）

一般市民は設置管理者の通常予測しえない異常な方法で使用しないということについて注意義務を負うので，本来の用法に従えば安全である営造物について行政主体が損害賠償責任を負うことはない。

重要ポイント 5 ▶ 道路の設置管理の瑕疵

道路の設置管理の瑕疵につき，判例は，基本的に客観説の立場に依拠しつつも，主観説的な考慮もしている。

 高知落石事件（最判昭45・8・20）

国家賠償法2条1項の営造物の設置または管理の瑕疵とは，①営造物が通常有すべき安全性を欠いていることをいい，②これに基づく責任は無過失責任である。また，③予算上の制約から直ちに道路の管理の瑕疵によって生じた損害について免責されることはない。

奈良赤色灯事件（最判昭50・6・26）

道路管理者が設置した赤色灯標柱等が転倒し，道路上に放置されていたのは，夜間に，しかも事故発生の直前に先行した他車によって惹起されたものであり，道路管理者の側で，時間的に遅滞なくこれを原状に復し道路を安全良好な状態に保つことは不可能であったので，道路管理の瑕疵は認められない。

故障車の放置（最判昭50・7・25）

故障した自動車が87時間にわたって放置され，道路の安全性を著しく欠如する状態であったにもかかわらず，道路の安全性を保持するために必要とされる措置を全く講じなかったことは，道路管理の瑕疵といえる。

重要ポイント 6 河川の設置・管理の瑕疵～水害訴訟

　人工公物である道路と異なり，河川は自然公物であり，自然災害をもたらす危険性をもともと有している。判例はこのような河川の一般的属性に着目し，道路の場合とは異なる判断基準を示してきた。

　また，判例は，河川の個別的属性（未改修河川かそうでないか）等を考慮して設置・管理の瑕疵を判断している。

 大東水害訴訟（最判昭59・1・26）

> 道路の管理と異なり，河川の管理には財政的，技術的，社会的制約が内在しているため，未改修河川の安全性としては，これらの「諸制約のもとで一般に施行されてきた治水事業による河川の改修，整備の過程に対応するいわば過渡的な安全性をもって足りる」。

多摩川水害訴訟（最判平2・12・13）

> 河川の改修，整備の段階に対応する安全性とは，工事実施基本計画に定める「規模の洪水における流水の通常の作用から予測される災害の発生を防止するに足りる安全性をいう」。
> もっとも，改修完了河川については「改修，整備がされた段階において想定された洪水から，当時の防災技術の水準に照らして通常予測し，かつ，回避し得る水害を未然に防止するに足りる安全性を備えるべき」である。
> さらに，改修段階で危険を予測できなかった場合であっても，予測が可能となった時点から水害発生時までの間に，予測しえた危険に対する対策を講じなかったことが，同種・同規模の河川の管理の一般的水準および社会通念に照らして是認しうるかどうか判断すべきである。

重要ポイント 7 機能的瑕疵・供用関連瑕疵

　近年の判例では，営造物それ自体には物理的瑕疵はなく，営造物の本来の利用者に被害は生じていないが，営造物の第三者（近隣住民など）との関係で瑕疵が認められることがある。このような瑕疵を**機能的瑕疵**あるいは**供用関連瑕疵**という。

大阪国際空港訴訟（最判昭56・12・16）

> 通常有すべき安全性を欠く状態には，「営造物が供用目的に沿って利用されることとの関連において危害を生ぜしめる危険性がある場合をも含み，また，その危害は，営造物の利用者に対してのみならず，利用者以外の第三者に対するそれをも含む」。

国道43号線訴訟（最判平7・7・7）

> 国家賠償法2条1項の設置管理の瑕疵には，「営造物が供用目的に沿って利用されることとの関連においてその利用者以外の第三者に対して危害を生ぜしめる危険性がある場合をも含むものであり，営造物の設置・管理者において，このような危険性のある営造物を利用に供し，その結果周辺住民に社会生活上受忍すべき限度を超える被害が生じた場合には」，同条項の責任が生じる。

重要ポイント 8 費用負担者の賠償責任

　国または公共団体が損害賠償責任を負う場合において，①公務員の選任・監督者と公務員の俸給，給与その他の費用負担者が異なるとき，②公の営造物の設置・管理者と公の営造物の設置・管理費用負担者が異なるときは，公務員の選任・監督者および営造物の設置管理者とともに費用負担者もまた賠償責任を負う（国賠法３条１項）。このように賠償責任を負う者の範囲が拡大されたことによって，被害者の救済が実効性あるものになる。

 補助金交付者の費用負担者該当性（最判昭50・11・28）

　　　　国賠法３条１項の費用負担者には，「営造物の設置費用につき法律上負担義務を負う者のほか，この者と同等もしくはこれに近い設置費用を負担し，実質的にはこの者と当該営造物による事業を共同して執行していると認められる者であって，当該営造物の瑕疵による危険を効果的に防止しうる者も含まれる」。

重要ポイント 9 他の法律との関係

　国賠法は民法の特別法である。したがって，国または公共団体の損害賠償の責任に関して国賠法の中に必要な規定が不足している場合には，民法の定めによる（国賠法４条）。また，国または公共団体の損害賠償の責任について民法以外の他の法律に特別な定めがあるときは，その定めによる（同５条）。以上から適用の優先順位は，①その他の法律→②国家賠償法→③民法となる。

 国家賠償法と失火責任法の関係（最判昭53・7・17）

　　　　公権力の行使に当たる公務員の失火による国または公共団体の損害賠償責任については，国家賠償法４条により失火責任法が適用され，当該公務員に重大な過失のあることを必要とする。

重要ポイント 10 相互保証主義

　国賠法は，外国人が被害者である場合には，相互の保証があるときに限り適用される。これを相互保証主義という（国賠法６条）。

第５章　国家補償法

* **国家賠償法に規定する公の営造物の設置管理の瑕疵に関する記述とし て，妥当なのはどれか。** 【地方上級（特別区）・平成22年度】

1 国家賠償法にいう公の営造物とは，道路，公園のような人工公物のみをいい， 河川，湖沼，海浜等の自然公物については，設置の観念が当てはまらないため除 外される。

2 国家賠償法にいう公の営造物の設置または管理に該当するには，法律上の管理 権または所有権等の法律上の権原を有することが必要であり，事実上管理してい る状態はこれに当たらない。

3 最高裁判所の判例では，高知落石事件において，国家賠償法の営造物の設置ま たは管理の瑕疵とは，営造物が通常有すべき安全性を欠いていることをいい，こ れに基づく国および公共団体の賠償責任については，その過失の存在を必要とし ないとした。

4 最高裁判所の判例では，奈良赤色灯事件において，国家賠償法の責任は無過失 責任であるから，道路の安全性に欠陥があり，時間的に原状に復し道路を安全良 好な状態に保つことが不可能であったとしても，道路管理に瑕疵があるものとし た。

5 最高裁判所の判例では，大東水害事件において，未改修河川の管理の瑕疵の有 無については，河川管理の特質に由来する財政的，技術的および社会的諸制約の 下でも，過渡的な安全性ではなく，通常予測される災害に対応する安全性を備え ていると認められるかどうかを基準として判断すべきであるとした。

* ** **国家賠償法2条に関する次の記述のうち，妥当なものはどれか。ただ し，争いのあるものは判例の見解による。** 【地方上級（全国型）・平成27年度】

1 国家賠償法2条の責任を負う主体は，公の営造物の設置・管理に当たる国また は公共団体のみに限られる。

2 「公の営造物」とは，道路，河川など不動産に限られ，動産は含まれない。

3 「瑕疵」とは，公務員の故意または過失に基づいて，通常有すべき安全性を欠 くに至ったことをさす。

4 「瑕疵」は，物理的瑕疵に限られるので，大型貨物自動車が故障して長時間放 置されていたことで安全性を欠く状態に至った場合は，「瑕疵」に当たらない。

5 道路において落石を防止するための防護柵を設置すると，費用の額が相当の多 額になり，予算措置に困却するであろうことは推察できるが，それにより直ちに 道路の管理の瑕疵による賠償責任を免れるというわけではない。

No.3 国家賠償法に規定する公の営造物の設置又は管理の瑕疵に基づく損害賠償責任に関する記述として，判例，通説に照らして，妥当なのはどれか。

【地方上級（特別区）・令和4年度】

1 公の営造物とは，道路，河川，港湾，水道，下水道，官公庁舎，学校の建物等，公の目的に供されている，動産以外の有体物を意味する。

2 公の営造物の管理の主体は国又は公共団体であり，その管理権は，法律上の根拠があることを要し，事実上管理する場合は含まれない。

3 営造物の設置又は管理の瑕疵とは，営造物が通常有すべき安全性を欠いていることをいい，これに基づく国及び公共団体の損害賠償責任については，その過失の存在を必要としない。

4 営造物の設置又は管理の瑕疵には，供用目的に沿って利用されることとの関連において危害を生ぜしめる危険性がある場合を含むが，その危害は，営造物の利用者に対してのみ認められる。

5 未改修である河川の管理についての瑕疵の有無は，通常予測される災害に対応する安全性を備えていると認められるかどうかを基準として判断しなければならない。

No.4 国家賠償法2条に定められている営造物責任に関する次の記述のうち，妥当なものはどれか。 【市役所（B日程）・平成27年度】

1 営造物責任はもっぱら土地と建物に関する責任であると解され，建物内の備品等については，1条の責任が問題になるにとどまる。

2 営造物責任は，営造物の設置・管理に瑕疵がある場合に認められるが，この瑕疵が認められるためには営造物の設置・管理者の過失を要件としない。

3 営造物責任は，目的外の利用がなされた際には発生せず，設置・管理者はそのような利用を予測して危険防止の措置を講ずることまでが求められるわけではない。

4 営造物責任は，その営造物の利用者に対してのみ発生し，周辺住民等は責任を負うべき対象とはなりえない。

5 河川についても，公道等と同様に補修済みか未補修かにかかわらず同様の営造物責任が生じる。

No.5 国家賠償法に関するア～オの記述のうち，判例に照らし，妥当なもののみをすべて挙げているのはどれか。 【国家総合職・平成26年度】

ア：国家賠償法2条1項の営造物の設置または管理の瑕疵とは，営造物が通常有すべき安全性を欠いていることをいい，これに基づく国および公共団体の賠償責任については，その過失の存在を必要としない。

イ：国家賠償法2条1項にいう公の営造物の管理を行う者は，当該営造物について法律上の管理権ないしは所有権，賃借権等の権原を有している者に限られることから，事実上の管理をしているにすぎない国または公共団体は，同項にいう公の営造物の管理を行う者には含まれない。

ウ：国または公共団体による道路の設置・管理に瑕疵があり損害を与えた場合であっても，国または公共団体が一定の危険防止措置をとるための予算措置に困却することを立証した場合には，直ちに国家賠償法の規定による賠償責任を免れることができる。

エ：国家賠償法3条1項所定の営造物の設置費用の負担者とは，その営造物の設置費用について法律上負担義務を負う者に限られ，実質的にこの者とその営造物による事業を共同して執行していると認められるというだけでは当該負担者であるとはいえない。

オ：国家賠償法4条に規定する「民法」には，民法709条の特則である「失火ノ責任二関スル法律」（失火責任法）も含まれ，公権力の行使に当たる公務員の失火による国または公共団体の損害賠償責任が成立するためには，当該公務員に重大な過失のあることを要する。

1 ア，ウ
2 ア，オ
3 イ，ウ
4 イ，エ
5 エ，オ

実戦問題 **1** の 解説

No.1 の解説 公の営造物の設置の瑕疵
→問題はP.350 **正答3**

1 ✕ **国賠法にいう公の営造物には自然公物も含まれる。**
確かに**自然公物**は設置の観念が当てはまらないが，国賠法２条１項において
自然公物である河川が明文で列挙されている。したがって，自然公物も，国
賠法における公の営造物に該当すると解されている。

2 ✕ **事実上の管理も，国賠法にいう公の営造物の設置管理に当たる。**
国賠法上の設置管理は，事実上の管理でもよいと解されている（最判昭59・
11・29）。

3 ◎ **設置管理の瑕疵とは通常有すべき安全性を欠いていることをさす。**
正しい。高知落石事件は国賠法２条のリーディングケースである。この事件
において，最高裁は，公の営造物の設置管理の瑕疵とは通常有すべき安全性
を欠いていることおよび国賠法２条１項に基づく責任が**無過失責任**であるこ
とを認めている（最判昭45・8・20）。

4 ✕ **奈良赤色灯事件では道路管理の瑕疵は認められていない。**
奈良赤色灯事件では，「時間的に被上告人〔道路管理者〕において遅滞なく
これを原状に復し道路を安全良好な状態に保つことは不可能であったという
べく，このような状況のもとにおいては，被上告人〔道路管理者〕の道路管
理に瑕疵がなかった」と判示されている（最判昭50・6・26）。

5 ✕ **大東水害事件では過渡的な安全性の有無が瑕疵の有無の基準とされている。**
大東水害訴訟では，未改修河川の安全性は「過渡的な安全性をもって足り
る」と判示されている（最判昭59・1・26）。

No.2 の解説 国家賠償法２条
→問題はP.350 **正答5**

1 ✕ **賠償責任の主体には費用負担者も含まれる。**
国賠法２条１項によると，国または公共団体が賠償責任を負うことになって
いるが，国賠法３条１項によると，公の営造物の設置管理費用の負担者もま
た賠償責任の主体たりうる。

2 ✕ **公の営造物には動産も含まれる。**
一般的な理解によれば，国賠法２条の「公の営造物」には不動産のみなら
ず，動産も含まれる。

3 ✕ **国賠法２条の責任が成立するためには，公務員の故意・過失は必要ない。**
判例によれば，国賠法２条の責任は**無過失責任**である（最判昭45・8・20）。
したがって，「瑕疵」が公務員の故意または過失に基づいている必要はない。

4 ✕ **故障した大型貨物自動車の長時間放置は道路の管理の瑕疵に当たる。**
判例によれば，「道路管理者は，道路を常時良好な状態に保つように維持し，
修繕し，もって一般交通に支障を及ぼさないように努める義務を負う」ので
あって，「道路を常時巡視して応急の事態に対処しうる監視体制をとってい

なかったために，本件事故が発生するまで右故障車が道路上に長時間放置されていることすら知らず，まして故障車のあることを知らせるためバリケードを設けるとか，道路の片側部分を一時通行止めにするなど，道路の安全性を保持するために必要とされる措置を全く講じていなかった」という状況では，道路管理の瑕疵が認められる（最判昭50・7・25）。

5◎ 予算措置の困却は賠償責任を免れる理由にならない。
判例によれば，予算の制約があるからといって道路管理の瑕疵の賠償責任は免除されない（最判昭45・8・20）。

No.3 の解説　国家賠償法　　　　　　　→問題はP.351　正答3

1✕ 公の営造物には動産も含まれる。
国賠法2条における公の**営造物**には，不動産のほか，動産も含まれる。

2✕ 国又は公共団体は公の営造物を事実上管理している場合も，管理主体となる。
判例によれば，「国家賠償法2条にいう公の営造物の管理者は，必ずしも当該営造物について法律上の管理権ないしは所有権，賃借権等の権原を有している者に限られるものではなく，事実上の管理をしているにすぎない国又は公共団体も同条にいう管理者に含まれる」（最判昭59・11・29）。

3◎ 設置管理の瑕疵とは通常有すべき安全性を欠くことをいう。
妥当である。判例によれば，国賠法2条1項の設置管理の瑕疵とは**通常有すべき安全性**を欠くことをいい，同条項による賠償責任は**無過失責任**である（最判昭45・8・20）。

4✕ 営造物の危害には，利用者以外の第三者に対する危害も含む。
妥当でない。判例によれば，営造物が他人に危害を及ぼす危険性を有している場合，その危害は利用者以外の第三者に対するそれも含む（最判昭56・12・16）。この場合の瑕疵を**機能的瑕疵**あるいは**供用関連瑕疵**と呼ぶことがある。

5✕ 未改修河川の安全性は過渡的な安全性をもって足りる。
判例によれば，未改修河川の安全性としては，諸制約のもとで一般に施行されてきた治水事業による河川の改修，整備の過程に対応するいわば過渡的な安全性をもって足りる（最判昭59・1・26）。

No.4 の解説　公の営造物の設置または管理の瑕疵責任　　→問題はP.351　正答2

1✕ 建物内の備品等の動産についても，公の営造物に該当する余地はあるから，国賠法2条の責任が問題になる可能性がある。

2◎ 国賠法2条の営造物責任は**無過失責任**であることが判例上，明確にされている（最判昭45・8・20）。

3✕ 判例によれば，設置管理者に，目的外利用を予測して危険防止の措置を講ず

ることまで求められることがある（最判昭55・9・11）。

4✕ 判例によれば，**営造物**が他人に危害を及ぼす危険性を有している場合，その危害は利用者以外の第三者に対するそれも含むので，たとえば空港に離着陸する航空機の騒音等によって周辺住民に受忍すべき限度を超える被害があれば，国の賠償責任が当該周辺住民との関係で生じる（最判昭56・12・16）。なお，この場合の瑕疵を**機能的瑕疵**あるいは**供用関連瑕疵**と呼ぶことがある。

5✕ 河川の場合は，改修済みか否かが営造物責任の成否に影響を及ぼす（最判昭59・1・26）。一般的には改修済み河川のほうが営造物責任が成立しやすいのに対して，未改修河川の場合は営造物責任が成立しにくい。

No.5 の解説　国家賠償法　　　　　　　　　　→問題はP.352　**正答2**

ア○ 妥当である。判例によれば，「国家賠償法２条１項の営造物の設置または管理の瑕疵とは，営造物が**通常有すべき安全性**を欠いていることをいい，これに基づく国および公共団体の賠償責任については，その過失の存在を必要としない」（最判昭45・8・20）。

イ✕ 妥当でない。判例によれば，「国家賠償法２条にいう公の営造物の管理者は，必ずしも当該営造物について法律上の管理権ないしは所有権，賃借権等の権原を有している者に限られるものではなく，事実上の管理をしているにすぎない国又は公共団体も同条にいう管理者に含まれる」（最判昭59・11・29）。

ウ✕ 妥当でない。判例によれば，道路管理者として予算措置に困却するであろうことが推察できる場合であっても，そのことから直ちに損害賠償責任を免れることができるわけではない（最判昭45・8・20）。

エ✕ 妥当でない。営造物の設置費用について法律上負担義務を負う者だけが，国賠法３条１項所定の設置費用負担者になるわけではない。判例によれば，国賠法３条１項所定の設置費用の負担者には「当該営造物の設置費用につき法律上負担義務を負う者のほか，この者と同等もしくはこれに近い設置費用を負担し，実質的にはこの者と当該営造物による事業を共同して執行していると認められる者であって，当該営造物の瑕疵による危険を効果的に防止しうる者も含まれる」（最判昭50・11・28）。

オ○ 妥当である。判例によれば，失火責任法は民法709条の特則を規定したものであり，国賠法４条の「民法」に含まれるため，公権力の行使に当たる公務員の失火による国または公共団体の損害賠償責任については，公務員に**重過失**があることを要する（最判昭53・7・17）。

　以上から妥当なものは**ア**および**オ**であり，**2**が正答となる。

第5章 国家補償法

実戦問題 ❷ 応用レベル

💎 **No.6** 次の記述は，国家賠償法第 2 条第 1 項に関する学生Ａと学生Ｂとの会話
であるが，下線部（1）～（5）のうち，妥当なのはどれか。
**

【国家総合職・平成27年度】

学生Ａ：国家賠償法第 2 条第 1 項は，「道路，河川その他の公の営造物の設置又
は管理に瑕疵があつたために他人に損害を生じたときは，国又は公共団体
は，これを賠償する責に任ずる。」と規定しています。このうち，（1）「公
の営造物」とは，「国又は公共団体」により公の目的に供されている有体物
を意味していると考えられますが，「国又は公共団体」が法律上の管理権又
は所有権等の法律上の権原に基づいて当該有体物を設置又は管理しているこ
とが必要であり，事実上管理しているものは含まれないと一般に解されてい
ます。

学生Ｂ：同項の解釈問題の中心となるのは，公の営造物について設置又は管理に
瑕疵があったか，という点です。（2）判例は，同項にいう営造物の設置又
は管理の瑕疵とは，営造物が通常有すべき安全性を欠いている状態，すなわ
ち他人に危害を及ぼす危険性のある状態をいう，としています。さらに，判
例は，同項にいう営造物の設置又は管理に瑕疵があったとみられるかどうか
は，当該営造物の構造，用法，場所的環境及び利用状況等諸般の事情を総合
考慮して具体的個別的に判断すべきもの，としています。

学生Ａ：旧国鉄の駅のホームに点字ブロックが設置されていなかったため，視力
（視覚）に障害のある利用者がホームから線路上に転落してしまい，進入し
てきた電車により重傷を負ったことによる国家賠償法第 2 条第 1 項に基づく
責任の有無が争われた事案があります。この事案において，（3）判例は，
点字ブロック等のように，新たに開発された視力障害者用の安全設備を駅の
ホームに設置しなかったことをもって当該駅のホームが通常有すべき安全性
を欠くか否かを判断するに当たっては，その安全設備が事故防止にとって有
効なものと認定判断される以上，視力障害者の危険を可能な限り除去すると
いう要素を最優先に考慮すべきであるとして，営造物としての駅のホームの
管理に瑕疵があったというほかない，としています。

学生Ｂ：ひとくちに公の営造物の設置又は管理の瑕疵といっても，様々な局面が
あり得るのですね。（4）判例は，河川管理の瑕疵の有無についての判断の
基準それ自体は，道路その他の営造物の管理の場合と異ならないものの，既
に改修計画が定められ，これに基づいて現に改修中である河川については，
当該計画が全体として格別不合理であるか否かという観点から瑕疵の有無を
判断すべき，としています。

学生Ａ：（5）国家賠償法第 2 条第 1 項の適用が問題となるケースとして，公の

営造物を構成する物的施設自体に物理的，外形的な欠陥ないし不備がある場合のみではなく，その営造物が供用目的に沿って利用されることとの関連において危害を生ぜしめる危険性がある場合も含まれます。しかしながら，判例は，その危害は，営造物の利用者に対するものに限られ，利用者以外の第三者に対するそれをも含むものとは解されない，としました。

1 （1）

2 （2）

3 （3）

4 （4）

5 （5）

***
No.7 **国家賠償に関するア～オの記述のうち，判例に照らし，妥当なもののみをすべて挙げているのはどれか。** 【国家総合職・令和4年度】

ア：市町村が設置する中学校の教諭がその職務を行うについて故意又は過失によって違法に生徒に損害を与えた場合において，当該教諭の給料その他の給与を負担する都道府県が国家賠償法1条1項，3条1項に従い当該生徒に対して損害を賠償したときは，当該都道府県は，同条2項に基づき，賠償した損害の全額を当該中学校を設置する市町村に対して求償することができる。

イ：公の営造物の設置者に対してその費用を単に贈与したにすぎない者は国家賠償法3条1項所定の設置費用の負担者に含まれるものではないが，法律の規定上当該営造物の設置をなし得ることが認められている国が，自らこれを設置するにかえて，特定の地方公共団体に対しその設置を認めた上，当該営造物の設置費用につき当該地方公共団体の負担額と同等又はこれに近い経済的な補助を供与する反面，当該地方公共団体に対し法律上当該営造物につき危険防止の措置を請求し得る立場にあるときには，国は，同項所定の設置費用の負担者に含まれる。

ウ：書留郵便物について，損害賠償を郵便物の亡失又は毀損の場合に限定し，その請求人も郵便物の差出人とその承諾を得た受取人に限定する郵便法（当時）の規定について，低廉迅速であまねく公平な郵便制度の運営という立法目的は正当であるが，郵便業務従事者の故意又は重大な過失によって損害が生じた場合に，不法行為に基づく国の損害賠償責任を免除し又は制限していることは，憲法17条が立法府に付与した裁量の範囲を逸脱している。

エ：失火者の責任条件について民法709条の特則を規定した失火責任法は，国家

賠償法 4 条にいう民法に含まれるといえるが，国家賠償法の趣旨に反する規定まで当然に適用されてよいとはいえず，消防署職員の職務義務はまさに消火作業であり，その業務の遂行に失火責任法の適用が予定されているとは解しがたいのであるから，公権力の行使に当たる公務員の失火による国又は公共団体の損害賠償責任について失火責任法の適用を認め，損害賠償責任について当該公務員に重過失のあることを必要とすべきではない。

オ：国又は公共団体以外の者の被用者が第三者に損害を加えた場合において，当該被用者の行為が国又は公共団体の公権力の行使に当たるとして国又は公共団体が被害者に対して国家賠償法 1 条 1 項に基づく損害賠償責任を負うときであっても，同項は，公務員個人の責任を排除したにすぎず，組織法上の公務員ではないが国家賠償法上の公務員に該当する者の使用者の不法行為責任まで排除するものではないから，当該被用者の使用者は民法715条に基づく損害賠償責任を負う。

1　ア，イ，ウ
2　ア，ウ，オ
3　ア，エ，オ
4　イ，ウ，エ
5　イ，エ，オ

No.8 公の営造物の設置または管理の瑕疵に関するア～オの記述のうち，判例に照らし，妥当なもののみをすべて挙げているのはどれか。

【国家総合職・平成24年度】

ア：国家賠償法 2 条 1 項にいう公の営造物の設置または管理の瑕疵とは，営造物が通常有すべき安全性を欠いていることをいうが，これに基づく国または公共団体の賠償責任については，その過失の存在を必要とする。したがって，県道上に道路管理者の設置した，掘穿工事中であることを表示する工事標識等が，夜間，通行車によって倒されたため，その直後に他の通行車について事故が発生した場合は，時間的に道路管理者が道路の原状を回復する余地がなく，県の道路の管理に過失があったということはできないため，県は，同項に基づく賠償責任を負わない。

イ：国家賠償法 2 条 1 項は，危険責任の法理に基づき被害者の救済を図ることを目的として，国または公共団体の責任発生の要件につき，公の営造物の設置または管理に瑕疵があったために他人に損害を生じたときと規定しているところ，財政的，技術的および社会的制約の下で被害を回避する可能性があったことは，道路の設置または管理に瑕疵を認めるための積極的要件になるものではない。

ウ：改修計画に基づいて現に改修中である河川については，当該計画が，全体として，過去の水害の発生状況その他諸般の事情を総合的に考慮し，河川管理の一般水準および社会通念に照らして，格別不合理なものと認められないときは，その後の事情の変動により未改修部分につき水害発生の危険性が特に顕著となり，早期の改修工事を施行しなければならないと認めるべき特段の事由が生じない限り，当該部分について改修がいまだ行われていないことの一事をもって河川の管理に瑕疵があるということはできず，また，このことは人口密集地域を流域とするいわゆる都市河川の管理についても，一般的には等しく妥当する。

エ：公の営造物の利用の態様および程度が一定の限度にとどまる限りにおいてはその施設に危害を生ぜしめる危険性がなくても，これを超える利用によって危害を生ぜしめる危険性がある状況にある場合には，そのような利用に供される限りにおいて当該営造物の設置，管理には瑕疵があるということができ，当該営造物の設置・管理者たる国において，このような危険性があるにもかかわらず，これにつき特段の措置を講ずることなく，また，適切な制限を加えないままこれを利用に供し，その結果利用者または第三者に対して現実に危害を生ぜしめたときは，それが当該設置・管理者の予測し得ない事由によるものでない限り，国は，国家賠償法 2 条 1 項に基づ

く責任を負う。

オ：国道の周辺住民が，当該国道の供用に伴い自動車から発せられる騒音等によって，睡眠妨害，家族の団らん等に対する妨害を受けているとして，当該国道の設置・管理者に対して，損害の賠償を求めている場合において，当該国道の供用が周辺住民に対する関係において，違法な権利侵害ないし法益侵害となり，国道の設置・管理者において賠償義務を負うかどうかを判断するに当たっては，侵害行為の態様と侵害の程度，被侵害利益の性質等，周辺住民の被っている被害をそれ自体として考慮すべきであり，侵害行為の持つ公共性ないし公益上の必要性を考慮要素としてはならない。

1 ア，イ，オ
2 ア，ウ，エ
3 ア，エ，オ
4 イ，ウ，エ
5 イ，ウ，オ

実戦問題 ② の 解説

No.6 の解説 国家賠償法２条１項　　　　　　　→問題はP.356　**正答2**

(1)✕ 公の営造物には事実上管理されているものも含まれる。

妥当でない。一般的な理解によれば，**公の営造物**には，法律上の権原に基づいて管理されるもののほか，法的な権原に基づくことなく，事実上管理されているものも含まれる（最判昭59・11・29も同旨）。

(2)◎ 設置管理の瑕疵とは通常有すべき安全性を欠く状態をさす。

妥当である。判例の定式によると，営造物の設置管理の瑕疵とは「営造物が**通常有すべき安全性**を欠き，他人に危害を及ぼす危険性のある状態をいい」，「かかる瑕疵の存否については，当該営造物の構造，用法，場所の環境及び利用状況等諸般の事情を総合考慮して具体的個別的に判断すべきものである」（前者につき，最判昭56・12・26，後者につき，最判昭53・7・4）。

(3)✕ 設置管理の瑕疵の有無は諸般の事情を総合考慮して判断される。

妥当でない。点字ブロック事件において，最高裁は，通常有すべき安全性を欠くか否かを判断するに当たって，特定の要素を最優先にしていない。すなわち，その判断にあたっては，「安全設備が，視力障害者の事故防止に有効なものとして，その素材，形状及び敷設方法等において相当程度標準化されて全国的ないし当該地域における道路及び駅のホーム等に普及しているかどうか，当該駅のホームにおける構造又は視力障害者の利用度との関係から予測される視力障害者の事故の発生の危険性の程度，右事故を未然に防止するため右安全設備を設置する必要性の程度及び右安全設備の設置の困難性の有無等の諸般の事情を総合考慮することを要する」とされている（最判昭61・3・25）。

(4)✕ 設置管理の瑕疵の有無を判定する基準は河川と道路では異なる。

妥当でない。判例によれば，河川の管理については，道路その他の営造物の管理とは異なる特質及びそれに基づく諸制約が存するので，その管理の瑕疵の有無についての判断基準もおのずから異なったものとならざるをえない（最判昭59・1・26）。

(5)✕ 営造物の危害には，利用者以外の第三者に対する危害も含む。

妥当でない。判例によれば，営造物が他人に危害を及ぼす危険性を有している場合，その危害は利用者以外の第三者に対するそれも含む（最判昭56・12・16）。この場合の瑕疵を**機能的瑕疵**あるいは**供用関連瑕疵**と呼ぶことがある。

以上から妥当なのは（**2**）であり，**2**が正答となる。

No.7 の解説 国家賠償　　　　　　　　　　　　→問題はP.357　**正答1**

ア◯ 都道府県は生徒に支払った賠償額を，中学校を設置する市町村に求償できる。

妥当である（最判平21・10・23）。判例は，「国又は公共団体がその事務を行

うについて国家賠償法に基づき損害を賠償する責めに任ずる場合における損害を賠償するための費用も国又は公共団体の事務を行うために要する経費に含まれるというべきであるから，上記経費の負担について定める法令は，上記費用の負担についても定めていると解される。同法3条2項に基づく求償についても，上記経費の負担について定める法令の規定に従うべきであり，法令上，上記損害を賠償するための費用をその事務を行うための経費として負担すべきものとされている者が，同項にいう内部関係でその損害を賠償する責任ある者に当たると解するのが相当である。」と判断したうえで，学校教育法，地方財政法等を解釈し，都道府県が市町村に対して求償することができる旨，判示している。

イ◯ 設置費用の法律上の義務負担者以外の者も賠償責任を負う。

妥当である（最判昭50・11・28）。判例は，国賠法3条1項の「設置費用の負担者には，当該営造物の設置費用につき法律上負担義務を負う者のほか，この者と同等もしくはこれに近い設置費用を負担し，実質的にはこの者と当該営造物による事業を共同して執行していると認められる者であって，当該営造物の瑕疵による危険を効果的に防止しうる者も含まれると解すべき」との理解を示した上で，本肢の内容を判示している。

ウ◯ 国の賠償責任を免除又は制限している郵便法の規定は憲法17条に違反する。

妥当である（最判平14・9・11）。判例によれば，「書留郵便物について，郵便業務従事者の故意又は重大な過失によって損害が生じた場合に，不法行為に基づく国の損害賠償責任を免除し，又は制限している部分は，憲法17条が立法府に付与した裁量の範囲を逸脱したものであるといわざるを得ず，同条に違反し，無効であるというべきである」。

エ✕ 公務員による失火には失火責任法が適用され，公務員に重過失が必要である。

妥当でない。判例によれば，「国又は公共団体の損害賠償の責任について，国家賠償法4条は，同法1条1項の規定が適用される場合においても，民法の規定が補充的に適用されることを明らかにしているところ，失火責任法は，失火者の責任条件について民法709条の特則を規定したものであるから，国家賠償法4条の「民法」に含まれると解するのが相当である。また，失火責任法の趣旨にかんがみても，公権力の行使にあたる公務員の失火による国又は公共団体の損害賠償責任についてのみ同法の適用を排除すべき合理的理由も存しない。したがって，公権力の行使にあたる公務員の失火による国又は公共団体の損害賠償責任については，国家賠償法4条により失火責任法が適用され，当該公務員に重大な過失のあることを必要とする」（最判昭53・7・17）。

オ✕ 国賠法の趣旨からして被用者も使用者も民法上の損害賠償責任は負わない。

妥当でない。判例によれば，国賠法1条1項は公務員個人の民事上の損害賠償責任を否定したものと解され，「この趣旨からすれば，国又は公共団体以外の者の被用者が第三者に損害を加えた場合であっても，当該被用者の行為

が国又は公共団体の公権力の行使に当たるとして国又は公共団体が被害者に対して同項に基づく損害賠償責任を負う場合には，被用者個人が民法709条に基づく損害賠償責任を負わないのみならず，使用者も同法715条に基づく損害賠償責任を負わない」（最判平19・1・25）。

以上から妥当なものは**ア，イ，ウ**であり，**1**が正答となる。

No.8 の解説　公の営造物の設置または管理の瑕疵 →問題はP.359　**正答4**

ア✕ 妥当でない。国賠法２条１項に基づく賠償責任は過失の存在を必要としないというのが判例の立場である（最判昭45・8・20）。

イ◯ 妥当である。判例によれば，損害の回避可能性は道路の設置または管理に瑕疵を認めるための積極的要件になるものではない（最判平7・7・7）。

ウ◯ 妥当である。判例によれば，改修計画に基づいて現に改修中の河川については，改修計画が格別不合理なものと認められないときは，特段の事由が生じない限り，改修がいまだ行われていないとの一事をもって河川管理に瑕疵があるとすることはできない。また，このことは，人口密集地域を流域とするいわゆる都市河川の管理についても，一般的には等しく妥当する（最判昭59・1・26）。

エ◯ 妥当である。判例によれば，「当該営造物の利用の態様及び程度が一定の限度にとどまる限りにおいてはその施設に危害を生ぜしめる危険性がなくても，これを超える利用によって危害を生ぜしめる危険性がある状況にある場合には，そのような利用に供される限りにおいて右営造物の設置，管理には瑕疵があるというを妨げず，したがって，右営造物の設置・管理者において，かかる危険性があるにもかかわらず，これにつき特段の措置を講ずることなく，また，適切な制限を加えないままこれを利用に供し，その結果利用者又は第三者に対して現実に危害を生ぜしめたときは，それが右設置・管理者の予測しえない事由によるものでない限り，国家賠償法２条１項の規定による責任を免れることができない」（最判昭56・12・26）。

オ✕ 妥当でない。判例によれば，「営造物の供用が第三者に対する関係において違法な権利侵害ないし法益侵害となり，営造物の設置・管理者において賠償義務を負うかどうかを判断するに当たっては，侵害行為の態様と侵害の程度，被侵害利益の性質と内容，侵害行為の持つ公共性ないし公益上の必要性の内容と程度等を比較検討するほか，侵害行為の開始とその後の継続の経過及び状況，その間に採られた被害の防止に関する措置の有無及びその内容，効果等の事情をも考慮し，これらを総合的に考察してこれを決すべきものである」（最判平7・7・7）。

以上から妥当なものは**イ，ウ，エ**であり，**4**が正答となる。

必修問題

　行政法学上の損失補償に関するA〜Dの記述のうち，最高裁判所の判例に照らして，妥当なものを選んだ組合せはどれか。

【地方上級（特別区）・平成29年度】

A：国の道路工事により地下道がガソリンスタンド近隣に設置されたため，給油所経営者が消防法の位置基準に適合させるために行った地下貯蔵タンク移設工事費用の補償を請求した事件では，道路工事の施行の結果，警察違反の状態を生じ，工作物の移転を余儀なくされ損失を被ったとしても，それは道路工事の施行によって警察規制による損失がたまたま現実化するに至ったものにすぎず，このような損失は道路法の定める補償の対象には属しないものというべきであるとした。

B：鉱業権設定後に中学校が建設されたため，鉱業権を侵害されたとして鉱業権者が損失補償を請求した事件では，公共の用に供する施設の地表地下とも一定の範囲の場所において鉱物を掘採する際の鉱業法による制限は，一般的に当該受認すべきものとされる制限の範囲をこえ，特定人に対し特別の財産上の犠牲を強いるものであるため，憲法を根拠として損失補償を請求することができるとした。

C：戦後の農地改革を規律する自作農創設特別措置法に基づく農地買収に対する不服申立事件では，憲法にいうところの財産権を公共の用に供する場合の正当な補償とは，その当時の経済状態において成立することを考えられる価格に基づき，合理的に算出された相当な額をいうのであって，必ずしも常にかかる価格と完全に一致することを要するものでないとした。

D：福原輪中堤の文化的価値の補償が請求された事件では，土地収用法の通常受ける損失とは，経済的価値でない特殊な価値については補償の対象としていないが，当該輪中堤は江戸時代初期から水害より村落共同体を守ってきた輪中堤の典型の一つとして歴史的，社会的，学術的価値を内包し，堤防の不動産としての市場価格を形成する要素となり得るような価値を有しているため，かかる価値も補償の対象となり得るというべきであるとした。

1 AB 　　　　**2** AC 　　　　**3** AD
4 BC 　　　　**5** BD

難易度 ＊＊

必修問題の 解説

　本問では損失補償に関する判例知識が問われている。いずれも重要判例の判旨を素直に問うものとなっている。

A○ 道路工事の結果，財産上の損失が発生しても，損失補償の対象にならない。

　妥当である。判例によれば，「警察法規が一定の危険物の保管場所等につき保安物件との間に一定の離隔距離を保持すべきことなどを内容とする技術上の基準を定めている場合において，道路工事の施行の結果，警察違反の状態を生じ，危険物保有者が右技術上の基準に適合するように工作物の移転等を余儀なくされ，これによって損失を被ったとしても，それは道路工事の施行によって警察規制に基づく損失がたまたま現実化するに至ったものにすぎず，このような損失は，道路法70条1項の定める補償の対象には属しない」（最判昭58・2・18）。

B× 鉱業法の制限によって被る鉱業権者の損失は補償の対象にならない。

　判例によれば，鉱業法は，「鉄道，河川，公園，学校，病院，図書館等の公共施設及び建物の管理運営上支障ある事態の発生を未然に防止するため，これらの近傍において鉱物を掘採する場合には管理庁又は管理人の承諾を得ることが必要であることを定めたものにすぎず，この種の制限は，公共の福祉のためにする一般的な最小限度の制限であり，何人もこれをやむを得ないものとして当然受忍しなければならないものであって，特定の人に対し特別の財産上の犠牲を強いるものとはいえない」から，憲法を根拠にして補償請求をすることができない（最判昭57・2・5）。

C○ 憲法でいう正当な補償とは合理的に算出された相当な額をいう。

　妥当である（最判昭28・12・23）。本肢は，いわゆる**相当補償説**を述べたものである。

D× 文化的価値は損失補償の対象にならない。

　判例によれば，土地収用法88条における「通常受ける損失」とは「経済的・財産的な損失をいうと解するのが相当であって，経済的価値でない特殊な価値についてまで補償の対象とする趣旨ではない」（最判昭63・1・21）。

　以上から妥当なのはAとCであり，**2**が正答となる。

正答 2

第5章 国家補償法

FOCUS

　損失補償については，①損失補償の根拠，②損失補償の要件，③損失補償の内容について，議論を整理することが重要である。また，これらの各論点に関する判例の立場を正確に把握しておくようにしよう。

重要ポイント **1** **国家補償**

行政作用によって権利利益を侵害された者は，国または公共団体に対して補償を求めることができる。これを**国家補償**と呼ぶ。この国家補償の分野は，基本的に**損失補償**の分野と**国家賠償**の分野からなる。両者の違いは，国民に損をさせた行政の行為（原因行為）が適法な行為だったのか，それとも違法な行為だったのか，という点にある。すなわち，損失補償は原因行為が適法である場合の補償であり，国家賠償は原因行為が違法である場合の補償である。

なお，国家賠償に関しては「国家賠償法」という一般法が存在するが，損失補償に関しては一般法が存在しない。

種類	原因行為	一般法
損失補償	適法	なし
国家賠償	違法	国家賠償法

重要ポイント **2** **損失補償の根拠～何を法的根拠に損失補償を請求できるのか**

損失補償の請求が認められるためには，法的根拠が必要である。個別の法律の中に損失補償請求の根拠が規定されている場合（例として土地収用法68条）には，それによる。また，仮にそのような法律規定がない場合であっても，国民は，**直接，憲法29条３項を根拠にして損失補償の請求をすることができる**（通説・判例）。

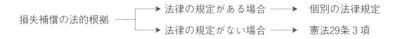

損失補償の法的根拠 ─┬─→ 法律の規定がある場合 ──→ 個別の法律規定
　　　　　　　　　　 └─→ 法律の規定がない場合 ──→ 憲法29条３項

📖判例 旧河川附近地制限令違反事件（最判昭43・11・27）
- -
旧河川附近地制限令に損失補償に関する規定がないからといって一切の損失補償がまったく否定されるわけではなく，直接憲法29条３項を根拠にして，補償を請求できる。

重要ポイント **3** **損失補償の要件～いかなる場合に補償がなされるべきか**

損失補償に関して法律の規定がある場合には，そこに規定された法律要件が充足されて初めて損失補償の請求が認められる。

これに対し損失補償に関する法律の規定がない場合は，伝統的な理解によれば，**「特別な犠牲」**があれば損失補償の請求が認められる。この「特別な犠牲」の有無は，従来，以下の２つの基準によって判定されてきた。

①実質的基準	公共の用に供されることによる財産的な侵害が，社会生活において一般に要求される受忍限度を超えるほど本質的な負担となっているかどうかという基準。
②形式的基準	上記の侵害が，平等原則に反するような個別的な負担になっているかどうかという基準。

　もっとも，近年では，損失補償の要否は規制の目的・程度・態様，社会通念など諸般の事情を総合的に考慮して決すべきであるという見解も有力である。

奈良県ため池条例事件（最判昭38・6・26）

　ため池の堤とうを使用するという財産権の行使に対する制約は，「財産権を有する者が当然受忍しなければならない責務というべきであって，憲法29条3項の損失補償はこれを必要としない」。

東京都中央卸売市場事件（最判昭49・2・5）

　「行政財産たる土地につき使用許可によって与えられた使用権は，それが期間の定めのない場合であれば，当該行政財産本来の用途または目的上の必要を生じたときはその時点において原則として消滅すべきもの」であるから，補償は必要ない。

地下道新設に伴うガソリンタンクの移転（最判昭58・2・18）

　警察法規が技術上の基準を定めている場合において，道路工事の施行の結果，警察法規違反の状態が生じ，危険物の保有者が基準に適合するようにするため工作物の移転を余儀なくされ，これによって損失を被ったとしても，それは道路工事の施行によって警察規制に基づく損失がたまたま現実化するに至ったものにすぎず，補償の対象にならない。

重要ポイント 4　損失補償の内容〜どの程度の補償がなされればよいのか

　損失補償の要件が充足されれば，損失が補償されることになる。もっとも，その場合，どの程度の補償がなされればよいのかという点については，問題となる。とりわけ，損失補償に関する法律の規定がない場合や，法律が規定する補償内容が不十分な場合には問題となる。この点，憲法29条3項は**正当な補償**が必要であるとしている。したがって，「正当な補償」がなされればよいということになるが，その意味内容については次の2つの解釈がある。

①完全補償説	収用される財産権の客観的価値全額を補償すべきとする説。
②相当補償説	公正な算定の基礎に基づき算出した合理的金額を補償すれば，必ずしも完全補償でなくてもよいとする説。

判例は，基本的に相当補償説に立っているが，土地収用法における補償について
は完全な補償でなければならないとしている。

 農地改革立法と正当な補償（最判昭28・12・23）

> 憲法29条3項の正当な補償とは，「その当時の経済状態において成立すること
> を考えられる価格に基き，合理的に算出された相当な額をいうのであって，必
> ずしも常にかかる価格と完全に一致することを要するものでない」。

倉吉市都市計画道路予定地収用事件（最判昭48・10・18）

> 土地収用法における損失の補償は，特定の公益上必要な事業のために土地が収
> 用される場合，その収用によって当該土地の所有者等が被る特別な犠牲の回復
> を図ることを目的とするものであるから，完全な補償，すなわち，収用の前後
> を通じて被収用者の財産価値を等しくならしめるような補償をなすべきであ
> り，金銭をもって補償する場合には，被収用者が近傍において被収用地と同等
> の代替地等を取得することをうるに足りる金額の補償を要する。

重要ポイント 5　補償の対象と補償の方法

（1）補償の対象：一般的には，経済的価値に対して補償がなされるのであり，経
　　済的価値以外の価値，すなわち精神的価値・文化的価値などに対しては補償
　　されない。

 福原輪中堤損失補償事件（最判昭63・1・21）

> 土地収用法にいう「通常受ける損失」とは，客観的社会的に見て収用に基づき
> 被収用者が当然に受けるであろうと考えられる経済的・財産的な損失をいうの
> であって，経済的価値でない特殊な価値（たとえば文化財的価値）についてま
> で補償の対象とする趣旨ではない。

（2）補償の方法：一般的には，金銭による補償が行われるが，それ以外の方法に
　　よることも現行法上認められている。たとえば土地収用法82条1項によれば，
　　土地所有者は収用される土地またはその土地に関する所有権以外の権利に対
　　する補償金の全部または一部に代えて土地または土地に関する所有権以外の
　　権利をもって，損失補償の要求をすることができる。

重要ポイント 6　損失補償の時期

　憲法は損失補償の支払時期について明文で定めていないが，判例によれば，財産
の供与と補償の同時履行は憲法上保障されていない。

 補償の支払時期に関する憲法の保障（最判昭24・7・13）

> 憲法は，補償が財産の供与と交換的に同時に履行されることを保障していな
> い。

実戦問題 ❶ 基本レベル

No.1 ＊＊ 行政法学上の損失補償に関する記述として，通説に照らして，妥当なのはどれか。 【地方上級（特別区）・平成27年度】

1 公共の利用に供するために財産権が制約され損失が生じれば，それが社会生活において一般に要求される受忍の限度をこえていなくても，無条件に損失補償が受けられる。

2 公用収用における損失補償は，所有権や地上権などの収用される権利について補償することはできるが，移転料，調査費及び営業上の損失など収用に伴い受けるであろう付随的損失について補償することはできない。

3 土地収用法における損失補償は，土地が収用される場合，その当時の経済状態において合理的に算出された相当な額で足り，収用の前後を通じて被収用者の財産を等しくするような完全な補償は不要である。

4 公共の用に供するために財産権を収用ないし制限された者には，法律に補償の規定がなくても，日本国憲法で定めている財産権の保障の規定に基づいて損失補償請求権が発生する。

5 土地収用における損失補償の方法は，現物補償として代替地の提供に限られ，土地所有者又は関係人の要求があった場合においても，金銭の支払による補償はすることはできない。

No.2 ＊＊ 行政法学上の損失補償に関する記述として，最高裁判所の判例に照らして，妥当なのはどれか。 【地方上級（特別区）・令和３年度】

1 倉吉都市計画街路事業の用に供するための土地収用では，土地収用法における損失の補償は，特定の公益上必要な事業のために土地が収用される場合，その収用によって当該土地の所有者等が被る特別な犠牲の回復を図ることを目的とするものではないから，収用の前後を通じて被収用者の財産価値を等しくならしめるような補償を要しないとした。

2 旧都市計画法に基づき決定された都市計画に係る計画道路の区域内の土地が，現に都市計画法に基づく建築物の建築の制限を受けているが，都道府県知事の許可を得て建築物を建築することは可能である事情の下で，その制限を超える建築物の建築をして上記土地を含む一団の土地を使用できないことによる損失について，その共有持分権者が直接憲法を根拠として補償を請求できるとした。

3 憲法は，財産権の不可侵を規定しており，国家が私人の財産を公共の用に供するには，これにより私人の被るべき損害を填補するに足りるだけの相当な賠償をしなければならず，政府が食糧管理　法に基づき個人の産米を買上げるには，供出と同時に代金を支払わなければならないとした。

4 戦争損害はやむを得ない犠牲なのであって，その補償は，憲法の全く予想しな

いところで，憲法の条項の適用の余地のない問題といわなければならず，平和条約の規定により在外資産を喪失した者は，国に対しその喪失による損害について補償を請求することはできないとした。

5 自作農創設特別措置法の農地買収対価が，憲法にいうところの正当な補償に当たるかどうかは，その当時の経済状態において成立することを考えられる価格に基づき，合理的に算出された相当な額をいうのであって，常にかかる価格と完全に一致することを要するものであるとした。

◆ No.3 ** 損失補償に関する次の記述のうち，判例に照らし，妥当なのはどれか。
【財務専門官・平成24年度】

1 土地収用法第88条における「通常受ける損失」には，客観的社会的にみて収用に基づき被収用者が当然に受けるであろうと考えられる経済的・財産的な損失のみならず，文化財的価値についての損失も原則として含まれる。

2 道路工事の施行の結果，警察法規違反の状態を生じ，危険物保有者が当該警察法規の定める技術上の基準に適合するように工作物の移転等を余儀なくされ，これによって損失を被った場合，一般的に当然受忍すべきものとされる制限の範囲を超えているため，当該損失は道路法の定める補償の対象となる。

3 土地収用における被収用者は，土地収用法所定の損失補償に関する訴訟において，裁判所が認定した正当な補償額と収用委員会の裁決に定められた補償額との差額については当然請求することができるが，当該差額に対する権利取得の時期からその支払済みに至るまで民法所定の法定利率に相当する金員を請求することはできない。

4 対日平和条約による在外資産の喪失のような戦争損害は，憲法の全く想定していない損害であるが，国家公共の目的のために課せられた損失という一面を持つため，その喪失は公用収用と認められ，憲法第29条第3項によって補償を請求することができる。

5 都有の行政財産である土地につき建物所有を目的とし期間の定めなくなされた使用許可が，当該行政財産本来の用途又は目的上の必要に基づき将来に向かって取り消されたときは，使用権者は，特別の事情のない限り，当該取消しによる土地使用権喪失についての補償を求めることはできない。

（参考）土地収用法
（通常受ける損失の補償）
第88条 第71条，第72条，第74条，第75条，第77条，第80条及び第80条の2に規定する損失の補償の外，離作料，営業上の損失，建物の移転による賃貸料の損失そ

の他土地を収用し，又は使用することに因つて土地所有者又は関係人が通常受ける損失は，補償しなければならない。

No.4 損失補償に関するア〜オの記述のうち，妥当なもののみをすべて挙げているのはどれか。　【国家一般職・平成27年度】

ア：日本国憲法は，財産権の保障とともに私有財産が公共のために用いられた場合の損失の補償についても明文で規定している。また，明治憲法においても，財産権の保障のみならず損失補償についても明文で規定していた。

イ：都市計画法上の土地利用制限は，それのみで直ちに憲法29条3項にいう私有財産を公共のために用いることにはならず，当然に同項にいう正当な補償を必要とするものではないが，土地利用制限が60年をも超える長期間にわたって課せられている場合，当該制限は，制限の内容を考慮するまでもなく，権利者に受忍限度を超えて特別の犠牲を課すものであり，同項にいう私有財産を公共のために用いる場合に当たるものとして，損失の補償が必要であるとするのが判例である。

ウ：土地収用法に基づく収用の場合における損失の補償には，収用される権利の対価の補償のみならず，営業上の損失，建物の移転による賃貸料の損失など，収用によって権利者が通常受ける付随的な損失の補償も含まれる。

エ：公用収用の対象となった物が経済的価値でない歴史的・文化財的価値を有する場合，当該価値が広く客観性を有するものと認められるときは，損失補償の対象となるとするのが判例である。

オ：公用収用における損失の補償は，土地等の取得又は使用に伴い当該土地の権利者が受ける損失の補償に限られず，当該権利者以外の者に対して損失を補償する少数残存者補償や離職者補償についても，裁判上の請求権として法律上認められている。

1　イ
2　ウ
3　ア，オ
4　イ，エ
5　ウ，エ

実戦問題 **1** の 解説

→問題はP.369 **正答 4**

No.1 の解説　損失補償

1 ✕　受忍限度内の損失は，無条件に損失が補償されるわけではない。

損失補償が受けられるか否かは**特別の犠牲**の有無によって判断される。通常，受忍限度内の損失は特別の犠牲があったとはみなされないので，損失補償は受けられない。

2 ✕　付随的損失も補償の対象になる。

公用収用が行われることによって所有権や地上権が失われるが，これとは別に，被収用者は公用収用に伴って移転料の支払いや営業上の損失を余儀なくされる。これらの損失を**付随的損失**といい，これらについても，損失補償の対象にされている（収用法88条）。

3 ✕　土地収用法における損失補償は完全補償でなければならない。

判例によれば，土地収用法における損失補償は，完全な補償，すなわち，収用の前後を通じて被収用者の財産価値を等しくならしめるような補償をなすべきであるとしている（最判昭48・10・18）。このような立場は，「正当な補償」の意義につき，一般に**完全補償説**の立場として説明される。

4 ◎　財産権補償の規定（憲法29条３項）は損失補償請求の直接の根拠になる。

正しい。判例によれば，法律に補償規定がなくても，直接，憲法29条３項に基づき，損失補償の請求をすることが可能である（最判昭43・11・27）。

5 ✕　損失補償の方法として金銭補償が認められている。

土地収用法における損失補償は金銭補償を原則とし，例外的に代替地の提供等の補償方法も認められている（収用法70条）。

No.2 の解説　損失補償

→問題はP.369 **正答 4**

1 ✕　土地収用法に基づく損失の補償は完全な補償である必要がある。

倉吉市都市計画道路予定地収用事件において，最高裁は，「収用の前後を通じて被収用者の財産価値を等しくならしめるような補償をなすべき」であると判示した（最判昭48・10・18）。この判断は，「**正当な補償**」の意義につき，**完全補償説**の立場にたっているといえる。

2 ✕　共有持分権者が直接憲法を根拠に損失補償請求することはできない。

判例によれば，本肢のような事情の下で土地使用できないことによって生じる損失は，一般的に当然に受忍すべきものとされる制限の範囲を超えて**特別の犠牲**を課せられたものということが困難であるから，当該土地の共有持分権者は直接憲法29条３項を根拠として損失補償請求できない（最判平17・11・1）。

3 ✕　憲法29条３項は，損失と補償の同時履行まで保障していない。

判例によれば，憲法は「正当な補償」と規定しているだけであって，補償の時期についてはすこしも言明していないから，憲法は補償が財産の供与と同

372

時交換的に履行されるべきことを保障していない。そのため，政府が食糧管理法に基づき個人の産米を買上げる場合，供出と同時に代金を支払う必要はない（最判昭24・7・13）。

4◎ 戦争損害についての補償請求は認められない。

妥当である。判例は，「在外資産の喪失による損害も，敗戦という事実に基づいて生じた一種の戦争損害とみるほかはない」のであり，「このような戦争損害は，他の種々の戦争損害と同様，多かれ少なかれ，国民のひとしく堪え忍ばなければならないやむを得ない犠牲なのであって，その補償のごときは，憲法29条3項の全く予想しないところで，同条項の適用の余地のない問題といわなければならない」と判示している（最判昭43・11・27）。

5✕ 自作農創設特別措置法による農地買収に対しては相当な補償で足りる。

判例によれば，補償額は「その当時の経済状態において成立することを考えられる価格に基き，合理的に算出された相当な額」であればよい（最判昭28・12・23）。このような立場は，一般に**相当補償説**の立場として説明される。

No.3 の解説 損失補償　　　　　　　　→問題はP.370　**正答5**

1✕ 文化的価値は損失補償の対象にならない。

判例によれば，土地収用法第88条における「通常受ける損失」とは「経済的・財産的な損失をいうと解するのが相当であって，経済的価値でない特殊な価値についてまで補償の対象とする趣旨ではない」（最判昭63・1・21）。

2✕ 道路工事の結果，財産上の損失が発生しても，損失補償の対象にならない。

判例によれば，「警察法規が一定の危険物の保管場所等につき保安物件との間に一定の離隔距離を保持すべきことなどを内容とする技術上の基準を定めている場合において，道路工事の施行の結果，警察違反の状態を生じ，危険物保有者が右技術上の基準に適合するように工作物の移転等を余儀なくされ，これによって損失を被ったとしても，それは道路工事の施行によって警察規制に基づく損失がたまたま現実化するに至ったものにすぎず，このような損失は，……補償の対象には属しないものというべきである」（最判昭58・2・18）。

3✕ 土地収用における被収用者は法定利率に相当する金員も請求できる。

判例によれば，「被収用者は，正当な補償額と裁決に定められていた補償額との差額のみならず，右差額に対する権利取得の時期からその支払済みに至るまで民法所定の年五分の法定利率に相当する金員を請求することができる」（最判平9・1・28）。

4✕ 戦争損害は憲法29条3項による補償の対象にならない。

判例によれば，戦争損害は「国民のひとしく受忍しなければならなかったところであり，在外資産の賠償への充当による損害のごときも，一種の戦争損

害として，これに対する補償は，憲法の全く予想しないところというべきである」（最大判昭43・11・27）。

5◎ **目的外使用許可の取消しによる使用権の喪失について補償は必要ない。**
正しい。判例によれば，**行政財産**の目的外使用許可の取消しによる損失は，使用権自体に内在する制約によるものなので，補償の対象にならない（最判昭49・2・5）。

No.4 の解説 損失補償　　　　　　　　　　　　　　　→問題はP.371　**正答2**

ア✕ **明治憲法は損失補償について明文で規定していない。**
妥当でない。明治憲法は所有権の不可侵性について明文で規定していたが（明治憲法27条1項），損失補償については明文で規定していない。

イ✕ **長期間，土地利用が制限されても，特別の犠牲は認められない。**
妥当でない。本肢では，「土地利用制限が60年をも超える長期間にわたって課せられている場合，当該制限は，制限の内容を考慮するまでもなく，権利者に受忍限度を超えて特別の犠牲を課すものである」とされているが，判例は，そのようにいっておらず，長期間による土地利用制限は特別の犠牲を課したものではないと判示している（最判平17・11・1）。

ウ◎ **土地収用法による収用においては付随的損失も補償の対象である。**
妥当である。土地収用法上，いわゆる**付随的損失**も補償の対象に含まれる（収用法88条）。

エ✕ **歴史的・文化的価値は損失補償の対象ではない。**
妥当でない。判例によれば，歴史的・文化的価値があっても，それが経済的・財産的価値を高めるものでなければ補償の対象にならない（最判昭63・1・21）。

オ✕ **少数者残存補償および離職者補償は法律ではなく，要綱で認められている。**
妥当でない。**少数残存者補償**や，**離職者補償**は法律上認められていない。それらの補償は法律ではなく，実務上，重要な役割を果たしている「公共用地の取得に伴う損失補償基準要綱」の中で認められている（同要綱第45条では少数者残存補償が定められ，同要綱第46条では離職者補償が定められている）。

　　以上から妥当なものは**ウ**のみであり，**2**が正答となる。

実戦問題❷　応用レベル

No.5 損失補償に関するア～エの記述のうち，判例に照らし，妥当なもののみをすべて挙げているのはどれか。　【国家総合職・令和元年度】

ア：都市計画に係る計画道路の区域内にその一部が含まれる土地につき60年以上にわたり建築物の建築の制限を受けている場合，当該建築制限の期間の長さのみをもって特別の犠牲に当たるということができるため，制限を超える建築物の建築をして当該土地を含む一団の土地を使用することができないことによる損失について，その共有持分権者が，直接憲法29条3項を根拠として補償請求をすることができる。

イ：土地収用法による補償金の額の決定は，収用委員会の広範な裁量に委ねられているというべきであって，裁判所が当該決定の内容の適否を審査するに当たっては，その基礎とされた重要な事実に誤認があること等により重要な事実の基礎を欠くこととなる場合，又は，その内容が社会通念に照らし著しく妥当性を欠くものと認められる場合に限り，裁量権の範囲を逸脱又はこれを濫用したものとして，裁決に定められた補償額を違法とすべきである。

ウ：戦争損害は，多かれ少なかれ，国民が等しく受忍しなければならないやむを得ない犠牲なのであって，その補償については，国において当該損害の発生が具体的に予想できたといったような特別の事情のない限り，原則として憲法29条3項は適用されない。

エ：土地収用法における損失の補償は，特定の公益上必要な事業のために土地が収用される場合，その収用によって当該土地の所有者等が被る特別な犠牲の回復を図ることを目的とするものであるから，完全な補償，すなわち，収用の前後を通じて被収用者の財産価値を等しくならしめるような補償をなすべきであり，金銭をもって補償する場合には，被収用者が近傍において被収用地と同等の代替地等を取得することを得るに足りる金額の補償を要する。

1 エ
2 ア，イ
3 ア，ウ
4 イ，エ
5 ウ，エ

No.6 損失補償に関するア〜オの記述のうち，妥当なもののみをすべて挙げているのはどれか。ただし，争いのあるものは判例の見解による。

［国家総合職・平成28年度］

ア：鉱業法の規定によって，鉱業権者は，公共の用に供する施設・建物の地表地下とも50メートル以内の場所で鉱物を採掘するには，他の法令の規定によって許可又は認可を受けた場合を除き，管理庁又は管理人の承諾を得なければならないが，これは，公共の福祉のためにする一般的な最小限度の制限であり，何人もこれをやむを得ないものとして当然受忍しなければならず，当該制限によって損失を被ったとしても補償請求をすることはできない。

イ：消防法の規定によって，ガソリン・タンクは，道路等から一定の距離をおいて設置すべきこととされているが，道路管理者による道路工事の施行の結果，警察違反の状態を生じ，ガソリン・タンクの設置者が当該ガソリン・タンクの移転等を余儀なくされ，これによって損失を被った場合，補償を要する。

ウ：土地収用法88条に定める，通常受ける損失は，客観的社会的にみて収用に基づき被収用者が当然に受けるであろうと考えられる経済的・財産的な損失をいうと解するのが相当であって，経済的価値でない特殊な価値についてまで補償の対象とする趣旨ではない。

エ：土地収用法88条に定める，通常受ける損失の中には，個別の財産の財産的価値に対する補償のみならず，全体としての人の生活自体に着目した生活再建補償も当然に含まれており，当該補償を裁判上請求することができる。

オ：土地収用法第71条の規定に基づく補償金額の算定方法には十分な合理性があり，これにより，被収用者は，収用の前後を通じて被収用者の有する財産価値を等しくさせるような補償を受けられるものというべきである。

1 ア，エ
2 イ，ウ
3 ア，ウ，オ
4 イ，エ，オ
5 ア，イ，ウ，オ

（参考）　土地収用法
（土地等に対する補償金の額）
第71条　収用する土地又はその土地に関する所有権以外の権利に対する補償金の額は，近傍類地の取引価格等を考慮して算定した事業の認定の告示の時における相当な価格に，権利取得裁決の時までの物価の変動に応ずる修正率を乗じて得た額

とする。

（通常受ける損失の補償）

第88条　第71条，第72条，第74条，第75条，第77条，第80条及び第80条の2に規定する損失の補償の外，離作料，営業上の損失，建物の移転による賃貸料の損失その他土地を収用し，又は使用することに因つて土地所有者又は関係人が通常受ける損失は，補償しなければならない。

***
No.7　**行政法学上の損失補償に関する記述として，最高裁判所の判例に照らして，妥当なのはどれか。**　　　　　　　　　【地方上級（特別区）・令和元年度】

1　国家が私人の財産を公共の用に供するには，これによって私人の被るべき損害を填補するに足りるだけの相当な賠償をしなければならないことは言うまでもなく，憲法の規定は補償の時期について少しも言明していないものの，補償が財産の供与と交換的に同時に履行されるべきことについては憲法の保障するところであるとした。

2　石油給油所においてガソリンの地下貯蔵タンクを埋設していたところ，道路管理者の道路工事の施行に伴い，その設置状況が消防法の技術上の基準に適合しなくなり警察違反の状態を生じたため別の場所に移設せざるを得なくなったことによる損失は，道路工事の施行により警察規制に基づく損失が現実化するに至ったものであり，この損失は道路法の定める補償の対象に属するとした。

3　土地収用法の通常受ける損失とは，経済的価値でない特殊な価値についても補償の対象としており，福原輪中堤は江戸時代初期から水害より村落共同体を守ってきた輪中堤の一つとして歴史的，社会的，学術的価値を内包し，堤防の不動産としての市場価値を形成する要素となり得るような価値を有することは明らかであるから，かかる価値も補償の対象となり得るとした。

4　火災の際の消防活動により損害を受けた者がその損失の補償を請求しうるには，消防法による処分が，火災が発生しようとし，若しくは発生し，又は延焼のおそれがある消防対象物及びこれらのもののある土地以外の消防対象物及び立地に対しなされたものであり，かつ，消火若しくは延焼の防止又は人命の救助のために緊急の必要があるときになされたものであることを要するとした。

5　政府の責任において締結した平和条約により被った在外資産の喪失という戦争損害は，他の種々の戦争損害と同様，国民のひとしく堪え忍ばなければならないやむを得ない犠牲であるが，私有財産不可侵の原則により原所有者に返還されるべき在外資産は，憲法の規定を適用して具体的な補償請求をなしうるとした。

実戦問題 ❷ の 解説

No.5 の解説 損失補償
→問題はP.375 **正答 1**

ア☒ 60年以上，建築制限されたことによって生じた損失でも，補償されない。

妥当でない。判例は，建築制限の期間の長さのみをもって**特別の犠牲**に当たるとはいっていない（最判平17・11・1）。

イ☒ 補償金額の決定に収用委員会の裁量は認められない。

妥当でない。判例によれば，土地収用法による「補償金の額は，「相当な価格」等の不確定概念をもって定められているものではあるが，通常人の経験則及び社会通念に従って，客観的に認定され得るものであり，かつ，認定すべきものであって，補償の範囲及びその額の決定につき収用委員会に裁量権が認められるものと解することはできない。したがって，損失補償に関する訴訟において，裁判所は，収用委員会の補償に関する認定判断に裁量権の逸脱濫用があるかどうかを審理判断するものではなく，証拠に基づき裁決時点における正当な補償額を客観的に認定し，裁決に定められた補償額が右認定額と異なるときは，裁決に定められた補償額を違法とし，正当な補償額を確定すべき」である（最判平9・1・28）。

ウ☒ 戦争損害は憲法29条3項による補償の対象にならない。

妥当でない。判例によれば，「戦争損害は，他の種々の戦争損害と同様，多かれ少なかれ，国民のひとしく堪え忍ばなければならないやむを得ない犠牲なのであつて，その補償のごときは，憲法29条3項の全く予想しないところで，同条項の適用の余地のない問題といわなければならない」とされている（最大判昭43・11・27）。ここでは，問題文にある「国において当該損害の発生が具体的に予想できたといったような特別の事情」への配慮はない。したがって，そのような特別な事情があったとしても，戦争損害については，憲法29条3項の適用はなく，損失補償はされないと考えられる。

エ◯ 土地収用法における損失補償は完全補償でなければならない。

妥当である（最判昭48・10・18）。この判示は，一般に**完全補償説**としてとらえられている。

　以上から妥当なのは**エ**のみであり，**1**が正答となる。

No.6 の解説 損失補償
→問題はP.376 **正答 3**

ア◯ 鉱業法の制限によって損失を被ったとしても，補償請求できない。

妥当である。鉱業権者は一定の場合に鉱物掘削の許可を得なければならないことになっているが，このような制限によって生じる損失は特別の犠牲とはいえず，補償請求はできない。この点，判例によれば，鉱業法の上記制限は，「鉄道，河川，公園，学校，病院，図書館等の公共施設及び建物の管理運営上支障ある事態の発生を未然に防止するため，これらの近傍において鉱物を掘採する場合には管理庁又は管理人の承諾を得ることが必要であること

を定めたものにすぎず，この種の制限は，公共の福祉のためにする一般的な最小限度の制限であり，何人もこれをやむを得ないものとして当然受忍しなければならないものであって，特定の人に対し特別の財産上の犠牲を強いるものとはいえない」から，補償請求をすることができない（最判昭57・2・5）。

イ✕ ガソリン・タンクの移転等により損失が発生しても，補償は不要である。

妥当でない。判例によれば，道路管理者による道路工事の施行の結果，警察違反の状態を生じ，ガソリン・タンクの設置者が当該ガソリン・タンクの移転等を余儀なくされ，これによって損失を被った場合であっても，それは警察規制に基づく損失がたまたま現実化するに至ったものにすぎないから，補償は不要である（最判昭58・2・18）。

ウ○ 非経済的価値の損失は通常受ける損失ではなく，補償不要である。

妥当である。判例によれば，土地収用法における「通常受ける損失」は経済的・財産的損失をさすのであって，「経済的価値でない特殊な価値についてまで補償の対象とする趣旨ではない」（最判昭63・1・21）。

エ✕ 土地収用法に基づいて生活再建補償を裁判上請求することはできない。

妥当でない。土地の収用により移転先で新たに生計を営むことを余儀なくされるため，必要となる，いわゆる**生活再建補償**は，土地収用法88条では，認められていない。そのため，生活再建補償を裁判上請求することはできない。

オ○ 被収用者は収用の前後で財産的価値が等しくなるよう補償を受けられる。

妥当である。判例によれば，土地収用法71条の規定には，十分な合理性があり，これにより，被収用者は，収用の前後を通じて被収用者の有する財産価値を等しくさせるような補償を受けられる（最判平14・6・11）。

以上から妥当なものはア，ウ，オであり，**3**が正答となる。

No.7 の解説　損失補償

→問題はP.377　**正答4**

1✕ 憲法は補償の同時履行を保障していない。

妥当でない。判例によれば，「憲法は『正当な補償』と規定しているだけであって，補償の時期についてはすこしも言明していないのであるから，補償が財産の供与と交換的に同時に履行さるべきことについては，憲法の保障するところではないと言わなければならない。もっとも，補償が財産の供与より甚しく遅れた場合には，遅延による損害をも填補する問題を生ずるであろうが，だからといって，憲法は補償の同時履行までをも保障したものと解することはできない」（最判昭24・7・13）。

2✕ 道路工事の結果，財産上の損失が発生しても，損失補償の対象にならない。

妥当でない。判例によれば，「警察法規が一定の危険物の保管場所等につき保安物件との間に一定の離隔距離を保持すべきことなどを内容とする技術上の基準を定めている場合において，道路工事の施行の結果，警察違反の状態

第5章

国家補償法

379

を生じ，危険物保有者が右技術上の基準に適合するように工作物の移転等を余儀なくされ，これによって損失を被ったとしても，それは道路工事の施行によって警察規制に基づく損失がたまたま現実化するに至ったものにすぎず，このような損失は，道路法70条1項の定める補償の対象には属しない」（最判昭58・2・18）。

3 ✕ **輪中堤がもつ特殊な価値は補償の対象にならない。**

妥当でない。判例によれば，土地収用法にいう「通常受ける損失」とは，「客観的社会的にみて収用に基づき被収用者が当然に受けるであろうと考えられる経済的・財産的な損失をいうと解するのが相当であって，経済的価値でない特殊な価値についてまで補償の対象とする趣旨ではない」。福原輪中堤は「江戸時代初期から水害より村落共同体を守ってきた輪中堤の典型の一つとして歴史的，社会的，学術的価値を内包しているが，それ以上に本件堤防の不動産として市場価格を形成する要素となり得るような価値を有するというわけでない」から，かかる価値は補償の対象にならない（最判昭63・1・21）。

4 ◎ **消防活動に伴って生じた損失は一定の要件の下で補償される。**

妥当である（最判昭47・5・30）。消防活動に伴って生じた損失に対する補償は，①消防法に基づく「処分等が，火災が発生しようとし，もしくは発生し，または延焼のおそれがある消防対象物およびこれらのもののある土地以外の消防対象物および立地に対しなされたもの」であって，かつ②「緊急の必要があるときになされたもの」である場合に，請求できる。

5 ✕ **在外資産の喪失という戦争損害について補償請求は認められない。**

妥当でない。判例は，「在外資産の喪失による損害も，敗戦という事実に基づいて生じた一種の戦争損害とみるほかはない」のであり，「このような戦争損害は，他の種々の戦争損害と同様，多かれ少なかれ，国民のひとしく堪え忍ばなければならないやむを得ない犠牲なのであって，その補償のごときは，憲法29条3項の全く予想しないところで，同条項の適用の余地のない問題といわなければならない」と判示しており（最判昭43・11・27），本肢のように「私有財産不可侵の原則により原所有者に返還されるべき在外資産は，憲法の規定を適用して具体的な補償請求をなしうる」とは判示していない。

行政組織法

第6章

テーマ㉑ 国の行政組織と法
テーマ㉒ 地方公共団体の組織と事務
テーマ㉓ 地方公共団体の自治立法と住民
テーマ㉔ 公務員法・公物法

試験別出題傾向と対策

試験名	国家総合職					国家一般職					国家専門職				
年度	21〜23	24〜26	27〜29	30〜2	3〜5	21〜23	24〜26	27〜29	30〜2	3〜5	21〜23	24〜26	27〜29	30〜2	3〜5
頻出度 テーマ 出題数	5	5	5	5	4	0	0	0	0	0	0	0	1	1	2
C 21 国の行政組織と法	3	1	2	2	1										
B 22 地方公共団体の組織と事務	1	1		1											
B 23 地方公共団体の自治立法と住民		2	1	1											
C 24 公務員法・公物法	1	1	2	1	3								1	1	2

　本章では，いわゆる広義の行政組織法を扱っている。この分野は，大学等における通常の講義では扱われないことが多く，伝統的には，それほど重要視されてこなかった分野である。しかし，公務員試験では，この分野からの出題が少なからずあり，無視することはできない。

　国および地方の行政組織については，関連する個別条文の知識が問われることが多い。とりわけ後者については，地方自治法に関する条文知識が問われている。

　また，公務員法の分野についても，国家公務員法等の条文知識が問われている。

　これに対し，公物法の分野は，条文知識が問われることはほとんどなく，重要判例の要旨が繰り返し問われている。

● 国家総合職（法律）

　国家総合職の問題は，広義の行政組織法の分野から万遍なく出題されている。特に公物法の分野からの出題がある点に特徴があり，かなり細かい知識が要求されることもある。

　なお，出題形式の指摘をしておくと，従来は単純正誤型の問題であったが，「妥当なもののみをすべて挙げているのはどれか」という形での出題形式が定着した。また，まれではあるが，空欄補充の形式をとる問題も見られる。

● 国家一般職

　国家一般職の問題は，条文知識を素直に問う単純正誤型の問題とともに，正しい記述をすべて挙げている選択肢を選ばせる形式の問題が出題されてきた。内容的には，やや細かい知識が要求されたこともある。

　ただし，本章のテーマからの出題は，過去15年以上にわたってない。

地方上級 （全国型）					地方上級 （特別区）					市役所 （C日程）					
21 | 23	24 | 26	27 | 29	30 | 2	3 | 5	21 | 23	24 | 26	27 | 29	30 | 2	3 | 5	21 | 23	24 | 26	27 | 29	30 | 2	3 | 4	
2	3	0	2	2	0	0	0	0	0	3	2	2	2	0	
													1		テーマ21
1	1		1	1						1	1	1	1		テーマ22
	2		1	1						2	1	1			テーマ23
1															テーマ24

● 国家専門職（国税専門官）

　国税専門官試験においては，過去15年以上にわたって広義の行政組織法からの出題はない。その原因として，①国税専門官試験では出題数がかなり限られているため，より重要度が高い行政作用法および行政救済法の領域から出題せざるをえない，②広義の行政組織法に関する知識が行政作用法や行政救済法の知識に比べると，実務上，それほど重要ではないといったことが考えられる。

　なお，国税専門官と異なり，財務専門官試験では，ここ数年，公物法の問題が出題されている。そのため，公物法の分野は要チェックである。

● 地方上級（全国型）

　特に目新しい形式の問題はなく，条文知識を素直に問う単純正誤形式の問題が出題されている。地方公務員の採用試験であるためか，過去15年以上にわたって国の行政組織をテーマにした出題はない。他方，地方自治法からの出題は比較的多く，主に条文知識が問われている。公務員法および公物法からの出題は，過去15年以上にわたってない。

● 地方上級（特別区）

　本章のテーマからは，過去15年以上にわたって出題されたことはない。

● 市役所（C日程）

　基本的に地方自治法の分野からの出題に限定されている。また，公務員法および公物法からの出題は過去15年以上にわたってない。

国の行政組織と法

必修問題

　行政機関相互の関係に関するア～オの記述のうち，妥当なもののみをすべて挙げているのはどれか。　　　　　　　　　　　　　　　【国家総合職・平成22年度】

ア：一般に，行政組織においては，組織内における意思統一を可能にするため，**上級機関**には**下級機関**に対する**指揮監督権**が認められるが，この指揮監督権は，明文の規定がなくても，上級機関に対して当然に認められるものである。

イ：指揮監督権の内容として，上級機関には下級機関の事務処理に対して同意（承認）を行う権限が認められることがあるが，上級機関の同意（承認）が得られない場合，下級機関は，法律に特別の定めがあるときに限り，不同意（不承認）の取消しや同意（承認）の義務付けを求めて訴訟を提起することができる。

ウ：下級機関が処分権限を行使しない場合に上級機関がこれを代行（代執行）することは，明文の規定がなくても，上級機関の指揮監督権の実効性を担保するため，当然に認められる。

エ：訓令は，下級行政機関を名あて人にするものであり，私人に対する拘束力を有するものではない。訓令に従って行政作用が行われても，そのことは当該行政作用が適法であることを保障するものではないし，訓令に違反して行政作用が行われても，そのことから直ちに当該行政作用が違法となるわけではない。

オ：対等の行政機関の間で権限争議が発生した場合には，それらに共通の上級機関の裁定により処理されることとなる。内閣法は，内閣総理大臣に，主任の大臣相互間における権限争議の裁定権を付与しており，地方自治法も，普通地方公共団体の長に当該普通地方公共団体の**執行機関**相互間における権限争議の裁定権を付与している。

1　ア，イ，エ
2　ア，イ，オ
3　ア，ウ，エ
4　イ，ウ，オ
5　ウ，エ，オ

難易度　＊＊＊

必修問題の解説

　本問では，主に行政組織法理論に関する基本的事項が問われている。もっとも，行政組織法に固有の問題ばかりが問われているわけではなく，行政作用法や行政救済法の問題が行政組織法の観点から問われている。したがって，行政作用法や行政救済法の知識も動員するとよい。

ア〇 上級機関の指揮監督権は当然に認められる。

　妥当である。行政組織の一体性を確保するため，上級機関の下級機関に対する**指揮監督権**は，当然に認められる，と解されている。

イ〇 機関訴訟は法律に特別の定めがある場合に限り認められる。

　妥当である。下級機関が上級機関に対して不同意（不承認）の取消しや同意（承認）の義務付けを求めて提起する訴訟は**機関訴訟**（行訴法6条）であるが，これは法律に特別の定めがある場合に限り認められている（同42条）。

ウ✕ 処分権限の代行（代執行）は法律に特別の定めがある場合に限り認められる。

　妥当でない。下級機関の処分権限は法律によって定められている以上，上級機関がこれを代行（代執行）するためには，**法律による行政の原理**との関連で，法律の根拠が必要であって，明文の規定なく当然に認められるわけではない，と解されている。

エ〇 訓令適合性と法適合性は連動しない。

　妥当である。**訓令**は，**通達**と同様，下級行政機関を名あて人とするもので，いわゆる内部行為（行政組織内部に向けられて行われる行為であり，行政組織の外部にいる国民に向けて行われる行為とは区別される）であるから，国民の権利義務に直接影響を及ぼすものではなく，**法規**ではない。その意味で，訓令は一般に講学上の**行政規則**としての性格を有する。法規ではない以上，訓令の適合・不適合が，直ちに訓令に基づく行政作用の適法・違法の評価に結びつくわけではない。

オ✕ 普通地方公共団体の長には権限争議の裁定権は認められていない。

　妥当でない。前半は正しい（内閣法7条）。これに対し，後半は，地方自治法が普通地方公共団体の長に当該普通地方公共団体の**執行機関**相互間における権限争議の裁定権を付与していないので，妥当ではない。

　以上から妥当なものは，**ア，イ，エ**であり，**1**が正答となる。

正答 **1**

FOCUS

　国家行政組織法の分野は，条文の解釈や判例知識が問われることはほとんどない。実際に問われることが多いのは，国家行政組織に関する主要な法律の条文知識である。したがって，国家行政組織に関する重要条文を押さえておく必要がある。

第6章 行政組織法

重要ポイント 1 　内閣の組織

　内閣は，内閣総理大臣と複数の国務大臣によって組織され（内閣法2条），その職権は閣議により行われる（同4条1項）。また，慣習的に内閣の意思は全会一致によって決定され，多数決によっていない。

(1) 内閣総理大臣：内閣総理大臣は内閣を主宰し，重要政策に関する基本方針等を発議することができる（同4条2項）。また，内閣総理大臣は行政各部を指揮監督するとともに（同6条），主任の大臣間で権限の疑義がある場合には，閣議にかけて裁定できる（同7条）。さらに内閣総理大臣は行政各部の処分または命令を中止せしめ，内閣の処置を待つことができる（同8条）。

(2) 国務大臣：各大臣は，基本的に主任の大臣として行政事務を分担管理するが，必ずしも行政事務を分担管理しなくてもよい（同3条）。このように行政事務を分担管理しない大臣のことを**無任所大臣**という。

重要ポイント 2 　内閣補助部局

　内閣の職務遂行を補助する機関としての内閣補助部局には，以下のものがある。

(1) 内閣官房：内閣には，内閣官房が設置される（内閣法12条）。この内閣官房には，内閣官房長官のほか国家安全保障局や内閣人事局などが置かれる（同13〜24条）。このうち内閣官房長官については，国務大臣をもって充てることとされている（同13条2項）。

(2) 内閣法制局：内閣には，法律案および政令案を立案し，内閣に上申する事務などを担う内閣法制局が設置される（内閣法制局設置法1条，3条）。

(3) 国家安全保障会議：内閣には，国家安全保障に関する重要事項を審議する機関として国家安全保障会議が設置される（国家安全保障会議設置法1条）。

(4) 内閣府：内閣には，内閣府が設置される（内閣府設置法2条）。この内閣府の長は内閣総理大臣である（同6条1項）。また，内閣府には，特別な職として**特命担当大臣**が置かれる（同9条1項）。この特命担当大臣は国務大臣をもって充てられる（同9条2項）。そのほか，内閣府には，副大臣，大臣政務官，大臣補佐官，事務次官が置かれるほか（同13〜15条），委員会および庁も置かれる（同64条）。また，内閣府には経済財政諮問会議などの重要政策に関する会議が置かれる（同18条以下）。

(5) 人事院：人事院は内閣に置かれるわけではなく，また，省などのように内閣の「統括」下にあるわけでもない。そのため人事院には国家行政組織法の適用はない（国公法4条4項）。人事院は，内閣の「所轄」の下に特別に設置された合議制の独立行政機関である（同3条1項）。

(6) 復興庁：内閣に復興庁が置かれる（復興庁設置法2条）。復興庁の長は内閣総理大臣であるが（同6条1項），復興庁には復興大臣が置かれることになっている（同8条1項）。この復興大臣については，国務大臣をもって充てることとされている（同8条2項）。

重要ポイント **3** **内閣の統括下にある行政組織**

　国の行政組織は，内閣の統括の下に内閣府の組織とともに系統的に構成されている。この国の行政組織を構成する行政機関は，省，委員会，庁である（行組法3条2項）。これらの行政機関には付属機関や地方支分部局が置かれることもある。

　委員会および庁は省の**外局**（本省の外部に置かれた部局という意味）として置かれる（同3条3項）。また，省および庁の内部に置かれる部局としては官房，局，部などがあるが（同7条），省の官房および局の数については法律で総数の最高限度が定められている（同23条）。

(1) **省**：省は内閣の統轄の下に行政事務をつかさどる機関として置かれる。各省大臣は，国務大臣の中から内閣総理大臣が命じるが，内閣総理大臣が自らこれに当たることも妨げられていない（同5条2項）。

(2) **委員会**：委員会は政治的中立性・公正性や技術的専門性が要求される分野において設置される合議制の機関である。委員会の長は委員長と称される（同6条）。この委員会は職務の特性から一定の独立性が保障され，準立法的権限や準司法的権限が認められることがある。もっとも，委員会は，法律案の提出権を有しないし（同11条，内閣府設置法7条2項参照），財務省に対して直接の予算要求をすることもできないので（財政法20条参照），内閣府や省に一定程度従属しているといわざるをえない。また，委員会の人事について国会の同意を必要とすることがあるので，人事についても，完全な独立性は保障されていないといえる。

(3) **庁**：庁は仕事量が膨大でかつ仕事内容が定型的な場合に，省から一定程度独立して設けられる。庁の長は長官と称される（行組法6条）。

(4) **付属機関等**：省，委員会，庁には**審議会**等の付属機関を置くことができる（同8条～8条の3，内閣府設置法37条・39条・40条参照）。審議会等は重要事項に関する調査審議，不服審査その他学識経験を有する者等の合議により処理することが適当な事務をつかさどる合議制の機関であり，法律または政令によって設置される（行組法8条）。このような行政機関は講学上，諮問機関として位置づけられる。なお，審議会等が表明する意見の法的拘束力の程度は一様ではない。この点に関連し，従来，その意見が法的拘束力を有する機関は特別に**参与機関**としてとらえられてきた。

(5) **地方支分部局**：省，委員会，庁は法律の定めるところにより地方支分部局を置くことができる（同9条）。この行政機関は，いわば国の出先機関であり，たとえば法務局や税務署などがこれに該当する。なお，国の地方行政機関は，国会の承認を経なければ，これを設けてはならず，国の地方行政機関の設置および運営に要する経費は国が負担しなければならない（地自法156条4項）。

　なお，通常，国の行政機関の一種としてとらえられている**会計検査院**は，内閣の統括の下にも，また所轄の下にも置かれていない。会計検査院は憲法90条2項に基づいて特別に制定された会計検査院法で規律されている。

重要ポイント 4 特別行政主体

国および地方公共団体以外の法人で，行政活動を行うことを法令によって認められた法人がある。これを特別行政主体と呼ぶことがある。

(1) 独立行政法人：これは，独立行政法人通則法および個別の独立行政法人設立法によって設立された法人である。独立行政法人通則法が定める独立行政法人とは，「国民生活及び社会経済の安定等の公共上の見地から確実に実施されることが必要な事務及び事業であって，国が自ら主体となって直接に実施する必要のないもののうち，民間の主体にゆだねた場合には必ずしも実施されないおそれがあるもの又は一の主体に独占して行わせることが必要であるものを効率的かつ効果的に行わせることを目的として，この法律及び個別法の定めるところにより設立される法人をいう」（独通法 2 条 1 項）。

(2) 特殊法人：これは，実務上一般に，総務省の審査・監査の対象となる法人（独立行政法人を除く）のことをさす（総務省設置法 4 条15号参照）。このように，特殊法人の概念は担当する事務とは無関係である点に特徴がある。

(3) 認可法人：これは，実務上一般に，業務の公共性等を理由にして特別の法律に基づいて主務大臣の認可を要件として設立される法人のことをさす。認可法人の一部の業務については総務省が行う行政評価等の関連調査の対象となる（同 4 条19号ハ）。

(4) 指定法人：これは，実務上一般に，特別の法律に基づき特定の業務を行うものとして行政庁に指定された民法上の法人と理解されている。たとえば建築確認を行う指定確認検査機関（建築基準法77条の18）などがある。

(5) 公共組合：これは，強制加入性がとられていること，業務の遂行に公権力性が付与されていること，経費が強制的に徴収されることなどを法的特色とする公の社団法人のことをさす。具体的には土地区画整理組合や，土地改良区などがこれに該当する。なお，かつては医師会や薬剤師会も，公共組合としてとらえられていたが，戦後になって法的規制がなくなったことに伴い，公共組合としての性格を失うことになった。

重要ポイント 5 行政機関の概念

「行政機関」の概念については 2 通りの用語法があるので，注意が必要である。

(1) 作用法的行政機関概念：権限の帰属先を単位として行政機関の概念が使用されることがある。たとえば，地方自治法において知事や市町村長を執行機関とし，副知事や助役などを補助機関としているのはこの意味においてである。

(2) 事務配分的行政機関概念：事務の配分先である官署を単位として行政機関の概念が使用されることがある。たとえば国家行政組織法 3 条 2 項において省，庁，委員会を行政機関としているのは，この意味においてである。

実戦問題 **1** 基本レベル

✦ **No.1** 行政機関についての講学上の概念に関するア～エの記述のうち，妥当なもののみをすべて挙げているのはどれか。 【国家一般職・平成19年度】

ア：行政庁とは，行政主体の意思または判断を決定し外部に表示する権限を有する機関をいい，各省大臣および都道府県知事は行政庁に該当するが，公正取引委員会や公害等調整委員会等の行政委員会は行政庁に該当しない。

イ：諮問機関とは，行政庁から諮問を受けて意見を具申する機関をいい，諮問機関に対する諮問手続きが法律上要求されているのに，行政庁が諮問手続きを経ることなく行政処分をした場合であっても，行政庁の決定が違法となることはないとするのが判例である。

ウ：執行機関とは，行政上の義務を国民が履行しない場合に強制執行をしたり，違法な状況を排除する緊急の必要がある場合に即時強制をするなど，行政目的を実現するために必要とされる実力行使を行う機関をいう。

エ：監査機関とは，監査の対象となっている機関の事務や会計処理を検査し，その適否を監査する機関をいい，国の会計検査を行う会計検査院や地方公共団体の財務に関する事務の執行等を監査する監査委員が監査機関に該当する。

1 ア
2 ア，イ
3 イ，ウ
4 ウ，エ
5 エ

✦ **No.2** 国の行政組織に関するア～オの記述のうち，妥当なもののみをすべて挙げているのはどれか。 【国家総合職・平成23年度】

ア：国務大臣とは，内閣の構成員たる大臣のことであり，すべての国務大臣は，行政機関の長として行政事務を分担管理する主任の大臣としての地位を兼ねる。

イ：人事院は，内閣の所轄の下に置かれるが，内閣の統轄の下にある行政機関について定める国家行政組織法は適用されない。

ウ：内閣府は，内閣総理大臣が政府全体の見地から管理することがふさわしい行政事務の円滑な遂行を図ることを任務としており，内閣補助部局ではない。

エ：内閣府には，内閣の重要政策に関して行政各部の施策の統一を図るために特に必要がある場合に，内閣総理大臣が任命する国務大臣（特命担当大臣）が置かれ，同大臣には，内閣補助事務に関し，関係行政機関の総合調整の

ための権限が付与されている。

オ：省，委員会および庁は，いずれも国家行政組織法第3条において内閣の統轄の下にあるとされ，内閣の直接の統轄の下に置かれるという共通点を有する

1 ア，イ
2 ア，ウ
3 イ，エ
4 ウ，オ
5 エ，オ

♦ **No.3** ＊＊ いわゆる行政委員会に関する次の記述のうち，妥当なのはどれか。

【国家総合職・平成19年度】

1 行政委員会が国家行政組織法第3条の規定により省の外局として置かれている場合，その具体的な権限の行使については，当該省の大臣の指揮監督を当然に受けるものと解される。

2 行政委員会の独立性を保つ必要性にかんがみ，行政委員会の代表者自らが法律案を内閣総理大臣に提出して閣議を求めることができるとされているのが通例である。

3 行政委員会の構成員の任免権は一般に内閣が有しているが，行政委員会は，その職務の性質上，多かれ少なかれ内閣から独立して活動するものであることから，予算の編成権については内閣から完全に独立している。

4 憲法は三権分立を原則としているものの，行政委員会の中には，争訟の判断といった準司法的権限や規則制定といった準立法的権限を持つことが認められているものも存在する。

5 行政委員会の職務は行政権に属するものであることから，行政権は内閣に属すると規定する憲法第65条の規定の趣旨にかんがみ，行政委員会の人事について国会のコントロールを受けることはおよそ認められていない。

実戦問題 **1** の**解説**

→問題はP.389

No.1 の解説 行政機関　　　　　　　　　　　　　　　　　　　**正答4**

ア✕　行政委員会も行政庁に該当する。

妥当でない。各省大臣および都道府県知事等の**独人制**の機関だけでなく，行政委員会等の**合議制**の機関も**行政庁**となりうる。したがって，**行政主体**の意思または判断を決定し外部に表示する権限を有する限り，行政委員会も行政庁に該当する。実際，現行法上，そのような権限が各行政委員会には認められている（たとえば，私的独占の禁止及び公正取引の確保に関する法律8条の2に基づく公正取引委員会による排除命令）。

イ✕　法定された諮問手続を経ない行政庁の決定は違法である。

妥当でない。判例によれば，**行政庁**が諮問手続きを経ることなく行政処分をした場合には，行政庁の決定は違法となる（最判昭46・1・22）。ただし，当該違法性が無効原因となるか否か，また，取消原因となるか否かは，別に問題となる。

ウ⭕　執行機関とは実力行使を行う機関をいう。

妥当である。たとえば，警察官（警職法1条以下）や消防吏員（消防法29条）などが講学上の**執行機関**の例である。

エ⭕　国の会計検査院や，地方公共団体の監査委員は監査機関に該当する。

妥当である。**監査機関**の例としては，本肢で挙げられている機関のほか，総務省や行政監察事務所なども指摘されることがある。

　　以上から妥当なものは**ウ**および**エ**であり，**4**が正答となる。

No.2 の解説 国の行政組織　　　　　　　　　　　　　　　　　　**正答3**

→問題はP.389

ア✕　国務大臣の中には行政事務を分担管理しない無任所大臣もいる。

妥当でない。すべての**国務大臣**が行政機関の長として行政事務を分担管理する主任の大臣としての地位を兼ねるとは限らない。内閣法上，行政事務を分担管理しない大臣が存することは妨げられていない（同3条2項）。このような大臣を**無任所大臣**と呼ぶことがある。

イ⭕　人事院には国家行政組織法は適用されない。

妥当である。前半につき，国公法3条1項。後半につき，同4条4項。**人事院**に国家行政組織法の適用がないのは，人事院が担う人事行政に政治的中立性が要請されるためであると解されている。

ウ✕　内閣府は内閣補助部局である。

妥当でない。**内閣府**は，**内閣官房**，**内閣法制局**，**国家安全保障会議**とともに，**内閣補助部局**である。なお，内閣府は「内閣総理大臣が政府全体の見地から管理することがふさわしい行政事務の円滑な遂行を図ることを任務」としているという部分は正しい（内閣府設置法3条2項）。

エ⭕　内閣府に特命担当大臣を置くことができる。

妥当である（同9～12条）。**特命担当大臣**は，**国務大臣**をもって充てることとされている（同9条2項）。

オ⊠ 委員会および庁は内閣の直接の統括の下に置かれていない。

妥当でない。省，委員会および庁は，いずれも行組法3条で言及されているものの，委員会および庁は，省のように内閣の直接の統括の下に置かれていない。委員会および庁は省の**外局**として置かれる（行組法3条3項）。

以上から妥当なものは**イ**および**エ**であり，**3**が正答となる。

No.3 の解説 行政委員会   →問題はP.390 **正答4**

1⊠ 外局としての行政委員会は省の大臣の指揮監督を当然に受けるわけではない。

行政委員会が行組法3条の規定により省の外局として置かれている場合であっても，その具体的な権限の行使について当該省の大臣の指揮監督を当然に受けるわけではない。たとえば公害等調整委員会の「委員長及び委員は，独立してその職権を行なう」こととされている（公害等調整委員会設置法5条）。

2⊠ 行政委員会の代表者が法律案を提出して閣議を求めることはできない。

法律案を内閣総理大臣に提出して閣議を求めることができるのは，各省大臣であって（行組法11条），行政委員会の代表者には，そのような権限は認められていない。

3⊠ 行政委員会は内閣から独立して予算の編成権を有するわけではない。

予算の作成は内閣の職務であり（憲法73条5号），行政委員会が内閣から独立して予算を編成することはできない。

4◎ 行政委員会には準立法的権限や準司法的権限が認められていることもある。

正しい。たとえば，「公正取引委員会は，その内部規律，事件の処理手続及び届出，認可又は承認の申請その他の事項に関する必要な手続について規則を定めることができる」（私的独占の禁止及び公正取引の確保に関する法律76条）。このような権限は**準立法的権限**としてとらえることができる。また，公正取引委員会には審判手続きによる**準司法的権限**も認められている。

5⊠ 行政委員会の人事について国会のコントロールを受けることはある。

たとえば公正取引委員会の委員長および委員は内閣総理大臣が任命するが，国会の同意を必要とする（同29条2項）。このように，行政委員会の人事について国会のコントロールを受けることがある。

実戦問題❷　応用レベル

No.4 国の行政組織に関するア～オの記述のうち，妥当なもののみをすべて挙げているのはどれか。
【国家総合職・平成27年度】

ア：内閣総理大臣は，内閣の首長として，閣議を主宰する権能を有しているが，各省の主任の大臣からの閣議請議を受けるだけではなく，内閣総理大臣が，内閣の首長として，内閣の重要政策に関する基本的な方針等の案件を自ら発議することも可能である。

イ：内閣官房と内閣府は，いずれも内閣に置かれ，内閣の統轄下の行政機関であると同時に，内閣の補助部局であるという二重の法的性格を有している。内閣官房は，閣議事項の整理その他内閣の庶務のほか，内閣の重要政策に関する基本的な方針に関する企画，立案，総合調整，行政各部の施策の総合調整など，内閣の職務遂行を補助する機関とされ，主任の大臣は内閣官房長官である。他方，内閣府は，内閣の重要政策に関する内閣の事務を助けることを任務とする機関とされ，主任の大臣は内閣総理大臣である。

ウ：内閣法制局及び人事院は，内閣補助部局であると同時に政治的中立性を確保する必要があることから，その職権行使について内閣から独立しており，いずれも内閣総理大臣を主任の大臣としていない。

エ：内閣補助部局である安全保障会議は，国防に関する重要事項や重大緊急事態への対処に関する重要事項を審議する機関として設置されていたが，平成25年の関連法の改正により国家安全保障会議に改組された。これにより，国家安全保障に関する外交政策及び防衛政策の基本方針等について内閣総理大臣，外務大臣，防衛大臣，内閣官房長官が審議する場の創設や，事務局機能を恒常的に担う国家安全保障局が内閣官房に設置されるなどの機能強化が行われた。

オ：複数の省庁にまたがる問題について，総合調整を行い，政府としての統一的な指針，計画を策定するために「本部」を設置することがある。「本部」は，内閣官房や内閣府とは独立し，直接内閣に置かれる内閣補助部局であり，法律による根拠なく設置することも可能である。

1 ア
2 ア，ウ
3 イ，オ
4 ア，エ，オ
5 イ，ウ，エ

** **国家行政組織法上の委員会に関する次の記述のうち，妥当なのはどれか。**

【国家総合職・平成25年度】

1 国家行政組織法上，委員会は国の行政機関として位置づけられており，同法によれば，その所掌事務は，政治的中立性の確保が必要なもの，専門技術的判断が必要なものおよび複数当事者の利害調整を行うものに限定されている。

2 国家行政組織法上，委員会は，別に法律の定めるところにより，省にその外局として置かれ，特に必要がある場合においては，委員会の長に国務大臣を充てることができるとされている。

3 国家行政組織法上，委員会は，別に法律の定めるところにより，政令および省令以外の規則その他の特別の命令を自ら発することができるとされているが，当該命令には，法律の委任がなければ，罰則を設け，または義務を課し，もしくは国民の権利を制限する規定を設けることができない。

4 国家行政組織法上，委員会の長たる委員長は，各省大臣および各庁の長官と同様に，その機関の所掌事務について，命令または示達するため，所管の諸機関および職員に対し，訓令または通達を発することができる。

5 人事院は，国家公務員法に基づき内閣の所轄の下に設置される行政機関であるが，国家行政組織法上は，内閣総理大臣が主任の大臣となっている内閣府に置かれる委員会として位置づけられる。

実戦問題❷の解説

No.4 の解説　国の行政組織
→問題はP.393 **正答4**

ア○ 妥当である。内閣総理大臣は閣議を主宰するとともに，内閣の重要政策に関する基本的な方針その他の案件を発議することができる（内閣法4条2項）。

イ✕ 妥当でない。**内閣官房**の主任の大臣は内閣総理大臣である（同26条1項）。**内閣官房長官**は国務大臣をもって充てられることになっているが（同13条2項），内閣官房の主任の大臣としては位置づけられていない。

ウ✕ 妥当でない。**内閣法制局**の主任の大臣は内閣総理大臣である（内閣法制局設置法7条）。なお，**人事院**については，内閣からの独立性を確保するため，主任の大臣が置かれていない。

エ○ 妥当である。**国家安全保障会議**は国家安全保障に関する外交政策及び防衛政策の基本方針等について審議し，必要に応じ，内閣総理大臣に対し，意見を述べる（国家安全保障会議設置法2条1項11号）。また，**国家安全保障局**は内閣官房に置かれている（内閣法17条）。

オ○ 妥当である。**本部**には，宇宙基本法に基づく宇宙開発戦略本部のように，法律の根拠があって設置されるものと，行政改革推進本部のように，法律の根拠なくして設置されるものがある。

　以上から妥当なものはア，エ，オであり，**4**が正答となる。

No.5 の解説　国家行政組織法上の委員会
→問題はP.394 **正答3**

1✕ 前半は正しい（行組法3条2項）。後半が誤り。行組法によれば，**委員会**の所掌事務は「別に法律でこれを定める」とされており（同4条），行組法の中で具体的に委員会の所掌事務が定められているわけではない。

2✕ 前半は正しい（同3条3項）。後半が誤り。行組法上，委員会の長に**国務大臣**を充てることができるとはされていない。

3◎ 正しい（同13条1項，2項，同12条3項）。委員会だけでなく，他の国の行政機関も，法律の委任がなければ，罰則を設け，または義務を課し，もしくは国民の権利を制限する規定を設けることはできない。

4✕ 行組法上，所管の諸機関および職員に対し**訓令**または**通達**を発することができるのは，委員会の長たる委員長ではなく，委員会である（同14条2項）。

5✕ 前半は正しい（国公法3条1項）。後半が誤り。行組法の中で**人事院**は規律対象にされていない。そのため，行組法上，内閣府に置かれる委員会として人事院が位置づけられているということはない。むしろ，行組法は人事院に適用されない（国公法4条4項）。

必修問題

国と普通地方公共団体の関係に関する次の記述のうち，妥当なのはどれか。

【市役所（B日程）・平成27年度】

1 地方公共団体に対する国または都道府県の**関与**には，必ずしも法律またはこれに基づく政令の定めを必要としない。

2 普通地方公共団体に対する国の**助言**や**勧告**などは，**法定受託事務**に限って行うことができる。

3 都道府県の法定受託事務の処理が法令に違反し，または著しく適正を欠くなどの場合には，国は**是正指示**を行い，改善がなされない場合には知事を罷免できる。

4 都道府県の**自治事務**の処理が法令の規定に違反していると認めるときは，国は是正命令を出すことができるが，**代執行**は認められていない。

5 普通地方公共団体の長は，国の是正要求に対して不服があるときは，**国地方係争処理委員会**に対し，審査の申出をすることができる。

難易度 ＊＊

必修問題の解説

　国と普通地方公共団体の関係については，地方自治法が定める「関与」の規定が重要である。関与の基本原則とともに，誰が，どのような事務に関し，どのような場合に，どのような関与をすることができるのか，整理しておくとよい。

1× 関与は法律またはこれに基づく政令の定めを必要とする。
　　普通地方公共団体は，その事務の処理に関し，法律又はこれに基づく政令によらなければ，普通地方公共団体に対する国又は都道府県の関与を受け，又は要することとされることはない（地自法245条の2）。これを**関与の法定主義**という。

2× 国による助言や勧告は法定受託事務に限定して行われることになっていない。
　　国の大臣は普通地方公共団体の「担任する事務」に関し，普通地方公共団体に対し，**助言や勧告**を行うことができるとされており，当該事務が**法定受託事務**に限定されているということはない（同245条の4第1項）。したがって，**自治事務**についても，助言や勧告が行われうる。

3× 国が知事を罷免することはできない。
　　前半は正しい（同245条の7第1項）。後半が誤り。かつては知事を罷免できる制度があったが，現在の地方自治法では知事の罷免制度は存在しない。

4× 自治事務の処理が法令に違反していても，国は是正命令を出せない。
　　都道府県の自治事務の処理が法令の規定に違反していると認めるときは，国は**是正の要求**をすることができるが（同245条の5），是正の命令を出すことはできない。なお，**代執行**が可能なのは法定受託事務に限られている（同245条の8）。

5◎ 長は国地方係争処理委員会に審査の申出をすることができる。
　　正しい。普通地方公共団体の長その他の**執行機関**は，国の関与のうち是正の要求，許可の拒否その他の処分その他公権力の行使に当たるものに不服があるときは，**国地方係争処理委員会**に対し，審査の申出をすることができる（地自法250条の13第1項）。

正答 5

FOCUS

　地方公共団体の事務は自治事務と法定受託事務に二分されるが，この事務の区分に対応して，関与の仕組みが異なる。さらに，関与の種類に応じて，紛争処理の仕組みが異なる。これらの点に配慮しながら，それぞれの地方自治法上の制度を有機的に関連させて整理しておくことが望ましい。

━ POINT ━

重要ポイント ① 　地方公共団体の種類

　地方自治法上，地方公共団体の種類は複数存在する（地自法1条の3）。それらはいずれも法人としての性格を有する（同2条1項）。

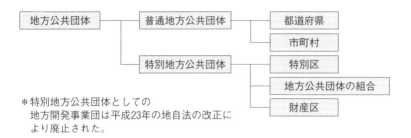

＊特別地方公共団体としての
　地方開発事業団は平成23年の地自法の改正に
　より廃止された。

重要ポイント ② 　地方公共団体の組織

　地方公共団体の組織は，執行機関の部門と議事機関の部門からなる。執行機関の長および議事機関の議員はいずれも選挙によって選出される。そのため，このようなシステムを**二元的代表制**と呼ぶことがある。

(1) 議会の権限

　議会の権限は，①議決権（地自法96条），②議会が執行機関を監視・統制する監視・統制権（同98条，99条，100条，124条，125条，162条など），③議会が自らを律する自律権（同120条，127条，129条，130条，135条など）に大別することができる。

(2) 長の権限

　長が有する権限として，事務の管理執行権（同148条），規則制定権（同15条），職員の任命権（同172条2項）と，職員に対する指揮監督権（同154条）などがある。

(3) 議会と長の関係

　議会と長の見解が対立する場合を想定して，地方自治法は，①再議の制度，②議会による不信任議決の制度，③長の議会解散権の制度を設けた。

　このうち，①再議というのは，議会が一度下した決定につき，長が，議会に対して再び審議するよう要請する制度のことである。地方自治法は，長が再議に付すことのできる場合として，議会の議決に異議があるとき（同176条1項），議会の議決または選挙が違法であるとき（同176条4項），一定の事項の経費を議会が削除しまたは減額する決議をしたとき（同177条1項）としている。

　②議会による不信任議決および③長の議会解散権の制度については，地方自治法178条が定めている。同条によれば，普通地方公共団体の議会において，当該普通地方公共団体の長の不信任が議決されたときは，普通地方公共団体の長は，通知を受けた日から10日以内に議会を解散することができる。仮に長が10日以内に議会を解散しないとき，または議会の解散後初めて招集された議会において再び不信任の

議決がなされたときは，普通地方公共団体の長は失職する。

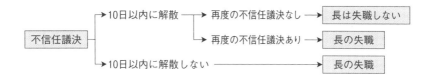

重要ポイント **3** 地方公共団体の事務

　普通地方公共団体は，①地域における事務および②その他の事務で法律またはこれに基づく政令により処理することとされるものを処理する（地自法2条2項）。

　地方公共団体の事務に関しては，平成11年のいわゆる地方分権一括法によって，大きく改正された。

　重要な改正点は，旧地方自治法下において存在していた**機関委任事務**（国がその権限に属する事務を法律またはこれに基づく政令で地方公共団体の長や委員会などの執行機関に委任して行わせる事務）が廃止され，新たに自治事務および法定受託事務の区分が設けられた点である。

(1) 自治事務：これは，地方公共団体が処理する事務のうち，法定受託事務以外のものをいう（地自法2条8項）。

(2) 法定受託事務：これには，次の2種類の事務がある（同2条9項）。

　　第一に，法律またはこれに基づく政令により都道府県，市町村または特別区が処理することとされる事務のうち，国が本来果たすべき役割に係るものであって，国においてその適正な処理を特に確保する必要があるものとして法律またはこれに基づく政令に特に定める事務である。これを**第一号法定受託事務**という。

　　第二に，法律またはこれに基づく政令により市町村または特別区が処理することとされる事務のうち，都道府県が本来果たすべき役割に係るものであって，都道府県においてその適正な処理を特に確保する必要があるものとして法律またはこれに基づく政令に特に定める事務である。これを**第二号法定受託事務**という。

　なお，法定受託事務は，改正前の地方自治法において定められていた機関委任事務と変わらないのではないか，と指摘されることがある。確かに，事務の性質という観点からすると，法定受託事務は，国（あるいは都道府県）が本来果たすべき役

割に係る事務を地方公共団体が執行する点で，機関委任事務と似ている。しかし，事務の帰属という観点からすると，法定受託事務は地方公共団体の事務であるのに対し，機関委任事務は国の事務である。ここに新旧制度の最も大きな違いがあるといえる。

重要ポイント 4 地方公共団体に対する関与

　地方公共団体の事務を処理するのは基本的に地方公共団体であるが，場合によっては，事務処理を担う地方公共団体以外の行政主体（国など）がその事務にかかわってくることがある。これを**関与**という。これについては，①国から都道府県への関与，②都道府県から市町村への関与，③国から市町村への関与のパターンがある。

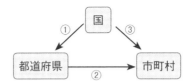

重要ポイント 5 関与の基本的ルール

(1) 関与の法定主義：地方自治法は，いかなる場合にいかなる関与が許されるかということについて，法令で定めなければならないとしている（地自法245条の2）。これを関与の法定主義という。

(2) 関与の基本原則：関与の法定主義に基づいて，法令で関与に関する定めを置こうとする場合，守らなければならない基本原則がある。たとえば，国は，普通地方公共団体が，その事務の処理に関し，普通地方公共団体に対する国または都道府県の関与を受け，または要することとする場合には，その目的を達成するために必要な最小限度のものとするとともに，普通地方公共団体の自主性および自立性に配慮しなければならないといった原則がある（同245条の3第1項）。これらは関与の基本原則と呼ばれている。

重要ポイント 6 関与の基本類型

　地方自治法は，いかなる行為が関与に該当するか，定めている。同法によれば，関与は以下の3つに大別されている。

　　(1) 普通地方公共団体に対する行為（①助言または勧告，②資料の提出の要求，③是正の要求，④同意，⑤許可，認可または承認，⑥指示，⑦代執行）

　　(2) 普通地方公共団体との協議

　　(3) 一定の行政目的を実現するため普通地方公共団体に対して具体的かつ個別的にかかわる行為

　もっとも，これらはあくまで関与の基本類型にしかすぎないので，実際に関与を行うためには，いかなる場合にいかなる関与ができるのかということについて規定した法令の根拠が別に必要である（関与の法定主義）。この点，地方自治法は，技術的な助言および勧告ならびに資料の提出の要求（同245条の4），是正の要求（同245条の5），是正の勧告（同245条の6），是正の指示（同245条の7），代執行等（同245条の8）について，その作用法上の根拠を定めている。

重要ポイント 7　処理基準

　大臣または都道府県の一定の執行機関は，地方公共団体の事務処理の基準を定めることができる。当該基準は**処理基準**と呼ばれ，関与とは区別される。処理基準には複数の類型があるが，いずれも**法定受託事務を対象としている**点に特徴がある（地自法245条の9第1～3項）。また処理基準は直ちに地方公共団体に法的義務を課すものではないが，処理基準に違反する事務処理が行われていれば，是正の指示が行われうる。

重要ポイント 8　関与等の手続き

　地方自治法は，行手法の規定にならい，国・都道府県・市町村間における関与の手続きルールを設けている。
(1) **関与の方式**：一定の場合に書面による（地自法247～250条）。
(2) **許認可等の基準**：国の行政機関または都道府県の機関は，許認可等をするかどうかを法令の定めに従って判断するために必要とされる基準をできるだけ具体的に定め，原則としてこれを公表しなければならない。なお，許認可等の取消しの場合についても，同様に，基準の設定および公表が求められているが，それは努力義務にとどまる（同250条の2）。
(3) **標準処理期間**：国の行政機関または都道府県の機関は，許認可等をするまでに通常要すべき標準的な期間を定め，かつ，これを公表するよう努めなければならない（同250条の3）。
(4) **理由付記**：国の行政機関または都道府県の機関は，許認可等の拒否処分や許認可等の取消し等をするときは，その内容および理由を記載した書面を交付しなければならない（同250条の4）。

重要ポイント 9　国地方係争処理委員会・自治紛争処理委員

　国・都道府県・市町村の間で紛争が生じた場合，紛争処理の役割を担うのが**国地方係争処理委員会**と**自治紛争処理委員**である。前者は，市町村（あるいは都道府県）が国を相手に争った場合の審判役である。これに対し，後者は，市町村が都道府県を相手に争った場合の審判役である。もっとも，両者の争いは，最終的には裁判所によって決せられる。

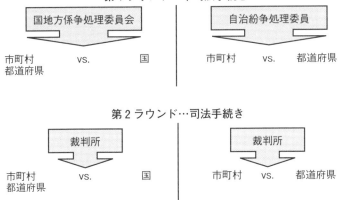

第1ラウンド…準司法手続き

国地方係争処理委員会　　　　自治紛争処理委員

市町村　　　vs.　　　国　　　　市町村　　vs.　　都道府県
都道府県

第2ラウンド…司法手続き

裁判所　　　　　　　　　　裁判所

市町村　　　vs.　　　国　　　　市町村　　vs.　　都道府県
都道府県

重要ポイント10 　国の関与に関する紛争処理の仕組み①

　地方自治法は，普通地方公共団体が国地方係争処理委員会に審査の申出をする場合の規律を設けている。

(1) 審査の対象：審査の申出ができるのは，基本的に①「是正の要求，許可の拒否その他の処分その他公権力の行使に当たるもの」，②「国の不作為」，③「協議の不調」についてである（地自法250条の13第1～3項）。

(2) 申出人：国地方係争処理委員会を利用することができるのは，「普通地方公共団体の長その他の執行機関」である（同250条の13第1項）。したがって，国の機関が普通地方公共団体の事務処理を不服として国地方係争処理委員会に審査の申出をすることはできない。

(3) 申出の期間：国地方係争処理委員会への審査の申出は，原則として，国の関与があった日から30日以内に行わなければならない（同250条の13第4項）。

(4) 審査の期間：国地方係争処理委員会は，審査の申出があった日から90日以内に審査および勧告を行わなければならない（同250条の14第5項）。

重要ポイント11 　国の関与に関する紛争処理の仕組み②

　さらに地方自治法は，国の関与につき，普通地方公共団体の長その他の執行機関が出訴できるとしている。この訴訟は，形式的には**機関訴訟**（行訴法6条）としてとらえられている（地自法251条の5第8項，9項）。

(1) 審査の対象：審査の対象となるのは，「審査の申出に係る違法な国の関与」および「審査の申出に係る国の不作為」である（同251条の5第1項）。

(2) 原告：出訴資格を有するのは，「普通地方公共団体の長その他の執行機関」である（同251条の5第1項）。

(3) 管轄裁判所：国の関与に関する訴えを管轄するのは，高等裁判所である（同

251条の 5 第 1 項)。

(4) 出訴期間：訴訟の内容によって異なる（同251条の 5 第 2 項）。

(5) 出訴できる場合：

①国地方係争処理委員会の審査の結果または勧告に不服があるとき

②国地方係争処理委員会の勧告を受けた国の行政庁がとった措置に不服があるとき

③審査の申出をした日から90日を経過しても国地方係争処理委員会が審査または勧告を行わないとき

④国地方係争処理委員会の勧告を受けた国の行政庁が必要な措置を講じないとき

(6) 請求の内容：違法な国の関与の取消し，または，国の不作為の違法の確認（同251条の 5 第 1 項）。

(7) 審査の申出前置：訴訟提起の前に国地方係争処理委員会への審査の申出がなされていなければならない（審査の申出前置主義）。したがって，国の関与があった後，直ちに裁判所に出訴することはできない。

(8) 判決の効力：国の関与を取り消す判決は関係行政機関に対しても効力を有する（同251条の 5 第 7 項）。

国の関与に関する紛争処理

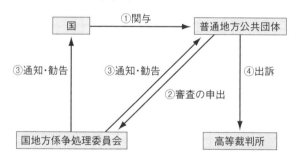

実戦問題

◆ **No.1** 地方公共団体の事務に関する次の記述の中には妥当なものが2つある
が，その組合せとして正しいのはどれか。　　　　【地方上級（関東）・平成28年度】

ア：地方自治法は，国と地方公共団体との役割を規定しており，地方公共団体
　　は，住民の福祉の増進を図ることを基本として，地域における行政を自主的
　　かつ総合的に実施する役割を広く担っている。

イ：地方公共団体が処理することとされている「地域における事務」には，自治
　　事務と法定受託事務が含まれる。

ウ：自治事務は地方公共団体が自主的に行う固有の事務であることから，その実
　　施につき，国等の関与を受けることはない。

エ：地方公共団体の条例制定権は，自治事務にだけ及び，法定受託事務には及ば
　　ない。

1　ア，イ

2　ア，ウ

3　イ，ウ

4　イ，エ

5　ウ，エ

No.2 地方自治法における普通地方公共団体の議会について述べた次の記述の
うち，妥当なものはどれか。　　　　　　　　【地方上級（全国型）・平成26年度】

1　地方議会における議員の定数は，当該地方公共団体の人口や面積に応じて地方
　　自治法で明確に決められている。

2　地方議会は，長が調整し提出した予算について，増額して議決することはでき
　　ない。

3　地方議会は，地方公共団体の事務に関する調査を行うことができるが，この調
　　査権はあくまでも任意的な手段として許容されているにすぎないため，罰則をも
　　って強制することはできない。

4　普通地方公共団体の議会の議員は，議会の議決を経れば，当該地方公共団体に
　　対し請負をする者および支配人になることができる。

5　普通地方公共団体の議会の議員は，自己の一身上に関する事件について，議事
　　に参与することはできないが，議会の同意があれば，会議に出席し発言すること
　　ができる。

No.3 地方自治における普通地方公共団体と議会の関係に関する次の記述のうち，妥当なものはどれか。　　　　　　　　　　　　【地方上級・平成25年度】

1　普通地方公共団体の長は，議会から出席を求められた場合には，これを拒否することができず，また，長は議会から出席を求められない場合でも，議会に出席する権限を有する。

2　普通地方公共団体の議会において，法令により負担する経費を削除しまたは減額する議決をしたときは，その経費およびこれに伴う収入について，当該普通地方公共団体の長は，これを再議に付さなければならないが，この場合にはその理由を示す必要がある。

3　普通地方公共団体の議会の議決について異議があるときは，当該普通地方公共団体の長は，地方自治法に特別の定めがあるものを除くほか，その議決またはその送付を受けた日から10日以内に理由を示してこれを再議に付することができ，また，再議における議会の議決が再議に付された先の議決と同じ議決であったとしても，その議決が確定することはない。

4　普通地方公共団体の議会において，当該普通地方公共団体の長の不信任の議決をすることができるが，この議決については，議員数の3分の1以上の者が出席し，その過半数の者の同意があれば足りる。

5　普通地方公共団体の議会において，当該普通地方公共団体の長の不信任の議決をした場合，普通地方公共団体の長が，その旨の通知を受けた日から10日以内に辞職しないときには，議会は解散されたことになる。

第6章

行政組織法

❖ No.4 地方公共団体の事務に関するア～オの記述のうち，妥当なもののみをすべて挙げているのはどれか。　　　　　　　　　　　【国家総合職・平成21年度】

ア：自治事務は，地方公共団体が処理する事務のうち，法定受託事務以外のものをいう。

イ：法定受託事務については，その処理についてよるべき基準（処理基準）を，各大臣が定めることができる旨の規定が地方自治法にあるが，自治事務については，処理基準を定めることができる旨の規定は地方自治法にない。

ウ：法定受託事務は，いったん国の事務あるいは都道府県の事務であったものが地方公共団体に委託されるものであり，かつての機関委任事務と同様に，地方公共団体の事務ではない。

エ：地方公共団体は，自治事務については，法令に違反しない限り，すべての事項に関し条例を制定することが可能であるが，法定受託事務については，法律またはこれに基づく政令により処理することが原則とされており，その内容，基準，手続き等が法令で詳細に規定されることになるため，法定受託事務に関し条例を制定することはできない。

オ：地方自治法は，関与についての公正透明の原則を採用し，自治事務に対する関与について，書面の交付，許可・認可等の審査基準や標準処理期間の設定，公表等の手続きを定めているが，法定受託事務に対する関与については，そのような手続きを定めていない。

1　ア，イ

2　ア，オ

3　イ，エ

4　ウ，エ

5　ウ，オ

実戦問題の解説

→問題はP.404　**正答1**

No.1 の解説　地方公共団体の事務

ア○ 地方公共団体は地域における行政を自主的かつ総合的に実施する役割を担う。

正しい。地方自治法は地方公共団体の役割を規定しており，それによると，地方公共団体は，住民の福祉の増進を図ることを基本として，地域における行政を自主的かつ総合的に実施する役割を広く担うものとされている（地自法1条の2第1項）。

イ○ 地域における事務には自治事務と法定受託事務の両方が含まれる。

正しい。地自法2条2項は普通地方公共団体が「地域における事務」を処理する旨，定めているが，そこでいう「地域における事務」とは何かについて，地自法上，明文の定めはない。この点，一般的な理解によると，「地域における事務」には**自治事務**も**法定受託事務**も含まれる。

ウ✕ 自治事務であっても，国等による関与を受ける可能性がある。

誤り。国等の**関与**は，自治事務，法定受託事務いずれについてもありうる（たとえば同245条の5第1項）。

エ✕ 条例制定権は法定受託事務にも及ぶ。

誤り。普通地方公共団体は，地域における事務に関し，**条例**を制定することができる（同14条1項，2条2項）。そこでいう地域における事務には自治事務とともに法定受託事務も含まれると解されるので，条例制定権は法定受託事務にも及ぶ。

　以上から妥当なのは**ア**と**イ**なので，**1**が正答となる。

→問題はP.404　**正答5**

No.2 の解説　普通地方公共団体の議会

1✕ 地方議会の議員の定数は地方自治法ではなく，条例で定められている。

都道府県議会の議員の定数も，市町村議会の議員の定数も，いずれも**条例**で定めることとされており（地自法90条1項，91条1項），地方自治法で明確に決められているわけではない。

2✕ 地方議会は長による予算を増額して議決することができる。

議会は，長の予算提出権を侵害しない限り，長が調整し提出した予算について，増額して議決することができる（同97条2項）。

3✕ 地方議会の調査権は罰則をもって，その実効性が担保されている。

普通地方公共団体の議会は，当該普通地方公共団体の事務に関する調査を行うことができる。この場合，当該調査を行うため特に必要があると認めるときは，選挙人その他の関係人の出頭及び証言並びに記録の提出を請求することができるものの，出頭又は記録の提出の請求を受けた選挙人その他の関係人が，正当の理由がないのに，議会に出頭せず若しくは記録を提出しないとき又は証言を拒んだときは，6箇月以下の禁錮又は10万円以下の罰金に処せられる（同100条1項，3項）。このように議会の調査権は任意的な手段とし

第6章 行政組織法

て許容されているのではなく、罰則をもって担保されている。

4 ✕ 地方議会の議員は地方公共団体に対し請負をする者および支配人になれない。
普通地方公共団体の議会の議員は当該普通地方公共団体に対し請負をする者及びその支配人になることができないとされている（同92条の2）。そのため、議員が請負をする者及びその支配人になることを承認する議会の議決は許されない。

5 ◎ 地方議会の議員は自己の一身上の事件の議事に原則として参与できない。
妥当である。普通地方公共団体の議会の議員は、一身上に関する事件については、その議事に参与することができないが、議会の同意があれば、会議に出席し、発言することができる（同117条）。

No.3 の解説　普通地方公共団体と議会の関係　　　　→問題はP.405　**正答2**

1 ✕ 長は正当な理由があれば、議会への出席を拒否することができる。
普通地方公共団体の長は、議長から出席を求められたら、原則として議場に出席しなければならないが、正当な理由があって、その旨を議長に届け出た場合は、出席しなくてもよい（地自法121条1項）。

2 ◎ 長は一定の場合に理由を示して再議に付さなければならない。
妥当である（同177条1項1号）。この地自法177条1項は、同法176条1項と異なり、いわゆる「できる規定」ではない。同法177条1項による場合は、要件が充足される限り、理由を示して**再議**に付さなければならない。

3 ✕ 再議前の議決と同じ議決が再びされたら、その議決は確定する。
前半は妥当である。後半が妥当でない。普通地方公共団体の議会の議決について異議があるときは、当該普通地方公共団体の長は、これを再議に付すことができるが、再議に付された議決と同じ議決が再びされると、その議決は確定する（同176条2項）。

4 ✕ 不信任議決には議員の3分の2以上の出席、4分の3以上の同意が必要。
前半は妥当である。後半が妥当でない。長の不信任の議決については、議員数の3分の2以上の者が出席し、その4分の3以上の者の同意がなければならない（同178条3項）。

5 ✕ 長は不信任議決の通知日から10日以内に議会を解散しなければ、失職する。
議会において当該普通地方公共団体の長の不信任の議決がされ、議長から当該普通地方公共団体の長に対しその旨の通知があったときは、普通地方公共団体の長は、当該通知を受けた日から10日以内に議会を解散しなければ、失職する（同178条2項）。

No.4 の解説 地方公共団体の事務　　　　　　　→問題はP.406　**正答 1**

　地方公共団体の事務には自治事務と法定受託事務がある。この事務の区分によって法的規律が異なってくるので，両者を混同しないようにする必要がある。

ア〇　自治事務は法定受託事務以外の事務をいう。

妥当である。**自治事務**については，本肢のような消極的な定義がされている（地自法2条8項）。

イ〇　国の大臣が自治事務の処理基準を定めることはできない。

妥当である。**処理基準**を定めることができるのは，**法定受託事務**に限られている（同245条の9）。自治事務は地域における事務として，地方公共団体が自主的に処理すべきものと考えられたため，国の各大臣が事務処理の基準を定めるのに適しない事務と考えられた。

ウ✕　法定受託事務は地方公共団体の事務である。

妥当でない。事務の帰属という観点からすれば，法定受託事務は，本肢の指摘にあるような「いったん国の事務あるいは都道府県の事務であったもの」ではなく，最初から地方公共団体の事務である。これに対し，事務の性質という観点からすると，法定受託事務は，「国が本来果たすべき役割に係るもの」であり（同2条9項1号），あるいは「都道府県が本来果たすべき役割に係るもの」である（同2条9項2号）。法定受託事務を法的に正確に理解するためには，このように事務の帰属という観点と事務の性質という観点を区別しなければならない。

エ✕　自治事務だけでなく，法定受託事務についても，条例を制定できる。

妥当でない。法定受託事務であっても，条例を制定することは可能である。なぜなら地自法は条例の対象となる事務を同2条2項の事務としており（同14条1項），同2条2項の事務には自治事務のほか，法定受託事務も含まれるからである。

オ✕　地自法は関与の手続きを定めている。

妥当でない。地自法は自治事務，法定受託事務，いずれについても**関与**の手続きを定めている（247条〜250条の6）。

　以上から妥当なものは**ア**および**イ**であり，**1**が正答となる。

23 地方公共団体の自治立法と住民

必修問題

　地方自治法における条例と規則について，以下の記述のうち妥当なものは
どれか。　　　　　　　　　　　　　　　　　　　　　【市役所・平成30年度】

1　普通地方公共団体は**条例**の制定権を有するが，**特別地方公共団体**は有し
ない。

2　普通地方公共団体の長は**規則**を定める権限を有するが，条例による委任
が必要である。

3　議会で条例の制定が議決された場合，長は議決について法令に違反する
と認めるときは，**再議**に付することができるが，それ以外の理由では再議
に付すことはできない。

4　条例にはその制定・改廃について**直接請求**の規定があるが，規則にはな
い。

5　規則には**過料**の規定を設けることができるが，過料の処分は長ではな
く，裁判所によって科される。

難易度　＊

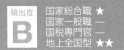

頻出度	国家総合職 ★	地上特別区 ―	㉓地方公共団体の自治立法と住民
B	国家一般職 ―	市 役 所 C ★★	
	国税専門官 ―		
	地上全国型 ★★		

必修問題の 解説

　条例と規則は地方公共団体の自治立法として重要な役割を担っている。本問は，これらの基本的な理解ができているか否かを問う問題である。

1 ✕ 普通地方公共団体とともに，特別地方公共団体も条例の制定権を有する。
　　普通地方公共団体とは都道府県および市町村のことをいい（地自法１条の３第２項），**特別地方公共団体**は**特別区**（いわゆる東京23区），**地方公共団体の組合**及び**財産区**のことをいう（同１条の３第３項）。条例制定権は普通地方公共団体だけでなく（同14条１項），特別地方公共団体も有している（同283条１項，292条）。

2 ✕ 普通地方公共団体の長が規則を定める際に，条例による委任は不要である。
　　普通地方公共団体の長は規則制定権を有しているが（同15条１項），実際に当該権限を行使して規則を定める際に条例による委任は不要と解されている。

3 ✕ 長による再議は，議会の議決が法令違反であると認めるとき以外もできる。
　　長による**再議**は，①長が議会の議決について法令に違反すると認めるとき以外にも（同176条４項），②長が議会の議決について異議があるとき（同176条１項），③議会が経費を削減または減額する議決をしたとき（同177条１項）に行うことができる。

4 ◎ 住民が制定・改廃を直接請求できるのは条例のみで，規則はできない。
　　妥当である。住民には条例の制定改廃請求権が認められているのに対し（同74条１項），規則の制定改廃請求権は認められていない。

5 ✕ 過料の処分は長によって行われる。
　　地方自治法上，長が**過料**の処分を行うことが想定されている（同149条３号，255条の３）。なお，過料事件において裁判所が過料を決定することはありうる（非訟事件手続法119条以下）。

正答 4

第６章　行政組織法

FOCUS

　住民による直接請求の中でも監査請求およびこれと密接に関連する住民訴訟は重要度が高いので，その基本的仕組みを理解しておく必要がある。また，自治立法については，条例と規則に関する地方自治法の条文知識を習得するようにしよう。

─ POINT ─

重要ポイント 1 **住民による直接請求の制度**

　地方自治法は間接民主制を基本にしているが，直接民主制のシステムも補完的に導入している。それが，住民による直接請求の制度である。これには以下のとおり，複数のものがある。

直接請求の種類	要　件
①条例の制定改廃請求	有権者の50分の1以上の者の連署をもって，地方公共団体の長に対して行う（地自法12条1項，74条1項） ＊ただし，地方税の賦課徴収ならびに分担金，使用料および手数料の徴収に関する条例を除く
②事務監査請求	有権者の50分の1以上の者の連署をもって，監査委員に対して行う（同12条2項，75条1項）
③議会の解散請求	有権者の3分の1以上の者の署名をもって，選挙管理委員会に対して行う（同13条1項・2項，76条1項，80条1項，81条1項） ＊ただし，いずれの場合も一定の制限期間がある（同79条，84条）
④議員の解職請求	
⑤長の解職請求	
⑥主要公務員（副知事・副市町村長・選挙管理委員・監査委員・公安委員会の委員）の解職請求	有権者の3分の1以上の者の署名をもって，地方公共団体の長に対して行う（同13条2項，86条1項） ＊ただし，一定の制限期間がある（同88条）

重要ポイント 2 **監査**

　普通地方公共団体の活動をチェックする制度として，監査の制度がある。
(1) 監査の主体：監査委員および外部監査人（地自法252条の27以下）
(2) 監査の対象：①財務に関する事務の執行および経営に係る事業の管理（財務監査，同199条1項）
　　　　　　　　②普通地方公共団体の事務の執行（事務監査，同199条2項）
(3) 監査の種類：①定期的に行われる監査（**定例監査**，同199条4項）
　　　　　　　　②不定期に行われる監査（**随意監査**）
　　　　　　　　　この随意監査はさらに，だれが監査を要求するのかという観点から，監査委員自身が必要と認めるときに行われる監査（同199条5項），議会の要求によって行われる監査（同98条2項），長の要求によって行われる監査（同199条6項），住民の要求によって行われる監査に区別できる。
　　　　　　　　　さらにこの住民の要求による監査は，直接請求による監査（同75条）と住民監査（同242条）に区別できる。

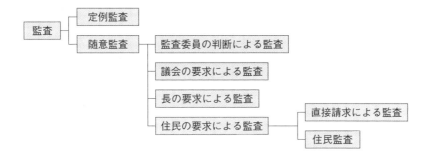

(4) 直接請求による監査と住民監査の差異

	直接請求による監査	住民監査
根拠条文	地方自治法75条	地方自治法242条
請求人	有権者の50分の1以上の者の連署	1人でも可
監査の対象	普通地方公共団体の事務の執行一般	①違法不当な公金の支出 ②違法不当な財産の取得・管理・処分 ③違法不当な契約の締結・履行 ④違法不当な債務その他の義務負担行為 ⑤違法不当に公金の賦課・徴収を怠る事実 ⑥違法不当に財産の管理を怠る事実

重要ポイント 3　住民訴訟

　住民監査請求を行ってみても，監査委員の監査が不十分である場合や，監査委員による勧告に関係者が従わない場合には，住民は所期の目的を達成することができない。そこで，地方自治法は住民訴訟の仕組みを設けた（地自法242条の2）。この住民訴訟は**民衆訴訟**（行訴法5条）として位置づけられる。

(1) 原告：原告は住民である。納税者である必要はない。住民が1人でも訴訟提起できるという点が住民訴訟の一つの特徴である。

(2) 要件：住民監査請求を事前に行っていること（住民監査請求の前置）が重要な訴訟要件のうちの一つである。

(3) 対象：住民訴訟の対象は財務会計上の違法な行為に限定されている。住民監査の場合と異なり，不当な行為は審査の対象にはならない。

(4) 請求：住民訴訟の請求には4つのタイプがある。すなわち，執行機関または職員に対する当該行為の全部または一部の差止めの請求**1号訴訟**，行政処分たる当該行為の取消しまたは無効確認の請求**2号訴訟**，執行機関または職員に対する当該怠る事実の違法確認の請求**3号訴訟**，職員または当該行為もしくは怠る事実に係る相手方に損害賠償または不当利得返還の請求をすることを当該普通地方公共団体の執行機関または

職員に対して求める請求**4号訴訟**である。

　以上のうち4号訴訟は，平成14年の法改正により，現行法の仕組みとなった。現行法の下では，たとえ住民側が勝訴したとしても，直ちに違法な財務会計行為は是正されず（地自法242条の3第1項），場合によっては，さらに地方公共団体による訴訟（同242条の3第2項）が必要となる点に批判が集まっている。

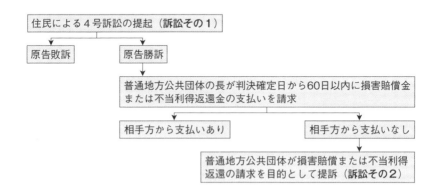

重要ポイント 4　条例制定権の範囲

　条例とは，地方公共団体の議会が自治立法権に基づいて制定する法規である。普通地方公共団体が義務を課しまたは権利を制限する場合には，原則として条例によらなければならない（地自法14条2項）。

　もっとも，条例は以下の諸条件を満たしている必要がある。

(1) 地方自治法2条2項の事務に関するものであること（同14条1項）

　地方自治法2条2項に該当する事務である限り，自治事務であろうが，法定受託事務であろうが，条例によって規律できる。

　また，性質上，国法によって統一的に処理すべき事項（たとえば物権の新設）については，地方自治法2条2項に該当する事務ではないので，条例で規律することはできない。

(2) 国の法令に違反しないこと（同14条1項）

　条例と国の法令との関係について，これまで最も問題とされてきたのは，いわゆる**横出し条例**（国の法令の規制対象と同種でありながら，国の法令の規制対象になっていない事項を規制する内容の条例）および**上乗せ条例**（国の法令の規制よりも強度の規制を内容とする条例）である。この点，判例によれば，横出し条例および上乗せ条例は一律に否定されない。

徳島市公安条例事件（最判昭50・9・10）

条例が国の法令に違反するかどうかは，両者の対象事項と規定文言を対比するのみでなく，それぞれの趣旨，目的，内容および効果を比較し，両者の間に矛盾抵触があるかどうかによってこれを決しなければならない。

上記の判例を前提にすると，条例と国の法令の抵触問題を考える際には，法令の趣旨・目的をどのように解するかという点が重要となる。

 高知普通河川管理条例事件（最判昭53・12・21）

河川法は，普通河川については，適用河川または準用河川に対する管理以上に強力な河川管理は施さない趣旨であると解されるから，普通地方公共団体が条例をもって普通河川の管理に関する定めをするについても，河川法が適用河川等について定めるところ以上に強力な河川管理の定めをすることは，同法に違反し，許されない。

（3）市町村および特別区の場合は，都道府県条例に違反しないこと（同2条16項）

仮に市町村条例が都道府県条例に違反するようなことがあれば，当該条例は無効である（同2条17項）。

重要ポイント 5 条例と罰則

憲法31条は「何人も，法律の定める手続によらなければ，その生命若しくは自由を奪はれ，又はその他の刑罰を科せられない」と定めているため，果たして条例で罰則を設けることができるのかどうか，仮にできるとした場合，いかなる条件の下で条例に罰則を設けることができるのかが問題となる。この点，判例は，一定の条件の下で条例の中に罰則を設けることを容認している。

 大阪売春取締条例事件（最判昭37・5・30）

「憲法31条はかならずしも刑罰がすべて法律そのもので定められなければならないとするものではなく，法律の授権によってそれ以下の法令によって定めることもできると解すべき」であり，「条例によって刑罰を定める場合には，法律の授権が相当な程度に具体的であり，限定されておれば足りる」。

重要ポイント 6 規則

規則とは，地方公共団体の長がその権限に属する事務に関して制定する自主法である。規則は，①法令に違反しないこと，および②長の権限に属する事務に関していることといった条件を満たしていなければならない（地自法15条1項）。

なお，長のほか，他の執行機関も特別な規則を定めることができる（地公法8条4項）。

No.1 地方自治法の定める条例・規則に関する次の記述のうち，妥当なものはどれか。 【地方上級（全国型）・平成30年度】

1 条例は，個別具体的な法律の委任がある場合に初めて，普通地方公共団体の処理する事務に関して制定することができる。

2 条例には，条例に違反した者に対して，懲役や罰金といった刑罰を科す旨の規定を設けることができるが，秩序罰である過料を科す旨の規定を設けることはできない。

3 普通地方公共団体の長は，個別具体的な法律の委任がある場合，法令や当該普通地方公共団体の条例に違反しない限りで，その権限に属する事務に関して，規則を制定することができる。

4 普通地方公共団体の長が制定した規則は，規則に違反した者に対して，刑罰を定めることはできず，秩序罰である過料を科す旨の規定を設けることもできない。

5 普通地方公共団体は，住民に義務を課し，または住民の権利を制限するには，法令に特別の定めがある場合を除くほか，規則ではなく，条例によらなければならない。

No.2 条例に関する次の記述のうち，妥当なのはどれか。

【市役所・平成21年度】

1 国における法律の場合とは異なり，条例案の提出権は議会の議員のみの権限とされ，長にはこの権限は認められていない。

2 条例に罰則規定を設けることは，憲法の定める罪刑法定主義に違反することになるので認められない。

3 議会における条例の制定に関する議決について異議があるときは，長は法律に特別の定があるものを除くほか，その送付を受けた日から10日以内に理由を示して再議に付することができる。

4 住民が条例の制定に向けて一定数の署名を集め，それを議会に提出した場合には，その時点で請求内容に従った条例の成立が認められる。

5 条例は，それに特別の定めがある場合を除き，その成立の日から起算して5日を経過した日から施行される。

No.3 住民訴訟に関する次の記述のうち，妥当なのはどれか。

1 住民訴訟は，住民であれば誰でもこれを提起することができ，また，1人からでもこれを提起できる。

2 住民訴訟の対象となるのは，当該普通地方公共団体の執行機関や職員の違法または不当な行為，あるいは違法または不当な怠る事実に限られる。

3 住民訴訟は，当該地方公共団体の選挙権を有する者に限って提起できるので，法人や外国人は提起権者にはなりえない。

4 住民監査請求と住民訴訟はどちらから先に行ってもよく，住民監査請求を経ずに住民訴訟を提起することもできる。

5 監査請求を経た住民が住民訴訟を提起できるのは，監査委員の監査の結果または勧告に不服がある場合に限られる。

No.4 住民訴訟に関する次の記述のうち，妥当なものはどれか。

1 住民訴訟は，行政事件訴訟法上の民衆訴訟に分類され，民衆訴訟とは，国または公共団体の機関の法規に適合しない行為の是正を求める訴訟であり，自己の法律上の利益を有する者に限り提起が認められるものをいう。

2 住民訴訟を提起することができるのは，住民監査請求を行った住民である自然人に限られる。

3 住民訴訟を提起するためには住民監査請求を前置しなければならず，住民監査請求は住民の一定数以上の連署により地方公共団体の監査委員に対して行われる。

4 住民訴訟が係属しているときであっても，当該普通地方公共団体の他の住民は，別訴をもって同一の請求をすることができる。

5 住民訴訟を提起した者が勝訴した場合において，弁護士または弁護士法人に報酬を支払うべきときは，当該普通地方公共団体に対し，その報酬額の範囲内で相当と認められる額の支払いを請求することができる。

No.5 地方自治法の定める住民監査請求及び住民訴訟に関するア～オの記述のうち，妥当なもののみをすべて挙げているのはどれか。【国家総合職・平成25年度】

ア：住民監査請求は，普通地方公共団体に関する直接民主主義的制度の一環として位置づけられる。したがって，地方自治法の定める直接請求制度と同様，住民監査請求をすることができる住民は，当該普通地方公共団体の議会の議員及び長の選挙権を有する者に限定される。

イ：地方自治法は，住民監査請求の対象となる違法もしくは不当な行為等または違法もしくは不当な怠る事実について列記して定めているが，住民訴訟で審理の対象となるのは，当該住民監査請求の対象には限定されず，住民訴訟の客観訴訟としての特質に照らして，広く当該普通地方公共団体に関する違法な行政運営一般に及ぶ。

ウ：地方自治法は，住民監査請求をすることができる期間について，当該行為のあった日または終わった日から1年を経過したときはこれをすることができず，ただし正当な理由があるときはこの限りでない，と定めているが，怠る事実については，請求期間に関する制約を定めていない。

エ：住民監査請求をした普通地方公共団体の住民は，その請求に対する監査委員の監査の結果等に不服があれば，定められた要件の下に，裁判所に住民訴訟を提起することができる。住民監査請求においては，当該普通地方公共団体の長等による違法もしくは不当な行為等または違法もしくは不当な怠る事実を争うことが可能であるため，住民訴訟においても，行為等または怠る事実の違法にとどまらず，それらの不当性についても争うことができる。

オ：住民訴訟は，米国で判例法上発展してきた納税者訴訟をモデルとした制度である。したがって，住民訴訟を提起することができるのは，普通地方公共団体の住民で，住民監査請求をした者のうち，当該普通地方公共団体で過去5年に納税をしたことのあるものに限定される。

1 ウ

2 ア，オ

3 イ，エ

4 ア，イ，エ

5 ア，ウ，オ

実戦問題の解説

No.1 の解説　住民の権利

→問題はP.416　**正答5**

1 ✕　**条例は個別具体的な法律の委任がなくても制定することができる。**
条例を制定するために個別具体的な法律の委任が必要であるとする明文規定はないし，そのような解釈もされていない。地方公共団体は自主的に条例を制定することができる（憲法94条，地自法14条1項）。

2 ✕　**条例には刑罰のほか，過料を科す旨の規定も設けることができる。**
普通地方公共団体は，条例の中で，懲役，禁錮，罰金，拘留，科料，没収の刑のほか，**過料**を科す旨の規定を設けることができる（地自法14条3項）。

3 ✕　**長は，個別具体的な法律の委任がなくても，規則を制定することができる。**
普通地方公共団体の長は，法令に違反しない限りにおいて，その権限に属する事務に関し，**規則**を定めることができるのであって（同15条1項），規則を制定するために個別具体的な法律の委任は必要ない。

4 ✕　**長が制定する規則には過料を科す旨の規定を設けることができる。**
前半は妥当である。後半は妥当でない。普通地方公共団体の長は規則の中で5万円以下の過料を科す旨の規定を設けることができる（同15条2項）。

5 ◎　**条例によらなければ，義務が課され，権利が制限されることはない。**
普通地方公共団体が住民に対し，義務を課し，権利を制限しようとする場合には，条例によらなければならない（同14条2項）。

No.2 の解説　条例

→問題はP.416　**正答3**

1 ✕　**長**には，条例案の提出権が認められている（地自法149条1号）。そのほか，議会の議員についても，条例案の提出権が認められている（同112条1項，96条1項1号）。

2 ✕　条例に罰則規定を置くことは，地自法上，認められている（同14条3項）。憲法は**罪刑法定主義**について定めているため（憲法31条），条例に罰則規定を置くことを容認した地自法の規定が合憲か否か争われたことがあるが，最高裁は合憲であるとの判断を示している（最判昭37・5・30）。

3 ◎　正しい（地自法176条1項）。長も，議会も，選挙によって民主的正当性を獲得している機関であるが，**再議**の制度は，この両機関を調整するための仕組みのうちの一つである。

4 ✕　住民が条例の制定に向けて一定数の署名を集め，それを議会に提出しても，その時点で請求内容に従った条例の成立が認められるわけではない。住民は，直接請求を通じて，条例それ自体をつくったり，廃止したりすることができるわけではない。住民は直接請求を通じて，議会が条例を制定したり，改廃したりすることを求めることができるにすぎない（同74条1項）。

5 ✕　条例は，条例に特別の定めがあるものを除くほか，**公布**の日から起算して10日を経過した日から，これを施行することになっている（同16条3項）。し

第6章　行政組織法

たがって，成立の日から起算するのではないし，日数は5日ではない。

No.3 の解説　住民訴訟
→問題はP.417　**正答1**

1 ◎ 住民訴訟は，住民であれば，一人からでも提起することができる。

住民訴訟は当該普通地方公共団体の住民でなければ，提起することができないが，住民であれば，一人からでも適法に提起することができる（地自法242条の2第1項）。

2 ✕ 住民訴訟では財務会計行為の不当性を争うことはできない。

住民訴訟では財務会計行為の**違法性**を争うことはできるが，**不当性**を争うことはできない（同242条の2第1項）。これは，住民訴訟を審理する主体が，法のみを基準にして判断する司法機関（裁判所）だからである。不当性の有無は公益を基準にして判断するため，そのような判断は司法機関の能力を超えることになり，裁判所が不当性の審査をすることはできない。

3 ✕ 法人や外国人であっても，住民である限り，住民訴訟を提起できる。

住民訴訟は住民であれば（同10条1項），適法に訴訟提起することができるので，法人や外国人であっても，住民である限り，住民訴訟を適法に提起することができる。

4 ✕ 住民訴訟は，住民監査請求を経てからでないと適法に提起できない。

地自法では**監査請求前置**の制度が採用されているので（同242条の2第1項），住民監査請求を行わないで，いきなり住民訴訟を提起することはできない。

5 ✕ 勧告を受けた執行機関の措置等に不服がある場合も住民訴訟を提起できる。

住民訴訟を提起することができるのは，監査委員の監査の結果または勧告に不服がある場合に限らない。監査委員から勧告を受けた執行機関や職員の措置に不服がある場合や，監査委員が一定の期間内に監査を行わない場合なども，住民は住民訴訟を提起することができる（同242条の2第1項）。

No.4 の解説　住民訴訟
→問題はP.417　**正答5**

1 ✕ 民衆訴訟は自己の法律上の利益にかかわらない資格で提起するものをいう。

前半は正しい。後半が誤り。**民衆訴訟**は，選挙人たる資格その他自己の法律上の利益にかかわらない資格で提起するものをいう（行訴法5条）。**住民訴訟**は民衆訴訟であるから，本肢のように「自己の法律上の利益を有する者に限り提起が認められるもの」とはいえない。

2 ✕ 自然人のほか，法人も住民訴訟を提起できる。

住民監査請求は住民であれば，行うことができるが（地自法242条1項），この住民には自然人のほか，法人も含まれると解されている（同10条1項参照）。

3 ✕ 住民監査請求には住民の一定数以上の連署は必要ない。

住民監査請求は住民1人でも行うことができる。住民の一定数以上の連署は必要ない（同242条1項）。住民の一定数以上の連署を必要とするのは，住民監査請求ではなく，**事務の監査請求**である（同75条1項）。

4 ✕ 住民訴訟の係属中は別訴をもって同一の請求をすることができない。

住民訴訟が係属しているときは，当該普通地方公共団体の他の住民は，別訴をもって同一の請求をすることができない（同242条の2第4項）。

5 ◎ 住民は普通地方公共団体に対し弁護士報酬の一定額の支払を請求できる。

正しい。住民訴訟を提起した者が勝訴した場合，弁護士または弁護士法人に報酬を支払うべきときは，当該普通地方公共団体に対し，その報酬額の範囲内で相当と認められる額の支払いを請求することができる（同242条の2第12項）。

No.5 の解説　住民監査請求・住民訴訟　→問題はP.418　**正答1**

ア ✕ 住民監査請求をすることができる住民は限定されていない。

妥当でない。**住民監査請求**をすることができるのは住民である（地自法242条1項）。地方自治法は，これ以外に住民監査請求の主体に関する規律を設けていない。したがって，住民であれば住民監査請求をすることができ，住民が選挙権を有するか否かは関係ない。

イ ✕ 住民訴訟の対象は住民監査請求の対象に限定される。

妥当でない。**住民訴訟**で審理の対象になる行為または事実と住民監査請求で審理の対象になる行為または事実は同じである（同242条の2第1項）。したがって，住民訴訟では，住民監査請求と同様に，いわゆる**財務会計行為**が審理の対象になるのであって，行政運営一般が審理の対象になるのではない。

ウ ◯ 住民監査請求には，怠る事実の場合を除き，一定の請求期間がある。

妥当である（同242条2項）。地自法は怠る事実の住民監査請求期間について定めていない。

エ ✕ 住民訴訟では財務会計行為の不当性を争うことはできない。

妥当でない。住民訴訟では違法性のみ争うことができ，**不当性**については争うことができない（同242条の2第1項）。

オ ✕ 住民訴訟の提起に納税要件はない。

妥当でない。住民訴訟を提起することができるのは，住民監査請求を適法に行った住民である（同242条の2第1項）。地方自治法は，納税者のみが住民訴訟を提起できる旨，定めていない。

以上から妥当なものは**ウ**のみであり，**1**が正答となる。

公務員法・公物法

必修問題

　公物に関するア～エの記述のうち，妥当なもののみをすべて挙げているの
はどれか。ただし，**争いのあるものは判例の見解による**。

【財務専門官・平成27年度】

ア：**公共用物**は，国や地方公共団体における役所等の建物など官公署の用
　　に供されるものをいい，**公用物**は，道路，河川，海岸など公衆の用に
　　供されるものをいう。

イ：**公物**は，公の用に供されるものであるから，行政庁の明示的な**公用廃
　　止**の意思表示があった場合に限り，私人による**時効取得**が認められ
　　る。

ウ：公物の**公用開始**が法的に有効に成立するためには，当該物について**行
　　政主体**が権原を有している必要があり，行政主体は，当該物について
　　権原を有していない場合，所有権に基づく引渡請求に応じなければな
　　らない。

エ：行政主体たる独立行政法人の所有する不動産は，**国有財産法**にいう財
　　産に当たらないが，当該不動産が公の用に供されている場合，当該不
　　動産は公物である。

1　ア，エ

2　イ，エ

3　ウ，エ

4　ア，イ，ウ

5　イ，ウ，エ

難易度　＊＊

必修問題の解説

　公物とは，国または公共団体が直接に公の目的のために供用する有体物をいう。
この公物の概念は，もともと民法上の物（私物）との対比において，私法の適用を
一定の範囲で排除するために設けられた。本問では，この公物に関する基本的事項
が問われているといってよい。

ア✕ 公用物は官公署の用に，公共用物は公衆の用に供されるものである。

妥当でない。**公共用物**と**公用物**の理解が逆である。公共用物は道路，河川，海岸など公衆の用に供されるものをいい，公用物は国や地方公共団体における役所等の建物など官公署の用に供されるものをいう。前者は行政組織の外部にいる一般の国民・住民の利用を前提にしているので，外部利用を想定した物として捉えることができる。これに対し，後者は行政組織内部での利用，すなわち内部利用を想定した物として捉えることができる。

イ✕ 黙示の公用廃止による公物の時効取得が認められている。

妥当でない。**公用廃止**とは，公物を公の用に供することを止める旨の公物管理者による意思表示である。伝統的な公物法理論によると，公物である以上は私人による**時効取得**の対象にならないが，公用廃止が行われて当該物が公物としての属性を失えば，当該物を私人が時効取得することは可能である。判例によれば，その場合の公用廃止は明示のものである必要はなく，**黙示の公用廃止**でもよいとされ，これにより私人が当該物を時効取得することは可能である（最判昭51・12・24）。

ウ○ 無権原の行政主体は，所有権に基づく引渡請求に応じなければならない。

妥当である。**行政主体**が何の権原も有しないまま，公用開始を行った場合，そのことは所有権の帰属に何ら影響を及ぼさない。したがって，無権原の行政主体は所有権に基づく引渡請求に応じなければならない。

エ○ 国有財産法上の財産に該当しないが，公物に該当する物は存在する。

妥当である。**国有財産法**にいう財産は国が所有する財産を前提にしているので（国有財産法2条1項），**独立行政法人**の所有する不動産は同法でいう財産には当たらない。また，公物の概念は物の所有権の帰属先に着目した概念ではなく，物の機能に着目した概念であるから，ある物が公物に該当するか否かを判定する際に，当該物が誰の所有に帰属するかは関係ない。

　以上から妥当なものは**ウ**と**エ**であり，**3**が正答となる。

正答 3

第6章

行政組織法

FOCUS

　公務員法の分野における重要法律として，「国家公務員法」と「地方公務員法」がある。両者の内容は類似しているので，2つを対比させながら，公務員法の基本的な仕組みと重要条文を整理しておくとよい。

　他方，公物法の分野では基本的な用語のほかに，判例知識が問われるので，重要判例の要旨を正確に押さえるようにしよう。

━ POINT ━

重要ポイント 1 　公務員法関係の性質

　かつて公務員法関係は，特別権力関係としてとらえられた。この特別権力関係においては，任命権者は法律の根拠なくして公務員の人権を制限することができ，公務員に対する公権力の行使については原則として司法審査に服さないとされた。

　しかし，現在では，**公務員法関係を特別権力関係としてとらえる見方は存在しない**。公務員法関係については法令が広範囲にわたって規律しているので，その合目的的解釈によって問題の解決を図ろうとする傾向が強い。

　📖**判例** 　**公務員の勤務関係** （最判昭49・7・19）

- -

　　　現業公務員は，「国の行政機関に勤務するものであり，しかも，その勤務関係の根幹をなす任用，分限，懲戒，服務等については，国公法及びそれに基づく人事院規則の詳細な規定がほぼ全面的に適用されている」。「その勤務関係は，基本的には，公法的規律に服する公法上の関係である」。

重要ポイント 2 　任用の根本基準

　採用，昇任，降任，転任といった方法によって，ある者を特定の官職に就ける行為を**任用**という。この任用は，公務員（あるいは公務員になろうとする者）の能力に応じて行われる（国公法33条，地公法15条）。これを**能力主義**の原則という。この原則は，政治的信条など能力以外の要素を判断材料にして，ある者を特定の官職に就ける**猟官主義**とは対峙する見方である。

重要ポイント 3 　公務員法関係の成立

　公務員法関係の成立にとって必要なのは「採用」行為である（国公法35条，地公法17条）。この採用行為は一般に処分としての法的性格を持つと理解されている。

　なお，採用されるための要件には，消極要件（国公法38条，地公法16条）と積極要件（国公法33条，地公法15条，17条の2）がある。

　📖**判例** 　**採用内定の取消し** （最判昭57・5・27）

- -

　　　地方公務員の採用内定の通知は，単に採用発令の手続きを支障なく行うための準備手続きとしてされる事実上の行為にすぎず，任命権者の側に職員として採用すべき法律上の義務は生じない。そうすると，採用内定の取消し自体は，採用内定を受けた者の法律上の地位ないし権利関係に影響を及ぼすものではないから，処分性を有せず，取消訴訟の対象にならない。

　　　期限付任用職員 （最判昭38・4・2）

- -

　　　期限付任用職員は，特に法律でこれを認める旨の明文がなくても，それを必要とする特段の事由が存し，かつ，それが法の趣旨に反しない場合には，許される。

外国人の管理職選考受験資格（最判平17・1・26）

普通地方公共団体が公権力の行使を伴う職も含む一体的な管理職の任用制度を設け，日本国民に限って管理職に昇任することができるとすることは，憲法14条1項に違反しない。

重要ポイント 4 公務員法関係の消滅

勤務関係の消滅は，離職による。離職とは，職員がその職員としての身分を失うことを意味する。この離職にはさまざまなタイプがある。

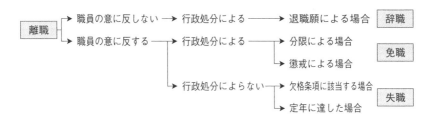

(1) 退職願による場合：退職したいという意思表示をするだけで離職が認められるわけではない。突然の公務の停止を防ぐため，離職が認められるためには任命権者の意思表示（行政処分）が必要である。

(2) 分限による場合：分限には4つの種類があるが，その中の一つに免職がある。

(3) 懲戒による場合：懲戒には4つの種類があるが，その中の一つに免職がある。

(4) 欠格条項に該当する場合：公務員が法律上定められた欠格条項（国公法38条，地公法16条）に該当することになった場合には，その者は失職する。この場合，法定事由に該当すれば，当然に失職すると解されているので，特別な手続きは不要である。

(5) 定年に達した場合：定年に達した場合も当然に失職する（国公法81条の2，地公法28条の2）。

重要ポイント 5 公務員の義務

公務員は，公務員法上，さまざまな義務を課せられている。

(1) 服務宣誓の義務（国公法97条，地公法31条）

(2) 法令および上司の命令服従義務（国公法98条1項，地公法32条）

(3) 争議行為の禁止（国公法98条2項，地公法37条）

(4) 信用失墜行為の禁止（国公法99条，地公法33条）

(5) 秘密保持義務（国公法100条，地公法34条）

(6) 職務専念義務（国公法101条，地公法35条）

(7) 政治的行為の制限（国公法102条，人事院規則14-7，地公法36条）

(8) 営利企業への従事制限（国公法103条，地公法38条）

(9) 離職後の就職に関する義務（国公法106条の2，地公法38条の2）

第6章

行政組織法

(1) 分限

　分限は、職員が一定の事由によりその職務を十分に遂行することが期待できない場合、または廃職もしくは過員が生じた場合に、職員の同意を得ることなく一方的に行われるものである。このような分限の目的は、公務の能率の維持と公務の適正な運営の確保を図ることにある。

　分限の法的性質については、一般に処分であると解されている。また、分限には要件裁量、効果裁量ともに認められる。

　分限処分の種類については、免職・降任・休職・降給の4つがある。

種　類	意　義	事　由
①**免職**	職員としての身分を失わせる処分	①人事評価または勤務の状況を示す事実に照らして勤務実績がよくない場合
②**降任**	職員を法令、条例、規則その他の規定により公の名称が与えられている職でその現に有するものより下位のものに任命する処分	②心身の故障のため、職務の遂行に支障があり、またはこれに堪えない場合 ③その他、その職に必要な適格性を欠く場合 ④職制もしくは定数の改廃または予算の減少により廃職または過員を生じた場合 （国公法78条、地公法28条1項）
③**休職**	職員を一定期間職務に従事させない処分	①心身の故障のため、長期の休養を要する場合 ②刑事事件に関し起訴された場合 （国公法79条、地公法28条2項） ③その他、人事院規則または条例で定める事由に該当する場合 （国公法79条、地公法27条2項）
④**降給**	職員の現に決定されている給料の額よりも低い額の給料に決定する処分	①人事院規則または条例で定める事由に該当する場合 （国公法75条2項、地公法27条2項）

(2) 懲戒

　懲戒は、職員が非違行為を行った場合に、職員の同意を得ることなく一方的に行われる制裁である。このような懲戒の目的は、当該職員の義務違反に対する道義的責任を追及することにより、公務における規律と秩序を維持することにある。

　懲戒の法的性質については、一般に処分であると解されている。また、懲戒には要件裁量は認められず、効果裁量だけが認められる。

　懲戒の種類については、免職・停職・減給・戒告の4つがある。

種 類	意 義	事 由
①免職	職員としての身分を失わせる処分	①国家公務員法もしくは国家公務員倫理法またはこれらの法律に基づく命令に違反した場合 ②地方公務員法もしくは同57条に規定する特例を定めた法律またはこれに基づく条例，地方公共団体の規則もしくは地方公共団体の機関の定める規程に違反した場合 ③職務上の義務に違反し，または職務を怠った場合 ④全体の奉仕者たるにふさわしくない非行のあった場合 （国公法82条1項，地公法29条1項）
②停職	職員を一定期間職務に従事させず，その期間は給与を支給しない処分	
③減給	職員の給与の一定割合を一定期間減額して支給する処分	
④戒告	職員の規律違反の責任を確認するとともに，その将来を戒める処分	

 エックス線検査受検拒否による懲戒処分の適否（最判平13・4・26）

公立学校の校長は，教職員に対し職務上の命令として，結核の有無に関するエックス線検査を受診することを命ずることができるのであり，これに従わないことは，懲戒処分の対象となる。

(3) 分限と懲戒の異同

分限と懲戒は，不利益処分であるという点で同じである。

しかし，両者は目的の点で決定的に異なる。すなわち分限の場合は制裁の意味が伴わないが，懲戒の場合は制裁の意味が伴う。

重要ポイント 7 公務員の救済方法

公務員が分限や懲戒などの不利益処分を受けた場合，その取消しを求めて審査請求を行うことができる。国家公務員の場合は人事院に，地方公務員の場合は人事委員会または公平委員会に審査請求をすることができる（国公法90条1項，地公法49条の2）。この審査請求に関しては，公務員法上，特別な規定が設けられている。

なお，不利益処分の取消しを求めて出訴することも可能である。ただし，提訴は審査請求に対する裁決がなされた後でなければならない（**審査請求前置**，国公法92条の2，地公法51条の2）。

重要ポイント 8 公物の概念と種類

公物とは，国または公共団体が直接に公の目的のために供用する有体物をいう。この意味での公物はさまざまな観点から類別することができる。

(1) 公用物と公共用物：本来の使用目的が行政の内部使用（公務員による使用）

第6章 行政組織法

にある公物を公用物といい，外部使用（一般公衆による使用）にある公物を公共用物という。前者の例として市役所の建物を，後者の例として国道を挙げることができる。

(2) 人工公物と自然公物：人の手が加わったことによって公の用に供する形態となった物を人工公物といい，人の手が加わらないで，すなわち自然の状態で公の用に供する形態を整えている物を自然公物という。前者の例として，整備された道路を，後者の例として，海浜を挙げることができる。

(3) 自有公物と他有公物：管理権を有する者が同時に所有権者である公物を自有公物といい，管理権を有する者以外の者が所有権者である公物を他有公物という。

重要ポイント 9　公物の法的属性

　公物は私物と異なり，公用に供するという目的を有している。そのため，民法の適用が全面的に排除されることも考えられなくはないが，現在では，そのような極端な考えはとられていない。そこで，いかなる民法上の規律がどの程度公物に適用されるのか，問題となる。

 公共用財産の取得時効（最判昭51・12・24）

　「公共用財産が，長年の間事実上公の目的に供用されることなく放置され，公共用財産としての形態，機能を全く喪失し，その物のうえに他人の平穏かつ公然の占有が継続したが，そのため実際上公の目的が害されるようなこともなく，もはやその物を公共用財産として維持すべき理由がなくなった場合」，黙示的の公用廃止があったものとして，取得時効が成立する。

道路敷地に対する制限と民法177条（最判昭44・12・4）

　道路法による土地所有権に対する制限は「道路敷地が公の用に供された結果発生するものであって，道路敷地使用の権原に基づくものではない」ので，道路管理者が対抗要件を欠くために道路敷地の所有権を取得した第三者に対抗しえないことになっても，道路の公用廃止がなされない限り，敷地所有権に加えられた制限は消滅しない。

道路の占有権（最判平18・2・21）

　地方公共団体が，道路を一般交通の用に供するために管理しており，社会通念上，当該道路が当該地方公共団体の事実的支配に属するものというべき客観的関係にあると認められる場合には，当該地方公共団体は，道路法上の道路管理権を有するか否かにかかわらず，道路敷地の占有権を有する。

重要ポイント 10　公物の利用

　公物の利用形態は，一般使用（自由使用），許可使用，特許使用に区別される。このうち一般使用が，公共用物の使用形態の原型である。

①一般使用 （自由使用）	一般公衆が公物管理者の意思表示を必要としないで使用する形態をさす。たとえば散歩による道路利用がこれに該当する。
②許可使用	一般的に禁止された使用を申請に基づく許可によって解除することで，初めて公物の利用が認められる使用形態をさす。たとえば，道路の占用許可による道路利用がこれに該当する。
③特許使用	公物管理者が新たに特別な使用権を設定することで，公物の利用が認められる使用形態をさす。たとえば，流水の占用許可による河川利用がこれに該当する。

　いずれの形態についても，いかなる範囲で法的保護を受けられるのか，問題となる。

公水使用権の性質（最判昭37・4・10）

　　公水使用権は，それが慣習によるものであると行政庁の許可によるものであるとを問わず，公共用物たる公水の上に存する権利であることにかんがみ，河川の全水量を独占排他的に利用しうる絶対的不可侵の権利ではなく，使用目的を満たすに必要な限度の流水を使用しうるにすぎない。

村道共用妨害排除請求事件（最判昭39・1・16）

　　村道に対して，村民各自は他の村民がその道路に対して有する利益ないし自由を侵害しない程度において，自己の生活上必須の行動を自由に行いうべきところの使用の自由権を有するから，妨害排除を求める権利が認められる。

庁舎掲示板使用許可の性質（最判昭57・10・7）

　　庁舎管理規程に基づく庁舎管理者の掲示板使用許可によって，掲示板を使用することができるようになったとしても，それは許可によって禁止を解除され，自由を回復した結果にすぎず，許可によって許可を受けた者に法的権利が設定あるいは付与されるわけではない。また，当該許可は国有財産法18条3項の行政財産の目的外使用許可に該当しない。

重要ポイント 11　法定外公共用物

　法定外公共用物（または法定外公共物）とは，一般に，公物管理法の定めがない，国が所有する公物のことをさす。

　この法定外公共用物の所有権は，地方分権の流れの中で，国から地方公共団体に譲与され，当該物の機能管理と財産管理の一元化が図られた。

***
No.1 公務員に関する次の記述のうち，妥当なのはどれか。

【国家総合職・平成30年度】

1　人事院は，ある職が，国家公務員の職に属するかどうかを決定する権限を有しており，この決定に司法審査が及ぶことはない。

2　公務員の免職には，懲戒免職と分限免職があり，どちらも本人の非行に対する非難，制裁の性格を有するが，懲戒免職処分を受けて退職した者に対しては，退職手当の支給が制限されることがある。

3　地方公共団体の職員採用内定が取り消された場合に，当該内定の通知を信頼し，当該地方公共団体の職員として採用されることを期待して，他の就職の機会を放棄するなど，当該地方公共団体に就職するための準備を行った者に対し，当該地方公共団体が損害賠償責任を負うことはないとするのが判例である。

4　公務員に対してその職務又は身分に関してされる処分については，行政手続法の不利益処分に係る規定の適用はなく，公務員の懲戒処分に際しては同法による聴聞又は弁明の機会の付与は義務付けられていない。

5　国家公務員法上，一般職の国家公務員は，その意に反する不利益な処分について，人事院に対し審査請求をすることができるが，当該審査請求に対する人事院の裁決を経なくても，当該処分の取消しの訴えを裁判所に提起することができるのが原則である。

No.2 公物に関するア～エの記述のうち，妥当なもののみをすべて挙げている
のはどれか。　　　　　　　　　　　　　　【国家総合職・平成22年度】

ア：公物とは，行政主体により直接公の用に供されている有体物をいう。行政
主体が物を直接公の用に供するためには権原が必要であるが，当該権原は
所有権に限られない。したがって，私人の所有する財産であっても，行政
主体が所有権以外の正当な権原を取得し，直接公の用に供している物は公
物である。

イ：公共用物は，人工的に設けられる人工公共用物と自然に形成された自然公
共用物とに分類することができる。人工公共用物については，公衆の利用
が可能となる時点を明確にする必要があることから，公用開始（供用開始）
行為がなされる。自然公共用物については，自然の状態で公衆の利用に供
されてきたものであることから，通常，公用開始（供用開始）行為に当た
るものはないが，一部，河川法における水系指定のように，公用開始（供
用開始）行為がなされることもある。

ウ：わが国には，歴史的に国有財産とされた国有の公物で，その管理に関し直
接根拠となる法律がなく，地方公共団体が管理していたものが存在し，こ
れを実務上法定外公共物（法定外公共用物）というが，平成12年に施行さ
れた地方分権の推進を図るための関係法律の整備等に関する法律（いわゆ
る地方分権一括法）により，国有財産法，国有財産特別措置法等の改正が
行われ，法定外公共物（法定外公共用物）の所有権を国が地方公共団体に
譲与する手続きが整備された。

エ：公物である公共用財産については，当該財産が長年の間事実上公の目的に
供されることなく放置され，公共用財産としての形態，機能を喪失し，そ
の物の上に他人の平穏かつ公然の占有が継続していたとしても，それだけ
では取得時効の目的物となることはなく，明示の公用廃止（供用廃止）が
あって初めて取得時効が認められるとするのが判例である。

1 ア，イ
2 ア，ウ
3 イ，エ
4 ウ，エ
5 ア，イ，エ

ア：公物とは，行政主体が直接に公の用に供する有体物をいう。したがって，私
　　人が自己の所有する空き地を一般に開放して不特定多数の者に自由に使用さ
　　せたとしても，当該空き地は公物ではない。また，行政主体が所有している
　　有体物であっても，直接に公の目的に供されていないものは公物ではない。

イ：いまだ公物ではないが，将来，公物とすることが決定されたものを予定公物
　　といい，公物に準じた取扱いをされることがある。例えば，地方自治法は，
　　公有財産のうち，公用又は公共用に供することと決定したものについて，普
　　通財産ではなく行政財産としている。

ウ：公物について，人工的に設けられる人工公物と自然に形成された自然公物と
　　に分類することがある。自然公物であっても，公共用物に当たるものは，公
　　衆の利用が可能となる時点を明確にする必要があるため，供用する行政主体
　　による公用開始行為があって初めて公物になる。

エ：行政主体が所有権を取得した上で公用開始行為をした道路について，当該行
　　政主体が所有権取得登記を懈怠していたため，元の土地所有者からの二重譲
　　渡により当該道路敷地の所有権を取得して登記を経た第三者に対抗できなく
　　なった場合には，当該道路は公用廃止があったものとみなさざるを得ないと
　　するのが判例である。

オ：公物については，通則を定める統一的な法典はなく，道路法，河川法など公
　　物管理法と呼ばれる個別法により管理が行われる。例えば，国の庁舎に関し
　　ては，国有財産法の委任を受けて庁舎管理規則が定められており，これに基
　　づく管理が行われている。

1 ア，イ
2 ア，オ
3 ア，イ，オ
4 イ，ウ，エ
5 ウ，エ，オ

実戦問題 **1** の 解説

→問題はP.430 **正答4**

No.1 の解説 公務員

1 × **ある職が国家公務員の職に属するか否かの人事院の決定には司法審査が及ぶ。**
前半は妥当である。後半が妥当でない。**国家公務員法**は国家公務員の定義を置いていないので，ある職が国家公務員の職に属するか否かは問題となりうる。この点，同法は，その決定権限を**人事院**に認めることで問題を解決しようとしている（国公法2条4項）。もっとも，ある職が国家公務員の職に属するか否かは法解釈の問題として捉えられており，そうであれば，人事院による決定は司法による審査を受けるのに馴染む判断といえるから，最終的に当該決定は司法による審査を受けうる（最判昭42・4・28）。

2 × **懲戒免職には制裁の性格があるが，分限免職には制裁の性格はない。**
前半が妥当ではない。後半は妥当である（国家公務員退職手当法12条1項1号）。公務員の**免職**には**懲戒免職**（国公法82条）と**分限免職**（同78条）があるが，前者は本人の非行に対する非難，制裁の性格を有するのに対し，後者は同様の性格を有しない。分限免職は本人の非行を非難するために行われるのではなく，公務能率の維持と適正な運営を図るために行われる（同78条）。

3 × **公務員の採用内定が取り消された場合，行政主体は損害賠償責任を負いうる。**
判例では，採用内定の取消しの**処分性**が問題となり，その問題を論じる中で，「東京都において正当な理由がなく採用内定を取り消しても，これによって，内定通知を信頼し，東京都職員として採用されることを期待して他の就職の機会を放棄するなど，東京都に就職するための準備を行った者に対し損害賠償の責任を負うことがあるのは格別，採用内定の取消し自体は，採用内定を受けた者の法律上の地位ないし権利関係に影響を及ぼすものではない」と述べている（最判昭57・5・27）。これを前提にすると，公務員の採用内定が取り消された場合，地方公共団体が損害賠償責任を負うことはありうる。

4 ◎ **公務員の職務または身分に関する処分に対して行手法は適用されない。**
行政手続法は，公務員の職務または身分に関する**処分**及び**行政指導**を**適用除外**としている（行手法3条1項9号）。その結果，公務員の懲戒処分が行われる場合であっても，同法の**不利益処分**の手続をとる必要はない。

5 × **公務員に対する不利益処分の場合，審査請求前置の制度が採用されている。**
前半は妥当である。後半が妥当でない。国家公務員は，自らの意に反する不利益処分が行われた場合，人事院に対して審査請求をすることができる（国公法90条1項）。この審査請求に対する人事院の裁決があった後に，不利益処分の**取消訴訟**を適法に提起することができる（同92条の2，行訴法8条1項但書）。このような**審査請求前置**の制度は，国家公務員法だけでなく，**地方公務員法**においても採用されている（地公法49条の2第1項，51条の2）。

No.2 の解説　公物

ア〇 私人が所有する財産であっても，公物たりうる。

妥当である。私人の所有する財産であっても，行政主体が所有権以外の正当な権原を取得し，直接公の用に供している物のことを**私有公物**という。他方，行政主体が所有権を取得し，直接公の用に供している物のことを**公有公物**という。また，よく似た概念として，**自有公物**と**他有公物**という概念もある。前者は公物の管理主体が当該公物の所有権を有している場合に，また，後者は公物の管理主体以外の者が当該公物の所有権を有している場合に用いられる。

イ✕ 河川法における水系指定は公用開始（供用開始）行為ではない。

第1文および第2文は妥当である。第3文が妥当でない。現在のわが国では，一般に，河川法における水系指定は**公用開始（供用開始）行為**とはみなされていない。そもそもわが国では，自然公共用物の場合は，公共用物としての成立という観念がない。なぜなら，自然公共用物の場合は，もともと自然の状態で公共の用に供されてきたからである。

ウ〇 法定外公共物の所有権を国から地方公共団体に譲与する手続が定められた。

妥当である。**法定外公共物（法定外公共用物）**の例として，里道や，普通河川などがある。立法者は，法定外公共物の所有権を国から地方公共団体に移すことによって，当該公共物の財産管理と機能管理の不一致を解消しようとした。

エ✕ 判例上，黙示の公用廃止による取得時効の成立が認められている。

妥当でない。判例によれば，公共用財産が，長年の間事実上公の目的に供用されることなく放置され，公共用財産としての形態，機能を全く喪失し，その物のうえに他人の平穏かつ公然の占有が継続したが，そのため実際上公の目的が害されるようなこともなく，もはやその物を公共用財産として維持すべき理由がなくなった場合には，当該公共用財産は黙示的に公用が廃止されたものとして，取得時効が成立する（最判昭51・12・24）。このように，判例上は，**黙示の公用廃止**による取得時効の成立が認められている。

以上から妥当なものは**ア**および**ウ**であり，**2**が正答となる。

No.3 の解説 公物

→問題はP.432 **正答1**

ア○ 公物の供用主体は行政主体で，公物は公用に供する物でなければならない。

妥当である。**公物**を公の用に供する主体は基本的に**行政主体**であって，私人がその主体になることはない。また，行政主体が所有している有体物のうち，直接公の目的に供されているものが公物なのであって（これを**自有公物**と呼ぶことがある。），直接公の目的に供されていないものは公物ではなく，公物法通則の適用はない。

イ○ 地方自治法は予定公物に関する規定を置いている。

妥当である。地方自治法は普通地方公共団体において公用又は公共用に供することを決定した財産を**行政財産**として位置づけ，**予定公物**に関する規定を置いている（地自法238条4項）。

ウ× 自然公物の場合，公用開始がなくても公物として捉えられる。

妥当でない。わが国では，**自然公物**のうち**公共用物**について，**公用開始行為**があって初めて公物になるとは考えられていない。なぜなら，自然公共用物の場合は，もともと自然の状態で公共の用に供されてきたからである。

エ× 行政主体が第三者に対抗できなくなっても，道路は公用廃止されない。

妥当でない。当初適法に**供用開始行為**がなされ，道路として使用が開始された以上，当該道路敷地については公物たる道路の構成部分として道路法所定の制限が加えられることになる。その制限は，当該道路敷地が公の用に供せられた結果発生するものであって，道路敷地使用の権原に基づくものではないから，その後に，道路管理者が対抗要件を欠くため，後に敷地所有権を取得した第三者に対抗しえないこととなっても，当該道路の廃止がなされないかぎり，敷地所有権に加えられた制限は消滅しない。したがって，後に当該敷地の所有権を取得した第三者は，公物としての制限が加わった状態における土地所有権を取得するにすぎない（最判昭44・12・4）

オ× 庁舎管理規則は国有財産法の委任を受けて定められていない。

妥当でない。確かに公物については，通則を定める統一的な法典は存在せず，個別法による管理が行われている。しかし，国有財産法と**庁舎管理規則**の間には委任の関係はない。庁舎管理規則は法律の根拠を必要としないとするのが通説・判例の立場である（最判昭57・10・7）。

　以上から妥当なものは**ア**と**イ**であり，**1**が正答となる。

★★★
No.4　国家公務員に関する次の記述のうち，妥当なのはどれか。

【国家総合職・令和４年度】

1　国家公務員に対してその職務又は身分に関してされる不利益処分については，行政手続法の不利益処分に係る規定が適用されるため，国家公務員の懲戒処分に際しては同法による聴聞又は弁明の機会の付与が義務付けられる。

2　国家公務員法上，国家公務員が職務上の義務に違反し，又は職務を怠った場合，当該国家公務員には懲戒処分として，免職，停職，降任，減給又は戒告の処分がなされ得る。懲戒免職処分は特に重大な非行に対してなされるものであるため，当該処分を受けた国家公務員は，その後は再び国家公務員になることができなくなる。

3　国家公務員には，公務の民主的かつ能率的な運営を保障する観点から，秘密保持義務（守秘義務）や職務専念義務等の義務が課されている。秘密保持義務（守秘義務）は，在職中のみならず，退職後５年間は在職中と同様に課され，同義務違反に対しては刑罰が科される。

4　国家公務員法上，国家公務員は，その意に反する不利益な処分について，内閣人事局に対し審査請求をすることができるが，同法は審査請求前置主義を採っておらず，当該審査請求に対する内閣人事局の裁決を経なくても，当該国家公務員は，当該処分の取消しの訴えを裁判所に提起することができる。

5　国家公務員法は，国家公務員の職を一般職と特別職に分類し，例えば，内閣総理大臣，裁判官，国会職員は特別職として規定されている。また，同法の規定は，一般職に属する全ての職に適用されるが，特別職に属する職には原則として適用されない。

★★★
No.5　国有財産法に関するア～オの記述のうち，妥当なもののみをすべて挙げているのはどれか。　【財務専門官・平成28年度】

ア：国有財産には，土地等の不動産や自動車等の動産のみならず，特許権や新株予約権，国債も含まれる。

イ：国有財産に関する事務に従事する職員は，その取扱いに係る国有財産を譲り受けることができず，これに違反する行為は無効となる。

ウ：行政財産における公用財産とは，公の用に供される財産のことをいい，道路や河川はこれに当たる。

エ：普通財産は，財務大臣が管理し，又は処分しなければならず，各省各庁の長は，普通財産を取得した場合には，全て速やかに財務大臣に引き継がなければならない。

オ：国有財産のうち，行政財産は信託することができないが，普通財産は，不動

産, 動産を問わず信託することができ, 国以外の者を信託の受益者とすることができる。

1 イ
2 ウ
3 ア, イ
4 ウ, オ
5 エ, オ

***
No.6 次の記述は, 公物に関するものであるが, 下線部（1）〜（5）のうち, 妥当なのはどれか。　【国家総合職・令和4年度】

（1）公物とは, 国又は公共団体等により, 直接公の目的のために供用される個々の有体物をいい, 動産であると, 不動産であるとを問わない。電波は, 有体物ではないが, 例外的に公物に含まれると一般に解されている。公物は, 庁舎や敷地など官公署の用に供される公用物と, 道路や河川など公衆の用に供される公共用物とに分けられる。

公物の使用関係は, ①一般使用（自由使用）, ②許可使用, ③特許使用の三つに区分される。

一般使用とは, 道路を通行する, 海で遊泳するといった, 公衆による公物の最も基本的な利用形態である。公共用物は, 元来国民の自由な使用が予定されており, その本質に沿った使用関係といえる。公共用物について, 特定の私人が特別な利用をするには, 行政庁の処分によるのが通例である。

許可使用とは, 法律上の一般的禁止が申請によって解除されること（許可処分）により認められる使用形態である。（2）許可使用は, 一般使用の枠内ではあるが, 通常とは異なる使用について, 利用調整の観点から行政庁の許可が必要とされるものである。事業者が道路に電柱を設置したり, ガス管を埋設したりする場合の占用許可がこれに該当する。

特許使用とは, 特定人に対し, 公物の独占的な使用権を認めるものである。国有・公有財産の目的外使用許可が, その例である。

公物の使用関係について, 民事法とは異なる行政法特有の法理の適用が問題となる。（3）最高裁判所（以下「最高裁」という。）は, 行政財産の目的外使用許可の撤回につき, 公物の使用許可を受けた者の地位は公益上の必要が生じたときには使用できなくなるという制約が本質的に内在していることに加えて, 使用許可に基づく行政財産の使用権は憲法の保障する私有財産には当たらないことを理由に, 当該行政財産の使用権そのものの損失補償は例外なく不要であるとした。また, 河川の公水使用権（流水占用権）は特許使用に該当するが, （4）最高裁は, 公水使用権

は，それが慣習によるものであると行政庁の許可によるものであるとを問わず，公共用物たる公水の上に存する権利であることに鑑み，河川の全水量を独占排他的に利用し得る絶対不可侵の権利ではなく，使用目的を充たすに必要な限度の流水を使用し得るにすぎないとして，特許使用による排他性には限界があることを認めた。

公物について，民法上の取得時効（民法162条）の適用があるかという問題があるが，（5）最高裁は，公物が長い間現実に公用に供されておらず，形態としてもその目的に必要な形態を失ってしまったような場合には，明示的又は黙示的な公用廃止の有無にかかわらず，取得時効は成立し，占有者は公物の所有権を取得するが，公用廃止がなければ，所有権取得後も公物であることによる制限を受忍しなければならないとした。

1 （1）

2 （2）

3 （3）

4 （4）

5 （5）

実戦問題 **2** の 解説

No.4 の解説 国家公務員　　　　　　　　　　→問題はP.436　**正答5**

1✕ **公務員の職務又は身分に関する不利益処分には行政手続法は適用されない。**
国家公務員に対してその職務又は身分に関してされる**不利益処分**については，**行政手続法**は**適用除外**となっている（行手法3条1項9号）。そのため，国家公務員の**懲戒処分**は不利益処分であるものの，行政手続法による**聴聞**又は**弁明の機会の付与**は義務付けられていない。同様のことは，地方公務員の不利益処分についても妥当する。

2✕ **降任は懲戒処分ではない。懲戒免職処分を受けても再び国家公務員になれる。**
国家公務員法上の懲戒処分は，**免職，停職，減給，戒告**の4種類である（国公法82条1項）。**降任**は懲戒処分ではなく，**分限処分**である（同75条1項）。懲戒処分は制裁の意味があるが，分限処分は制裁の意味はないので，区別する必要がある。また，国家公務員法上，懲戒免職処分の日から2年を経過しない者は官職に就くことができない（同38条2号）。このことを裏返せば，懲戒免職処分の日から2年を経過した者は官職に就くことができるということになる。したがって，懲戒免職処分を受けた国家公務員は，その後は再び国家公務員になることができなくなるという部分は誤りである。

3✕ **国家公務員の守秘義務は退職後も期間を限定されることなく，課されている。**
前半は正しい。後半が誤り。国家公務員の**守秘義務**は退職後も課されるが，その期間は限定されていない（同100条1項）。なお，守秘義務違反に対しては罰則が科されうる（同109条12号）。

4✕ **国公法上，審査請求先は人事院であり，審査請求前置主義が採用されている。**
国家公務員法上，国家公務員は不利益処分について**審査請求**をすることができるが，その審査請求は人事院に対して行うことになっている（同90条1項）。また，国家公務員法は**審査請求前置主義**を採用しているため，審査請求に対する人事院の裁決を経た後でなければ，不利益処分の**取消訴訟**を適法に提起することができない（同92条の2）。

5◎ **国家公務員の職は一般職と特別職に分けられ，国公法は後者に適用されない。**
妥当である。国公法は国家公務員の職を**一般職**と**特別職**に分けている。具体的にどの職が特別職になるのかが問題になるが，この点は国公法が該当する職を個別具体的に列挙しているため，比較的わかりやすい（同法2条3項）。内閣総理大臣，裁判官，国会職員は特別職の公務員である（同法2条3項1号，13号，14号）。他方，特別職の職として列挙されている職以外の一切の職が一般職である（同法2条2項）。国公法は一般職にのみ適用され，特別職には原則として適用されない（同法2条4項，5項）。

No.5 の解説　国有財産法

ア× 国債は国有財産ではない。

妥当でない。**国有財産**とは，国の負担において国有となった財産又は法令の規定により，若しくは寄附により国有となった財産であって，かつ，国有財産法2条1項各号に掲げるものをいう（国有財産法2条1項）。国債は同各号の中に列挙されておらず，国有財産とはいえない。

イ〇 事務職員は国有財産を譲り受けることができず，違反行為は無効となる。

妥当である。公正を期すため，国有財産に関する事務に従事する職員は，その取扱いに係る国有財産を譲り受け，又は自己の所有物と交換することができず，これに違反する行為は無効となる（同16条）。

ウ× 道路や河川は公共用財産であり，公用財産ではない。

妥当でない。**公用財産**とは，国において国の事務，事業又はその職員の住居の用に供し，又は供するものと決定したものをいう（同3条2項1号）。この財産は行政の内部者による利用を基本的に念頭に置いた財産である。これに対し，道路や河川は，行政の外部者である一般の国民や住民による利用を基本的に念頭に置いた財産であるから，公用財産には該当しない。むしろ，道路や河川は，**公共用財産**に該当する（同3条2項2号）。

エ× 普通財産を取得しても，一定の場合には財務大臣に引き継がなくてよい。

妥当でない。**行政財産**の用途を廃止した場合又は**普通財産**を取得した場合においては，各省各庁の長は，財務大臣に引き継がなければならないが，政令で定める特別会計に属するもの及び引き継ぐことを適当としないものとして政令で定めるものについては，この限りでない（同8条1項）。

オ× 普通財産は土地に限り信託することができる。

妥当でない。普通財産は，土地に限り，信託することができるが，国以外の者を信託の受益者とすることはできない（同28条の2第1項2号）。

　以上から妥当なものは**イ**のみであり，**1**が正答となる。

No.6 の解説　公物

→問題はP.437　**正答4**

(1)✕ 電波も公物であるという理解は一般的ではない。
　下線部（1）の**公物**の定義は正しい。したがって，公物であるためには有体物である必要があり，無体物は公物にはなりえない。電波については，これを公物として捉えようとする試みもありうるが（これを電波公物論と呼ぶことができる），そのような見方は現在のところ一般的な理解になっていない。

(2)✕ 占用許可による道路使用は許可使用ではなく，特許使用である。
　事業者が道路に電柱を設置したり，ガス管を埋設したりする場合の占用許可は，伝統的に**許可使用**ではなく，**特許使用**として理解されてきた。

(3)✕ 行政財産の使用権そのものの損失補償が必要である場合は例外的にある。
　下線部（3）の記述のうち「**損失補償**は例外なく不要である」とする記述が誤り。判例によれば，例外的に損失補償が認められる場合がある。それは，使用権者が使用許可を受けるに当たりその対価の支払をしているが，当該**行政財産**の使用収益により当該対価を償却するに足りないと認められる期間内に当該行政財産に使用許可の撤回の必要を生じたとか，使用許可に際し別段の定めがされている等により，行政財産の使用許可の撤回が必要であるにもかかわらず使用権者がなお当該使用権を保有する実質的理由を有すると認めるに足りる特別の事情が存する場合である（最判昭49・2・5）。

(4)〇 公水使用権は独占排他的に公水を使用しうる権利ではない。
　判例によれば，「**公水使用権**は，それが慣習によるものであると行政庁の許可によるものであるとを問わず，公共用物たる公水の上に存する権利であることにかんがみ，河川の全水量を独占排他的に利用しうる絶対不可侵の権利ではなく，使用目的を充たすに必要な限度の流水を使用しうるに過ぎない」（最判昭37・4・10）。

(5)✕ 明示又は黙示の公用廃止によって公物の時効取得が可能となる。
　判例によれば，公物の**取得時効**が成立するためには，明示又は黙示の**公用廃止**が必要である。この点，最高裁は「公共用財産が，長年の間事実上公の目的に供用されることなく放置され，公共用財産としての形態，機能を全く喪失し，その物のうえに他人の平穏かつ公然の占有が継続したが，そのため実際上公の目的が害されるようなこともなく，もはやその物を公共用財産として維持すべき理由がなくなった場合には，右公共用財産については，黙示的に公用が廃止されたものとして，これについて取得時効の成立を妨げないものと解する」と判示している（最判昭51・12・24）。

　以上から，**4**が正答であるといえる。

第6章 行政組織法

索引

【あ】
アカウンタビリティ ………… 207

【い】
委員会 ……………………… 387
意見公募手続 ……………… 165
一般使用 …………………… 429
委任 …………………………… 32
委任命令 …………………… 46
違法行為の転換 …………… 91
違法性の承継 ……………… 91
違法な行政行為 …………… 90
違法判断の基準時 ………… 283

【う】
訴えの形式 ………………… 257
上乗せ条例 ………………… 414

【え】
営造物 ……………………… 346

【お】
公の営造物 ………………… 346

【か】
概括主義 …………………… 296
外局 ………………………… 387
（外局）規則 ……………… 46
会計検査院 ………………… 387
外形主義 …………………… 322
外形標準説 ………………… 322
戒告 …………………… 138，427
開示義務 …………………… 207
開示請求者 ………………… 207
解除条件 …………………… 110
確認 …………………………… 67
瑕疵ある行政行為 ………… 90
過失 ………………………… 322
過失の客観化 ……………… 322
瑕疵の治癒 ………………… 91
下命 …………………………… 66
仮処分 ……………………… 281

仮の義務付け ……………… 281
仮の権利保護 ……………… 280
仮の差止め ………………… 281
料料 ………………………… 141
過料 ………………………… 141
管轄裁判所 …………… 257，403
監査 ………………………… 412
慣習法 ………………………… 19
間接強制 …………………… 139
間接的に強制を伴う調査 …… 206
完全補償説 ………………… 367
関与 ………………………… 400
関与の基本原則 …………… 400
関与の法定主義 …………… 400
管理関係 ……………………… 33
関連請求 …………………… 282

【き】
機関委任事務 ……………… 399
機関訴訟 …………… 227，403
期限 ………………………… 110
期限付任用職員 …………… 424
議事機関 …………………… 398
規制権限の不行使 ………… 321
規則 ………………… 19，415
覊束行為 …………………… 118
覊束裁量 …………………… 118
機能的瑕疵 ………………… 348
既判力 ……………………… 284
義務付け訴訟 ……………… 229
義務の懈怠 ………………… 119
却下 ………………………… 299
却下判決 …………… 252，283
客観説 ……………………… 347
客観訴訟 …………………… 226
求償権 ……………………… 318
休職 ………………………… 426
狭義の訴えの利益 ………… 256
教示 ………………… 284，300
行政過程 ……………………… 34
行政機関 …………… 32，388

行政機関の保有する個人情報の
　保護に関する法律 ……… 209
行政機関の保有する情報の公開
　に関する法律 …………… 207
行政規則 …………………… 46
行政強制 …………………… 138
行政計画 …………… 48，64
行政刑罰 …………………… 141
行政契約 …………… 64，187
行政行為 …………………… 64
行政行為の瑕疵 …………… 90
行政行為の効力 …… 76，102
行政裁量 …………… 65，118
行政事件訴訟法 …………… 226
行政指導 …………… 64，184
行政指導指針 ……………… 185
行政指導の中止等の求め …… 185
行政指導の求め …………… 185
行政主体 …………… 32，257
行政上の強制執行 ………… 138
行政上の強制徴収 ………… 139
行政上の制裁 ……………… 138
行政上の秩序罰 …………… 141
行政処分 …………………… 64
行政争訟 …………………… 296
行政訴訟 …………… 226，296
行政代執行法 ……………… 138
行政庁 ………………………… 32
強制調査 …………………… 206
行政調査 …………………… 206
行政手続法 ………………… 162
行政罰 ……………………… 141
行政不服審査会 …… 298，300
行政不服審査法 …………… 296
行政不服申立て …… 208，296
行政文書 …………………… 207
行政法の法源 ……………… 19
行政立法 …………… 46，64
許可 …………………………… 66
許可使用 …………………… 429
禁止 …………………………… 66
金銭納付義務 ……………… 139

【く】

具体的過失 ······························ 322
国地方係争処理委員会 ······· 402
組合 ·· 398
グローマー拒否 ······················ 208
訓令 ·································· 47，64

【け】

形式的確定力 ···························· 78
形式的基準 ······························ 367
形式的当事者訴訟 ··················· 227
形成的行為 ······························· 66
形成力 ····································· 284
結果不法説 ······························ 323
決定 ·· 297
減給 ·· 427
権限の委任 ······························· 32
権限の代理 ······························· 32
原告適格 ·································· 254
憲法 ··· 19
権力関係 ·································· 33
権力的作用 ······························ 319
権力留保説 ······························· 18

【こ】

故意 ·· 322
行為不法説 ······························ 323
公益上の理由による裁量的開示
·· 207
降給 ·· 426
公共組合 ·································· 388
公共用物 ·································· 428
公権力の行使 ··························· 319
抗告訴訟 ························· 208，227
公証 ··· 67
拘束的計画 ······························· 48
拘束力 ······························· 76，284
公聴会 ···································· 163
公定力 ····································· 76
降任 ·· 426
公物 ······························· 346，428
公法関係 ·································· 33

公務員 ···································· 322
公務員法 ·································· 424
公用物 ···································· 428
国民主権 ·································· 207
国務大臣 ·································· 386
個人情報保護法 ······················· 209
国家安全保障会議 ··················· 388
国家行政組織法 ······················· 388
国家公務員法 ··························· 424
国家賠償 ·································· 366
国家賠償法１条 ······················· 318
国家賠償法２条 ······················· 346
国家補償 ·································· 366

【さ】

裁決 ······························ 297，300
裁決の取消訴訟 ······················· 229
財産区 ···································· 398
再審査請求 ······························ 297
再調査の請求 ··························· 297
採用内定 ·································· 424
裁量権の踰越・濫用 ················· 119
裁量行為 ·································· 118
作為義務 ························· 66，139
差止め訴訟 ······························ 230
作用法的行政機関概念 ············· 388
参与機関 ·································· 387

【し】

私経済関係 ······························· 33
私経済作用 ······························ 319
自己責任説 ······························ 319
事実行為 ·································· 140
事情判決 ························· 252，283
辞職 ·· 425
自然公物 ························· 346，428
自治事務 ·································· 399
自治紛争処理委員 ··················· 402
執行機関 ·································· 398
執行停止 ·································· 300
執行罰 ···································· 139
執行不停止の原則 ··················· 280

執行命令 ···································· 46
実質的確定力 ····························· 79
実質的基準 ······························ 367
実質的当事者訴訟 ··················· 228
失職 ·· 425
指定法人 ·································· 388
私法関係 ·································· 33
事務配分的行政機関概念 ····· 388
社会留保説 ······························· 18
重過失 ···································· 318
自有公物 ·································· 428
自由裁量 ·································· 118
自由使用 ·································· 429
自由選択主義 ··························· 257
重大な事実誤認 ······················· 119
重大明白説 ······························· 90
住民監査 ·································· 413
住民訴訟 ·································· 413
授益処分 ·································· 65
主観説 ···································· 347
主観訴訟 ·································· 226
授権代理 ·································· 32
主宰者 ···································· 164
出訴期間 ························· 257，403
受理 ··· 67
準法律行為的行政行為 ············· 65
省 ··· 387
条件 ·· 110
情報開示 ·································· 207
情報公開・個人情報保護審査会
····································· 208，209
情報公開条例 ··························· 207
情報公開訴訟 ··························· 208
条約 ··· 19
条理 ··· 19
省令 ··· 46
条例 ······························· 19，412
条例制定権 ······························ 414
職務行為基準説 ······················· 323
職権証拠調べ ··························· 281
職権探知主義 ··························· 281
職権による取消し ··················· 102

処分 ……………………… 296
処分基準 ……………………… 164
処分時説 ……………………… 283
処分性 ……………………… 253
処分等の求め ……………………… 165
処分の取消訴訟 ……………………… 229
処分理由の追加・差替え …… 282
処理基準 ……………………… 401
自力救済の禁止の法則 ……… 78
自力執行力 ……………………… 78
知る権利 ……………………… 207
侵害処分 ……………………… 65
侵害留保説 ……………………… 18
審議会 ……………………… 387
人工公物 ……………………… 346，428
審査基準 ……………………… 162，165
審査請求 ……………………… 297
審査請求前置 ……………………… 296
審査請求人 ……………………… 298
審査の申出前置主義 ……… 403
人事院 ……………………… 386
申請に対する処分の手続き
　 ……………………… 162
申請満足型義務付け訴訟 …… 229
信頼誠実の原則 ……………… 19
信頼保護 ……………………… 103
審理 ……………………… 299
審理員 ……………………… 298，305
審理員意見書 ……………………… 299

【す】
随意監査 ……………………… 412
水害訴訟 ……………………… 348

【せ】
請求棄却 ……………………… 300
請求棄却判決 ……………… 252，283
請求認容 ……………………… 300
請求認容判決 ……………… 252，283
精神的価値 ……………………… 368
正当な補償 ……………………… 367
成文法 ……………………… 19

政令 ……………………… 46
設置または管理の瑕疵 …… 347
折衷説 ……………………… 347
説明する責務 ……………………… 207
説明責任 ……………………… 207
専決 ……………………… 33
全部留保説 ……………………… 18

【そ】
相互保証主義 ……………………… 349
争訟による取消し ……………… 102
相当補償説 ……………………… 367
双面的効力 ……………………… 76
遡及効 ……………………… 106
即時強制 ……………………… 140
組織過失 ……………………… 323
訴訟参加 ……………………… 282
訴訟要件 ……………………… 252
損失補償 ……………………… 366

【た】
代位責任説 ……………………… 319
第一号法定受託事務 ……… 399
代決 ……………………… 33
第三者効 ……………………… 284
代執行 ……………………… 138
対人処分 ……………………… 65
代替的作為義務 ……………… 138
第二号法定受託事務 ……… 399
対物処分 ……………………… 65
代理 ……………………… 32，67
他事考慮 ……………………… 120
他有公物 ……………………… 428

【ち】
地方公共団体 ……………………… 398
地方公共団体の自主法 …… 19
地方公務員法 ……………………… 424
地方自治法 ……………………… 398
地方支分部局 ……………………… 387
抽象的過失 ……………………… 322
抽象的規範統制訴訟 ……… 228

庁 ……………………… 387
懲戒 ……………………… 426
聴聞 ……………………… 163
直接型義務付け訴訟 ……… 229
直接強制 ……………………… 139
直接請求 ……………………… 412

【つ】
通常有すべき安全性 ……… 347
通達 ……………………… 47，64
通知 ……………………… 66，138

【て】
停止条件 ……………………… 110
停職 ……………………… 427
定例監査 ……………………… 412
適正手続きの原則 …………… 19
撤回 ……………………… 102
撤回権の留保 ……………………… 110

【と】
当事者訴訟 ……………………… 227
特殊法人 ……………………… 388
特別行政主体 ……………………… 388
特別区 ……………………… 388
特別権力関係 ……………………… 424
特別地方公共団体 …………… 398
特別な犠牲 ……………………… 366
特命担当大臣 ……………………… 386
独立行政法人 ……………………… 388
特許 ……………………… 67
特許使用 ……………………… 429
届出 ……………………… 165
取消し ……………………… 102
取り消しうべき行政行為 …… 90
取消訴訟 ……………………… 252
取消訴訟の排他的管轄 …… 77

【な】
内閣 ……………………… 386
内閣官房 ……………………… 386
内閣総理大臣 ……………………… 386

内閣総理大臣の異議 ············ 281
内閣府 ······························ 386
内閣府令 ··························· 46
内閣法制局 ······················· 386

【に】
二元的代表制 ···················· 398
任意調査 ··························· 206
認可 ································· 67
認可法人 ··························· 388
任用 ································· 424

【の】
能力主義 ··························· 424

【は】
判決時説 ··························· 283
反射的利益 ························ 254
反復禁止効 ························ 284
判例法 ····························· 19

【ひ】
非権力関係 ························ 33
非権力的作用 ····················· 319
非拘束的計画 ····················· 48
被告適格 ··························· 257
非代替的作為義務 ················ 139
標準処理期間 ··········· 162，401
標準審理期間 ····················· 298
平等原則 ··········· 19，111，119
費用負担者 ························ 349
比例原則 ····· 19，111，119，140

【ふ】
不可争力 ··························· 78
不可変更力 ························ 79
附款 ······················ 65，110
不作為 ····················· 296，321
不作為義務 ························ 66
不作為の違法確認訴訟 ········ 229
付属機関 ··························· 387
負担 ································· 110

普通地方公共団体 ················ 398
復興庁 ····························· 386
不当な行政行為 ··················· 90
不服申立前置 ··········· 257，296
部分開示 ··························· 207
不文法 ····························· 19
不利益処分の手続き ············ 163
文化的価値 ························ 368
分限 ································· 426

【へ】
便宜裁量 ··························· 118
弁明 ································· 163
弁論主義 ··························· 281

【ほ】
法規裁量 ··························· 118
法規命令 ··························· 46
法定外公共用物 ··················· 429
法定外抗告訴訟 ··················· 228
法定抗告訴訟 ····················· 228
法定受託事務 ····················· 399
法定代理 ··························· 32
法的保護に値する利益説 ····· 255
法律 ································· 19
法律行為的行政行為 ············ 65
法律効果の一部除外 ············ 110
法律上の利益 ····················· 254
法律上保護された利益説 ····· 255
法律による行政の原理 ········ 18
法律の法規創造力の原則 ······ 18
法律の優位の原則 ················ 18
法律の留保の原則 ················ 18
補充的無効確認訴訟 ············ 229
本案審理 ··························· 252
本質（重要事項）留保説 ······ 18

【み】
民衆訴訟 ··················· 227，413

【む】
無過失責任 ························ 346

無効等確認訴訟 ··················· 229
無効の行政行為 ··················· 90
無任所大臣 ························ 386
無名抗告訴訟 ····················· 228

【め】
命令 ························· 19，165
命令的行為 ························ 66
免除 ································· 66
免職 ················· 425，434，435

【も】
目的拘束の法理 ··················· 119
門前払い判決 ····················· 252

【ゆ】
有名抗告訴訟 ····················· 228

【よ】
要件審理 ··························· 252
横出し条例 ························ 414
予防的無効確認訴訟 ············ 229

【り】
離職 ································· 425
理由の提示 ··········· 162，164
理由付記 ··························· 401
猟官主義 ··························· 424

【れ】
列記主義 ··························· 296

【数字】
1号訴訟 ··························· 413
2号訴訟 ··························· 413
3号訴訟 ··························· 413
4号訴訟 ··························· 414

●本書の内容に関するお問合せについて

『新スーパー過去問ゼミ』シリーズに関するお知らせ，また追補・訂正情報がある場合は，小社ブックスサイト（jitsumu.hondana.jp）に掲載します。サイト中の本書ページに正誤表・訂正表がない場合や訂正表に該当箇所が掲載されていない場合は，書名，発行年月日，お客様の名前・連絡先，該当箇所のページ番号と具体的な誤りの内容・理由等をご記入のうえ，郵便，FAX，メールにてお問合せください。

〒163-8671　東京都新宿区新宿1-1-12　実務教育出版　第二編集部問合せ窓口
FAX：03-5369-2237　　　　E-mail：jitsumu_2hen@jitsumu.co.jp

【ご注意】
※電話でのお問合せは，一切受け付けておりません。
※内容の正誤以外のお問合せ（詳しい解説・受験指導のご要望等）には対応できません。

公務員試験
新スーパー過去問ゼミ7　行政法

2023 年 9 月 25 日　初版第 1 刷発行　　　　　　　　　〈検印省略〉
2024 年 1 月 5 日　初版第 2 刷発行

編　者　資格試験研究会
発行者　小山隆之

発行所　株式会社 実務教育出版
　　　　〒163-8671　東京都新宿区新宿1-1-12
　　　　☎編集　03-3355-1812　　販売　03-3355-1951
　　　　振替　00160-0-78270

印　刷　文化カラー印刷
製　本　ブックアート

©JITSUMUKYOIKU-SHUPPAN　2023　　　本書掲載の試験問題等は無断転載を禁じます。
ISBN 978-4-7889-3748-2 C0030　Printed in Japan
乱丁，落丁本は本社にてておとりかえいたします。

[公務員受験BOOKS]

実務教育出版では、公務員試験の基礎固めから実戦演習にまで役に立つさまざまな入門書や問題集をご用意しています。

過去問を徹底分析して出題ポイントをピックアップするとともに、すばやく正確に解くためのテクニックを伝授します。あなたの学習計画に適した書籍を、ぜひご活用ください。

なお、各書籍の詳細については、弊社のブックスサイトをご覧ください。

https://www.jitsumu.co.jp

公務員試験に出る専門科目について、初学者でもわかりやすく解説した基本書の各シリーズ。
「はじめて学ぶシリーズ」は、豊富な図解で、難解な専門科目もすっきりマスターできます。

はじめて学ぶ **政治学**
加藤秀治郎著 ●定価1175円

はじめて学ぶ **国際関係** [改訂版]
高瀬淳一著 ●定価1320円

はじめて学ぶ **ミクロ経済学** [第2版]
幸村千佳良著 ●定価1430円

はじめて学ぶ **マクロ経済学** [第2版]
幸村千佳良著 ●定価1540円

どちらも公務員試験の最重要科目である経済学と行政法を、基礎から応用まで詳しく学べる本格的な
基本書です。大学での教科書採用も多くなっています。

経済学ベーシックゼミナール
西村和雄・八木尚志共著 ●定価3080円

経済学ゼミナール 上級編
西村和雄・友田康信共著 ●定価3520円

新プロゼミ行政法
石川敏行著 ●定価2970円

苦手意識を持っている受験生が多い科目をピックアップして、初学者が挫折しがちなところを徹底的
にフォロー！ やさしい解説で実力を養成する入門書です。

最初でつまずかない経済学 [ミクロ編]
村尾英俊著 ●定価1980円

最初でつまずかない経済学 [マクロ編]
村尾英俊著 ●定価1980円

最初でつまずかない民法Ⅰ [総則／物権 担保物権]
鶴田秀樹著 ●定価1870円

最初でつまずかない民法Ⅱ [債権総論・各論 家族法]
鶴田秀樹著 ●定価1870円

最初でつまずかない行政法
吉田としひろ著 ●定価1870円

最初でつまずかない数的推理
佐々木淳著 ●定価1870円

実力派講師が効率的に学習を進めるコツや素早く正答を見抜くポイントを伝授。地方上級・市役所・
国家一般職［大卒］試験によく出る基本問題を厳選し、サラッとこなせて何度も復習できる構成なの
で重要科目の短期攻略も可能！ 初学者＆直前期対応の実戦的な過去問トレーニングシリーズです。
※本シリーズは『スピード解説』シリーズを改訂して、書名を変更したものです。

★公務員試験「集中講義」シリーズ (2022年3月から順次刊行予定) 資格試験研究会編 ●定価1650円

集中講義！ **判断推理**の過去問
資格試験研究会編 結城順平執筆

集中講義！ **数的推理**の過去問
資格試験研究会編 永野龍彦執筆

集中講義！ **図形・空間把握**の過去問
資格試験研究会編 永野龍彦執筆

集中講義！ **資料解釈**の過去問
資格試験研究会編 結城順平執筆

集中講義！ **文章理解**の過去問
資格試験研究会編 饗庭悟執筆

集中講義！ **憲法**の過去問
資格試験研究会編 鶴田秀樹執筆

集中講義！ **行政法**の過去問
資格試験研究会編 吉田としひろ執筆

集中講義！ **民法Ⅰ**の過去問 [総則／物権 担保物権]
資格試験研究会編 鶴田秀樹執筆

集中講義！ **民法Ⅱ**の過去問 [債権総論・各論 家族法]
資格試験研究会編 鶴田秀樹執筆

集中講義！ **政治学・行政学**の過去問
資格試験研究会編 近裕一執筆

集中講義！ **国際関係**の過去問
資格試験研究会編 高瀬淳一執筆

集中講義！ **ミクロ経済学**の過去問
資格試験研究会編 村尾英俊執筆

集中講義！ **マクロ経済学**の過去問
資格試験研究会編 村尾英俊執筆

選択肢ごとに問題を分解し、テーマ別にまとめた過去問演習書です。見開き2ページ完結で読みや
すく、選択肢問題の「引っかけ方」が一目でわかります。「暗記用赤シート」付き。

一問一答 スピード攻略 社会科学
資格試験研究会編 ●定価1430円

一問一答 スピード攻略 人文科学
資格試験研究会編 ●定価1430円